德鲁克全书

龚俊恒◎编著

中国华侨出版社
北京

图书在版编目(CIP)数据

德鲁克全书：全新升级版 / 龚俊恒编著. —北京：中国华侨出版社，2014.7
（2018.8重印）
ISBN 978-7-5113-4789-3

Ⅰ.①德… Ⅱ.①龚… Ⅲ.①德鲁克，P.F.（1909～2005）—管理学—通俗读物 Ⅳ.①C93-49

中国版本图书馆CIP数据核字（2014）第163059号

德鲁克全书：全新升级版

编　　著：龚俊恒
出 版 人：方　鸣
责任编辑：艾　涛
封面设计：施凌云
文字编辑：彭泽心
美术编辑：吴秀侠
经　　销：新华书店
开　　本：720 mm×1020 mm　1/16　印张：28　字数：650千字
印　　刷：北京市松源印刷有限公司
版　　次：2014年10月第1版　2018年8月第4次印刷
书　　号：ISBN 978-7-5113-4789-3
定　　价：68.00元

中国华侨出版社　北京市朝阳区静安里26号通成达大厦3层　邮编：100028
法律顾问：陈鹰律师事务所
发 行 部：（010）58815874　　　　传　　真：（010）58815857
网　　址：www.oveaschin.com　　　E-mail：oveaschin@sina.com

如果发现印装质量问题，影响阅读，请与印刷厂联系调换。

前言

彼得·德鲁克是现代管理学界德高望重的一代宗师，被尊称为"现代管理学之父"和"大师中的大师"。他对现代管理学的巨大贡献及其管理思想的实践性和前瞻性为世人所公认，是"有史以来对管理理论贡献最多的大师"。1954年，德鲁克首次提出了一个具有划时代意义的概念——目标管理，将管理学开创成为一门学科。此后60多年的时间里，德鲁克用自己深刻的认知、理性的分析为后人留下了30余部管理学专著，数百篇论文和演讲稿。这些作品被传播到130多个国家和地区，且极为畅销。2002年6月，德鲁克成为美国当年"总统自由勋章"的获得者。德鲁克被称为"大师中的大师"、"现代管理之父"。微软总裁比尔·盖茨、通用电气前首席执行官杰克·韦尔奇等人都是他的忠实读者。

德鲁克一生以教书、著书、咨询为业，他生活愉悦、阅历丰富，为我们树立了完美人生的典范。然而，他的关于发展和管理的论述，散见于其诸多著作和文章中，长久以来没有人进行专门的研究总结。另外，他的每一部管理著作都有独到之处，让人难以取舍，而且经过翻译之后的作品晦涩难懂，读起来费时费力。鉴于此，我们推出了这本《德鲁克全书》。在这里，德鲁克最深刻的思想被完整、系统地集中在一处。

本书撷取了德鲁克毕生作品的精华，为读者提供了了解德鲁克思想的金钥匙。在保持德鲁克思想体系框架的前提下，书中通过大量发人深思的管理案例对德鲁克在管理真相、知识管理、创新管理、变革管理、目标管理、创造顾客、自我发展、卓有成效管理者等方面的核心理念进行全面透彻地解读。

书中每节内容均分为三个部分："管理精粹"用一段话的形式描述德鲁克的一个管理思想——有的是德鲁克的原话，有的是提炼；"精彩阐释"通过具体案例对德鲁克管理思想进行了极为透彻的分析阐述；"实用指南"针对工作生活中的具体问题提出了具体的解决方法。本书不仅仅是对德鲁克一生著述精髓的回顾，更是一本行动手册，相信读者能从中汲取灵感，从而改善自身的行动及决策。

每一个人都要懂一些管理思想。通过管理，你将看到自己人生的轨迹从此发生不可思议的转化，而你的生命也可以因此变得不平凡甚至更伟大。可见，人人都需要了解德鲁克，了解德鲁克的管理精髓，无论你是老板、管理者，还是普通人。老板能够从德鲁克深邃的思想里读懂目标、决策、人事、利润、创新等关乎企业生命的重大问题；管理者能够从德鲁克浩如烟海的知识海洋里找到实现卓越管理的方法和工具；普通人则可以根据德鲁克的教诲轻松应对人际关系、自我控制等关乎职场命运的问题，从而实现职业生涯的完美升级，实现自我成长。

这是一本能够让人全面了解德鲁克管理思想的实用指导书，丰富的内容、新颖的编排方式，非常适合企业管理者和其他想学习德鲁克思想精华的人阅读。读完《德鲁克全书》，你不但能明白德鲁克是如何经营完美人生的，而且自己也会以一种全新的方式来全面思考生活。

目录

第一章 做卓有成效的管理者 ... 1

第一节 对贡献的承诺,就是对有效性的承诺 ... 1
未予先求得,无异于自断生路 ... 1
重视贡献是提升成效的关键 ... 3
管理者应常为下属服务 ... 4
与下属共享成果 ... 5
目标能够产生动能 ... 7
专注于梦想更利于发挥潜能 ... 8
让自己的知识帮助组织成长 ... 10

第二节 卓越是训练出来的——成果管理至上 ... 12
卓越是训练出来的 ... 12
卓越领导的五项修炼 ... 14
树立明确的结果意识 ... 15
人事决策是费时的决策 ... 18
第一次就把事情做对 ... 19
要事第一,不值得的事情不要做 ... 21
立即停止毫无成果的工作 ... 23

第三节 时间管理是一项基本技能 ... 25
不要再为昨日的任务而忙碌 ... 25
有效地管理时间 ... 26
时间没有替代品 ... 28
别把时间浪费在会议上 ... 29

不要放过任何零碎时间 32
在行动前规划好时间 35
做好时间记录可以提高工作效率 36

第四节　只有经得起绩效考验的人，才是可以提升的人 38
人事任命是一个赌注 38
不要设置常人不可能胜任的岗位 40
"少不了某人"的组织依赖 41
制定合理科学的考评制度 43
要招募到比你更强的人 45
让最优秀的人才为己所用 46

第二章　管理的实践 48

第一节　管理的定位与成效 48
管理不在于"知"而在于"行" 48
管理的三项任务 50
管理要对产生绩效负责 52
用旁观者的眼光审视管理 53
靠突击来管理是混乱的一种标志 55
企业机构越简化，越不容易出错 57
组织模式随战略而调整 59
经验是无法移植的 60

第二节　管理管理者 63
最高管理层的继任人选决策 63
发挥董事会的作用 65
中层机构不宜臃肿 66
如何做到有效任命 68
成功的管理来自充分授权 70
给下属足够的自由与空间 72
授权不等于放任 73
高层管理者的四项工具 74

第三节　人事管理是最重要的管理 76
对知识型员工的激励 76

人事决策是最重要的决策......78
　　吸纳最优秀的人才......80
　　家族企业的管理......82
　　敢于让年轻人扛重担......83
　　将人才与企业需求相匹配......85
　　让激励真正发挥作用......87
　　理想的待遇标准......88

第三章　世上没有理想化的组织模式......91
第一节　世上没有理想化组织模式......91
　　个人与组织之间是互利互惠的......91
　　组织中不断衍生的是无序、纷争与绩效失灵......92
　　任何组织都不能完全消除冲突......94
　　信息化组织必须建立在责任的基础上......96
　　家族企业必须遵守的三条规则......98
　　家族企业的管理规则......100
第二节　组织结构优化之路——向组织结构要效益......103
　　维持企业权力的合法性......103
　　创造一个真正的有机整体......105
　　如何才能有效摆脱专制......107
　　让员工实现自我管理......109
　　变革才能生存......110
　　组织结构要随企业战略适时调整......112
第三节　赋予组织一个令人激动的目标......114
　　将企业的使命转化为目标......114
　　商业思想由企业家的目标彰显......116
　　目标激励是最大的激励......117
　　工作目标由其贡献决定......119
　　制定多种目标并将其具体化......121
　　用目标管理促使员工自我管理......122
　　请告诉员工企业对他的期望......123
　　制定的目标要切合实际......125

第四节　变化的组织，永恒的管理命题 127
　　人是唯一的管理对象 127
　　战略上集权，战术上分权 129
　　打造一个学习型团队 131
　　寻求组织平衡的协调者 133
　　发展的关键在于资源整合 134
　　管理机制的建立应始终放在首位 136
　　活下来，是第一任务 138

第四章　企业的生存、使命、责任 140
第一节　企业生存的唯一目的是引导顾客进行购买 140
　　站在顾客角度来思考经营 140
　　顾客是企业的导盲棍 141
　　从顾客需求中寻找机会 143
　　产品能给顾客带来什么好处 144
　　顾客只会为自己的需求埋单 146
　　适应要求才能赢得需求 147
　　信誉是无形的资产 149
　　让顾客觉得物超所值 150
第二节　用短线心态经营，势必付出昂贵代价 152
　　每个人都有为企业创造财富的责任 152
　　资源配置要着眼于未来 153
　　一味追求高利润，会危害企业的生存 155
　　用短线心态经营，势必付出昂贵代价 156
　　资金与人员的分配决定企业收益 158
第三节　卓越，就是为企业寻找核心能力 160
　　成就来自卓越 160
　　技术领先是核心竞争力 161
　　成为多个领域的领先者 163
　　别被短板遮住眼睛 164
　　从行业外寻找新的发展理念 166
　　认清自己的长板及短板 167

培养员工的"禁忌" 168
　　研究对手，复制其优势 170
　第四节　如果还无法成功，就另辟蹊径 172
　　如果无法成功，就另辟蹊径 172
　　半块面包总比没有面包好 174
　　利用对手的失误击败对方 176
　　一次只做一件事 177
　　将企业的劣势化为机遇 179
　　对自己的测度能力不要过于自信 181
　第五节　承担社会责任是企业常青的保证 183
　　社会责任是企业存在的价值 183
　　责任是企业的生存之本 184
　　通过承担社会责任提升影响力 186
　　无视社会责任的企业最终会被社会抛弃 187
　　主动对企业造成的影响负责 189
　　管理者对负面影响应该未雨绸缪 190
　　伟大的企业都有正确的价值观 191

第五章　赢在未来的远见、洞察力与有效决策 193
　第一节　战略性计划关注的是当前决策的未来形态 193
　　战略规划不是预测 193
　　正确利用趋势而非对抗 194
　　促使资源转化为成果 196
　　别用过时的前提条件做决策依据 197
　　为未来的变化做好准备 199
　　善用创新创造未来 200
　　最有价值的战略信息往往来自顾客 202
　　成功的战略要保持忧患意识 203
　第二节　不能为未来做准备，就是为自己掘坟墓 205
　　精准把握未来的市场需求 205
　　在今天就开始把握未来 206
　　将行动立足于现有资源及条件 208

没有任何一个判断是稳操胜券的 ………………………………… 209
做好手头工作比空想未来更重要 …………………………………… 210
尝试做一件能改变世界的事情 ……………………………………… 212
真正的成就来自立即行动 …………………………………………… 213
主动承担开创未来的责任 …………………………………………… 214

第三节 决策者要站得足够"高"和"低" ……………………… 216
管理者要为决策找准方向 …………………………………………… 216
以不变应万变 ………………………………………………………… 217
鼓励下属积极参与决策 ……………………………………………… 219
审时度势做决策 ……………………………………………………… 220
一旦做出决策就不要犹豫 …………………………………………… 222
做决策也需要勇气 …………………………………………………… 224
"暂行缓办"就是"不办" ………………………………………… 225
用战术性决策解决问题 ……………………………………………… 227

第四节 管理者该如何成功营销而减少推销 …………………… 230
今天是昨天计划的结果 ……………………………………………… 230
别因为领先而忽视创新 ……………………………………………… 231
放弃没有理由存在的特色产品 ……………………………………… 232
为产品做出合适的价格定位 ………………………………………… 234
要明白顾客都是"懒人" …………………………………………… 236
只有创造市场才能创造企业 ………………………………………… 237
销售渠道也要"精耕细作" ………………………………………… 239

第六章　变革时代的理性与智慧 …………………………………… 241

第一节　企业必须成为变革的原动力 …………………………… 241
自满往往是企业危机的开始 ………………………………………… 241
变革能使企业获得动力 ……………………………………………… 242
恐惧是抗拒变革的根源 ……………………………………………… 243
做好准备，等待机遇 ………………………………………………… 245
怎么做比做什么更重要 ……………………………………………… 246
要敢于"断臂" ……………………………………………………… 248

在自己最擅长的领域发动变革 249
　第二节　知识的特点就是不断变化 251
　　成为知识整合的高手 251
　　知识的最大特点就是不断变化 252
　　创新能力越弱越容易墨守成规 254
　　只有卸下昨天的包袱，才能拥有明天 255
　　把握住先机是企业成功的关键 257
　　管理者的判断力是制胜的先决条件 258
　　跟上潮流，积极拥抱信息革命 259

第七章　是高歌猛进还是裹足不前 261
　第一节　企业发展的假象：是成长还是水肿 261
　　成长过快，死亡也快 261
　　专业化、多元化还是一体化 263
　　轻重不匀，就会难以平稳 264
　　企业要在变革中获得成长 266
　　规模无所谓大小，合适就好 267
　　业务模块越少越容易出成果 269
　　不断更新自己的知识结构 270
　第二节　风险控制就是消灭死 273
　　建立企业的商业情报系统 273
　　成功收购六原则 275
　　不可忽视的公共关系维护 276
　　构建企业危机管理体系 278
　　有效控制财务隐患 281
　　树立一个令员工信服的目标 283
　第三节　新事业的发展 286
　　拥有完善的管理才能存活 286
　　新事业要以市场需求为导向 287
　　比起利润，更要重视现金流 288
　　创业者要善于听取内行人的意见 291

新事业起步不能贪大 292
　第四节　企业内部只有成本中心 294
　　找出企业的成本中心 294
　　有效的成本控制 296
　　控制成本要针对大项目 297
　　高投入并不意味着高产出 298
　　完全将资源集中于成果 300
　　有效成本控制的几个前提 301
　　控制成本要着眼于整个企业 302
　　削减成本最有效的方法 304

第八章　对创新进行有效管理 306
　第一节　创新并不是一种性格特质 306
　　创业家的职责就是创造性毁灭 306
　　企业家精神是风险最低的 307
　　敢于决断是创业家的必备素质 309
　　不能坚持的创业者只能昙花一现 310
　　创业家要在变化中成为赢家 312
　　创新是表现创业精神的特殊工具 313
　　优秀的企业家一定是个冒险家 315
　第二节　创新精神是企业的灵魂 317
　　创新并不是让你去冒险 317
　　创新精神是企业的灵魂 319
　　创新是一张让生意人承担新风险的保单 321
　　创新是挑战竞争、避免竞争 323
　　对创新进行管理 325
　　创新是一件艰难的事情 327
　第三节　企业家柔道——把握创新规律的方法 329
　　重视产业和市场的变化 329
　　人口数据能预测结果 331
　　思维决定一切 333
　　衡量创新绩效的三个方法 334

创新管理的禁忌 336
　　市场才是创新的焦点 337
　　企业家柔道 339
　　"孤注一掷"的取胜要诀 341
　　不图虚名享实惠的"生态利基"战略 343
第四节　创新的考验就在于能够创造价值 347
　　创新力强的企业没有对手 347
　　让企业创新产生成效 349
　　创新要具备超前思维 350
　　推陈才能出新 351
　　有了创意就要行动 353
　　意外成功是重要的创新机会 355
　　不一致是创新的征兆 356

第九章　不要迷信所谓的"领袖气质" 358
第一节　领导的实质是责任 358
　　领导的危机意识 358
　　首席执行官要承担责任，而不是权力 360
　　领导者更重要的是身体力行 361
　　和下属保持一定的距离 363
　　挑选领导 364
　　未来的领导是一个知道如何提问的人 366
　　领导者应具备的四种能力 369
第二节　领导者要成为团队的榜样 372
　　优秀的领导是指挥家 372
　　管理者要确定目标 373
　　要敢于承担责任 374
　　通过及时表扬来创造惊喜 376
　　成功的领导者要以身作则 378
　　发挥员工的主观能动性 379
　　高效团队是组织成功的关键 381

第三节 正直是管理者缔结人际关系的基石 ……………… 383
人脉是管理者成功的基石 ……………………………… 383
用良好的人际关系创造生产力 ………………………… 384
管理者要敢担当 ………………………………………… 386
知识型组织更依赖合作 ………………………………… 387
知人善任才能产生最大合力 …………………………… 389
信息化社会更需要有效沟通 …………………………… 390
让下属成为英雄 ………………………………………… 392

第十章 靠团队精神达成目标 ……………………………… 395
第一节 管理是一种人文艺术 ………………………………… 395
员工的人性应得以升华 ………………………………… 395
热爱工作，享受工作 …………………………………… 397
自主性与责任感缺一不可 ……………………………… 399
成长的三种循环模式 …………………………………… 401
人是最终的管理核心与归宿 …………………………… 404
管理是一种人文艺术 …………………………………… 405
激发下属的巨大潜能 …………………………………… 407

第二节 个人与企业的价值观必须兼容 ……………………… 410
预先建立经营团队 ……………………………………… 410
让更少的员工制造出更多的产品 ……………………… 413
了解你的团队成员 ……………………………………… 414
企业的基础是经济绩效 ………………………………… 416
相互兼容的价值观是企业高执行力的基础 …………… 418
用团队精神取代个人英雄主义 ………………………… 420

第三节 以倾听者的经验来进行沟通 ………………………… 422
管理者应注意自己的一言一行 ………………………… 422
有效的倾听是沟通的关键 ……………………………… 424
学会使用对方的语言 …………………………………… 425
充分掌握对方的沟通期望 ……………………………… 426
仅有自上而下的沟通是不够的 ………………………… 428
用心倾听下属的意见 …………………………………… 429

第一章

做卓有成效的管理者

·第一节·
对贡献的承诺，就是对有效性的承诺

未予先求得，无异于自断生路

管理精粹

很多管理者更在意自己没有得到的"应有"的职权，结果是他们使自己的工作没有效率。

——《卓有成效的管理者》 德鲁克

精彩阐释

德鲁克认为，如果一个管理者只强调自己的权力，那么不管他对自己的头衔与职位是多么得意，他也只是个下属而已。相反，如果他重视贡献，那么不管他的职位多么低，他实际上就是高层管理人员。这是因为他能对整个机构的经营业绩负责，他所做的工作符合"最高管理层"的实际含义。事实上，机会往往青睐那些勇于付出的人。

一个年轻员工在很短时间内便晋升为公司的管理人员。有人问他成功的秘诀是什么，他这样回答道："我在试用期的时候就注意到，每天下班后其他人都回家了，而老板却常常留在办公室里工作到很晚。我希望自己能有更多的时间学习一些东西，于是下班后也留在办公室里，处理一些业务方面的工作，同时给老板提供一些帮助。

"没有人要求我留下来，而且我的行为还遭到一些同事的非议，但我还是坚持这样做了，因为我认为我是对的……我和老板配合得很默契，他也逐渐形成了招呼我帮忙的习惯……"

就这样，这个年轻员工学到了很多技能，并赢得了老板的信任和赏识，进而获得了加薪升职的机会。

可见，贡献多少永远与收获成正比。我们可以再看一个事例。

田迈是一家大型滑雪娱乐公司的普通修理工。这家滑雪娱乐公司是全国首家引进人工造雪机在坡地上造雪的大型公司。

一天深夜，田迈照例出去巡视，突然看见有一台造雪机喷出的不是雪而是水。

凭着工作经验，田迈知道这种现象是由于造雪机的水量控制开关和水泵水压开关不协调而导致的。

他急忙跑到水泵坑边，用手电筒一照，发现坑里的水已经快漫到动力电源的开关口，若不赶快采取措施，将会发生动力电缆短路的问题。这种情况一旦发生，将会给公司带来严重损失，甚至可能伤及许多人的性命。

一想到这里，田迈不顾个人安危，毅然跳入水泵坑中，控制住了水泵阀门，防止了水的漫延。

随后他又绞尽脑汁，把坑里的水排尽，重新启动造雪机开始造雪。当同事们闻讯赶过来帮忙时，田迈已经把问题处理妥当。但由于长时间在冷水中工作，他已经冻得走不了路了。

闻讯赶来的老总派人连夜把田迈送入医院，才使他转危为安。出院的田迈一星期之后就被老总升为总经理助理。

从以上案例中我们可以看出，在你投入之后，回报就可能会在不经意间出现。强调贡献会使效率不断提高。如果只会抱怨，进而工作效率低下，留给自己的多半是被解雇这条路。

实用指南

如果你能勇于付出且乐于付出，如果你能用"要做就做到最好"的态度完成老板交给你的每一项工作，老板自然会信任你、赏识你，并将更重要的工作交给你去做。而你也将因此掌握更多的经验，拥有更强的个人能力，并且你将比别人拥有更多的晋升机会。

重视贡献是提升成效的关键

管理精粹

对贡献的重视程度是提升成效的关键。

——《卓有成效的管理者》 德鲁克

精彩阐释

德鲁克认为，重视贡献便能使管理者的注意力从自己狭隘的部门、专业及技能转移到整个机构的经营业绩上来，使他更加重视外部世界。无论是管理者还是普通员工，苦劳固然使人感动，但只有那些做出实际业绩，能够为企业创造实实在在业绩的人才能够赢得公司的青睐，才能够获得更好的发展。

联想集团有个很有名的理念："不重过程重结果，不重苦劳重功劳。"这是写在《联想文化手册》中的核心理念之一。在这个手册中，还明确记录，这个理念是联想公司成立半年之后开始格外强调的。联想为什么会着重强调这一理念呢？原来，这一理念的提出源自联想的创始人柳传志早年创建联想的一段经历。

在一次电视节目中，柳传志沉重地告诉大家：联想刚刚成立时，只有几十万元，由于轻信他人，资金被骗走了一大半。而且，骗他们的人，还是个很有背景的人。这样一来，公司元气大伤，甚至逼得员工要去卖蔬菜来挽回损失。

毫无疑问，刚刚创立时的联想，大家都有对事业拼命的干劲和热情。但是，光有干劲和热情，并不能保证财富的增加与事业的成功。不仅如此，商场如战场，如果缺乏智慧和方法，光有善良、热情、好心等品质是远远不够的，这极有可能给企业造成巨大的损失！

当时就那么一点点资金，如果没有用好，公司就有可能夭折、破产！这时，只是强调工作繁忙、勤奋、卖命、辛苦等，已经没有太多的意义。通过这一教训，联想的全体员工后来做事不仅越来越冷静、踏实，而且特别重视策略和方法。

联想自从成立，到如今已经20年。这20年，它已经从几个下海的知识分子的公司，变为一家享誉海内外的高科技公司。它之所以有这样大的发展，毫无疑问与其核心理念密切相关。

业绩是衡量人才的唯一标准。一位曾在外企供职多年的人力资源总监颇有感触地说："所有企业的管理者和老板，只认一样东西，就是业绩。老板给我高薪，凭什么呢？最根本的就要看我所做的事情，能在市场上产生多大的业绩。"现在就是一个以业绩论英雄的时代。

实用指南

不管你的能力如何，不管你工作是否努力，想在公司里成长、发展，想要实现自己的目标，都需要有业绩。因为你创造的业绩是公司发展的决定性条件。管理者不仅要以业绩为导向考核下属，更要强化自己的绩效。

管理者应常为下属服务

管理精粹

卓有成效的管理者会询问组织内的上司、同事及下属：你需要我哪些支持才能提升你对组织的贡献？

——《卓有成效的管理者》 德鲁克

精彩阐释

德鲁克说，卓有成效的管理者总想了解别人需要什么。除了积极地理解上级的意图之外，他们还会千方百计地激励下级，以使其取得成绩。为下属服务，这是他们信奉的一条重要工作原则。

沃尔玛的公仆式领导一直都很有名。早在创业之初，沃尔玛公司创始人山姆·沃尔顿就为公司制定了三条座右铭：顾客是上帝、尊重每一个员工、每天追求卓越。沃尔玛是"倒金字塔"式的组织关系，这种组织结构使沃尔玛的领导处在整个系统的最基层，员工是中间的基石，顾客放在第一位。沃尔玛提倡"员工为顾客服务，领导为员工服务"。

沃尔玛的这种理念极其符合现代商业规律。对于现今的企业来说，竞争其实就是人才的竞争。作为企业管理者只有提供更好的平台，员工才会愿意为企业奉献更多的力量。上级很好地为下级服务，下级才能很好地对上级负责。员工好了，公司才能发展好。企业就是一个磁场，企业管理者与员工只有互相吸引才能凝聚出更大的能量。

但是，很多企业看不到这一点。不少企业管理者总是抱怨员工素质太低，或者抱怨员工缺乏职业精神，工作懈怠。但是，他们最需要反省的是：他们为员工付出了多少？作为领导，他们为员工服务了多少？正是因为他们对员工利益的漠视，才使很多员工感觉到企业不能帮助他们实现自己的理想和目标，于是不得不跳槽离开。

这类企业的管理者应该向沃尔玛公司认真学习。沃尔玛公司在实施一些制度或者理念之前，首先要征询员工的意见："这些政策或理念对你们的工作有没有帮助？有哪些帮助？"沃尔玛的领导者认为，公司的政策制定让员工参与进来，会赢得员工的认可。

沃尔玛公司从来不会对员工的种种需求置之不理，更不会认为提出更多要求的员工是在无理取闹。相反，每当员工提出某些需求之后，公司都会组织各级管理层迅速对这些需求进行讨论，并且以最快的速度查清员工提出这些需求的具体原因，然后根据实际情况做出适度的妥协，给予员工一定程度的满足。

在沃尔玛领导者眼里，员工不是公司的螺丝钉，而是公司的合伙人，他们尊重的理念是：员工是沃尔玛的合伙人，沃尔玛是所有员工的沃尔玛。在公司内部，任何一个员工的工卡上都只有名字，而没有标明职务，包括总裁，大家见面后无须称呼职务，而直呼姓名。沃尔玛领导者制定这样制度的目的就是使员工和公司就像盟友一样结成了合作伙伴的关系。

为员工提供服务，把员工视为企业的合作伙伴，这是员工最希望的关系。这种有效的方式，能实现"双赢"。所以卓有成效的管理者都明白，员工不是公司的螺丝钉，而是公司的合伙人。在实际管理过程中，他们总是想尽办法为员工提供方便。

实用指南

把员工视为企业的合作伙伴，就能增加相互的协作。这样不仅员工能迅速成长，也能为企业带来巨大的效益。对于管理者而言，要想成为下属的合作伙伴，就要常问下属需要自己提供哪些帮助，就要主动接触下属。

与下属共享成果

管理精粹

如果公司内最高和最低工资差距达到20∶1，这已经临近警戒线了。倘若这种悬殊的差距进一步拉大，那么只会造成员工对公司的不满，并造成员工士气受挫，那么公司必然会遭到重创。

——《未来社会的管理》 德鲁克

精彩阐释

德鲁克经常这样告诫经理人：对员工来说，企业领导者与其分享成果是对自己的一种最大的激励。一个乐于同员工分享劳动成果的企业领导者，员工也乐于为企业的发展拼命效力。这样企业和员工才会在某种意义上达到双赢，双方共同的创业之路才会越走越远、越走越顺。所以，企业领导者在日常管理实践中，务必要牢记此训。做到适时地把劳动成果与自己的下属共享，这样自己的管理工作才会得到有效进行，才会在日后取得更突出的业绩。

"与天下齐利"就是与大家分享劳动成果。员工的成果其实就是老板的收获。无论员工的功劳多大，最大的得利者还是老板。把员工的劳动成果与他们共享，对老板不会有丝毫损失，对员工则是莫大的激励，他们工作也会更积极主动。因此，一个乐于同员工分享成果的管理者，才能成为笑到最后的成功者。

在企业里，不夺功的领导者才可能取得成功，也就是要有"与天下齐利"的精神才能获得长足的发展。

楚汉争霸之时，各路诸侯约定"先入关中者王之"。刘邦率领大军，一路上战无不胜，先项羽一步入主关中。刘邦初进咸阳，秦宫室、宝物、美女尽收眼底，刘邦均不取。那他取什么呢？他的谋士萧何赶到秦王朝的宰相府，把图书、档案全收起来，以此尽知天下要塞、户口多少，哪里强、哪里弱，为日后的战争需要搜集了大量材料。

更为重要的是，刘邦和他的谋士做了如下决定：废除秦王朝苛法，与秦民约法三章，"杀人者死，伤人及盗抵罪"；准许秦王子婴投降，并安抚降吏，安定民心。这两项决定，表现了刘邦顺天时，与天下黎民同利益的决心，使秦民大喜，唯恐刘邦不为王，因而争取到了人民的拥护，为他取得天下打下了深厚的基础。

而项羽进关中后，又如何呢？他一路上杀死秦降军二十多万，屠杀咸阳人民无数，杀死秦降王子婴。烧宫室、杀兵士、抢夺财宝和妇女，使秦民大失所望，由此也埋下了他失败的种子。

从刘邦、项羽不同的利益分享方式而引发的不同人生结局，管理者可以得出这样一个启示：作为一名管理者，应设法让员工分享现有的劳动成果。别忘了，分享才是对员工的最大激励。谁都喜欢晋级，谁都喜欢加薪，管理者是这样，员工也如此。当管理者晋级加薪之时，别忘了为你打下江山的员工们，设法让他们分享你的利益，让他们也有所晋升，或得到一些奖励，这才是对员工最大的关心。

"己所欲，施于人"，当你加官晋级时，同时也把你的成果与手下的员工分享，可以想象，员工会是何等的忠诚，这样的企业也必然是上下一心，动力十足，也必然会使效益如芝麻开花节节高。

陈立是一家国有企业的公关部经理，由于在与外商谈判中，压低了商品价格，为企业节省了几十万元，因此企业总经理决定为陈立加薪一级，同时大幅度增加了他的提成。

获得奖励后，陈立首先想到的就是和自己一起奋战几昼夜商讨谈判方案的员工们，于是慷慨解囊，宴请诸员工，随后又请他们周末一起去度假。这样一来，陈立不仅得到了上司的赏识，还得到了员工的爱戴。其实宴请费用并不多，却大大赢得了员工们的一片忠心，今后他们更加卖力地为陈立和企业效力了。

由此，对领导者来说，让手下的员工分享你的劳动成果，不仅是对他们最大的激励，也是让自己再创佳绩的基础和动力。何乐而不为呢？

实用指南

在信息时代，企业要持续健康发展，营造分享环境、建立和完善分享机制，越来越必要和迫切。在中国，每年有许多企业倒闭。企业倒闭有各种各样的原因，最致命的往往是由于缺乏企业持续发展的加速器。而对于企业来说，建立一个完善的企业分享机制，就是建立一个合理的团队分享机制。

目标能够产生动能

管理精粹

人们都是根据自己设定的目标和要求成长起来的，知识工作者更是如此。

——《卓有成效的管理者》 德鲁克

精彩阐释

德鲁克说，人们总是按照自己定下的目标和方向不断前进的。如果他们对自己没什么要求，那他们就只能在原地踏步，不会有任何发展。如果他们对自己的要求很多很高，那么他们就会发展成为能力特别强的人，而且所花的时间和力气也并不见得比成就不明显的人多。

1927年12月20日，韩国前总统金泳三出生在与釜山市隔海相望的巨济岛，父亲金洪祚是一位渔场主，母亲朴富连是位贤惠朴实的家庭主妇。

少年时代的金泳三，虽然家庭生活还算充裕，但他入学就读的条件非常差。因为附近没有学校，从6岁开始他每天都得爬两座小山，到2公里以外的小学去读书。升入高小后，他又要到离家更远的学校去就读。在小学就读期间，他不怕路途遥远，不顾山路崎岖，磨炼出了吃苦耐劳的坚强意志。进入中学后，他更加刻苦用功，以求获得更多的知识。

在读高中时金泳三就梦想成为韩国的总统。这位青年在与同学们畅谈未来的志向时，挥笔写出了"金泳三——未来的总统"的大条幅，并把它贴在宿舍的墙壁上。正是这个美好的梦想，驱使他在日后的征途中百折不挠、坚贞不屈，成就了一番大业。

同样可以证明目标的力量的，是哈佛大学曾经做过的一个极其著名的人生实验。学者们调查了一群智力水平、学历、成长环境、家庭背景等各项条件极其相近的大学毕业生，结果是这样的：27%的人没有目标；60%的人目标模糊；10%的人有清晰但比较短期的目标；3%的人有清晰而长远的目标。

25年后，哈佛再次对这群学生进行了跟踪调查，结果令人大为吃惊：有清晰而长远的目标的那部分人（3%），都成为了各自领域的领袖级人物；有清晰但比较短期的目标的那部分人（10%），成为了各个领域中的专业人士；目标模糊的人（60%），却事业发展平平；而那些没有目标的人（27%），几乎都一事无成，过得很不如意。

这就是是否具有目标而带来的差异。他们之间的差别仅仅在于，25年前，他们中的一些人知道自己到底要什么，而另一些人则不清楚或不很清楚。

实用指南

松下幸之助说过："人生如果没有目标，就无法得到充实，就不能前进或发展。"目标就像前方鲜明的旗帜，指引着管理者向前奋进，成为成功的第一推动力。

专注于梦想更利于发挥潜能

管理精粹

你的首要责任就是充分发挥自己最大的能力，因为这一切都是为了你自己。

——《使命与领导》 德鲁克

精彩阐释

德鲁克认为，发挥出自己最大的潜能，才能获得成功。发挥最大潜能的秘诀是聆听自己内心梦想的召唤。每一位渴望在事业上有所成就的人，心中都有一个属于自己的梦想。

第一章 做卓有成效的管理者

牛津大学的教授奥德赛从小有一个梦想，就是希望自己能像他心目中的英雄那样能改变世界，服务于全人类。不过，要实现他的目标，他需要受最好的教育，他认为只有在美国才能接受他需要的教育。无奈的是，他身无分文，没办法支付路费，而到美国足有10000公里的距离。

但奥德赛还是出发了。他必须踏上征途。他徒步从他的家乡尼亚萨兰的村庄向北穿过东非荒原到达开罗，在那儿他可以乘船到达美国，开始他的大学教育。他一心只想着一定要踏上那片可以帮助他把握自己命运的土地，其他的一切都可以置之度外。

在崎岖的非洲大地上，艰难跋涉了整整5天以后，奥德赛仅仅前进了25英里。食物吃光了，水也快喝完了，而且他身无分文。要想继续完成后面的几千英里的路程似乎是不可能的，但奥德赛清楚地知道回头就是放弃，就是重新回到贫穷和无知。

他对自己发誓：不到美国誓不罢休，除非自己死了。他继续前行。有时他与陌生人同行，但更多的时候则是孤独地步行。大多数的夜晚他都是过着大地为床、星空为被的生活。他依靠野果和其他可吃的植物维持生命。艰苦的旅途生活使他变得又瘦又弱。

由于疲惫不堪和心灰意懒，奥德赛几欲放弃。他曾想："回家也许会比继续这似乎愚蠢的旅途和冒险更好一些。"但他并未回家，而是翻开了他的两本书，读着那熟悉的语句，他又恢复了对自己和目标的信心，继续前行。

要到美国去，奥德赛必须要有护照和签证，但要得到护照，他必须向美国政府提供确切的出生日期证明，更糟糕的是要拿到签证，他还需要证明他拥有支付他往返美国的费用。

奥德赛只好再次拿起纸笔给他童年时起就曾教过他的传教士们写了封求助信。结果传教士们通过政府渠道帮助他很快拿到了护照。然而，奥德赛还是缺少领取签证所必须拥有的往返美国的费用。

奥德赛并不灰心，而是继续向开罗前进，他相信自己一定能通过某种途径得到自己需要的这笔钱。

几个月过去了，他勇敢的旅途事迹也渐渐地广为人知。关于他的传说已经在非洲大陆和华盛顿佛农山区广为流传。斯卡吉特峡谷学院的学生们在当地市民的帮助下，寄给奥德赛640美元，用以支付他来美国的费用。当他得知这些人的慷慨帮助后，奥德赛疲惫地跪在地上，满怀喜悦和感激。

1960年12月，经过两年多的行程，奥德赛终于来到了斯卡吉特峡谷学院。手持自己宝贵的两本书，他骄傲地跨进了学院高耸的大门。最终，他成为了世界顶尖大学牛津大学的教授。

爱迪生说过，高效工作的第一要素就是专注。他说："能够将你的身体和心智的能量锲而不舍地运用在同一个问题上而不感到厌倦的能力就是专注。对于大多数人来说，每天都要做许多事，而我只做一件事。如果一个人将他的时间和精力都用在一个方向、一个目标上，他就会成功。"奥德赛的成功就充分证实了这一点。

专注于某个目标，并全身心投入的人，往往会创造出奇迹。在当今时代，没有哪家企业、哪个老板会喜欢做事三心二意、三天打鱼两天晒网的员工。从这种意义上说，工作专心致志的人，就是能把握成功机遇的人，只有一心一意做事的人，才能受到老板的器重与提拔。

实用指南

戴尔电脑公司的总裁戴尔·迈克尔在一次职工大会上告诫员工说："专注，具有神奇的力量。它是一把打开成功大门的神奇之钥！它能打开财富之门，它也能打开荣誉之门，它还能打开潜能宝库的大门。在这把神奇之钥的协助下。我们已经打开了通往世界所有各种伟大发明和成功的秘密之门。"对于一名高效能人士来说，应当从自己的兴趣、特长起步，找到自身的发展方向，明确自己的目标，并全力以赴地实现它。

让自己的知识帮助组织成长

管理精粹

管理者会设法让自己的知识成为组织成长的机会。

——《卓有成效的管理者》 德鲁克

精彩阐释

德鲁克认为，优秀的管理者可以使企业的目标与个人的需求很好地结合起来。想充分发挥自己及他人的长处的管理者，一定要使企业的绩效与个人的成就协调起来。设法让自己的知识成为可以帮助企业抓住机遇的促进因素，通过强调贡献，他可以使自身的价值转化为机构的效益。

第一章 做卓有成效的管理者

比尔·盖茨说："技术的背后是人。过去几十年社会的种种进步，乃是源于天才身上的一种无法预测的创造力。对于微软公司而言，最重要的是人，而不是钱。只要最优秀的人在，钱就会失而复得，而失去了人，微软才是真的完蛋了。"他始终相信，一个优秀的人能够改变大局面。罗兰德·汉森就是这样的人。

1981年底，微软已经控制了个人电脑的操作系统市场，并决定进军应用软件领域。盖茨决定把微软公司变成不仅开发软件，而且具备零售营销能力的公司。他打算一边从事产品生产，一边从事产品销售，全面投入市场竞争。但是，市场营销却令盖茨头疼，因为在软件程序设计方面，微软的人才都是高手，而在市场营销方面，则找不出一个很懂得行情的人。

盖茨明白了问题的症结，于是就四处打听，八方网罗市场营销方面的人才。最后，终于从"肥皂大王"尼多格拉公司挖来了罗兰德·汉森。他刚一上任，盖茨就任命他为公司的营销副总裁。虽然汉森在软件设计方面可以说是完全的"门外汉"，但是他在市场营销方面却有着极其丰富的知识和经验。盖茨要汉森负责微软公司的广告、公关和产品服务，以及产品的宣传与推销。

汉森做事雷厉风行，上任第一天就给微软的员工们上了一堂生动的营销课。"品牌会产生光环效应。只有让人们对品牌产生联想，产品才会更容易被接受"，"当你用这个品牌推出新产品时，依靠品牌的光芒，它会更容易站住脚，更容易受欢迎"。汉森给这群只懂软件、不懂市场的"营销盲"进行了一次生动的启蒙教育。在汉森的带动之下，微软公司做出决定：从今以后，所有的微软产品都要以"微软"为商标。

从那以后，微软公司的所有不同类型的产品都打出"微软"品牌。不久以后，这一品牌在美国、欧洲乃至全球都家喻户晓。直到此时，微软公司的市场销路问题才算是得以圆满解决。

罗兰德·汉森以自己的长处和知识扭转了微软营销不利的局面，使微软成为全球最有影响力的互联网公司。

实用指南

德鲁克说，管理者应协调好以下两种需求：企业需要让个人为其做出所需的贡献；个人需要把企业当成实现自己的人生目标的舞台。管理者不仅要善于发挥自己的长处，还要善于使自己的优势为企业创造成果。只有这样，管理者的工作才能变得卓有成效，并且不可替代。

· 第二节 ·
卓越是训练出来的——成果管理至上

卓越是训练出来的

管理精粹

卓有成效的管理者有一个共同点,那就是他们在实践中都要经历一段训练,这一训练使他们工作起来卓有成效。

——《卓有成效的管理者》 德鲁克

精彩阐释

德鲁克认为,成功的管理者有一个共同点,那就是他们在实践中都要经历一段训练,这一训练使他们工作起来卓有成效。

不管他们是在政府机构、企业、医院,还是学校,不管他们是干什么的,这些训练的内容都是一样的。

1988年,24岁的杨元庆进入联想工作,公司给他安排的第一个工作是做销售业务员。

多年以后,杨元庆还记得,他骑着一辆破旧的自行车,穿行在北京的大街小巷推销联想产品时的情景。

虽然刚开始杨元庆并不喜欢做销售工作,但他仍然干得非常认真,并且卓有成效。

正是销售工作的历练,使杨元庆后来能够面对诸多困难。也正是杨元庆敏锐的市场眼光和出色的客户服务,引起了柳传志的注意。

1992年4月,联想集团任命杨元庆为计算机辅助设备(CAD)部总经理。

杨元庆在这个位置上不仅创造出了很好的业绩，而且还带出一支十分优秀的营销队伍。

1994年，柳传志任命杨元庆为联想微机事业部的总经理，把从研发到物流的所有权力都交给了他。2001年4月，37岁的杨元庆正式出任联想总裁兼首席执行官。

为了磨一磨杨元庆倔强的脾气，1996年的一个晚上，柳传志在会议室里当着大家的面狠狠地批评了他："不要以为你所得到的一切都是理所当然的，你的舞台是我们顶着巨大的压力给你搭起来的……你不能一股劲只顾往前冲，什么事都来找我柳传志讲公不公平，你不妥协，要我如何做？"柳传志在骂哭杨元庆后的第二天给杨元庆写了一封信：只有把自己锻炼成火鸡那么大，小鸡才肯承认你比它大。当你真像鸵鸟那么大时，小鸡才会心服。

杨元庆回忆起当时的情景说："如果当初只有我那种年轻气盛的做法，没有柳总的妥协，联想就可能没有今天了。"经过不断的"折腾"，杨元庆最终成了一名经得起任何压力的"铁人"。

由此可见，卓越有时只需要我们在过程中多一点坚持，少一点放弃；多一点磨炼，少一点退缩。

这就好像一只蝴蝶幼虫，一个善良的人觉得它在茧中拼命挣扎太过辛苦，出于好心，就用剪刀轻轻地将茧壳剪掉，让幼虫轻易地从里面爬了出来。然而不久以后，那只幼蝶就死了。

幼蝶在茧中的挣扎是生命中不可缺少的一部分，是为了让身体更强壮、翅膀更有力。

如果不经过必要的破茧过程，它就无法适应茧外的环境。

一个人如果不经历必要的磨难，他就很脆弱，没有能力抵抗以后的风风雨雨；一个公司如果不靠自己的力量冲破困境，这个公司就无法有长远的发展。

实用指南

对真正的人才来讲，溺爱即是摧毁，而折腾恰恰是培养和检验。一个人如果不经历必要的磨难，就会很脆弱，没有能力抵抗以后的风风雨雨。

卓越领导的五项修炼

管理精粹

想要成为卓有成效的管理者，至少需要五种训练。第一，卓有成效的管理者应该知道如何分配时间。他们善于通过对时间的掌握，实现有系统的工作。第二，卓有成效的管理者往往专注于贡献。第三，卓有成效的管理者会使自己的长处得到充分发挥。第四，卓有成效的管理者会锁定少数几个领域，并在这些领域中，用优异的表现带来卓越的成效。第五，卓有成效的管理者会做出最有效的决策。

——《卓有成效的管理者》 德鲁克

精彩阐释

德鲁克认为管理时间必须会计划时间、简化工作以及授权于人。时间的价值非比寻常，它与我们的发展和成功关系非常密切。同样的工作时间、同样的工作量，为什么我们不能像别人那样在第一时间完成任务？计划时间，就是要制定目标，使自己明白自己是如何利用时间的。

很多人每天忙得不可开交，他们总是行色匆匆，总是有做不完的工作，开不完的会、吃不完的宴席。为什么会出现这种情况？德鲁克认为，很多人根本没分清楚哪些事情该做、哪些事情不必做、哪些事情纯粹是在浪费时间。所以，作为管理者，必须剔除那些浪费时间的事情，做最有用、最有价值的事。

学会管理自己的时间，必须尽量少做浪费时间的事。任何一个管理者，都没有足够的时间完成他想完成的事情。所以，管理者应该学会授权，让别人去完成一些事情。管理者没必要事必躬亲，只有尽量减少管理，放手让别人干，才是明智之举。管理者既不是神仙，也不是超人，他的精力和能力都是有限的。因而，管理者只能想大局、议大事，而不必事无巨细、事必躬亲，更不必大权独揽。

卓有成效的管理者专注于外在的贡献，他们不在乎实际的个人行为，而是想着怎么去贡献。

爱迪生成名前生活比较贫困。那时候他为了研究试验，经常穿同一件衣服。一次，他的老朋友在街上遇见他，看见爱迪生还穿着上次见到他时所穿的那件衣服，关心地说："看你身上这件大衣破得不成样了，你应该换一件新的。"

"用得着吗？在纽约没人认识我。"爱迪生毫不在乎地回答。几年过去了，爱迪生成了大发明家。有一天，爱迪生又在纽约街头碰上了那个朋友。"哎呀，"那位朋友惊叫起来，"你怎么还穿这件破大衣呀？这回，你无论如何要换一件新的了！""用得着吗？这儿人人都认识我了。"爱迪生仍然毫不在乎地回答。

爱迪生专注于自己对社会的贡献，而忽视自我的形象和物质需求，这种心态和境界很值得现代人学习。

卓有成效的管理者应尽量发挥自己的长处。天生我才必有用，即使是再愚笨的人，也一定有自己的长处。我们往往羡慕别人所拥有的优点，而忽略了自己本身具有的优点和长处。善于发挥自己的特长，是现代人应具有的本领之一。有一句名言是这样说的："生活如一个剧本，重要的不是长度而是精彩度。"尺有所短，寸有所长。人生的诀窍就在于利用自己的长处。

卓有成效的人能够最大化地利用自己的长处和优点，因为唯有利用自己的长处，才能使自己的人生增值；相反，暴露自己短处会使自己的人生贬值。有一句话说得好："宝贝放错了地方便是废物。"

管理者应该懂得，做出有效的决策对他们有多么重要。

有一次，皮柏陪妈妈去欧洲观光。当轮船航行到新奥尔良时，一位陌生人向他推销咖啡，而且价钱只是平时的一半，很多人犹豫不决，但皮柏只是考虑了一会儿就买下来了。就在他买下不久，巴西咖啡因为受寒而减产，价格一下子就涨到了平时的 2～3 倍。皮柏大赚了一笔。

管理者的决策就是这样，有效决策能够使你的团队的效率如同皮柏购买的咖啡一样翻上几倍，否则，团队将因为决策的失误而陷入群龙无首的泥潭之中。

实用指南

管理者想要在管理上卓有成效，就要懂得如何训练自己，德鲁克提出的这五项修炼，便是最好的修炼途径和方法。

树立明确的结果意识

管理精粹

有效的管理者并非为工作而工作，而是为成果而工作。

——《卓有成效的管理者》 德鲁克

精彩阐释

德鲁克认为，卓有成效的管理者一定是为成果而工作的人。他们关注结果，并想尽一切办法去获得好的结果。他们只关心结果，对找借口不感兴趣。他们只在意是否做了正确的事情，而不愿意花费精力和资源去为不能达成积极结果找理由。

有位出租车司机拥有自己的房子，两个孩子皆在大学里读书。一天，一位乘客上了他的车，发觉他心情不佳，于是开口了解其状况，才知道最近他老婆买股票亏了20万。这位乘客听了吓一大跳，以一般开出租车的收入而言，实在很难想象能有此余钱，可以让老婆花费近20万。乘客好奇地追问："您是如何赚得这么多钱的？"

司机笑笑说："其实很简单，从30年前开始开出租车，我就养成一个习惯，那就是我每天早上八点出门，一定要工作到收入超过300元才回家休息，您知道吗？我每天还来得及看晚上八点的电视节目。因为我知道我必须达到什么结果，所以不会将时间用在与其他朋友闲聊或午休方面，一心只想赚到300元这个结果，所以专注在工作上，效率自然高于一般同行，不仅收入尚可，生活正常，30年来，也未曾想过换职业。"

出租车司机每日设定营业额300元以上作为自己必须达到的目标，驱使他工作效率提升。反问自己，你想清楚自己必须达到什么样的结果了吗？只有想清楚自己必须达到什么结果，你才知道自己为何而忙，从而提高工作效率，更完美地完成工作。

心理学家阿德勒认为，特意深植在脑海中并维持不变的"明确的结果"，在下定决心将它予以实现之际，将渗透到整个潜意识，并自动影响到身体的外在行动以促成其实现。

因此，为了在明确的结果下点燃激情，实现自己的潜能，我们应该选择生命中的主要目标，选好之后，把它写下来，放在你每天可以看到的地方。其用意在于，把这个结果深深地印在你的潜意识中，把它当作一种模型或蓝图，让它支配你生活中主要的活动，一步一步地向它迈进。

只要一个人能够妥当地发展他的"明确的主要目标"，那么，在合理的范围之内，没有什么事情是他办不到的——有很多的证据可以支持这种说法。林肯借助这样的方法，跨越了一道宽广的鸿沟，从肯塔基山区的一栋小木屋走出来了，最后成为美国总统。西奥多·罗斯福更是借助这一方法使自己成为美国最有作为的总统之一。安德烈·阿加西也是结果意识的最终受益者。

安德烈·阿加西是英国一位著名的作家和演说家。多年前，他领会了自我暗示方法的功效，立即加以运用。他制订出运用这种方法的一项计划，结果证明极为有效。当时他既不是作家，也不是演说家。

每天晚上入睡之前，他会闭上眼睛，幻想自己看到了一张长长的会议桌，他（在想象中）安排了一些著名的人物坐在桌旁，而这些人物的个性和优点正是他极力想要模仿的对象。他把林肯安排在桌子的尽头，然后在桌子两旁分别坐了拿破仑、华盛顿、爱默生等伟人。最后，他对这些被他安排在想象中会议桌前的幻想人物发表谈话，谈话的内容大致如下：

对林肯：我渴望在自己的个性中培养出你所拥有的优点，正直、对所有的人充满耐心和幽默。我需要拥有这些优点，在我培养出这些优点之前，我不会罢手。

对华盛顿：我渴望在自己的个性中培养出你所拥有的独特的优点，强烈的爱国心、自我牺牲的精神，以及卓越的领导才能。

对爱默生：我渴望在自己的个性中培养出你所拥有的独特的优点，深邃的穿透力以及用想象解释大自然法则的能力，如同这些自然法则写在石墙上、正在生长的树木上、潺潺流过的小溪里、盛开的花朵，或是小孩子的脸上。

对拿破仑：我渴望在自己的个性中培养出你所拥有的独特优点，自信心能够克服障碍、战略眼光、从失败中学到教训，以及从失败中发展出力量的能力。

对赫巴特：你能用清晰、简洁而有力的语言表达你自己的观点，我渴望能拥有与你同等的能力，或超过你的这种能力。

一连好几个月，阿加西每天晚上都想象这些人物坐在那张会议桌旁，他最后终于把他们杰出的优点十分清楚地印在他自己的潜意识中，并开始形成一种由这些人物个性组成的属于他自己的个性。

想清楚自己必须达到什么结果，可以唤醒一个人的潜能。阿加西正是认识到了这一点而走向成功的。在这里，潜意识像一块磁铁，当它使用，并与"明确目标"相互作用之后，它就会吸引住达到这个目的所必备的条件。

实用指南

管理者可以利用心理学上的这种方法，把主要目标深刻在潜意识中，这个方法就是所谓的"自我暗示"。

人事决策是费时的决策

管理精粹

人事决策是费时的决策。

——《卓有成效的管理者》 德鲁克

精彩阐释

德鲁克说，人事决策是费时的决策。因为上帝造人时并没有想到他以后会来管理企业。

说到通用电气，不能不提到韦尔奇。这个个子不高（1.73米），还有点口吃的人，从1981年至2001年担任通用电气董事长兼首席执行官长达20年，创造了一个令人难以置信的神话。

事实上，整个首席执行官的选择过程花了很长时间。诚如长期担任通用电气顾问的诺埃尔·提区和《财富》杂志总编辑史崔佛·舍曼在合著的《通用电气传奇》一书中所说："把可贵的通用电气交到韦尔奇手上的传统管理程序，表明了老通用电气文化中最好的、最重要的一面。前首席执行官琼斯花了很多年时间，从一群能力极为高强、后来几乎个个都领导大公司的人当中把韦尔奇挑了出来……琼斯坚持采用一种漫长、费事、彻底而吃力的程序，仔细地考虑每一个合格的人选，然后完全靠理智选出最适合的人，得到的结果足可列为企业史上继承人规划的典范。"

琼斯在1974年——韦尔奇成为总裁之前7年，采取了这一程序中的第二个步骤，批准一份文件，名叫《CEO传承指引》。他和公司高层经理、人力小组密切合作之后，花了两年时间逐步淘汰，把初步名单上的96个可能人选减少为12个，再减为6个首要人选，其中包括韦尔奇。

为了测验和观察这6个人，琼斯任命每个人都担任部门经理，直接接受首席执行官办公室领导。随后的三年里，他逐渐缩小范围，让这些候选人经历各种严格的挑战、访谈、论文竞赛和评估。程序中的一个关键部分包括"飞机访谈"。

韦尔奇在强敌中最后赢得了这场严酷的耐力竞赛。落选的人后来则分别出任吉梯电信、橡胶美用品、阿波罗电脑、美国无线电（RCA）等大公司的总裁或首席执行官。

管理的根本是人事决策，人事决策的核心是选优，选优的前提是确定什么样的人才选拔原则。德鲁克认为，管理者进行人才选拔，必须重视基本的选拔原则。他提出了五条原则，其中最重要的有两条，一是决策者要对用人负责，二是要选用合适的人做合适的事。

实用指南

事实上，任何人都很难完全合乎组织的要求，而人又是不可以随意"更改"的。所以，在人事上，就需要较长时间的思考和判断了。

第一次就把事情做对

管理精粹

许多卓有成效的管理者在个性、能力、工作种类、工作方式、岗位、性格、知识及兴趣上都有天壤之别，但他们的共性是：拥有把对的事做好的能力。

——《卓有成效的管理者》 德鲁克

精彩阐释

德鲁克的这段话中包含了三个最为重要的概念：做正确的事，正确地做事，把事情做好。

"正确地做事"以"做正确的事"为前提，如果没有这样的前提，"正确地做事"将变得毫无意义。"把事情做好"以"正确地做事"为前提，如果不能正确地做事，在处理事务中未能有正确的方法，将不可能获得"把事情做好"这种理想的结果。

每个人都必须明确什么是正确的事。对于企业而言，所要进行的事情必须符合企业的价值观和使命，企业利益必须与公众、社会利益有机统一。企业只有顺应民意、强调社会效益，才能获得持久的经济效益。对于个人而言，所谓正确的事，不仅要符合个人的人生志趣，更要符合社会的价值观和组织的要求、利益。

著名管理学家克劳士比把"第一次就把事情做对"作为自己零缺陷理论的精髓之一。这一观点体现的是一种精益求精的工作态度。从丰田公司的全面质量管理和准时化生产中来看，人们会惊奇地发现，原来，第一次就把事情做对不仅是可能的，而且是必须的。想想看，整条流水线上，每一个零配件生产出来之后马上就被送去组装，因为没有库存，任何一个环节出了质量问题，都会导致全线停产，所以必须百分之百地"第一次"就把事情做对。

美国市政厅的一份研究报告披露说，仅在华盛顿特区发生的因工作马虎造成的损失，每天至少有100万美元。该城市的一位商人曾抱怨说，他每天必须派遣大量的检查员去各分公司检查，尽可能地制止各种马虎行为。在许多人眼里有些事情简直是微不足道的，但积少成多、积小成大，一些不值一提的小事会影响他们做事的工作效率，当然也会影响到他们的晋升和事业的发展。

正如德鲁克所言，任何想要有所作为的人，都要选择正确的事情去做，采用正确的做事方式，本着把事情做好的原则，高效率、高质量、有创造性地完成任务。把对的事情做好，这是取得成功的秘诀，也是优秀管理者必备的素质之一。

实用指南

德鲁克认为，我们可以从以下几个方面来锻炼自己把对的事情做好的能力。

第一，善于学习。

学习的方式有很多种，读书是比较常见的一种。通过阅读，丰富学识，本着缺什么补什么的原则，多读书、读好书，学以致用，用以促学。

第二，做事要专注。

面对五彩缤纷的世界，往往应接不暇；面对形形色色的诱惑，往往难以拒绝。总想得到更多，总想收获更丰，到头来无不验证了老子那句名言："五色令人目盲，五音令人耳聋，五味令人口爽。"我们只有学会排除干扰、拒绝诱惑，真正静下心来专注地做一件事，成功才会离我们越来越近。

第三，有所为有所不为。

这需要做出选择和取舍。阿西莫夫是一位科学知识普及者，同时也是一位自然科学爱好者。但他在自然科学研究上迟迟没有可以拿出手的成绩。一天，他在打字机前打字的时候，突然意识到："我不能成为第一流的科学家，也许能成为第一流的科普作家。"于是，他把全部的精力都放在科普创作上，终于成为著名的科普作家。

因此，要想成功，必须有所取舍，这样才能将有限的精力全部投入到自己选择的事情上，才有机会获得成功。

第一章　做卓有成效的管理者

要事第一，不值得的事情不要做

管理精粹

对于管理者而言，最困难的决定是确定出哪些事情暂时可以不去处理。

——《成果管理》 德鲁克

精彩阐释

德鲁克认为，集中精力在最重要的事情上，是很多成功人士所奉行的重要原则，同时，也是我们高效完成工作的一个重要前提。

遍布全美的都市服务公司创始人亨利·杜赫提说过，人有两种能力是千金难求的无价之宝——一是思考能力；二是分清事情的轻重缓急，并妥当处理的能力。

白手起家的查理德·洛曼经过 12 年的努力后，被提升为派索公司总裁一职，年薪 10 万，另有上百万其他收入。他把成功归功于杜赫提谈到的两种能力。查理德·洛曼说："就记忆所及，我每天早晨 5 点起床，因为这一时刻我的思考力最好。我计划当天要做的事，并按事情的轻重缓急做好安排。"弗兰克·贝格特是全美最成功的保险推销员之一，每天早晨还不到 5 点钟，便把当天要做的事安排好了——是在前一个晚上预备的——他定下每天要做的保险数额，如果没有完成，便加到第二天的数额上，以后依此推算。

长期的经验告诉我们，没有人能永远按照事情的轻重程度去做事。但是你要知道，按部就班地做事，总比想到什么就做什么要好得多。

著名的效率管理专家伯恩·崔西在某大学的一次演讲中，拿出了一个 1 加仑的广口瓶放在桌上。随后，他取出一堆拳头大小的石块，把它们一块块地放进瓶子里，直到石块高出瓶口再也放不下为止。

伯恩·崔西问："瓶子满了吗？"

所有的学生应道："满了。"

伯恩·崔西反问："真的满了？"说着他从桌下取出一桶砾石，倒了一些进去，并敲击玻璃壁使砾石填满石块间的间隙。

"现在瓶子满了吗？"

这一次学生有些明白了，"可能还没有。"一位学生低声应道。

"很好！"

伯恩·崔西于是从桌下又拿出一桶沙子，把它慢慢倒进玻璃瓶。沙子填满了石块的所有间隙。他又一次问学生："瓶子满了吗？"

"没满！"学生们大声说。

然后伯恩·崔西拿过一壶水倒进玻璃瓶，直到水面与瓶口齐平。他望着学生，"这个例子说明了什么？"

一个学生举子发言："它告诉我们：无论你的时间表多么紧凑，如果你真的再加把劲，你还可以干更多的事！"

"不，那还不是它真正的寓意所在，"伯恩·崔西说，"这个例子告诉我们，如果你不先把大石块放进瓶子里，那么你就再也无法把它们放进去了。"

"大石块"是一个形象逼真的比喻，它就像我们工作中遇到的事情一样，这些事情中有的非常重要，有的却可做可不做。如果我们分不清事情的轻重缓急，把精力分散在微不足道的事情上，那么重要的工作就很难完成。

作为对公司的管理人员，要想提高工作效率，就要将你手头的工作排个序，轻重缓急做到心中有数，把最要紧的事放在第一位，把要紧的事情做好才能做好其他的事情。

做任何事情都要有计划，要分清轻重缓急，然后全力以赴地行动，这样才能获得成功。但是，如何确定优先次序也是一件很复杂的事情。德鲁克提出了四个确定优先次序的重要原则：一、重将来而不重过去；二、重视机会，不能只看到困难；三、选择自己的方向，而不是盲从；四、目标要高，要有新意，不能只求安全和方便。

分类并排序后，才能从众多工作中提出重点，以要事优先的原则来处理事务才能达到管理上的高效，而后才能促进整个企业的高效运转。

实用指南

我们在工作中应如何提高自己的工作效能，做到要事第一呢？

一、明确公司目标

要做到要事第一，首先我们要明确公司的发展目标，站在全局的高度思考问题，这样可避免重复作业，减少错误的机会。

二、找出"正确的事"

要实现要事第一，第二个关键就是要根据公司发展目标找出"正确的事"。

三、过滤"次要信息"

高效能人士应当学会有效过滤次要信息，让自己的注意力集中在最重要的信息上。

四、保持高度责任感

一名高效能人士在工作中要时刻保持高度的责任感，自觉地把自己的工作和公司的目标结合起来，对公司负责，也对自己负责。最后，发挥自己的主动性、能动性，去推进公司发展目标的实现。

五、使用"优先表"

一个人在工作中常常难以避免被各种琐事、杂事所纠缠。为此，每个人都应该有一个自己处理事情的优先表，列出自己一周之内急需解决的一些问题，并且根据优先表排出相应的工作进程，使自己的工作能够稳步高效地进行。

六、学会说"不"

一名高效能人士要学会拒绝，不让额外的要求扰乱自己的工作进度。

七、沟通增效

沟通在提高工作效率中有着十分重要的作用，如果你的工作中出现了这种情况，你千万不可保持沉默，而应该主动沟通，清楚地向老板说明你的工作安排，主动提醒老板排定事情的优先级，并认真聆听老板的意见，这样可大幅减轻你的工作负担。

立即停止毫无成果的工作

管理精粹

"这件事如果不做，会有什么后果？"如果答案是完全没有影响，那我们就不该再做这件事。

——《卓有成效的管理者》 德鲁克

精彩阐释

德鲁克认为，"没有比保持尸体不腐烂更困难、更昂贵而又徒劳无功的事情了"。这句话意味着管理者要根据成本理念，抛弃那些不创造价值的活动，抛弃那些"行将就木"的过去，将更多的精力集中到未来更有价值的活动中去。

第二次世界大战结束不久，松下幸之助接手了一家面临倒闭的缝纫机公司。当时，他有信心让公司起死回生，但由于他不擅长于此方面的业务，加之竞争对手强力，自感无力抗争，很快便撤了回来。当然，费了一番工夫以后退出来，财力、物力、人力都会有些损失，但总比继续毫无希望地撑下去划算。

1964年10月，松下幸之助分析了方方面面的情况后，决定停止大型电子计算机的开发生产。在这之前，松下电器公司的通信部已经为此项工作付出了巨大的人力、物力和财力，并且已经试制成功了该项产品。但是，大型计算机的市场前景却不容乐观，需求量极少。鉴于这种情况，松下幸之助决定放弃这个项目。

该决议一经发布，顿时舆论哗然，来自内部、外部的不同意见此起彼伏，不绝于耳。大家一致认为，花费5年时间、耗资巨大的项目就此放弃，得不偿失。要放弃，日本国内7家生产厂家中的另外6家也可以放弃，又何必是松下电器公司首先放弃呢？

而来自外部的舆论更有许多猜测，他们认为松下电器公司要么是因为技术跟不上，要么是因为财政赤字才放弃这个项目的。就连一些久经沙场的高级职员，对松下幸之助的决议也持怀疑态度。

当时，松下幸之助面临众多的困扰和烦恼，但他顶住各种意见和舆论，毅然停止了这个没有前途的项目，把人力、物力、财力用到其他方面。后来的事实证明，松下幸之助的这个决策是正确的。

为什么松下电器公司对已花费5年时间、投入了巨额资金进行开发、眼看就要有收获的项目，偏偏放弃了呢？

原来，松下幸之助发现，电脑市场的竞争日趋白热化，仅在日本就有富士通、日立等公司在做最后的冲刺，如果此时松下电器再加入，也许会生存下来，但也有可能导致全军覆没，这就等于拿整个公司做赌注。

所以，面对这样的市场形势，他毅然做出退出大型计算机市场的决策，这是在清醒冷静思考后的勇敢大撤退。正是因为这次大撤退，松下公司在其他领域获得了更快更好的发展。

实用指南

瑞士军事理论家菲米尼有一句名言："一次良好的撤退，应与一次伟大的胜利一样受到奖赏。"不成功绝不罢休固然是真理，但敢于放弃才是最伟大的。在管理中经常会遇到要决定一种产品是否该经营的问题，是进是退，是放弃还是坚持，关键在于分析当时的形势，很多时候，退出能使企业得到更好的发展。管理者要常问：这件事还有做下去的价值吗？

·第三节·
时间管理是一项基本技能

不要再为昨日的任务而忙碌

管理精粹

　　管理者每天都需要耗费大量的时间去修改昨天的行动或决策。事实上，管理者可以减少这些不再产生成果的任务，以缩短浪费在这些事情上的时间。

——《卓有成效的管理者》 德鲁克

精彩阐释

　　德鲁克认为，管理者应尽可能减少为了修补错误而浪费今天或明天的时间。只有做到这一点，企业及管理者才有足够的时间投入到更有潜力的事情上去。

　　美国贝尔电话公司为什么能多年称霸市场？尽管电话系统是一项典型的公用事业，但在20世纪初到20年代中期，贝尔担任该公司总裁的20多年时间里，贝尔电话成为了一家世界上最具规模、发展得最快、最大的私营企业。其秘诀是什么？贝尔认为这归功于公司做出的"四大决策"。

　　第一大决策是实行"公众管制"。不能把一项全国性的电讯事业看成是一种传统的"自由企业"。公司领导者认为要想避免政府的接管，在管理上唯一的办法就是实行"公众管制"。所谓"公众管制"，就是坚持有效、诚实、服务的原则，这是符合公司利益而且事关公司生死存亡的关键所在。公司把这一目标交付给各地子公司总经理，使公司从高层领导到普通员工，都能朝着这一目标共同努力。

　　第二大决策是要求贝尔公司满足社会大众的服务要求。美国的贝尔电话公司是家私营企业，要想保持它的自主经营而不被政府接管，必须预测和满足社会大众服务的需求，所以公司提出了一个"本公司以服务为目的"的口号。根据这一口号的精神，贝尔公司树立了一个全新的标准：衡量一个经理的工作成绩，应该是服务的程度，而不是赢利的程度。

第三大决策是发行股票开拓大众资金市场。贝尔设想发行一种AT&T（美国电话电报公司）股票，来开拓着眼于社会大众的资金市场，以避免通货膨胀的威胁。正是得益于这项决策，贝尔公司长期以来始终保持着源源不断的资金来源。

第四大决策是建立"贝尔研究所"。电讯事业的生存与发展，领先技术具有决定性意义。为此必须建立一个专门从事电讯技术研究的"贝尔研究所"。目的是为了摧毁"今天"，创造美好的"明天"。

四大决策确保了贝尔在通讯市场上持续领先。很多管理者一直不明白自己为什么一直在为昨日的任务而忙碌，其中的主要原因就是因为昨日的决策存在着失误，而今天只好通过修补行动来为失误埋单。显然，贝尔四项决策的出台，并不是公司的老板拍脑袋定下来的，而是通过集体的民主决议，最大限度地保证了决策的正确性，从而使公司的管理者每天都行走正确的道路上。

实用指南

决策的最高境界是精准性、科学性，面对竞争激烈的年代，管理者要尽可能降低在决策实施过程中的不确定性因素。但不可避免的是，任何企业的管理者都曾碰到过决策失误或偏离的情况。针对这种情况，德鲁克给出的建议就是放弃，不要再为昨天不产生任何效益的事而做无用功，浪费时间和精力。

有效地管理时间

管理精粹

时间是最宝贵的资源，不懂时间管理，那就什么也无法管理。

——《卓有成效的管理者》 德鲁克

精彩阐释

德鲁克认为，卓有成效的管理者非常注意管理自己的时间。因为时间是个人最重要也是最基础的资源。然而很多人并不认为浪费时间就是在增加成本。其实，关于时间的认识是最基本的，每个人的时间都是有限的且具有不可逆性。因此，管理者能做的只能是珍惜时间，并使之产生最大的效能。

第一章　做卓有成效的管理者

在美国现代企业界里，与人接洽生意能以最少时间产生最大效率的人，非金融大王摩根莫属。他甚至因为珍惜时间而招致了许多怨恨，但实际上人人都应该把摩根作为这一方面的典范，因为人人都应具有这种珍惜时间的美德。

摩根每天上午9点30分准时进入办公室，下午5点回家。有人对摩根的资本进行了计算后说，他每分钟的收入是20美元，但摩根认为不止这些。所以，除了与生意上有特别关系的人商谈外，他与人谈话绝不超过5分钟。

通常，摩根总是在一间很大的办公室里，与许多员工一起工作。摩根会随时指挥他手下的员工，按照他的计划去行事。如果你走进他那间大办公室，是很容易见到他的，但如果你没有重要的事情，他是绝对不会欢迎你的。

摩根能够准确地判断出一个人来接洽的到底是什么事。当你对他说话时，一切转弯抹角的方法都会失去效力，他能够立刻判断出你的真实意图。这种卓越的判断力使摩根节省了许多宝贵的时间。

做好时间管理，合理利用自己的时间，是提高工作效率、提升工作价值的重要方法。歌德曾说："我们都拥有足够的时间，只是要好好善加利用。一个人如果不能有效利用有限的时间，就会被时间俘虏，成为时间的弱者。一旦在时间面前成为弱者，他将永远是一个弱者。因为放弃时间的人，同样也会被时间放弃。"成功学家卡耐基也说过，只有善于把握时间的人，才能走向成功。

实用指南

德鲁克说，时间是最宝贵的资源，不懂时间管理，那就什么都无法管理。要赢得时间，应该把注意的重点放在以下几个方面：

（1）预先做好计划。从长远来看，计划附上时间，可以大大节省时间，更可做到运筹帷幄，是十分值得的。

（2）减少电话骚扰。集中并有选择地处理来电，回复电话时尽可能针对要点简明扼要，切忌把时间花在不着边际的闲聊上。

（3）不要犹豫不决。犹豫不决最费时间，谨慎决定、敢于负责，远胜于犹豫不决，要训练和改善自己的决策能力和技巧。

（4）留有时间余地。在计划工作表上，预留少许时间作为休息或处理突发事件之用，以防万一。

（5）改善阅读工作。有选择性地阅读文件，除练习速读与决策能力外，可考虑将一些例行性及次要文件交由下属处理。

（6）适当下放权力。不要事必躬亲，小事应当假手于人，多训练几个好帮手，自己从旁观察与控制。

时间没有替代品

管理精粹

在一定范围内，某一资源缺少，可以另觅一种资源替代。例如铝少了，可以改用铜；劳动力可以用资金来代替。我们可以增加知识，也可以增加人力，但没有任何东西可以替代已失去的时间。

——《卓有成效的管理者》 德鲁克

精彩阐释

德鲁克说，管理者的工作时间往往只属于别人，而不属于自己。时间完全没有代替品，最大限度地利用好时间的意义是创造更多的价值，这是一个管理者应该努力学习的课程。现实工作中，每个人都可以跑来占用管理者的时间，而管理者本身对此显得毫无办法。他无法像内科医生那样伸出头去对护士说："在接下来的半小时里，请不要让人来打扰我。"管理者办公桌上的电话铃一响，他就得拿起电话与公司的重要客户通话，要不就与政府的高级官员或自己的上司说话，于是，接下来的半个小时就泡汤了。

美国近代诗人、小说家和出色的钢琴家艾里斯顿善于利用时间。他在文章中写道："当时我大约只有14岁，年幼疏忽，对于爱德华先生那天告诉我的一个真理，未加注意，但后来回想起来真是至理名言，从那以后我就得到了不可限量的益处。

"爱德华是我的钢琴教师。有一天，他给我上课的时候，忽然问我每天要练习多少时间钢琴。我说大约每天三四小时。他又问我每次练习时间长吗，我如实地告诉他我每次都在一个小时以上。

"'不，不要这样！'他说，'你将来长大以后，每天不会有长时间的空闲。你可以养成习惯，一有空闲就几分钟几分钟地练习。比如在你上学以前，或在午饭以后，或在工作的休息余闲，五分钟、五分钟地去练习。把短的练习时间分散在一天里面，如此，弹钢琴就成了你日常生活中的一部分了。'

"当我在哥伦比亚大学教书的时候，我想兼职从事创作。可是上课、看卷子、开会等事情把我白天、晚上的时间完全占满了。差不多有两个年头我一直不曾动笔，我的借口是没有时间。后来才想起了爱德华先生告诉我的话。到了下一个星期，我就行动起来。只要有五分钟左右的空闲时间我就坐下来写一百字或短短的几行。

"出乎意料的是，那个星期，我竟积累了相当一部分稿子准备做修改。

"后来，我用同样积少成多的方法，创作长篇小说。我的教授工作虽一天繁重于一天，但是每天仍有许多利用的短短余闲。我同时还练习钢琴，发现每天小小的间歇时间，足够我从事创作与弹琴两项工作。"

没有任何东西可以替代已经失去的时间，所以当前的时间是最宝贵的，应该最大限度地利用好。卡尔森坚持先把最重要的事情完成，从另一个角度说也是把时间的不可代替性和效率第一性联系在了一起，从而获得了巨大的成功。

实用指南

德鲁克认为，任何一个管理者，不管他是否是经理，往往不得不在那些对组织不产生任何好处的事上花费很多时间。很多时间不可避免地被浪费掉了。在组织中的位置越高，他在这方面所感到的压力就越大。对于管理者而言，如果想取得绩效，那他必须将精力集中到整个机构的工作成果和绩效目标上来。这也就是说，他必须省出时间来做这些事情。

别把时间浪费在会议上

管理精粹

一个组织如果经常要以会议方式来共同工作，那么行为科学家们出于善意而为合作所研创的各种机会，将是多余的。

——《卓有成效的管理者》 德鲁克

精彩阐释

德鲁克说，一位管理者的时间，绝不能让开会占用太多。会议太多，表示职位结构不当，也表示单位设置不当。如果你的公司动不动就用开大会小会来解决问题，说明你的公司在职位设置上有问题，而且职责混乱，不能将信息及时传达给需要的人。

所以，作为管理者，在召开任何会议之前，要先把以下这些问题考虑清楚。

（1）真有召开这个会议的必要吗？除非你能给自己一个明确的答案，否则就可以免了。很多会议都只是前人遗留下来的陋规，你当然没有必要萧规曹随、照单全收。

（2）召开会议的目的是什么？确定讨论的主题与题目：野心不要太大，讨论三项就够了，否则会议会拖很久。

（3）要请哪些人来参加？该来的来，不该来的不要来。

（4）要在何时举行？选择一个大家都方便的时间，至少提前一天发出通知。

（5）要在何地举行？要确保场地不但够大，而且不会受到外界干扰。

那么，究竟什么情况下才开会呢？专家提出的建议是：

当某件事情要众人讨论、决定，而非单凭一特定人士即可决定时；

当某件事情涉及层面极广，需要多种专业知识才能判定时；

当某件事情关系到部门内全体成员，必须所有人都参与决策时；

当某件事情需要经过众人讨论，才能避免可能产生的失误时；

当某件事情所披露的信息，将使所有与会者同感受惠之时。

接到开会通知时，第一件事情就是衡量究竟有无参加的必要。倘若有，再去索取议程表，并妥善规划应付的对策。为了节省时间，假使会议相当长，而当中只有少数一些议程与你有关，则可考虑选择性地参与。在会场上，你应注意的事项有：

如果没什么话要说，就保持沉默；

发言时务必简洁明了，切勿拖泥带水，或是语焉不详；

注意聆听他人的发言，仔细观察会场的动静与气氛；

在与他人争辩时，态度要坚定。但若是大势已去，则无需再做困兽之斗；

倘若对某项问题不甚确定，则质问主席"你认为……"，而不是说"我认为……"。

"会无好会"，既折磨人又浪费时间，但要是事先能妥善地规划并予有效的安排，否则不但能看到脑力激荡的热烈场面，更不难有丰硕的成果。

为了达到会议目的，在会议召开前你必须做好相关准备。如会场所需的设备，事先须布置妥当；要有一个称职的主持人来主持会议；必须让所有与会者都畅所欲言，而不是在台下当观众。假如这一切你都能妥善处理，那么会议一定会成为你提高工作效率的有力武器。

为了减少不必要的会议，首先应该健全制度，明确分工。制度确定，可照章办事；职责明确，可各负其责。如此可免去许多不必要的会议。另外，一定要精简机构。因为管理机构多，人员数量多，开会次数就多。如果上下级关系紧张，缺少沟通，产生心理障碍，一些事情就不得不拿到会议上解决。而协调也是减少会议的有效方式。协调当然是口头协调，切不可召开会议进行协调，以免"此地无银三百两"。

为了使会议有效而具体，会议前要对会议讨论的问题、会议的程序、到会人员有详尽了解。如果事先心中没数，尽管会议准时召开，到会成员认真积极发言，但都不能解决实际问题。因此，会前掌握好你的对手或与会者的个性，对会议的成功十分有益。

一种人是"直肠子"，这种人心直口快，不玩心计，他们的意见值得参考与采纳；一种人是"殉难者"，这类人急于表明自己的谦虚和友善；一种人是沉默无语者，他们把自己的想法闷在心里，也有可能在大家离开后单独与老板谈；一种人是善言者，这类人属"啦啦队长"，对这种人要么认真对待，要么就干脆不去搭理；另外一种人则是"反派人物"，任何建议对他们来说都是值得怀疑和不可信的。这种人往往占去会议的大量时间。了解以上对手或与会者的个性，采取相应对策，将更有效地推动会议顺利进行。

另外，会议的组织也影响着会议的效率。在现实情况下，我们应减少会议人数。心理学家认为7~9人的会议能最好地交流经验。所有会议应尽量不超过2小时，在会前做好情况通报和信息输送，使有关单位和人员有相应准备。每次会议议题不可太大，但也不可将小事情纳入会议议程。在必要时限定发言时间。会议期间不允许会客，不接电话，尽可能避免干扰。另外，要扮演好会议主持人角色，主持人应是会议的引导者，而不是主讲人，主持人提出问题后，应尽可能不再干扰发言人的讲话。

在会议讨论阶段，应明确向成员提出，严禁私下交谈，如果确实需要个别交流，可采用递条子的办法来进行，切不可因此使整个讨论一发而不可收。每个与会人员都应注意聆听他人的高见，吸收他人观点中的闪光点。

经过充分讨论，要提出解决问题的方案。这时，应尽量通过共识来做出决策，而尽力避免投票表决的方式，因为这样会无形中形成两派，其中肯定有一派是赢家，一派是输家，使组织面临分裂的危险，至少减少团队的凝聚力。不管采取什么样的决策方式，应该注意的是，最后决策必须反映全体团队成员的看法或至少是大多数人的看法，一旦决策通过，整个团队都应尽力给予支持。

在会议结束时，会议主持人须进行一次总结，将整个会议的成果再次向全体与会人员作一通报，并根据会议精神安排工作，规定期限，明确责任。

实用指南

开会原本是件好事，目的在于集思广益，开拓新局面，然而这种例行公事却变成许多主管沉重的负担。所以，德鲁克认为，为了减少不必要的会议，首先应该健全制度，明确分工。

不要放过任何零碎时间

管理精粹

有效的时间管理者总是不放过任何零碎的时间。

——《卓有成效的管理者》 德鲁克

精彩阐释

任何事物都有它的独特之处，时间也不例外。如果你抓住了时间的特点，并善于利用它，那你就把握了运用时间的要领。卓有成效的管理者正是利用时间的这种特性，不断充实时间的容量，充实自己的生命的容量。

阿杰在一家公司做主管，每天从早晨8点一直工作到下午5点，经常是下班的时候已经累得精疲力竭了。

他对这份工作很不满意，为了有更好的工作，他想去考注册会计师。他以前从未接触过会计学的知识，所以难度很大。

起初，阿杰对于时间的管理也毫无头绪，不知道该怎么办。但他很快就发现，大量的时间无意间就从自己身边溜走了。

他是早晨6点起床的，在他做早餐等水开这段时间，他就经常站在厨房等待，有时候在屋子里来回转悠。于是，他利用这段时间复习一下昨天学过的知识，效果好极了。

他原来从住处到公司需要1小时，后来为了节省时间，他搬到离公司较近的地方住，这样只需要20分钟就可以到公司。于是他又省下了40分钟。

原先他上班时在车上就是等待到达，现在他把这段时间也充分地利用了起来。这段时间他可以看10页书。

中午公司有90分钟的吃饭时间，阿杰只要花15分钟就可以吃完，于是他把这段时间也利用起来。

原来下班回到家，阿杰就强打精神坐在桌子前面看书。现在，阿杰的做法是：先躺在床上听 15 分钟的音乐，然后再开始学习，待学习累了，就去做晚饭，这样一边做饭一边休息。吃完饭，他又接着学习。

不久，阿杰取得了注册会计师资格，并去一家会计事务所上班了，工资也涨了好几倍。

时间就像海绵里的水一样，是靠挤出来的。时间的弹性很大，善于挤时间的人，会比别人得到更多的时间。那么怎样去寻找躲在角落里的时间呢？你不妨参照下面的方法。

一、节省途中时间

这么多时间耗费在毫无意义的往返路途上，不如想想其他的方法。如果你有能力的话，为什么不把家搬到一个离公司近的地方呢？或者你也可以在离家不远的地方找一个工作。

二、不允许别人来打扰

如果有某个人走进了你的办公室，并不在日程安排之内，他想和你谈谈与他自己有关的某些事，那么就毫不客气地立刻拒绝。

三、我们每天都有许多时间在等待中度过

等车、等人、排队缴费等，认真算起来，你会发现平均每天光是用在等待上的时间，就不下 30 分钟。而一般人以为那只是短暂的时间，于是每天把不少的零碎时间白白地浪费了。

四、充分利用睡前时间

如果你觉得自己缺乏思考问题的空闲时间，不妨试着坚持每天睡前挤出十几分钟的时间，一旦形成了习惯，就很容易长期坚持。

五、从你的办公桌上找出隐藏的时间

你可以在许多不同的地方进行重要的思考，比如企划、组织以及时间安排等工作，可是，你一天中的例行工作，很可能是必须集中在办公室的一张办公桌，或工作场所的某个定点完成的。

如果能把办公桌布置成一个具有相当效率的个人工作站，并使它高度配合你的需要，那么，你的时间可能就会因此节省很多。

不要认为零碎时间只能用来办些不大重要的杂务。最优先的工作也可以在这少许的时间里去完成。如果你照着"分阶段法"去做，把主要工作分为许多小的

"立即可做的工作",你随时可以做些费时不多却很重要的工作。这给你带来的好处是不言而喻的。

有人曾做过一个调查,总结出了百年来活跃于世界企业界人士成功的关键,那就是他们都善于利用闲暇时间不断地学习。

闲暇时间指的是什么呢?通常来说,所谓的闲暇时间就是可以供我们自由支配的时间,也就是人们常说的业余时间。从严格意义上说,真正的闲暇时间应该是排除了用于工作、家务、饮食等事务性的时间,也就算完全由个人支配的时间。

在可以自由支配的闲暇时间中,人们为了满足自己的需要,可以选择从事自己喜欢的有价值、有意义的活动。

要善于利用闲暇时间,首先要确立闲暇时间就是一笔宝贵财富的观念。法国著名的未来学家贝尔特朗·德·古维涅里曾经提出这样的观点:在未来社会中,人们感到最重要的不是能够买到一切的余钱,也不是层出不穷的商品,而是业余时间——正是业余时间给了人们继续学习文化知识的机会。

我们可以这样算一下,对于正在工作和学习的人来说,在一天里,闲暇时间几乎等同于工作时间。

但是从一生来看,闲暇时间几乎四倍于工作时间。因此,闲暇时间是有志向者实现志向的大好时光,是创业者艰苦创业的黄金时段。

闲暇时间是宝贵而惊人的。据调查报告:一个70岁的人,一生用来工作的时间是16年,用来睡眠的时间是19年,剩下的时间就是闲暇时间,足足有35年,相当于生命的一半!

一个优秀的管理者,一定是个会利用闲暇时光,善于利用一切零碎但有用的时间的员工。

只有学会利用零碎时间,你才可以抓住一切能够成功的机会。

实用指南

在职场竞争日趋激烈的今日,要想有所作为就必须掌握对零碎时间的运用。你可以把零碎时间用来从事零碎的工作,从而最大限度地提高工作效率。比如在车上时,可以学习、思考、简短地计划下一个行动,等等。

充分利用零碎时间,短期内也许没有什么明显的感觉,但经年累月,将会有惊人的成效。

第一章　做卓有成效的管理者

在行动前规划好时间

管理精粹

懂得利用时间的管理者，可以经过规划而取得成果。

——《管理的实践》 德鲁克

精彩阐释

德鲁克认为，一个成功者往往懂得计划时间。时间的价值非比寻常，它与我们的发展和成功关系非常密切。同样的工作时间、同样的工作量，为什么有时候我们总不能像别人那样在第一时间完成？计划时间，就是要制定目标，使自己明白自己是如何利用时间的。

1976年冬天，19岁的迈克尔在休斯敦大学主修计算机。他是一个音乐爱好者，同时也具有一副天生的好嗓子，对他来说，成为一个音乐家是他一生最大的目标。因此，只要有多余时间，他就把它用在音乐创作上。

不久，迈克尔又找了一个名叫凡内芮的年轻人来合作。凡内芮了解迈克尔对音乐的执着。然而，面对那遥远的音乐界及整个美国陌生的唱片市场，他们无计可施。

有一次闲聊，凡内芮突然从嘴里冒出了一句话："想象你5年后在做什么。"迈克尔还来不及回答，他又说："别急，你先仔细想想，完全想好、确定了再告诉我。"迈克尔想了想，开始说："第一，5年后，我希望自己能有一张唱片在市场上发行，而这张唱片很受大众欢迎；第二，5年后，我要能天天与一些世界一流的音乐家一起工作。"

凡内芮听完后说："好，既然你已经确定了，我们就把这个目标倒过来看。如果第五年，你有一张唱片在市场上，那么第四年，一定要跟一家唱片公司签约。那么第三年，一定要有一个完整的作品，可以拿给很多很多的唱片公司听，对不对？那么第二年，一定要有很棒的作品开始录音了。那么第一年，就一定要把你所有要准备录音的作品全部编曲、排练好。那么第六个月，就要把那些没有完成的作品修饰好，然后让你自己可以一一筛选。那么第一个月，就要把目前这几首曲子完工。那么第一个礼拜，就要先列出一个清单，列出哪些曲子需要修改、哪些需要完工。"

凡内芮一口气说完，停顿了一下，然后接着说："你看，一个完整的计划已经有了，现在你所要做的，就是充分利用时间，并按照这个计划去认真地准备每一步，一项一项地去完成，这样到了第五年，你的目标就实现了。"说来也巧，恰好在第五年，迈克尔的唱片开始在北美畅销起来，他一天24小时几乎全部都忙着与一些顶尖的音乐高手在一起工作。

从这个故事可以看出，制定目标，给自己规划时间是多么重要。

实用指南

很多管理者总是抱怨时间不够用，然而，他们是否想到给自己的工作制订一个详尽的计划，并且充分按照计划的要求去执行呢？德鲁克认为，与其把时间浪费在没有用的争吵、抱怨、牢骚中，还不如制订自己的计划，立即行动起来。卓有成效的管理者往往都是时间管理上的小气鬼，绝非是在不知不觉间浪费时间的糊涂人。

做好时间记录可以提高工作效率

管理精粹

管理者提高工作效率的第一步就是将那些被实际运用的时间做记录。

——《卓有成效的管理者》 德鲁克

精彩阐释

在德鲁克看来，卓有成效的管理者都善于做时间记录，并对这些记录每月定期进行检查。每次检查完记录之后，他们就会发现自己又曾在一些无关紧要的琐事上浪费时间。其实这就是一种管理时间的练习，只有通过反复练习才能学会有效地使用时间，也只有不断地练习才能避免时间使用的偏离。

福特二世的书桌上总是放着一张记录重要事情的卡片，他把它作为管理系统的中心："每当我踌躇、犹豫的时候，我就会看着这张表，思考这件事情是否需要着手去办。"通常在福特二世的卡片上大约有20件事，包括电话、信件、传真，以及他口述的小段专栏文章。他说，如果你用一个较为固定的记事本来记录你想做的事，那事情将永远搁置在那里，卡片能够时刻提醒你哪些事情还未办。

很多管理者还曾有这样的工作经验：每当分配工作给下属时，如果要求他们把所交代的事情记在工作计划表上，在随后的会议中，也要要求他们带计划表来开会，并以此作为推进报告的根据。那么，一般而言，团队的任何人都不会遗漏工作中的任何环节，并且知道哪些环节是异常重要的。

《菁华》杂志的主编苏珊·泰勒不但规划了自己的计划表，还给她的属下制作了日程表。在通常情况下，泰勒周末便躲到新英格兰的度假区去思考企业规划方案，读文章、报纸、杂志，理清头绪。当她星期一回到工作岗位后，总会带着重要人员的日程表，上面写有指派给每个人的工作。应该优先须知的事会有红色的记号，第一要做的事情则有两个记号。另外，完成工作所需的资料，例如名片或相关的信件等，都会附在日程表上。

有一位善于利用时间的经理则将部门的日程安排写在白板上，这样有利于随时根据事情发展变化进行调整，改变事情的优先顺序，而且也让部属明白他如何看待一项企业计划方案的重要性。另外，还有一些人甚至会预估他们长期计划表上的每一个计划需要花多少时间完成，然后再利用周计划或月计划或年计划制订日计划。

《薪水阶级》月刊的主编黛博拉·沙蓝，她以归档方式规划每年、每月的时间安排。每月的前两周固定是写评论时间；在第三、四周则为其他活动时间，例如演讲，回复谢函，做公关联络并计划未来的时间。她总是预先计划未来一年的工作：几个月写本书、几个月开个研讨会，其余的两个月安排来尝试新奇的事物。沙蓝利用这种方式创作了数量惊人的作品，并且获得了众多的拥护者。

由此可以看出，如果认真去努力，时间是可以管理的。作为管理者，应该时刻警醒，什么事是应该做的、什么事浪费精力，然后选择重要的事去完成。

实用指南

德鲁克说，要想进行卓有成效的时间管理，就需要找出自己哪些活动是浪费时间、不产生效果的，并尽可能将这些活动从时间表上排除出去。德鲁克为此开出了"诊断"方案：

首先，必须发现并排除那些根本不需要去做的事情和那些纯粹浪费时间而又不产生效果的事情。为此，需要对记录上的所有活动进行仔细审察："如果根本不做这件事，将会怎么样？"假如审察下来的结果是"没有关系"的话，那么结论很明白：以后就不要再做这件事了。

其次，看记录上的哪些活动可以由别人代为参加而又不影响效果的。每位管理者都被告知要当一名合格的"授权委托人"，把那些可以由别人来做的事情统统交给别人去做，将自己的时间完全集中于绩效和那些容易出经济成果的事情上。

通常认为，浪费时间往往发生在管理者可以控制的范围之内，他自己完全能够消除这种浪费现象。卓有成效的管理者常常会询问他们的下属："我常做哪些浪费你们时间而又不产生效果的事情？"从下属的回答中，找出自己浪费时间的事务。

·第四节·
只有经得起绩效考验的人，才是可以提升的人

人事任命是一个赌注

管理精粹

任何一项人事任命是一个赌注。

——《卓有成效的管理者》 德鲁克

精彩阐释

德鲁克认为，人事决策是最根本的管理。任何一项人事任命都是一个赌注，因为人所产生的成果决定了整个企业的绩效。

德鲁克的理解是，一个企业要具备非常高的绩效能力，就必须做好有关"人"的各项决定——这的确像是个赌注。

这些决定包括岗位安排、工资报酬、职位升降和解雇等。有关人的各项决定将向企业中的每一个成员表明，管理层真正需要的、重视的、奖励的是什么。人事决策是涉及人的决策，人事决策不仅会影响到做决策的某些人或某个团队，还会影响到所有的经理和管理者。

20世纪30年代中期，美国福特公司的一台电机发生故障，公司所有的技术人员都未能修好，只好从另一家公司请来一位名叫斯坦门茨的专家。他在电机房躺了3天，听了3天，然后要了一架梯子，仔细观察了一番，最后在电机的某一部位用粉笔画了一道线，并写了一行字："此处线圈多了16圈。"结果，把这16圈线拆除后，电机马上运转正常。

福特很欣赏斯坦门茨的技艺，并希望他能到福特公司效力，但遭到了斯坦门茨的拒绝。

他说："我所在的公司对我很好，我不能见利忘义。"

福特说："那我把你所在的公司买过来。"

最后，福特用 3000 万元买下了斯坦门茨所在的公司。

作为领导应该明白，任何事业成功都是"人"的结果，特别是在知识经济时代，企业的竞争即是人才的竞争。所以，在选拔人才时一定要慎之又慎。

美国有一家公司，在新主管上任之前，老板总是先送他一个俄罗斯套娃玩具。这种玩具由 10 个娃娃组成，越往里层套娃越小，当打开到最底层的套娃时，只见里面留有一张纸条，上面写道："如果我们每个人都雇佣能力不如自己的人，那么我们的公司就会很快变成侏儒公司。

但是，如果我们每个人都雇佣能力超过自己的人，那我们的公司就会变成巨人公司。"

言下之意是作为管理者，必须重视人才，而不能压制人才，要把重视人才作为第一重要工作。

企业要用人，就必然要选人，要招聘人。然而很多进行人事决策的管理者，并不真正懂得选人。很多人都认为自己是优秀的管理者，当管理者以此为前提选人时，就可能犯下严重的错误。卓有成效的管理者明白，自己不是别人的评判者，不能凭自己的直觉和感觉来雇佣员工，必须建立一套考察和测试程序来选人。

每个管理者都要清楚，个人的能力总是有限的，不能仅仅依靠个人的阅历和见识来评判人才。因为，每个人的行事方式和思维习惯都有局限性，容易对人形成偏见，所以，选择符合"口味"的人，可能恰恰就是一种错误决定。

由此我们可以看出，在选人上，必须采取谨慎、认真而又细致的态度。一个明智、科学的人事任命可以给公司带来宝贵的人力资源财富。人事决策水平的高低不仅决定了企业能否有序运转，而且也决定了它存在的使命、价值观以及目标的实现。

实用指南

德鲁克认为，用人要用到位，要有利于提高企业的绩效。因此，人事任命是一项"赌注"，必须提高人事决策的有效性。很多企业，在选人用人方面需要汲取经验教训。海尔集团管理团队很年轻，平均只有 26 岁，但在海尔用人的过程中，很少出现大的失误，海尔有自己一套选人、用人的方法和标准。可见，用人不在于形式，而在于成果，用对了，就赢了。

不要设置常人不可能胜任的岗位

管理精粹

卓有成效的管理者不会将职位设计成只有上帝才能胜任。职位必须由人来担任，是人都可能犯错。

——《卓有成效的管理者》 德鲁克

精彩阐释

德鲁克认为，一个由正常人来担任的职位，必定存在这样或那样的不足。因为职位是由人来担任的，是人都可能犯错误，无论谁都避免不了。所以管理者在设置岗位时要考虑到是否有人可以胜任，或者说，一个人在担任此项工作时犯了错误，管理者是否能以正确的观念看待。

人们在现实中都追求正确、反对错误，可是这种观念却不适合创新思维。对于创造性思考来说，如果你强烈地认同"犯错是一件坏事"，那么你的思维就会受到限制。犯错是创造性思考必要的副产品，所有的思考技巧都会产生不正确的答案，但那是唯一的路。

在IBM发生的一件事，明确地体现出企业对待创新失败的宽容态度。IBM公司的一位高级负责人，曾经由于在创新工作中出现严重失误而造成1000万美元的巨额损失。许多人提出立即把他革职开除，而公司董事长却认为一时的失误是创新精神的"副产品"，如果继续给他工作的机会，他的进取心和才智有可能超过未受过挫折的人。结果，这位高级负责人不但没有被开除，反而被调任同等重要的职务。公司董事长对此的解释是："如果将他开除，公司岂不是在他身上白花了1000万美元的学费？"后来，这位负责人确实为公司的发展做出了卓越的贡献。

错误可以成为成功的垫脚石，是因为错误可以告诉我们什么时候该改变方向。我们应从失败中、错误中获得经验教训以及新的希望。

金融家韦特斯真正开始自己的事业是在17岁的时候，他赚了第一笔大钱，也是第一次得到教训。那时候，他的全部家当只有255块钱。他在股票的场外市场做捎客，在不到一年的时间里，他发了大财，一共赚了168000元。拿着这些钱，他给自己买了第一套好衣服，在长岛给母亲买了一幢房子。这个时候，第一次世界大战结束了,韦特斯以为和平已经到来,就拿出了自己的全部积蓄,以较低的价格买下了雷卡瓦那钢铁公司。"他们把我剥光了,只留下4000元给我,"韦特斯最喜欢说这种话,"我犯了很多错,一个人如果说他从未犯过错,那他就是在说谎。但是,我如果不犯错,也就没有办法学乖,"这一次,他学到了教训,"除非你了解内情,否则,绝对不要买大减价的东西。"

他没有因为一时的挫折而放弃,相反,他对此总结了相关的经验,并相信他自己一定会成功。后来,他开始涉足股市,在经历了股市的涨跌之后,他赚了一大笔。

两个事例都告诉我们,无论什么人都有犯错的时候,所以管理者首要考虑的不是如何规避这些错误而挑选"天才"来担任,而是应该设置一些平常人都能够胜任的职位,这不只是因为天才极其少见,更主要的是平常人可以发挥其各方面的特殊特长,使这个职位的效率得到最大的发挥。

实用指南

德鲁克认为,那些给天才设计的职位很常见,但最后经过几个人的尝试都失败了。管理者在设置职位的时候应充分考虑这个问题,以免降低工作效率又找不到合适的人选担任这个职位。

"少不了某人"的组织依赖

管理精粹

有效的管理者对一位得力的人才,绝不会说:"我少不了你,少了你,我就办不成事了。"

——《卓有成效的管理者》 德鲁克

精彩阐释

德鲁克认为,有效的管理者对一位得力的人才,绝不会说:"我少不了你,少了你,我就办不成事了。"美国国际数据集团亚洲区总裁认为,一个公司把什么东西都靠在一个人身上,这样的公司最脆弱。美国学者吉姆·柯林斯经过研究发现,不少公司遵循的是"1个天才与1000个助手"的模式。这些天才的领导者从不需要后援团的帮助,因为他们根本不需要也不想要。他们需要的只是一队听话的好士兵,能够帮助他们实行那些天才的主意。但是,一旦天才在某一天离开了,剩下的人就会茫然不知所措。

并且，天才一般都是因为自恋而自封的。这种英雄主义的天才思维放到企业中是很危险的。

当年，刘邦与项羽经营着两个不同的"民营企业"。汉高祖刘邦有一句经典名言："夫运筹帷幄之中，决胜于千里之外，吾不如子房（张良）；镇国家，抚百姓，给馈饷，不绝粮道，吾不如萧何；连百万之军，战必胜，攻必取，吾不如韩信，此三者，皆人杰也，吾能用之，此吾所以取天下也。"与其相反，项羽当初凭着个人英雄主义，势力一度膨胀，结果无颜见江东父老，自刎而亡。

客观地说，个人英雄主义在项羽的"民营企业"创业初期确实发挥了很大的作用。

但关键是，在势力壮大、地盘扩大后，面对纷繁复杂的战争形势，他应该及时培养人才，授之以权，通过管理团队而不是个人的骁勇来夺取胜利。项羽的失败，是个人英雄主义的失败，而刘邦的高明正是在于发挥团队优势。一胜一败揭示了企业运营的真相：团队高效才能成功。

现代化企业之中，制度建设很完善，部门分工明确，多数工作都需要相互协作才能完成。

如果不能融入团队，在团队中显得极不合群，往往以个性主导团队运行规则。这样的员工即使再优秀、再有能力，也不足以委以重任。

惠普公司原总裁格里格·梅坦曾说："企业的领导不能成为团队的主宰者，尽管企业的领导具有超强的能力，是团队中英雄级人物。"现代社会现代组织，仅凭一个人的能力和经验已经不能应对所有工作。所以管理者应该明白，不能让个人英雄主导团队，不应该过分强调个人的效能，应该重视个人与个人合作所产生的效能。

实用指南

德鲁克认为，通常我们说"少不了某人"，其原因不外乎三点：

一是管理者本人的能力太差，只能用某人的才干来勉强支撑。

二是某人其实不行，不过是管理者没有对他苛求而已。

三是本来就潜伏着某项严重问题，因为误用某人而将这个问题掩盖了。

只要存在上述三种情况之一，无论如何都应该对这个人调职，越快越好。要不然，某一个人的才干再高，也将给组织带来不好的后果。

第一章　做卓有成效的管理者

制定合理科学的考评制度

管理精粹

有效的管理者，通常总有他自己的一套与众不同的考评方式。

——《卓有成效的管理者》 德鲁克

精彩阐释

德鲁克认为，有效的、与众不同的考评制度，有助于员工工作绩效和工作技能的提高。通过发现员工在完成工作过程中遇到的困难和工作技能上的差距，制订有针对性的员工发展计划和培训计划，可以比较公平地显示出员工对组织做出的贡献的大小，据此可以决定对员工的奖励和报酬的调整。此外，通过成员的评估状况，也可以发现员工对现有的职位是否适应，根据员工绩效高于或低于绩效标准的程度，决定相应的人力资源变动，使员工能够从事更适合自己的工作。

在韩国，"三星人"是对三星公司员工的一种特别的称呼，而这种称呼正体现了三星企业管理思想。这种管理思想的核心就是强调员工的责任心。在一个企业中，每个人都有自己的角色：员工、主管、部门经理，等等。是什么支撑他们尽职尽责、加班加点地工作呢？通常认为答案是工资、奖金和福利。

在三星公司，从前台到部门经理，每个人拿的都是年薪，也就是所有员工每年拿的都是固定的薪酬，没有加班费也没有奖金，而年薪的等级和数量是一年考评一次，而后进行一次调整的。那么，到底是什么力量使三星的员工能做到全心全意、兢兢业业地做好自己的工作呢？三星人认为，在一个家庭中，每个人都有一个角色，比如丈夫（妻子）、儿女、父母等，是什么支撑他们为自己的家庭操劳、无怨无悔地投入和付出呢？是金钱吗？肯定不是。答案是爱与责任。

这正是三星倡导的"对自己负责"的员工精神。三星公司是这样解释的："金钱刺激就像止痛药，只能是痛一下止一下，不能解决根本问题，而且容易产生依赖性。拿加班费来说，很多企业付加班费，但是他们无法杜绝员工拖延工作时间和进度来领取加班费这样的问题。而三星的员工加班完全靠自觉，他自己的工作没有做完，责任感会激发他加班完成工作，而没有加班费的刺激，员工就会尽量提高工作效率而不会养成拖延时间的习惯。"一旦出现了一些责任心不强的员工，三星也不会立即解聘他,而是通过教育劝导来使他改正。"即使是一些孩子有坏习惯或是犯了一些错误,那么家长也不会轻易说不要他,最主要的还是让他认识到自己的错误",这也是三星"家文化"的一种体现。

孙立是三星中国某分公司的原料采购员,一次正常的采购完毕后,一家公司向孙立提供了一种质量非常好的原料,可是当时账户已经告急了。在三星公司,有一条对零售采购商至关重要的规则,即不可超支你所开账户上的存款数额,如果你的账户上不再有钱,你就不能购入新的商品,直到你重新把账户充满钱为止,而这通常要等到下一个采购季节。孙立知道,自己在评估上犯了严重的错误,如果他能在早些时候就备下一笔应急款,就可以抓住这个难得的机会。而此时他只有两种选择:一是放弃这批原料的购入,但这批原料质量非常好,非常适合三星公司的产品需要;二是向上级主管承认自己所犯的错误,并请求追加拨款。

正当孙立在办公室里左右为难的时候,主管碰巧进来。孙立当即对主管说:"我遇到了麻烦,而这是我犯的错误所致。"接着他解释了发生的一切。尽管主管明白这件事完全是由于孙立没有做好评估造成的,但他深为孙立的坦诚和责任心所感动,很快设法为孙立拨来了所需货款,公司顺利地购进了这批原料,而孙立也从这次事件中吸取了经验和教训。

三星公司与众不同而充满人性化的考评制度,让员工在良好的氛围内成长,形成了一股强大的凝聚力和团结精神。这是一个管理者、一个公司难得的财富,它会推动公司往更高更好的方向发展。因此,制定科学合理的考评制度是管理者的责任,是对公司和员工负责。

在很多优秀的公司,管理者都会向员工传达一个理念:业绩决定一切。不管你是名校出身,还是资历丰富,衡量你的都是同一套标准,你现在的表现比你过去的经历更重要。在这样的公司里,绩效考核总是服务于员工的成长。它们为员工提供表现自己的机会,员工随时都可以接受更大的挑战。

实用指南

虽然每个人都渴望得到赞美,但是绩效考核也不能变成庆功会,对于那些绩效水平较低的员工,管理者还是要提出批评和建议,以督促他们进步。不要担心一丁点的批评会打击员工的自信,只要管理者能够站在员工的立场上,诚恳地提出看法和建议,员工肯定能够体谅管理者的良苦用心。

第一章　做卓有成效的管理者

要招募到比你更强的人

管理精粹

有高峰必有深谷，谁也不可能是十项全能。

——《卓有成效的管理者》 德鲁克

精彩阐释

德鲁克认为，一个成功的企业家就要善于寻找比自己更强的人才来为自己服务。管理者最重要的责任是善于用人，而不是和属下比能耐。招募到比自己强的人，实际上已经显示了管理者的高超本领。

美国钢铁大王卡内基的墓志铭是："一位知道选用比他本人能力更强的人来为他工作的人安息在这里。"

任用齐瓦勃就是一个典型事件。齐瓦勃是一名很优秀的人才，他本来只是卡内基钢铁公司下属的布拉德钢铁厂的一名工程师。后来，当卡内基知道齐瓦勃有超人的工作热情和杰出的管理才能后，马上就提拔他当布拉德钢铁厂的厂长。在厂长的位置上，齐瓦勃充分发挥出了自己的学识和才干，带领布拉德钢铁厂走向了辉煌，以至于卡内基因为布拉德钢铁厂而放言："什么时候我想占领市场，什么时候市场就是我的。因为我能造出又便宜又好的钢材。"

几年后，表现出众的齐瓦勃又被任命为卡内基钢铁公司的董事长，成了卡内基钢铁公司的灵魂人物。就在齐瓦勃担任董事长的第七年，当时控制着美国铁路命脉的大财阀摩根提出要与卡内基联合经营钢铁，并放话说，如果卡内基拒绝，他就找当时位居美国钢铁业第二位的贝斯列赫姆钢铁公司合作。

面对这样的压力，卡内基要求齐瓦勃按一份清单上的条件去与摩根谈联合的事宜。齐瓦勃看过清单后，果断地对卡内基说："按这些条件去谈，摩根肯定乐于接受，但你将损失一大笔钱，看来你对这件事没我调查得详细。"经过齐瓦勃的分析，卡内基承认自己过高估计了摩根，于是全权委托齐瓦勃与摩根谈判。结果，谈判取得了对卡内基有绝对优势的联合条件。

卡内基是公司最大的股东，但他并不担任董事长、总经理之类的职务。他要做的就是发现并任用一批懂技术、懂管理的杰出人才为他工作。

实用指南

德鲁克认为,管理者的职责是招募到比自己更强的人,并鼓励他们发挥出最大的能量来为自己服务。这本身就已经证明了你的本事。那些时常害怕下属超越自己、抢自己风头而对功高盖主者施行严厉打击的领导者是很难变得更强大的,因为他身边总是缺少有谋略的人的协助,而仅靠一个人的能力和智慧是不可能将整个企业做大做强的。

让最优秀的人才为己所用

管理精粹

一流人才必须分配到最有可能产生最大效益的领域中。

——《成果管理》 德鲁克

精彩阐释

在企业内部,总是有较为重要的岗位和业务领域。德鲁克认为,这些岗位和领域中,只有任用最为出色的人,才能确保企业各项事业顺利。如果内部有足以胜任的人才最好,如果没有,则应该从外部进行聘用。哪怕要付出高昂的薪酬,企业也绝不能因为补缺或应付而在关键岗位上放置平庸的人才。

在美国华尔街,有一个来自中国上海的华人金融家,他的名字叫蔡志勇。蔡志勇20世纪60年代初期投身于美国金融界,几十年来任凭华尔街潮涨潮落、狂澜迭起,他都能以自己神奇的智慧和力量化险为夷,绝处逢生。特别是在一波三折、危机四伏的股票市场上,蔡志勇总是能够步步为营、稳扎稳打,从而取得了辉煌的业绩,被美国金融界誉为"点石成金的魔术师"、"华尔街金融大王"。

威廉·伍德希德原是美国容器公司的董事会首席执行董事和董事长,是一个唯才是举的开明人士。他所领导的容器公司是一家实业公司,下属多家制罐厂,多年来一直想在金融界求得发展,因此,一直想聘请一位金融奇才来策划经营,但苦于找不到合适的人选。蔡志勇在金融界超凡的才能引起了威廉·伍德希德的注意。他慧眼识俊杰,立即与蔡志勇接洽商谈。

由于威廉·伍德希德求贤若渴、爱才如命,又是网罗人才的高手,最后以1.4亿美元的现金和股权高价收购了由蔡志勇为董事长兼首席执行董事的"联合麦迪逊"财务控股公司,并邀蔡志勇出任容器公司董事。1.4亿美元这个惊人的"收买"

价，明眼人一看就知，威廉·伍德希德收购"联合麦迪逊"是假，"收买"蔡志勇是真。

蔡志勇赴任后没有辜负威廉·伍德希德的厚望与重托，凭借着该公司的雄厚实力，在金融界大展其能，没多久就使容器公司有了突破性的进展。他先是运用1.52亿美元收购了美国运输人寿保险公司的股票，又以8.9亿美元的巨资收购了若干家保险公司、一家经营互惠金的公司、一家兼营抵押及银行业务公司……并投资2亿美元，进一步发展这些公司的业务。蔡志勇连续4年将超过10亿美元的资金用于容器公司的多种金融服务事业。

蔡志勇以金融业务为突破口，同时积极开展多样化的业务，使该公司1984年资产达26.2亿美元，销售额为31.78亿美元；1985年第一季度的纯收入达3540万美元；而1986年第一季度的纯收入高达6750万美元。证券业务更是令人惊叹，仅以1985年为例，容器公司下属的各保险公司售出的保险单面额高达770亿美元。

容器公司很快成为拥有33个容器厂的巨大企业，在全美500家大型企业中排在第130位。该公司的金融服务业已形成完整的体系和不断发展的金融网络。蔡志勇仅上任4年，就为公司增加了10亿美元的资产。威廉·伍德希德更加器重蔡志勇，1982年2月任命他为执行副总裁，1983年8月又将他升为副董事长。

威廉·伍德希德自鸣得意地坦言相告："蔡志勇是容器公司金融服务业的顶梁柱。我们之所以收购他的公司，主要是为了把他吸收到我们公司里来。"

1986年威廉·伍德希德退休，按惯例，作为董事长，他在退休之前要向董事会推荐他的接班人。作为候选人，当时有两名，一名是时任总经理、57岁的蔡志勇；一名是时任副总裁、55岁的康诺。最终，他选择了蔡志勇。因为他清醒地认识到，蔡志勇在事实上已成为美国容器公司伟大的战略执行者，也更具有发展事业的信念和能力，更有进取心。

威廉·伍德希德以1.4亿美元的天价来收购"联合麦迪逊"财务控股公司，根本目的是为了得到蔡志勇这位不可多得的帅才，事实证明威廉由此获得的收益要远大于此。

实用指南

德鲁克认为，人才作为企业的一种最重要的资源，决定着企业的核心竞争力。能否招募到优秀的高级人才往往决定着企业在市场上具有多大的竞争力。所以要不惜一切代价来网罗人才，让最优秀的人才为自己所用，并且分派到能产生最大效益的位置上。

第二章

管理的实践

·第一节·
管理的定位与成效

管理不在于"知"而在于"行"

管理精粹

　　管理是一种实践,其本质不在于"知"而在于"行";其验证不在于逻辑,而在于成果;其唯一权威就是成就。

——《变动中的管理界》 德鲁克

精彩阐释

　　德鲁克认为,管理水平的高低,将直接影响企业绩效的高低,甚至决定企业的生存和发展。

　　任何企业目标都不是纸上谈兵,更不是空中楼阁,要想把目标变成现实,唯一的出路就是行动。

　　有一个年轻人,他对大学制度的弊端已经思考很久了,对此他有很多想法。一天,他终于鼓起勇气,向校长提出若干改进大学制度的建议,结果他的意见没有被校长接受。

　　于是,他做了一个在当时称得上是骇人听闻的决定——自己办一所大学,他要自己来当校长,以消除这些弊端。

　　在当时,办学校至少需要100万美元。这可是一笔不小的数目,上哪找这么

第二章　管理的实践

多钱呢？难道要等到毕业后再挣吗？那实在遥不可及。

年轻人每天都将自己封闭在寝室里冥思能赚到 100 万美元的各种方法，他坚信自己可以筹到这笔钱。同学们都认为他是白日做梦，不切实际，天上不会掉馅饼。

有一天，这个年轻人意识到，不能再停留在思考层面了，长此下去永远也不会有什么结果，于是，他做出一个决定，那就是不再思考，而是立即开始行动。他果断地采用了一些他在以前想出来的他认为还不错的计划，然后拿起电话给报社拨了过去，说他准备举行一个演讲会，题目是《如果我有 100 万美元》。

他不厌其烦地给无数家报社打电话，一遍遍地讲述自己的想法，但是没有一家报社搭理他，更多的是对他的取笑，说他"天真、无知"。然而这些丝毫没有打消他的热情和行动。皇天不负有心人，终于，有一个报社的社长被他的诚意和精神打动，告诉他有一次慈善晚会，并允诺在晚会上，留出 15 分钟作为他的发言时间。

那是场盛大的慈善晚会，有许多商界人士应邀出席。

机会来了，他面对台下诸多成功人士，毫不怯场，走上讲台，发自内心、饱含真挚地说出了自己的构思和计划。

等他演讲完，一个叫菲利普·亚默的商人站了起来："小伙子，你讲得非常好。我决定投资 100 万，就照你说的办。"

事情马上变得简单，年轻人用这笔钱办了一所自己理想中的大学，起名为亚默理工学院——这就是现在著名的伊利诺理工大学的前身，年轻人实现了自己的梦想。

这个将自己想法转化为目标并敢于行动的年轻人就是后来备受人们爱戴的教育家——冈索勒斯。

冈索勒斯敢想敢干，用他的行动实现了自己的梦想。这个世界并不缺少理想，而是缺少能把理想转化为行动的人。管理也是如此，如果管理者仅仅对企业的目标高谈阔论，而缺乏实际的行动，这样的管理者绝不是一流的管理者，这样的企业也绝不是一流的企业。

之所以会出现一流的企业用三流的员工创造一流的业绩，而三流的企业用一流的人才创造三流的业绩的现象，原因就在于一流的公司能坚持不懈地将目标转化为实际行动，即使在发展壮大、招募新员工，甚至兼并其他公司以后亦能如此。

而三流公司空有许多既聪明又勤奋的优秀人才，却不能将他们的满腹经纶用于经营实践，给公司创造绩效。公司之间出现的这种差距就是行动力的差距。

企业必须行动，行动才能实现管理。遗憾的是，许多管理者宁愿对问题进行反复讨论、界定和分析原因，也不直接去解决它。导致这种情况发生的原因之一，就是将空谈阔论等同于实际行动的倾向。实际上，事情只有付诸实施，而且必须有人去做，才能够完成。

施乐公司曾经在一个名为"质量挂帅"的计划中推行全面质量管理，结果却由于撰写和讨论大量书面文件的原因而陷入困境。直到4年之后，实施的情况仍然良莠不齐。

大约有7万名施乐员工接受了为期6天的质量管理培训，然而调查显示，只有13%的员工自称在决策中用到了质量成本方法。尽管施乐尽了最大努力，但是质量观念仍然没有成为该公司的基本经营原则。

企业管理必须产生绩效，而产生绩效的唯一途径就是行动。没有行动力和执行力的企业，任何决策都会"失灵"。所以，德鲁克强调，管理就应该重视实践、重视行动、重视绩效。管理者应该做到"知行合一"。

实用指南

作为一名管理者，光有高深的理论是不行的，还需要你将这些理论应用于实际工作中，并能够产生积极效果，创造无穷价值。

管理的三项任务

管理精粹

管理的三项任务：一是使员工富有活力并有成就感；二是取得经济成果；三是妥善处理企业对社会的影响和企业承担的社会责任。

——《管理：使命、责任、实践》 德鲁克

精彩阐释

真正成功的企业家，不仅积聚了大量财富，而且建立了一个能长期存在的、深刻的企业理论。德鲁克认为，管理的任务主要有以下三项：

第一，使员工工作富有活力并有成就感。

德鲁克说："企业的资源包括很多，但真正的资源只有一项，就是人力资源。"

管理者只有将资金投入到人力资源的管理之中，激发员工的想象力与创造力，才可能产出大于投入。

另外，德鲁克认为，要想使下属高效工作，就要满足下属对工作成就感的追求。这是获得卓越管理必须遵守的一条重要法则。一般而言，越是优秀的人越喜欢接受挑战性工作。因此，管理者要善于委派挑战性工作给最为优秀的人才，这样做不仅使人才易于获得成就感，也能使管理工作实现真正的高效。

第二，取得经济成果。

企业与其他社会组织的根本区别在于，企业是为了获得经济成果而存在的。企业家的终极使命就是赢利，给员工发不出工资是企业家的耻辱。企业就像是一个大家庭，必须得有钱维持这个家庭的开支，才能维系企业的正常运转。如果没有利润的支撑，一切美好的设想都只是天方夜谭，社会责任也成为空谈。

第三，妥善处理企业对社会的影响和企业承担的责任。

越来越多的实例向我们表明，企业，特别是沃尔玛、星巴克、耐克等知名度较高的跨国企业，它们在品牌建设方面的路径依赖，正在由传统的广告方式转型为履行社会责任的方式，也就是在通过积极主动地履行社会责任来再造企业文化，重塑企业形象，并由此打造企业品牌影响力。

沃尔玛曾经主动采取两项举措：

一是为了减少企业二氧化碳排放量，将其庞大的物流车队的效率提高100%。

二是为达成节约利用资源的目标，将其各卖场的能源耗费量减少30%。

沃尔玛这样做的动机很简单，因为有民意调查表明，由于公司以往在资源、环境等社会问题上的立场及做法，已经有8%的买主表示不再光顾沃尔玛。所以沃尔玛的举措是为了使自身的品牌力量不致因对资源与环境责任的缺失而受到削弱。

任何组织都需要承担社会责任。组织应承担的社会责任可分为两类：一类是组织对社会造成影响的责任，另一类是组织对社会问题的责任。根据这两类不同的社会责任,可以采取不同的措施。组织对社会造成的影响,不管是有意还是无意，都必须负起责任。

实用指南

管理者要明白，管理的这三项任务没有主次之分，所以，在实际工作中，要一视同仁，不要只顾取得经济成果而忽视了企业应该承担的社会责任。

管理要对产生绩效负责

管理精粹

管理者必须对组织的绩效负责，不管是经济的绩效、学生的学业，还是病人的护理，因为这些都是每个组织赖以生存的基础。

——《管理：使命、责任、实践》 德鲁克

精彩阐释

德鲁克认为，管理者的责任就在于要利用好组织的思想和资源，争取最大化的成效和贡献。管理者必须掌握组织的行动方向、仔细考虑组织的使命、制定组织的政策、组织好各种资源，最终提高组织的效率。

对于任何一个企业而言，都必须把注意力集中在绩效上，因为结果说明一切、结果决定一切。企业要建立绩效精神。绩效精神的第一要求就是建立高绩效标准。无论是企业还是个人，为达到绩效标准，都必须坚持不懈地努力。为什么通用作为一个"巨无霸"企业，还能辗转腾挪，像小企业一样决策和行动呢？关键就在于通用建立了完善的绩效标准，这一标准激发了组织和个人无穷的创造力。古人云："取法于上，仅得其中。"只有确立高绩效标准，才可能实现高成效，才可能超越过去、超越现在。

艾维是一位管理咨询专家，在1904年他走访伯利恒钢铁公司总裁施瓦布时说："尊敬的施瓦布先生，我有个主意会帮助您提高工作效率，由于今天我主动上门，因此，你可以在感到有价值后再确定给我多少报酬。"

施瓦布说："听起来好像我不吃亏！您的主意是什么？"

"其实很简单，从每天开始，请您按顺序列出今天你必须做的6件最重要的事，然后开始进行1号事情，同时不要考虑其他事情，直到你完成为止，然后你需要重新评估其他5件事以确定重要性是否发生了变化；接着，着手2号事情，完成之后，继续评估……依次进行，如果一天结束时，你没有全部完成6件事，没关系，因为即使采取其他办法，你也无法完成它们，而且你已经做到了最需要你做的事情！即使一天过去，你连一件事也没有做完，但是，你仍然在做最需要你做的事情。"

施瓦布半信半疑。4个月后，艾维收到了施瓦布寄来的2.5万美元的支票，

第二章 管理的实践

并且附言:"非常感谢您,您的建议是我整个一年里获得的最重要的主意!"

施瓦布之所以主动给艾维支付报酬,是因为艾维的方法迅速提高了他的绩效。管理者通常了解很多提高效率的方法,却很少找到提高绩效的方法。艾维的方法就非常值得学习。这种最优化方法告诉管理者:要实现高绩效,就必须改善工作方法。任何人都明白要做重要的事,但更重要的是你必须确定做最需要你的事,很多事很重要,但是别人可以替代你,此时你就应该授权于人。高绩效必须最大限度地发挥个人能力,因为卓有成效的管理者,都在做不可替代的工作。

实用指南

需要注意的是,管理者追求高绩效,并不是不重视效率,而是注重结果的同时提高效率。总之,绩效是有效管理的根本,即使最好的战略、最优秀的团队、最完美无缺的计划,如果没有绩效产出,那么一切都是空谈。

用旁观者的眼光审视管理

管理精粹

站在舞台侧面的旁观者,总是能够看到别人不注意的地方。

——《旁观者》 德鲁克

精彩阐释

管理大师德鲁克说:"站在舞台侧面的旁观者,总是能够看到别人不注意的地方。旁观者的观察模式并非像平面镜般的反射,而是一种三棱镜似的折射。"

德鲁克在他的《旁观者》中还这样写道:"旁观者没有自己的历史。他们虽然也在舞台上,却毫无戏份,甚至连观众都算不上。戏剧和每个演员的命运取决于观众的评价,而旁观者的反应除了自己以外不对其他任何事物起作用。但站在舞台侧面观看的旁观者,有如坐镇在剧院中的消防人员,能注意到演员或观众看不到的地方。"

入戏太深,容易以假当真。从不同于演员和观众的视角去看问题,才能超越舞台上的悲欢离合。旁观者介于出戏和入戏之间,因为摒弃自己内心的偏见和执着,所以能更准确地把握自己和世界。

冯景禧是20世纪80年代中国香港十大富翁之一。有一天,冯景禧到巷口转角的面店去吃面。那家面店很干净,看起来很舒服,于是冯景禧叫了一碗阳春面坐下来吃,这时邻桌的客人吃完面去付账,他吃的是排骨面,付款80元。他出门时,老板和店员站在两边,恭恭敬敬地说:"谢谢光临,欢迎您再来。"

冯景禧想,这家店对顾客很热情。可冯景禧吃完面后,付了7元钱的账出门时,却没人理会他。冯景禧心里愤愤不平:"难道只有吃排骨面的人值得尊敬,吃阳春面的人就不值得尊敬吗?"他决定以后再也不光顾这家面店了,同时也决心在他的店里一定要平等地对待每一位顾客。

有一天,一位乞丐专程来冯景禧的店买一块豆馅馒头,服务员都看不起那个乞丐,而且也感到很为难,豆馅馒头在店里都是按包出售,从来没有卖过一块。面对这位特殊的客人,大家一时不知道怎么做才好。

恰好此时冯景禧正在店中,了解情况之后,他亲自拿了一大块,包好之后,郑重地交给了乞丐,并在收钱之后恭恭敬敬地说:"谢谢您的惠顾。"

乞丐走后,店员们好奇地问冯景禧:"冯老板,以前不论是什么顾客光顾,都由我们招呼。从来没见您这样恭恭敬敬地对待顾客,而且这个顾客还是一个乞丐,这是什么原因呢?"

冯景禧回答说:"你们应该记住,这就是做生意的原则。店里的常客当然应该好好地接待,但对刚才的乞丐,更应该好好地接待。"

"为什么?"

"平常的那些顾客,都是有钱、有身份的人。他们光临我们店,我们应该欢迎,这并不稀罕。而刚才这位乞丐,为了尝一尝我们做的豆馅馒头,掏出了身上仅有的一点钱。这可是千载难逢的机会,也许他吃完了这块豆馅馒头之后,再也没钱来光顾我们这个店了。这种倾其所有才能买下一块豆馅馒头的人,当然应当由我亲自卖给他。我也希望大家今后遇到这种事,能够好好地想一想再做。"

顾客购买你的产品,就是对你的信任,就应该得到重视。为顾客着想,才能赢得更长久。冯景禧从顾客这个旁观者的角度来揣摩顾客的心理。尊重任何一名顾客,获得了顾客的信赖,同时也给了自己可持续发展的机会。

实用指南

不识庐山真面目,只缘身在此山中。企业发展不能太自我,适当的时候,还是应该跳出本企业的观察视角,从一个旁观者的角度来审视一下自己的企业、自己的管理。

第二章 管理的实践

靠突击来管理是混乱的一种标志

管理精粹

靠突击来管理不仅没有效果,而且会引向错误的方向。

——《变动中的管理界》 德鲁克

精彩阐释

德鲁克说,靠突击来管理是混乱的一种标志,也是无能的一种自我承认,这种管理是无效的表现。要避免出现这种现象,就需要一套行之有效的制度。

一个适合的制度能够给企业带来成功和喜悦,而一个粗糙的制度会给企业带来无穷的失败和痛苦。企业制度是企业赖以生存的基础,是企业行为准则和有序化运行的体制框架,是企业员工的行为规范和企业高效发展的活力源泉。对企业来说,制度和标准就是竞争力。

北京金三元酒家拥有中国首道专利菜"扒猪脸"。金三元的老板沈晓峰非常精明能干,他为这道菜定制了十分严格的规矩。猪头的来源必须是饲养期四个月到五个月大、重量为60公斤至75公斤的白毛瘦型猪;猪经过标准屠宰后,需经过2小时的浸泡,30多种调料、4小时酱制、12道工序层层制作。谁弄错一个环节,沈老板就会火冒三丈。

不仅如此,金三元酒家的服务也是非常到位的。无论是站位、迎宾,还是入座、点菜,都有一套分为29道工序、3000多条标准的管理制度。这些制度为金三元赢得了广泛赞誉,前来消费的顾客对金三元的服务赞不绝口。完善的制度使金三元在北京餐饮市场上脱颖而出,经过多年的发展,金三元已经成为在全国拥有二十多家连锁店和一家经营纯绿色食品超市的多元化企业。

由此可见,企业制度是企业赖以生存的基础,是企业行为准则和有序化运行的体制框架,是企业员工的行为规范和企业高效发展的活力源泉。但是在实际管理过程中,有些管理者却意识不到制度对一个企业的重要性,他们妄想通过突击来改变企业的混乱现状,殊不知,靠突击来管理只会让局面更加混乱。

一男子挪用公款500多万元买彩票,而当他到公安局自首后,他所在的公司经理才知道破产原因。原来该男子所在公司的银行账户、财务印鉴章和现金支票全部由他一人管理,需要钱时,只要他填好支票盖上章到银行取钱就行了。

早在一年前，该公司账户上就开始出现亏空，随后每月递增，然而公司的领导层并没有找到原因。最后只好在一年后在报纸上刊发公告，宣布公司破产。

正规公司的财务人员应该由会计和出纳组成，会计负责管账，出纳负责支取现金，两者互相制约、互相监督，有些大型企业还设有多位财务和出纳，另外设有监督主管。但是该男子所在的公司财务人员只有他一人，这就给他肆意取钱创造了可乘之机。制度不健全，并且落实不力，终酿大祸。

很多失败的案例表明，靠突击管理是根本无法实现的。

英国首相丘吉尔曾说："制度不是最好的，但制度却是最不坏的。"远大空调董事长张跃说："有没有完善的制度，对一个企业来说，不是好和坏之分，而是成与败之别。没有制度是一定要败的。"

在现代社会的企业管理中，制度的重要性更是不言而喻。企业是关于人的组织，而人的复杂多样的价值取向和行为特质，要求企业必须营造出有利于共同理念和精神价值观形成的制度和文件环境，并约束、规范、整合人的行为，使其达成目的的一致性，最终有助于企业共同利益的实现。因为从根本上说，经济学关于人性本懒惰自私的假设在商品经济社会里从提高管理效率的角度来说，还是放之四海而皆准的。因此，在任何企业里，都需要规章制度。一套好的规章制度，甚至要比多用几个管理人员还顶用。

实用指南

严格而合理的制度是企业发展的保证，管理者要在对制度的执行过程中保证做到以下几点：

（1）要保证制度的严肃性和连续性。

"朝令夕改"会使制度失去效力，流于形式，因此一个好的企业制度要保证不因企业领导人的改变而改变；不因企业领导人态度的改变而改变；不因管理者与被管理者关系的亲疏而改变。

（2）制度要随客观环境的变化而不断改进、修订和完善。

制度不可能一成不变、一劳永逸，必须与时俱进。

（3）所有制度必须以人为本，便于执行。

企业的制度要尽可能少，制度越少，员工重视的程度就越高。

制度要简单易懂，要对每一条款都进行解释，以免造成误解，要尽可能吸收员工参与制度的制定。

企业机构越简化，越不容易出错

管理精粹

企业机构越简化，越不容易出错，机构往往因为复杂而变得难以沟通。

——《管理：使命、责任、实践》 德鲁克

精彩阐释

德鲁克强调："简单带来明确，企业多样化经营的业务越少越易于管理，人们能够了解自己的本职工作，并掌握其本职工作与整个企业产出的成果和绩效之间的关系。一切努力也将被集中起来。企业对员工的期望也因此而容易认定，成果亦易于评估和测定。"

如今，很多大企业在多年的飞速发展中都患上了"大企业病"，其主要表现为过分追求规模、机构臃肿、效率下降、管理不到位等。如果得不到及时有效的根治，患上"大企业病"的企业很可能会因此而一蹶不振，为此，企业管理要在保持重要岗位人员不变的基础上对企业进行大刀阔斧的"精兵简政"。

驰骋于中国家电行业独领风骚的美的集团在根治"大企业病"上堪称典范。

从2000年下半年开始，美的集团董事长何享健就提出要转变美的的经营模式，以利润最大化、投资创造最大价值为根本目标并提出要在管理、经营、市场和区域四个方面进行结构调整。

在这场涉及全公司轰轰烈烈的"精兵简政运动"中，何享健大笔一挥将美的股份公司本部精简为行政管理部、财务部、投资企划部、法务审计部和市场部五块，股份公司本部的人员精简至120人，减少了40多人。在职能部门中，只保留总裁、业务部长、业务经理、办事员这几个层次，比以前至少精简了两个层次，这些措施大大提高了基层的工作效率，并使得管理层的决策能够很快地传达下来。精简后的美的，甩掉了沉重的组织机构包袱轻装上阵，很快就显示出了短小精悍的优势来。据了解，到目前为止，美的投资的家电项目是投资一个成功一个，从没有失过手。

其实不仅仅是美的，很多成功的大企业都会遇到类似的问题，这时候就要看管理者是否能站在一个战略的高度上发现问题并正确解决问题。比如，联想集团的杨元庆在做出集团改制的重大决定后，仅仅用了两个月时间就将有关电脑的所有职能分离出来集中在电脑事业部，300多人干的事，精简到125人来完成。这场精兵简政，成就了联想日后的腾飞。

飞利浦公司全球总裁兼首席执行官柯慈雷为了适应市场竞争，摆脱严重亏损的现状，对飞利浦的组织架构也进行了大刀阔斧的调整，并将相对复杂的多元化部门裁减、重组。最后，飞利浦从一个体态庞大、部门繁多的臃肿机构缩减为5个部门，并将涉足的领域集中在医疗保健、时尚生活、核心技术这三个行业中，集中力量实现效益的最大化。飞利浦的成功瘦身，使其在危难关头成功翻身并为日后的崛起打下了坚实的基础。

美菱集团的张巨声为了提高员工的工作效率和忧患意识，将原来4个实体店27个部门调减、归并为12个，新任部门经理、副经理、车间主任全部实行公司内部招聘，并通过竞聘，按照"能者上，庸者下"的标准进行人员的精简。

2001年，美菱集团又根据市场竞争要求和企业发展趋势再次对组织结构和薪酬制度进行了改革。改革后，集团机构调整为3个管理层、9个职能部门和11个独立核算的业务单位，以市场为中心设置企业运作模式。

同时，引入"升降薪酬制度"工资标准每年随着经济效益的好坏进行升降。美菱集团的"精兵简政"精炼了人员，减轻了负担，使得企业能够在以后的发展道路上大阔步地前进。

由此可见，要想使你的组织更有效率、更有活力，就必须给你的组织减减肥。

实用指南

作为一种策略、一种机制、一种行之有效的取胜之道，"精兵简政"要想发挥出真正的作用必须达到以下三个目标。

一、提高管理系统的整体效率

现代的精兵简政最根本的目的是为了提高管理系统的整体效率，加强廉政建设。

二、实现精简、统一、高效的目标

现代的精兵简政不能采用一刀切的方法，而应当以科学的方法进行。主要表现在管理效率的提高，实现精简、统一、高效的目标。

三、优化组合

单纯的人员和机构的减少，并不等于精兵简政，只有在将二者进行优化组合的前提下，做到机构与人员的简、少、精，才是现代意义的精兵简政。

组织模式随战略而调整

管理精粹

一个企业无论是对内还是对外，都需要系统地、不断地改进产品和服务的生产流程、培训方式、人员开发和信息利用等。

——《21世纪的管理挑战》 德鲁克

精彩阐释

德鲁克说："一个企业无论是对内还是对外，都需要系统地、不断地改进产品和服务的生产流程、服务和技术水平、培训方式、人员开发和信息的利用等。任何领域的不断改进，最终会使操作发生转换。"

新的组织体制是为了适应日益严峻的企业竞争需要而产生的。有什么样的战略，就应有什么样的组织结构。这是因为企业的组织结构不仅在很大程度上决定了目标和政策是如何建立的，而且还决定了企业的资源配置。但这一点却往往被企业经营者忽视，相当多的企业试图以旧的组织结构实施新的战略。

近年来，一些"井喷式"发展的企业后来之所以"雪崩式"倒下，除了战略制定上的失误之外，在战略实施中组织结构调整的严重滞后及现行组织结构本身的缺陷显然难辞其咎。不少企业的组织规模、经营领域、产品种类、市场范围等，随着新战略的实施已发生了重大改变，而企业的组织结构却变化缓慢甚至一成不变。

这种"旧瓶装新酒"的做法，往往使企业的现行结构变得无效。其典型的症状包括：过多的管理层次，过多的人参加过多的会议，过多的精力被用于解决部门间的冲突，控制范围过于宽广，有过多的目标未能实现等。

企业组织结构的调整，并不是为调整而调整，而是要寻找、选择与经营战略相匹配的组织结构，切不可生搬硬套。企业是按产品设置组织结构，还是按职能设置组织结构；是按地理区域设置分公司，还是按用户设置分部；是建立战略事业部结构，还是采用更为复杂的矩阵结构，一切必须以与战略相匹配为原则，以提高企业沟通效率、激励员工参与为目标。

埃德森·斯潘塞说："在理想的企业结构中，思想既自上而下流动，又自下而上流动，思想在流动中变得更有价值，参与和对目标的分担比经理的命令更为重要。"对特定战略或特定类型的企业来说，都应该有一种相对理想的组织结构。尽管特定产业中成功的企业趋向于采用相类似的组织结构，但对某一企业适用的组织结构未必一定适用于另一家类似的企业。因此，创建与新战略相匹配的组织结构是战略顺利实施的重要保障。

实用指南

"时移世异，变法宜矣。"企业的组织模式必须符合企业与时俱进的发展要求，符合企业应对同业竞争和市场现状。公司的组织模式在时效性的基础上，更要引领企业走在其他企业前面，并朝符合时代潮流方向发展。如果公司制度不能引领企业加速发展，甚至落后于发展的潮流，那么这样的组织模式早就应束之高阁。

经验是无法移植的

管理精粹

你没有办法"复制"或"移转"经验。

——《管理学案例》 德鲁克

精彩阐释

德鲁克说，你没有办法"复制"或"移转"经验。譬如你闻到一朵很香的玫瑰花，这样的经验是无法转移的。要想知道它的味道，只能自己去闻一下。

许多企业不愿付出艰辛的劳动，在文化建设上想走捷径，就去把别人的好的企业文化照搬过来。一位服装行业的企业家在一次会上兴冲冲地对一个学者说："我在三个月前请了某某公司（国内著名的通讯设备供应商）的一位专家，参照他们的基本法制定了一整套公司的核心价值观，并且建立了一套鼓励创新与竞争的管理制度，公司的企业文化大功告成，我现在总算可以松口气了。"

这位学者当即问他："你是为了什么去确立核心价值观？你的员工接受这些价值观吗？你的顾客会怎么看？"企业家沉思了一下说，他还没来得及认真思考这些问题。

这位企业家错就错在只懂照搬照抄，没有认识到企业文化的独特性。从现实状况来看，企业文化之所以有独特性，主要是因为下述这样几个方面的原因。

一、企业存在基础有着很大的差异

不同的国家和地区，其社会基础是不同的，因而企业文化也有很大的区别。

有一些留学归国人员在创办企业的过程中，就把西方企业的一些企业文化照搬了过来，结果是不成功的。可以说，企业的不同社会基础，是决定企业文化的差异性的一个很重要的因素。

二、企业制度安排和战略选择的不同

企业文化就内容来讲，是企业制度安排和战略选择在人的价值理念上的反映，而不同的企业又具有不同的制度安排和战略选择，因而对于作为反映企业制度安排和战略选择的企业文化，当然在内容上就有很大的不同。

三、企业不同发展阶段的企业文化是不同的

新创办企业的企业文化和那些已经发展得很成熟的企业的企业文化不同，尤其是与那些已经壮大起来的企业的企业文化很不相同。

例如，刚刚创办起来的家族企业，其企业文化中的家族血缘理念就很强，而已经发展壮大起来的家族企业，其企业文化中的制度性价值理念比家族血缘理念要强大。

也就是说，企业处于不同的发展阶段，将有着自己特有的和自己的不同发展阶段相适应的企业文化，这样就导致了即使是同一个企业，其企业文化在不同的时期也是不同的。现在通用电气公司的企业文化与过去的企业文化就不同。

四、企业家文化不同导致了企业文化的不同

企业家文化对企业文化的影响是很大的，企业文化必然会打上企业家的文化的烙印，企业家成长的背景不同、创业期间的经历不同，造就了他们不同的人格，个人信奉的价值观不同，企业文化往往是很不相同的。

从上述几个方面可以看出，不同企业的企业文化是有自己特殊性的，这种特殊性来自于企业本身状况的不同，以及企业的社会基础的不同。

也就是说，企业文化具有企业的特性，因而并不是所有企业的企业文化都是一样的。

同样属于日本文化，索尼公司的企业文化强调开拓创新，尼桑公司的企业文化强调顾客至上；同样属于美国文化，惠普公司的企业文化强调对市场和环境的适应性，IBM公司的企业文化强调尊重人、信任人、善于运用激励手段。

别的企业文化虽然会对自己企业的企业文化的塑造有启发、借鉴的作用，但是由于自己的企业和别的企业在各个方面的情况都不同，因而别的企业文化往往很难解决自己所存在的问题，所以，企业文化是不能照搬的。

企业文化是企业在长期的发展中产生的，是和企业的经营方向和经营战略紧密联系的，因此企业文化的独特性不是刻意营造形成的。

企业文化的特色如果对企业经营的业绩没有帮助时，就应该立即进行文化改革。

实用指南

不要照搬其他企业的成功经验，尽管那些经验看起来非常完美，但是每个企业都有自己独特的地方，要立足于实际，制定适合自己，并行之有效的一套文化管理制度。

·第二节·

管理管理者

最高管理层的继任人选决策

管理精粹

最高管理层的继任人选决策是最为困难的,因为每一次类似的决策都不啻是一场冒险。

——《非营利组织管理》 德鲁克

精彩阐释

德鲁克认为,在人事决策中,最高管理层的继任人选决策是最困难的,因为最高管理层相当于人的大脑,每一次决策都不亚于一场冒险。

德鲁克强调,最高管理层的继任人选决策,是最关键的人事决策,一旦失误必然带来重大的损失。

那么,到底该如何决定继任者的候选人呢?德鲁克认为,我们可以从以下几个方面着手。

一、挑选合适的人

企业应避免无论什么样的人都参与未来接班人培养计划的"一窝蜂"培养形式。

因为企业资源有限,培养的目标也很明确,职位就是那么几个,不需要卷起全组织竞争的尘埃。因此,培养的候选人应该是组织中的精英分子。

在挑选候选人时,首先要对团队特点进行分析,然后选择管理者。对于团队整体业绩和能力表现较好的团队,需要配备一个工作作风干练、注重任务绩效多于人际关系的领导者；而对于整体业绩表现平平的团队，需要选拔相对注重人际关系多于任务管理的领导者。

此处需要特别强调的是"将兵"之才与"将将"之才的区分。多数组织都是采取逐级晋升的方式来选拔人才，比如企业多是在各个基层主管中直接挑选表现优秀的人才升任中级主管，再从中级主管中挑选适合的人才做高级主管。其实这种做法的风险相当高，这是因为每一阶层主管所需要具备的能力与特质不同，甚至相反。

因此升任主管，必须针对其职能的不足与企业的需求加以训练。比如说，基层主管可说是将兵之才，其下属可能只有一两位，其优点往往是事必躬亲，熟悉每一个工作细节，但在这位基层主管升任中高级主管后，他管理的人数倍增，他需要成为将将之才，且不能事必躬亲，否则将成为控制型的主管。何况，这样的调动导致合适的人都没有处在合适的岗位上，造成组织中的升级怪圈。因此在挑选未来接班人时一定要注重将兵之才与将将之才的区分。

二、团队再造

由于组织中老员工在前任领导的带领下成长，因此与新任者在短时期内很难融洽地工作。

所谓"一朝天子一朝臣"，人力资源的重新整合，建造一个属于自己的团队对接班人来说是十分必要的。

方太在这方面就比较成功。对放权一事，茅理翔坦言："我开始是想不通的，并且很不习惯，什么都想插一手。但是，后来在接触了大量学术界高层人士之后，才感到自己已经到了该退出的时候。"

现在看来，放权的举动是对的。这种放权增加了茅忠群的压力，同时也促成他自己"组阁"。

茅忠群的"内阁"成员的平均年龄为33岁，5个助手都是MBA。茅理翔认为，有了这样的内阁，对方太下一步的成长相当重要。它可以避免因元老级人员的突然缺位而引发企业动荡。

在这方面，领导者可以给新人推荐自己的得力干将，帮助他尽快建设好自己的团队。

三、文化认同

新的领军人物的特征将代表新的权力模式。这一方面是源于领导对象和时代环境发生变化导致的领导风格和理念的转变，另一方面是源于个人兴趣、文化背景、成长轨迹的不同。不过,关键还是要选择与组织未来的文化价值观相一致的人,才不至于酿成大错。

一般情况下,新生代领导者管理的核心往往是同龄人或比自己略小的人,家长威信难以建立。尤其是近年来,他们面对的员工群体和时代环境已经发生了很大的改变。

一方面员工素质的提高和个人主义的觉醒,他们普遍对传统的父权、偶像崇拜从心理上进行抵制,往往更喜欢自由平等的气氛。

另一方面外界环境也发生了很大的变化,随着经济和政治体制改革的深入,人们选择的机会越来越多,人才流动的壁垒越来越少,员工队伍的稳定性也越来越差。因此,顺应时代的文化认同对于未来领袖而言至关紧要。

实用指南

挑选企业最高管理的继任人一定要慎之又慎。一般情况下,需要企业在明确今后三到五年中企业将会遭遇的最大挑战,并及早挑选并培养有能力应对这一挑战的候选人。

发挥董事会的作用

管理精粹

董事会是企业高层管理者的特殊集团之一,需要特殊的管理。发挥董事会作用也是高层管理者取得成效的有效方法。

——《管理:使命、责任、实践》 德鲁克

精彩阐释

发挥董事会的作用是高层管理者取得成效的有效办法之一。董事会在不同的国家有不同的称谓,如监督委员会、董事会等;对于董事会成员的资格,各国的规定也是各不相同的。但是,在作用方面是比较一致的,即监督高层管理、向它提供咨询、检查其决定并指定其成员。

另外,德鲁克认为,董事会的职责主要有以下三点:

第一,作为企业的最高权力机构,必须正确行使权利,对于那些在其位而不谋其政的人不要客气;

第二,作为企业内部的自治机构,它需要一批正直有品德、有丰富经验和工作能力，并且愿意经受考验的人；

第三，作为联结企业与社区的纽带，它必须能够做到更容易地接触其公众和选民们。

然而，在20世纪70年代，董事会在先进国家中的作用开始被人忽视。对此，德鲁克解释为："大公司已不再由一小群人所拥有，而在法律上由成千上万的'投资者'所拥有；董事会也不再代表所有者或是任何特殊的所有者，其结果是，董事会失去了存在的理论依据。"通过考察，德鲁克坚持认为，如果要保证高层管理者的责任和任务，那就需要有效发挥董事会的作用。只有有效地发挥董事会的作用才能避免高层管理者各行其是。

最后，德鲁克强调，要想使董事会发挥其作用，就必须保证董事会是一个向高层管理提供谈话的人，是一个提供自治的机构，是一个精神支柱，是一个咨询者和顾问。

实用指南

如果董事会无所事事，高层管理者必然会各行其是。要想保证高层管理者的工作卓有成效，就必须充分发挥董事会的作用。

中层机构不宜臃肿

管理精粹

现在已经到了开始减少中层管理者的时候了，就像日益发胖的人要控制体重一样，否则就会影响整个身体的健康状况了。

——《管理前沿》 德鲁克

精彩阐释

现代企业面临的最大问题之一是机构臃肿带来的管理成本增加，有时管理成本甚至会超过交易成本。而机构臃肿带来另一个问题：不能灵活地采取行动。所以，德鲁克认为，现在已经到了开始减少中层管理者人数的时候了，就像发胖的人要控制体重一样，否则就会影响整个身体的健康状况。

有人对美国39家公司进行了调查，结果表明，成功与不成功的公司的最大区别在于"单纯与否"。只有单纯的组织才最适合销售复杂的产品。

事实的确如此，大部分优秀公司的管理层员工相对较少，员工更多的是在实

第二章 管理的实践

际工作中解决问题,而不是在办公室里审阅报告。它们的结构形式只有一种关键的特性:简单。只要具有简单的组织形式,很少的员工就可以完成工作。

管理学家们对优秀公司的组织结构进行研究之后,得出这样一个结论:大型公司的核心领导层没有必要超过100人,即"百人规则"。

埃默森电气公司拥有5.4万名员工,但公司总部员工少于100人。施卢姆贝格尔探油公司,是一家拥有60亿美元资产的多元化石油服务公司,只有大约90名管理层员工经营这个覆盖全球的大帝国。

同样的规则也适用于一些经营状况良好的中小公司。当查尔斯接管价值4亿美元的克利夫兰公司时,他被行政人员的数目吓坏了。在很短的时间里,他把公司总部人员从120人减到了50人。

那么,如何给组织减肥呢?美国联合航空公司前主席爱德华·卡尔森曾提出过一个水漏理论。在大多数公司,中层管理人员除了做一些"整理工作"以外——如阻止一些观点向上传和阻止一些观点向下传——几乎真的没有什么作用。

卡尔森认为,中层管理人员是一层海绵,如果中层的人员少一些,亲身实践管理就能更好地发挥作用。全美最受崇敬的经理、美国通用电气的前首席执行官杰克·韦尔奇在给通用减肥时,所采用的方法也是削减中层人员。

当杰克·韦尔奇在20世纪80年代初期走马上任时,通用电气看起来正是美国最强大的公司之一。韦尔奇担心通用的竞争者变得强大,他希望通用变得更有竞争力。为了达到这个目标,韦尔奇感到他需要一个流畅的和进取的通用,这意味着要将当时的通用尽可能地精简成为一个较小的——小得多的通用,使它像小公司一样行动敏捷。

当时通用有421000名雇员,其中有管理者头衔的竟有25000个雇员。大约有500名高级管理者和130名副总裁及以上级别的管理者。通用的组织是如此的庞大,以至于平均每两个雇员中就有一个是管理者。韦尔奇认为通用臃肿的组织已经成为累赘,它浪费了通用无数的财富。于是,他着力简化组织。他将管理层中第二级和第三级——部门和小组完全删掉。在20世纪80年代,业务主管向高级副总裁汇报,高级副总裁向副执行总裁汇报,他们都拥有自己的办公职员。韦尔奇改变了这种做法,结果是,14个事业部领导人直接向首席执行官办公室里的三个人——韦尔奇和他的两个副总裁汇报。

通过一系列的改革,通用从董事长到工作现场管理者之间管理级别的数目从9个减少到4~6个。韦尔奇通过减少一些高级管理层,使得每个企业只留下了

10个副总裁，而其他类似通用规模的公司通常却有50个。现在他可以直接和他的企业领导者交流了。

新的安排被证明是惊人地干净利落、简单有效。主意、创见和决策常常以声速传播。而在以前，它们常常被繁文缛节和压抑沉闷的道道审批所阻塞和扭曲。韦尔奇的通用"减肥"行动无疑是卓有成效的。

所有复杂的组织都会存在资源浪费和效率低下的问题，它使得领导者无法把目光专注在应该关注的事上。相反，却进行着数目极其庞大的、昂贵的、无生产力的活动。因此，要想使你的组织更有效率、更有活力，就必须给你的中层领导层减减肥。

实用指南

中层管理层不宜太臃肿，扁平式的组织结构可以让企业变得更灵活机动、富有成效。

如何做到有效任命

管理精粹

管理者要想做到有效任命，必须遵循一定的原则和步骤，而不能凭想当然或心血来潮。

——《卓有成效的管理者》 德鲁克

精彩阐释

德鲁克认为，一个企业要想成功，只靠一个领导者是远远不够的，领导者需要别人来帮助他。但并不是任何人都有这个能力或资本协助领导，这时，作为领导的你就要在人群中选出你需要的人。

赛马场上，一声清脆的发令枪响，只见各位选手和坐下骏马箭一样冲向终点。一番激烈的你追我赶之后，终于有一匹马脱颖而出，率先冲线，夺得冠军——这就是我们熟悉的"赛马机制"。

"赛马"机制帮助企业找到最合适的人才。任何竞赛的背后，都是对参赛者实力的考察，也是参赛选手实力的证明。唯有实力高人一等，才能拿到冠军。企业对人才的甄别就是一个赛马的过程，千里马都是在比赛过程中凸显出来的。

众所周知，万科是中国房地产界的龙头企业，而万科也被誉为地产行业人才的"黄埔军校"。是什么原因让万科能在高速发展的同时，还源源不断地涌现出众多出色的职业经理人？

其秘诀可以用"50"和"500"这两个数字来概括。每年，在集团人力资源部的牵头下，根据员工的业绩、上级主管的推荐和人力资源部的审核，万科会从一线挑选出一个具有上升潜质的管理后备队伍，这个队伍包括两部分，一部分是从基层上升到中层的大概500人，一部分是从中层上升到高层的大概50人。

选拔人才的过程就是一场赛马的过程，真正优秀的候选者依靠自己的成绩来获得更高的职位。更为重要的是，公司用了较多的时间来考察他们，员工也能得到大量的实践机会。

因此，公司很容易找出那些一贯业绩优异，且确有管理能力的人，在公司用人之际，予以任命。通过"50"和"500"两个数字的持续滚动，万科实现了管理人才梯队的延续和扩张。

真正的实力派选手从来都不惧怕比赛，唯有比赛，才能表现出自己的实力。但是，有能力却不去做，就相当于能力没有发挥，其结果无异于没有能力。在企业用人中同样如此，人才的判定不仅仅看一个人有没有能力去做某件事，而是要看他是否情愿去做这件事。

人才的选拔是动态的比较过程，而非静态的衡量过程。所以，在挑选人才的时候，不应该仅仅是赛马，在赛马的过程中更要相马，因此企业的管理者在看重人才自身素质的同时，更要注重人才是否有积极的心态。能力测试是一个赛马的过程，而心态检验则是相马的过程，在赛马中相马，才会选择最适合的人才。千里马不仅是"赛"出来的，也是"相"出来的。

实用指南

通过对候选干部布置一些任务，能够很好地了解候选人的才干和潜力。通过执行任务，一些不怎么起眼的人却开始崭露头角。相反，有些原来认为很优秀的人经过几次考验，就会发现他们其实没有什么真才实学。因此，对候选干部的任用应该慎重。

此外，通过布置任务、执行任务，候选人与领导者的交流机会自然会多些。通过这样的互相接触，这些执行任务的候选人在领导者的影响下，会不知不觉地成长起来，从而为公司选拔出有潜力的接班人。如果放任自流地等待自然成长，一个合格接班人的形成需要很长的时间，所以领导者要善于在工作中识别和培养接班人。

成功的管理来自充分授权

管理精粹

把管理的权力交给下属，并让其自行制订工作计划，进行绩效测评。

——《旁观者》 德鲁克

精彩阐释

一直以来，对于权力下放，管理界有着不同的看法。德鲁克说，在他所有关于管理与工业秩序解剖方面的研究中，他认为最有创意的就是工厂社区自治，即把管理的权力交给员工、团队以及由员工组成的小组，并让他们自行制订工作计划、进行绩效测评。

在工作中，有的管理者为了管理好员工，对他们的一举一动都横加干涉，企图让员工完完全全地按照自己的思维意识去工作，殊不知这样严重地影响了员工的主观性和创造性。

即使能够保证完成任务，但是却大大压抑了员工的思想意识，束缚了员工的手脚，最后造成员工工作压力加大或人才流失。

其实，不管你从事什么行业，想要成功，管理者都必须创造出一种能使员工有效工作的环境。

作为一名管理者，要正确地利用员工的力量，充分地相信自己的员工，给予他们充分的创造性条件，让员工感觉到领导对他的信任。士为知己者死，一个员工一旦被委以重任，必定会产生责任感，为了让领导相信自己的才干和能力努力去达到目标。

所以，作为一名管理者，只要能掌握方向，提出基本方针即可。至于细节问题，则应该放手让员工去干。

一个大型酒店的老板，由于酒后肇事被判入狱3年。这位老板只信任他的一位吹长笛的朋友，于是将酒店交给这位朋友经营。吹长笛的朋友上任第一天,硕士、海归、博士等酒店管理人员对他很不屑，说："你一个吹长笛的懂什么，凭什么管理这个酒店？"这位长笛老板回答："我是不懂什么，我只懂如何让一群自认为什么都懂的人给我赚钱！"

这位长笛老板知道自己该干什么、会干什么，他把酒店的各项业务交给最有能力的人来负责，他整日好像什么都不干，但是酒店经营得很好。

这位长笛老板的回答很经典。企业的管理者没必要什么都懂，他只需懂一件事：如何放权给最合适的人。放权，让这家酒店持续行驶在正确的航道上。

20世纪70年代末，《幸福》杂志按投资总收益排列的500家公司中，美国达纳公司排名第二位，雇员3.5万人。取得这一成绩的主要原因是，作为该公司总经理，麦斐逊善于放手让员工去做他们的工作，以调动人员的积极性，从而提高生产效率。1973年，在麦斐逊接任该公司总经理后，首先就废除了原来厚达22.5英寸的公司政策指南，以只有一页篇幅的宗旨陈述取而代之。

很多人反对他这样做，有人觉得有风险，甚至有人当面对麦斐逊说："你不要期望所有的员工都像老板那样自觉工作。"麦斐逊依然坚持自己的做法，在他的眼里，每个员工都是值得信任的。

他发布的那份宗旨简洁干练，大意如下："面对面地交流是联系员工、激发热情和保持信任的最有效的手段，关键是要让员工知道并与之讨论企业的全部经营状况；制订各项对设想、建议和艰苦工作加以鼓励的计划，设立奖金。"

麦斐逊的放手让员工以自己各种方式保证了生产率的增长。他曾经一针见血地指出："高级领导者的效率只是一个根本的标志，其效率的高低，直接与基层员工有关。基层员工本身就有讲求效率的愿望，领导要放手让员工去做。"

管理者的授权可以营造出一种信任，让企业的组织结构扁平化，更能促进企业全系统范围内有效的沟通。权力的下放可以使员工相信，他们正处在企业的中心而不是外围，他们会觉得自己在为企业的成功做出贡献，积极性会达到空前的高涨。

得到授权的员工知道，他们所做的一切都是有意义、有价值的。这样会激发员工的潜能，使他们表现出决断力，勇于承担责任并在一种积极向上的氛围中工作。在这样愉悦、上进的氛围中，员工不需要通过层层的审批就可以采取行动，参与的主动性就增强了，企业的目标会很快地实现。

实用指南

企业领导要让下属担一定职责，就要相应地授予一定的权力。如果领导对下属不放权，或放权之后又常常横加干涉、指手画脚，必然会造成管理上的混乱。大胆放权，相信属下的能力。属下被寄予厚望，为不辜负领导苦心，必会干劲冲天，出色完成领导交代的任务。

给下属足够的自由与空间

管理精粹

管理者必须给下属提供必要的配套条件，给他们思想驰骋的空间和自由度。

——《知识型员工的生产率》 德鲁克

精彩阐释

德鲁克说，管理者在给下属制定较高工作标准和工作效率的同时，也要给他们提供足够的空间。

1990年，Sun公司的软件工程师格罗夫·阿诺德对工作感到厌倦，对Sun的开发环境感到不满，决定离开Sun公司去别的公司工作。他向约翰递交了辞呈。本来对于Sun这样一个人才济济的公司来讲，走一两个人是无足轻重的，但是约翰敏感地意识到了公司内部可能存在着某种隐患。于是他请求格罗夫写出他对公司不满的原因，并提出解决办法。当时，格罗夫抱着"反正我要走了，无所谓"的想法，大胆地指出Sun公司的不足之处。他认为Sun公司的长处是它的开发能力，公司应该以技术取胜，并建议Sun在技术领域锐意进取，应该使当时一百多人的Windows系统小组中的大多数人解脱出来。这封信在Sun公司内引起了很大的反响。约翰通过电子邮件将这封信发送给了许多Sun的顶层软件工程师，很快格罗夫的电子信箱就塞满了回信，这些信件都来自于支持他关于公司现状的评述的同事。

在格罗夫即将离开Sun公司的那一天，约翰向他提出了一个更具诱惑力的条件，即成立一个由高级软件开发人员组成的小组，给予该小组充分的自主权，让他们做自己想做的事情，只有一个要求：一定要有惊世之作。于是就诞生了一个代号为"绿色"的小组，这个小组致力的方向是，开发一种新的代号为"橡树"的编程语言，该语言基本上根植于C+之上，但是被简化得异常小巧，以适于具有不同内存的各种机器。

后来，Sun将"绿色"小组转变成为一个完全自主的公司。经过调查研究，公司决定角逐似乎正在脱颖而出的交互电视市场，但是这次努力却以失败告终。面对失败，约翰不是解散公司，而是鼓励他们继续完善这种语言，他坚信这种语言一定会不同凡响。于是，Internet发展史上的里程碑，富于传奇色彩的Java就这样诞生了。它成了约翰的法宝。

每一个员工都有很大的才能、潜力和创造性，但大多数都处于休眠状态。当领导者为了使人们为完成共同目标而进行协作时，个人意图的任务与组织的任务交织在一起。当这些任务重叠时，就创造出伟大的战略。当人们摆脱了对其潜能和创造力的束缚，而去做必要的、符合原则的事情时，就会产生巨大的能量，可以在服务顾客或股东时实现其自身的理想、价值和任务。这就是授权的涵义。

实用指南

其实，除了合理、公平的薪酬待遇之外，员工更为关注的是个人的发展空间。作为企业而言，不能简单地把员工圈在一个地方后，不管不问，忽视员工的职业发展。企业管理者要知道，几乎所有的员工都是有理想有追求的，他们非常愿意为公司创造更多的价值。优秀的企业管理者一定会帮助员工获得预期的利益和自身价值的实现。

授权不等于放任

管理精粹

授权不等于放任，必要时要能够时时监控。

——《卓有成效的管理者》 德鲁克

精彩阐释

充分授权，并不意味着自己完全做个甩手掌柜，对下放的事不管不问。成功的授权要像放风筝一般，既给予员工足够的空间，让他拥有一定范围的自主权；同时又能用"线"牵住他，不至于偏离太多，最终的控制权仍在领导的手中。

51岁的高尔文是摩托罗拉创办人的孙子，他个性温和、为人宽厚，是公认的好人。1997年，他任摩托罗拉的首席执行官时，认为应该完全放手，让高层主管自由发挥。然而自2000年开始，摩托罗拉的市场占有率、股票市值、公司获利能力连连下跌。它原是手机行业的龙头，市场占有率却只剩下13%，劲敌诺基亚则囊括35%；股票市值也缩水72%；到2001年第一季度，摩托罗拉更创下15年来首次亏损纪录。《商业周刊》当时给高尔文打分，除了远见分数为B之外，他在管理、产品、创新等方面都得了C，在股东贡献方面的分数是D。

事实证明，由于高尔文放手太过，不善控权，因而没有掌握公司真正的经营状况。他一个月才和高层主管开一次会，在发给员工的电子邮件中，谈的尽是如何平衡工作和生活。

高尔文盲目地采取放手政策的结果是，组织没有活力，渐渐变成了一个庞大的官僚体系。摩托罗拉原有6个事业部，由各个部门自负盈亏。由于科技聚合，每个产品的界限已分不清楚，于是摩托罗拉进行改组，将所有事业部汇集在一个大伞下。结果，整个组织增加了层级，变成了一个大金字塔。

一直到2001年初，高尔文才意识到问题严重——摩托罗拉的光辉可能就要断送在他的手上。他开除了首席营运官，进行组织重整，让6个事业部直接向他报告。他开始每周和高层主管开会。高尔文终于下定决心改变自己"好人、放手"的作风，企图力挽狂澜。摩托罗拉也因此渐渐有所起色。

真正的授权是指"放手但不放弃，支持但不放纵，指导但不干预"。监督监控其实是对授权的度的平衡与把握，在给予足够权力的基础上，强调责任，将监督、监控做到位，授权的效果才会实现最大化。控制员工和向员工授权，两者密切相连、相辅相成。没有授权，就不能充分发挥员工的主动性；没有对员工的控制，则不能保证员工的主动性一直向着有利于整体目标的正确方向发展。

实用指南

真正的授权是指"放手但不放弃，支持但不放纵，指导但不干预"。监督监控其实是对授权的度的平衡与把握，在给予足够权力的基础上强调责任，将监督、监控做到位，授权的效果才会实现最大化。

高层管理者的四项工具

管理精粹

高层管理者的工具就是信息、刺激、问题和分析。

——《卓有成效的管理者》 德鲁克

精彩阐释

德鲁克说，做任何工作都要有适当的工具，高层管理者的工具就是信息、刺激、问题和分析。高层管理不是我们所看到的一个简单的结构，而是要必须满足一些严格条件的。对此，德鲁克归纳为以下几点：

第一，企业成员不要对其权责之外的事务做决定，如果遇到这类事情，把情况反映到相应的负责人那里。即使你对此事有明确的看法，也不要在高层集团之外随便发表见解。

第二，高层管理要合理分派不同领域的主要责任人，要明确谁拥有最后的决定权。不要让班子里的一个成员向另一个成员去申诉，而是要使每位成员都能以高层管理的全部权威来发言。脱离了这个原则，很可能会严重影响企业高层管理的威信。

第三，企业的高层管理团队只需要一个核心及一个核心人物。当然这并不意味着什么事情他说了算，而是在危机来临或企业面临生死存亡时，他能够并且愿意接管整个事务并统一指挥。

第四，高层管理成员之间要相互尊重、和睦相处，要尽量做到尊重对方的意见，不批评不贬低对方。更重要的是，不要把个人情感上的东西表现在工作中。

实用指南

企业要做到职责明确，可以从制度上明确各高层管理职位的岗位职责，让你的管理团队最大程度地发挥作用。

·第三节·
人事管理是最重要的管理

对知识型员工的激励

管理精粹

  知识型员工渴望在自己的专长领域"当家做主",他们要得到尊重和个人价值的实现,所以对他们的激励绝不仅限于金钱。

——《未来社会的管理》 德鲁克

精彩阐释

  人力资源管理的两个基本任务在于吸引并留住知识型员工,要做到这一点,不能仅仅依靠"金钱收买"。在20世纪末的美国,公司往往采用分红和发放股权做到这一点。但当公司利润下滑导致红利减少,或是股价下跌导致股票缩水时,这种方法就失效了,并且还会使员工感到失落,好像遭到了背叛。

  知识型员工对回报的不满势必会降低他们的积极性,他们随时都可以潇洒地走人。要想管理好这类员工群体,就要把他们当作非营利机构的志愿者,让他们知道公司要做什么以及公司的目标是什么,这样他们就会将个人成就和责任感协调到工作岗位中去。事实上,这也是知识型员工所期待的,因为他们要得到尊重和个人价值的实现,尽管这种尊重只是针对他们的专业水平。技术型工人只习惯于听命行事,而知识型工人渴望在自己的专长领域中"当家做主"。所以对后者的激励绝不仅限于金钱,而是要给他们精神上的鼓励,给他们分配合适的工作岗位,让其充分发挥自身的价值。

  美国曾有一位博士毕业的年轻人踌躇满志地一心想找一个高级管理职位,可是他一没有工作经验,二由于求职要求太高,屡屡碰壁。多次碰壁之后他恍然大悟,想出了求职新招，把博士、硕士等学位证书统统藏了起来，只凭一份高中毕业证书应聘一家自己一直向往的公司打字员的工作。他马上被录用了。

很快，老板就发现他跟别的打字员不一样，竟然能够看出程序中的错误，有心想提拔他。这时，他拿出了学士学位证书，老板很满意，马上改聘他为程序员。慢慢地，老板又发现这个程序员和其他程序员也不一样，对于程序系统和管理等都有着比别人高出一筹的独到见解，认为他才堪重任，提拔他当了某个项目的负责人。

这时他不仅圆满地完成了自己所承担的项目任务，而且又拿出了硕士学位文凭。老板又惊又喜，经过几次考察之后，觉得他专业功底深厚、能力出众，决定提拔他当公司的技术负责人。这时候他拿出了博士学位文凭。这下，老板没有再让他多等待，毫不犹豫地马上提拔重用了他，让他一举升任公司主管技术的副总经理，成为本公司的管理人才。

这个故事中老板的用人之道很值得我们学习。"千军易得，一将难求"，进入知识经济时代后，人们接受的挑战已不仅仅是知识经济、网络技术，而是"以人为本"的现代管理方式。知识经济时代的核心资源是知识型劳动者，组织要发展就必须吸引人才、留住人才。

作为管理者，就必须重新认识自己和组织内的成员，设身处地为自己的成员着想，想方设法地激励自己的成员，尽可能地满足成员的需要。知识型劳动者是企业最重要的资产，这要求企业管理必须有所变革。

虽然我们经常听到各种各样的企业组织都会例行公事一样地宣称："人才是根本，人是我们最重要的资源！"但德鲁克认为，其实这只是一种宣言，并不代表组织会这样去做，更不要奢望这是他们的理念。他们在对人员进行传统管理时并没有把知识型员工看成是一种资源并加以重视，而是把他们看成是文体、程序和成本。他们不想去改变，并不认为这种划时代的变革将意味着什么。只有从根本上改变这种观念，将知识型员工当成资产而非成本，不断地引进和重用知识型员工才能在最大程度上解放生产力，带来企业发展上"质"的飞跃。

实用指南

不要用粗暴的态度管理知识型员工，也不能用金钱来收买，对待他们要像对待志愿者一样，告知他们要做什么以及公司的目标，给他们提供合适的工作岗位，并给他们提供教育培训的机会。尊重他们的知识和经验，让他们在各自擅长的领域内"当家做主"。

人事决策是最重要的决策

管理精粹

在所有的决策当中,人事决策是最重要的,人事决策左右了组织的能力,所以在管理上是一种最要紧的工作。

——《卓有成效的管理者》 德鲁克

精彩阐释

德鲁克认为,任何组织都是由不同的人构成的,人是组织最宝贵的资源,如何对这一资源进行合理的安排与评价,是组织管理的关键所在。卓有成效的人事管理总是能够对组织予以充分的动力与激励,从而激活一股新的力量。

美国第一代"钢铁大王"安德鲁·卡内基的发迹,关键在于他善掌"万能钥匙"。他起家之时两手空空,但到去世时已拥有近20亿美元的资产。人们对于这位"半路出家"的"钢铁大王"的成功感到十分迷惑不解。

其实,卡内基的成功除了他有可贵的创造精神外,还有一点非常关键,就是作为企业的领导者,他善于识人和用人。卡内基说过:"我不懂得钢铁,但我懂得制造钢铁的人的特性和思想,我知道怎样去为一项工作选择适当的人才。"这正是他一生事业旺盛的"万能钥匙"。

卡内基曾说过:"即使将我所有的工厂、设备、市场、资金全部夺去,但只要保留我的技术人员和组织人员,4年之后,我将仍然是'钢铁大王'。"卡内基之所以如此自信,就是因为他能有效地发挥人才的价值,让合适的人做合适的事。

卡内基虽然被称为"钢铁大王",但他是一个对冶金技术一窍不通的门外汉,他的成功完全是因为他卓越的识人和用人才能,他总能找到精通冶金工业技术、擅长发明创造的人才为他服务。

企业的人才有时就像企业生产产品所需要的材料一样,必须十分合适,如果所选的人才不合适,就无法满足企业的需要。让合适的人做合适的事,才能突出有效执行的能力,否则就很难达到目的。大家都知道,执行力是有界限的,某人在某方面表现很好并不表明他也能胜任另一工作。

作为一个企业的高层领导者应该明白,一个工程师在开发新产品上卓有成就,但他并不适合当一名推销员。反之,一名成功的推销员在产品促销上可能很有一套，但他对于如何开发新产品可能一窍不通。

同样道理，正如企业的高层领导者不能依靠排球运动员去操办一场超级排球大赛；不需要医学家去当药品销售商一样，企业的高层领导者不能因某人在某个行业的名气、地位就认为他能做好另一专业的工作。这个道理对任何行业都是适用的。

所以，企业在选聘人才时，应考虑其执行力是否与职位的要求相匹配。只有选聘适合职位要求的人才，才能为企业创造价值。

企业高层管理者用人不是抓住一个是一个，关键要看他是否符合自己的需要，是否和自己的决策对路。否则，那些被招来的人就会成为管理者的包袱。

彼得斯曾指出："雇用合适的员工是任何公司所能做的最重要的决定。"他把管理工作概括为："让合适的人去做合适的事。"然而，如果你雇用了一些不合适的人，你就别指望他们能把该做的事做好。

在美国，通用电气公司早已成为一个令全美企业垂涎的人才库。培养人才是通用公司前总裁杰克·韦尔奇的重要的经营之道。他喜欢物色人才、追踪人才、培养人才，并把他们放到相应的工作岗位上。他说："一旦我们把人都调动起来了，我们的事就做完了。"

杰克·韦尔奇曾这样说过："我们能做的一切，就是把宝押在我们选择的人身上。所以，我的全部工作便是选择适当的人。"

大部分企业高层管理者的成功，都在于他们能够让合适的人做合适的事，能找到拥有执行能力的人。石油大王洛克菲勒成功的原因之一，也在于他雇用了合适的员工。

如何提高执行力，其关键的一点是企业高层管理者找到合适的人，并发挥其才能。执行的首要问题实际上是人的问题，因为最终是人在执行企业的策略，并反馈企业的文化。柯林斯在《从优秀到卓越》中特别提到要找训练有素的人，要将合适的人请上车，不合适的人请下车。

他在书中说："假设你是个公共汽车司机，公共汽车也就是你的公司，就停在那里，等待你来决定去哪里、怎么去、谁和你同行。"

很多人会认为,伟大的司机（企业高层领导）会马上振臂高呼,然后发动汽车,带着车上的人向一个新的目的地（企业愿景）飞速驶去。

但是事实上，卓越的企业高层领导人所做的第一步不是决定去哪里，而是决定哪些人去。他们首先选合适的人上车，请不合适的人下车，然后将合适的人安排到合适的位置上。不管环境多么困难，他们都遵从这样的原则：首先是选人，然后才确定战略方向。

让合适的人做合适的事，远比开发一项新的战略更重要。这个宗旨适合于任何一个企业。执行的过程就等于下一盘棋，企业高层领导者要尽量发挥人才的资源优势和潜力，找到最合适的人，并把他放在最合适的位置上，把任务向他交代清晰，就可以做到最好。

实用指南

物尽其用、人尽其才是每一个管理者都孜孜以求的，这涉及一个人才及岗位价值的最大化问题，与企业用人标准密切相关。蒙牛集团老总牛根生在谈到这点时说："从人本管理的角度看，人人都是人才，就看放的是不是地方。这就像木头，粗的可以做梁，细的可以做椽……人也是这样，不同的岗位有不同的人才需求，不同的人才有不同的岗位适应性。"

吸纳最优秀的人才

管理精粹

没有任何决策所造成的影响和后果，比人事决策更有影响。

——《管理的前沿》 德鲁克

精彩阐释

德鲁克说，人事决策必须进行仔细的考虑、认真的讨论，并集中组织中各种人的经验。人事决策之所以如此慎重，其根本原因就在于人事决策决定着企业的竞争力。企业的竞争就是人才的竞争。如何吸纳最优秀的人才，已经成为企业发展的关键因素。

美国纽约的第七街，是美国时装工业的中心。在美国近5000家大服装公司的激烈竞争中，约南露珍服装公司居于首位，董事长大卫·斯瓦兹由此而得到"时装大王"的美誉。斯瓦兹的成功与他独具的择人眼光分不开。

斯瓦兹15岁时就在一家服装公司做工，19岁时，用自己积蓄的3000美元与人合伙办了一家小服装厂。但服装厂的生意并不见起色。斯瓦兹深深感到亦步亦趋跟在别人后面，将永无出头之日，要想成功就要有自己的牌子，创新，要标新立异，因此，他急切地想寻找一名出色的设计师助自己一臂之力。

一天，他到一家零售店推销成衣。30来岁的店老板看了一眼他的衣服说："我敢打赌，你的公司没有设计师。"店老板的话触动了他的心病。

老板从店内请出一位身穿蓝色新装的少妇，并说："她这件衣服比你们的怎么样？"

"好看多了！"斯瓦兹不禁脱口赞道。

"这是我特地为我太太设计的，"老板骄傲地说，并且不屑地撇了撇嘴角，"别看我开这么个小店，也没把你们这些大老板放在眼里，你们有几个懂得设计？连一点美的细胞都没有！"

对这种近乎侮辱的话，斯瓦兹却毫不在意，仍然笑容可掬地问："你为何不找一家大公司一展所长呢？"

没想到那老板发泄开了："我就是饿死，也不再去给别人当伙计了！我曾给三家公司做过设计师，明明是他们不懂，偏偏说我固执。我灰心透了。"

斯瓦兹感到，这样倔强自信、高傲暴躁的人，往往是才能很高的人，决心争取他做公司的设计师，但被他断然拒绝了。

斯瓦兹找到了一贯支持和帮助他的原先的老板斯特拉登，从他那里了解到那位店老板名叫杜敏夫。

"你的眼光不错，他的确是怀才不遇，"斯特拉登说，"要是我年轻10年，这个人就轮不到你了！"

"你是怕留不住他？难道历史悠久的公司反而无法使用优秀的青年人？"

"要知道，一个经理人才，因他本身有实权，只要他真有一套，别人根本排挤不了他；而设计人员就不同了，全看他们的才能是否被主管欣赏，看主管是否有魄力。杜敏夫这个人脾气很坏，不好相处。"

"只要他真有本事，脾气我到不在乎。"

"他指着你的鼻子骂大街，你也不在乎吗？"

"只要他不是无理取闹。"

斯特拉登频频点头："只要你有这种精神，将来的前途不可限量。杜敏夫是个人才，只要你会用他，也许会有惊人的表现。"

这番话促使斯瓦兹以"三顾茅庐"的精神几次三番地登门拜访，诚心相待。杜敏夫终于被感动了，他答应出任斯瓦兹的设计师。

在他的建议下，斯瓦兹首先采用了人造丝做衣料，一步领先，在美国时装业占尽风光。约南露珍服装公司的业务扶摇直上，在不到10年的时间内，就成为令同行侧目的大公司。

斯瓦兹成功的案例充分说明了人才对于公司发展的决定性作用。找到最优秀的人才，是管理者的主要任务之一。

实用指南

管理者一旦发现了优秀的人才，就要"咬定青山不放松"，要有礼贤下士的精神，让其为己所用，从而为企业的兴旺发达不断注入新鲜活力与生机。

家族企业的管理

管理精粹

在对家族企业的理解中，要关注的并非是"家族"，而是企业。

——《变动中的管理界》 德鲁克

精彩阐释

德鲁克说，在对家族企业的理解中，要关注的并非是"家族"，而是企业。家族企业最应该注意的是，除非家庭成员足够优秀，否则绝不可以委以重任，只有这样，企业才能够得到长足的发展。

在选取接班人的问题上，本田宗一郎表现出了企业家特有的大局观和前瞻性。据说，当年本田宗一郎为了给别人让贤，甚至用眼泪去劝说任公司常务董事的弟弟一起退休……但是，我们从本田公司的发展进程不难看出：本田公司是本田宗一郎一手创办起来的，可以说是一个家族企业。对于这样的企业来说，如果让其子女来子承父业也不会有什么不妥，但是本田宗一郎却没有这么做，他甚至压根就没想让自己的儿子来接管他的事业。对此，本田宗一郎有自己一套独特的经营哲学："家庭归家庭，事业归事业，这两者是不能混为一谈的。"在这种理念的驱使下，本田宗一郎在他创业25年后，也就是他60岁的时候选择了退位，将本田的事业交给了当时才45岁的河岛喜好。10年后，河岛喜好秉承了本田宗一郎"坚持任人唯贤，反对任人唯亲"的精神再次将接力棒传给了51岁的久未是志……就这样，在本田几代人的共同努力下，公司发展很快进入了日新月异的阶段，不仅奠定了本田四轮汽车事业的坚实基础，还一跃成为日本汽车行业中第三把交椅的占有者。

领导企业就像是进行一场接力赛，只有坚持任人唯贤、反对任人唯亲，才能选拔出一个个出类拔萃的企业领军人，而这一个又一个卓越的企业领军人又将带着企业奔向一个又一个新高度，走进一片又一片新天地。因此，企业要想得到恒久、稳定、快速的发展，在用人上就必须学会像本田宗一郎一样做到举贤不唯亲，只有这样，事业才会成功、基业才能常青、社会才能进步。

实用指南

如何才能做到任人唯贤？作为管理者必须要把握住两个基本点：

第一要有"公心"。关键在于无私，对能力强于自己、品德贤于自己的人，要加以举荐，或使他来代替自己，或使他居于自己之上。在选才上无私，就要抛弃个人成见，客观地对他人做出评价；即使对其并不喜欢，也决不以私害公、以私误公，而应毅然选拔。

第二是公而忘私、虚怀若谷，有很高的素质，能够不计较个人恩怨和得失。尽管一些企业的管理者也反对裙带关系，可是到了选拔人才的时候就不自觉地搞亲亲疏疏，其中原因是他们总凭个人的私欲、私情来举贤选才，这就偏离了公正客观的选才标准。这样发展下去，势必会出现小人得势、贤才失势的局面。

敢于让年轻人扛重担

管理精粹

年轻人口的减少会比老龄人口的增加导致更大的混乱。

——《成果管理》 德鲁克

精彩阐释

德鲁克认为，年轻人是企业发展的源头活水。大胆提拔年轻人，为企业的管理层注入新的活力，使员工的积极性大大提高。这样的企业才容易形成蓬勃发展之势。

美国钢铁公司是一个过分注重资历的公司，让年轻的管理人才都止步不前。即使是一个精通业务的人员，在该公司若想晋升为一个小厂的厂长，必须在每个职位上各待上5年的时间。因此，该公司各分厂的监督人员，一般都在55岁以上；公司的资深主管，也都是些60多岁的老人。

年轻人要想在美国钢铁公司出人头地，也只有耐性十足地遵守年长主管所制定的陈规旧章。这些年长资深的主管，自己不思变革，同时又不让有才能的年轻人升迁，成了公司发展的绊脚石。那一年，当美国钢铁公司每卖出一吨钢要亏损

154美元时，罗德里克终于意识到公司陷入了困境，他焦急万分。

在万般无奈的情况之下，罗德里克不惜重金聘来经营高手格雷厄姆，格雷厄姆以创新的经营手法挽救了企业危机而在美国钢铁业界颇具盛名。当美国大多数钢铁业老板们为了筹借数以百万计美元的经费才能提高生产力而伤脑筋时，格雷厄姆却能不费分文，靠着激励经理和工人而大幅度提高生产效率。

公司大胆地裁减资深位高、傲慢自大、神气活现、一事无成的主管，提拔年轻骨干人才，使所有员工敢于负责，格雷厄姆把公司从死亡线上拉了回来。他认为广告对于增加铜铁销售量的作用不大，于是他将负责广告的人员从30人裁减到5人。同时，他认为54人的外销拓展部门的业务发展希望渺茫，而25人的经济预测小组做的是不切实际的工作，因此他将这两个单位予以解散。更重要的是，他废除了4～6层的管理阶层，以减少重叠的组织机构。

经历了一系列的改革后，员工的积极性大大提高，各级主管年轻有为，公司业务迅速发展，市场占有率大幅回升，取得了令同行不可思议的成绩。

"我劝天公重抖擞，不拘一格降人才。"这句古话不仅是对古代君王用人的一种力荐，更是对现代企业管理中人才战略的一种劝告：现代的企业管理者在择人用人时一定不能循规蹈矩、论资排辈，要敢于启用年轻干部，对有特殊才能的卓越人才大胆委以重任，只有这样，才能让企业因为年轻人的锐气而充满积极向上的活力。

在企业管理中，很多企业家认为年轻人做事浮躁，于是把年龄作为启用人才的一项重要标准，以此来降低用人风险。而事实上，年轻人也有很多长者不具备的优点和特长：他们年轻有朝气、想法新奇独特、接受新鲜事物能力强；他们敢作敢为、敢打敢拼，且单纯，并不工于心计，也不受那么多条条框框的约束，因此很有可能干出一番大事业。

实用指南

企业在选拔人才时，要注意以下三点。

首先，要坚持在长期的全面的实践中选拔，不能在短时间内，甚至凭一时一事的印象就下结论。

其次，要以现实的实践为主，历史的实践为辅进行选拔。近期的和现实的实践能够比较准确、比较全面地反映人才的各方面情况。

最后，要以实效作为判断和评价人才的主要依据。所谓重实效，就是重业绩、重实干、重贡献。

第二章 管理的实践

将人才与企业需求相匹配

管理精粹

世界上根本就没有全能的人,要"能"也只是表现在某个方面。

——《卓有成效的管理者》 德鲁克

精彩阐释

德鲁克认为,管理者要促进人才发挥专长,而不是要求他必须是个全才。任何人的卓越只能表现在一个方面或极个别的几个方面。

美国著名的西华公司的创始人理查德·萨耶是做小本生意起家的,他的事业发展到后来那么兴旺,连他自己都感到吃惊。他的成功之处在于他善于发现人才和使用人才。

萨耶最初在明尼苏达州一条铁路上做货物运输代理业务,后来他与卢贝克一起成立了"萨耶·卢贝克公司"。两个人搭档使生意突飞猛进,他们实行了多种经营,突破了运输代理范围。

当他们的生意越做越大时,却发现自己已无力管理好公司,因此就想找个人帮他们管理。但是过了好长一段时间他们都没找到合适的人。

突然有一天,萨耶下班回到家时,看到桌子上放着一块妻子新买的布料。

"你要的布料,我们店里多得很,你干吗还花钱去买别人的呢?"

"这种布料的花式很特别,流行!"妻子说。

"就这种布料,也能流行起来?它不是去年上市的吗?一直都不好卖,我们店里还压着很多哩。"

"卖布的这么说的,"妻子说,"今年的游园会上,这种花式将会流行。瑞尔夫人和泰姬夫人到时将会穿这种花式的衣服出场。这可是秘密哦,你不要告诉其他人。"

萨耶感到有些好笑。想不到他这样精明的商人,竟有这么一个轻易上当的妻子。

到了游园会开幕那一天,果然如妻子所言,当地最有名望的两位贵妇瑞尔夫人和泰姬夫人都穿上了那种花式的衣服,其次是他的妻子和其他极少的几个女人穿了,那天,他的妻子出尽了风头。

更奇特的是,在游园会上,每一个女人都收到一张宣传单:瑞尔夫人和泰姬夫人所穿的新衣料，本店有售。这时，萨耶突然开窍了：这一切，都是那个卖布的商人安排的。

第二天，萨耶和卢贝克带着妻子的宣传单到那家店去，想看一下那个商人到底是谁。远远地，他们就看见那家店被女人们挤得水泄不通。萨耶和卢贝克一下子对那个商人佩服得五体投地。

"这个人就是我们要找的人，不管他长得高矮胖瘦，不管他是老是少，也不管他是男是女！"

但当他们见到那个商人时，却不禁哑然失笑。那个商人竟然是他们的老熟人路华德。寒暄之后，萨耶和卢贝克开门见山："我们想请你去做我们公司的总经理。"路华德十分惊诧，因为萨耶和卢贝克的生意在当地做得很好。他要求给他三天时间来考虑这件事。

三天后，路华德同意了。出身于市井小店的路华德对萨耶和卢贝克深怀感恩之情，工作十分投入，很快做出卓越的成绩。他和萨耶、卢贝克一起奋力拼搏，公司业务蒸蒸日上，10年时间，公司营业额增长了600多倍。后来，公司更名为西华公司。如今这家公司已有30多万员工，以零售为主，每年营业额高达70亿美元。这个营业额，在美国零售业中，属于一流成绩。

由此可见，将人才的卓越表现与企业的需求相匹配，这就是最成功的人事决策。一个公司只有做到能职匹配，使人尽其才、物尽其用，才能保持上下齐心的大好局面。

实用指南

一名成功的领导应该知人善任，充分发挥下属的工作潜能，实现组织人力资源的有效利用。能职匹配，既要考虑能否胜任其职，也要防止"功能过剩"，即避免大材小用。如何避免功能过剩呢？

第一，任人标准不可太高。任人标准定得太高，超过实际需要，必然使人望而却步。对一些进取心、事业心较强的人来说，这是一种具有挑战性的工作，但是，一旦上任，发现其"轻而易举"，毫无进取空间，就会另谋他就。

第二，任人标准不可太过武断，应带有一定弹性。过分武断，容易增加压迫感使人望而生畏。应根据具体需要，分为必要条件和参考条件两种，必要条件即是从事某工作不可缺少的必备条件，参考条件有之则好，无之也可。在备选人员较多的情况下，必要条件可高一些，反之，则可低一些。当然，也必须以"胜任工作"为原则。

第二章　管理的实践

让激励真正发挥作用

管理精粹

管理者的终极任务就是要引导出员工的工作热情和希望。

——《管理未来》 德鲁克

精彩阐释

德鲁克认为，管理者承担着激励员工的使命，他们必须学会激发下属工作热情的方法，使之心甘情愿地为实现组织目标而努力奋斗。在管理实践中，正确的人事决策具有强烈的激励导向作用。

有一个猎人带着几只猎狗去森林中打猎。正巧碰见一只兔子，猎人放出一只猎狗去追，可是追了很久也没追到。猎人见了，怒斥猎狗说："你真没用，竟连一只小小的兔子都跑不过。"猎狗垂头丧气地说："你有所不知，并非我无能，只因为我和兔子跑的目的完全不同，我仅仅是为了博得你欢喜而跑，但是兔子是为了活命而跑啊。"

猎人一听，觉得猎狗说得很有道理，同时也提醒了他："我要想得到更多的猎物，就必须想个办法，让猎狗也去为了自己的活命而奔跑。"思前想后，猎人召开猎狗大会，决定对猎狗实行论功行赏。他宣布："在打猎中每抓到一只兔子，就可以得到一根骨头的奖励，抓不到兔子的就没有。年底考核，最后一名者被杀掉。"

这一方法果然管用，为了避免成为最后一名，猎狗们抓兔子的积极性大幅度提高了，每天捉到兔子的数量也大大增加。可是，过了一段时间后，猎人发现猎狗们虽然每天捉到兔子的数量都很多，但小兔子越来越多。猎人想不明白，于是，他便去问猎狗："最近你们怎么老是挑小兔子抓？"

诚实的猎狗说："大兔子跑得快，小兔子跑得慢，小兔子比大兔子好抓多了。按您的规定，大的小的奖励都一样，那我们又何必费劲儿去抓大兔子呢？"猎人一下恍然大悟，原来是自己奖励的办法需要改进啊！于是，他宣布，从此以后，奖励骨头的多少不再和捉到兔子的数量挂钩，而是和捉到兔子的重量挂钩。

这个方法一出台，猎狗们的积极性再次高涨，兔子的数量和重量都大大超过了以往，猎人非常高兴。好景不长，一段时间过后，猎人发现新的问题又出现了，猎狗们捉兔子的积极性下降，越是有经验的猎狗变得越没斗志。这是为什么呢？猎人又去追问猎狗。

猎狗对猎人说："主人啊，这些天我们在琢磨，我们把最宝贵的青春都奉献给你了，可是等以后我们老了，抓不动兔子了，你让我们吃饭吗？"猎人一听，拍着大腿说道："哦，原来它们需要养老保险啊！"于是，他进一步调整激励策略：每只猎狗每月规定任务，多于任务的兔子可以储存在猎人为他们建立的账户上，等到将来跑不动了，可以从这些账户上取出积蓄的兔子。这个政策让猎狗们意气风发。

但是一段时间之后，又一件意想不到的事情发生了：一些优秀的猎狗竟然逃离猎人的束缚，自己捉兔子去了。这使猎人有些着急。他想，难道是奖赏的力度不够？于是，他把"优秀猎狗"的奖励标准提高了2倍。这一招收到了立竿见影的效果。但没过多长时间，离开猎人去捉兔子的优秀猎狗却一下子增加了许多。

猎人无奈了，去问那些离开的猎狗们："你们为什么一定要离开我呢？我到底哪个地方做得不对？"猎狗们惭愧地对猎人说："主人，你什么都没做错，离开你是因为我们自己也有一个梦想，我们希望将来有一天也能像你一样成为大老板。"为了管理好剩下的猎狗，猎人成立了猎狗公司，给每个猎狗都分配有股份，每个猎狗都是老板。这一招十分灵验，从此以后，再也没有猎狗主动离开。

实用指南

一个优秀的管理者必须要保持分配的工作在员工的心理承受能力之内，不至于让他们失去信心、垂头丧气。当员工有了不公平感，管理者可通过出台相应的补充决策，让激励更加透明化，目标设定更加明确化。

理想的待遇标准

管理精粹

最理想的待遇标准必然是各项职能的一种折中，是员工对待遇的各种要求的一种折中。

——《管理：使命、责任、实践》 德鲁克

精彩阐释

在知识经济时代，薪酬管理越来越成为人力资源管理的重要部分，它对激励员工、提高企业的竞争力有着不容忽视的作用。薪酬不仅是员工满足各种需要的前提，还能实现员工的价值感。因此，薪酬在很大程度上影响着一个人的情绪、积极性和能力的发挥。

研究表明，当一名处于较低的岗位的员工通过积极表现、努力工作，提高自己的岗位绩效争取到更高的岗位级别时，他会体验到由于晋升和加薪所带来的价值实现感和被尊重的喜悦，从而更加努力工作。这一点是任何管理者都应重视的。

管理者必须认识到薪酬对于激励员工以及增强组织竞争力的重要意义。在人们的普遍想法中，高薪不仅说明企业的效益好，有发展潜力，还说明员工受到企业的重视。在员工的心目中，薪酬绝对不仅仅是口袋中的一定数目的钞票，它还代表了身份、地位，以及在公司中的工作绩效，甚至代表了个人的能力、品行和发展前景。即使在企业内部，员工之间也会互相攀比。不同的部门之间，同一部门的不同职业之间，都普遍存在着这种攀比心理。从单纯薪资相差的数字来看，几十元钱不算什么。但是，在员工的心目中，比别人少拿几十元钱是工作业绩、能力不如别人的象征。

薪酬激励不单单是金钱的激励，它实质上是一种很复杂的激励方式，隐含着成就的激励、地位的激励等。巧妙地运用薪酬激励方式，不但能激发企业员工的士气和工作激情，还可以吸引优秀人才，极大地丰富企业的人力资源。

把握员工的微妙心理，发挥薪酬这根指挥棒的作用进行员工激励，是一个优秀的管理者所应具备的能力与技巧。

毋庸置疑，薪酬的力量是巨大的，一个透明、公平的薪酬体系不仅可以提高员工对工作的满意度，还有助于他们发挥潜能以达成部门的使命。当今企业竞争的焦点是人才。只有采用有效的激励措施，尤其是适合企业各方面条件的薪酬激励才会留住人才，让他们大展身手，这样才会使企业效益不断提高，在市场上占据优势地位。

因此，管理者要制定出激励性薪酬。激励性薪酬的基本构成包括：基本薪资、奖金、津贴、福利、保险。激励性的员工薪酬模式的设计，就是将上述5个组成部分合理地组合起来，使其能够恰到好处地对员工产生激励作用。

德鲁克认为："即使是最公平合理的薪酬制度也会显示出折中的两面性——既能够凝聚力量，同时也在瓦解组织的力量；既能够给企业正确的指引，同时又会误导企业；既能够鼓励正确的行为，也有可能会引发错误的结果。"

折中模式的薪酬制度既具弹性，使其具有激励员工提高绩效的功能；又具有稳定性，给员工一种安全感，使其注意向长远目标努力。现在，很多企业在制定激励性的薪酬体系时采用这种折中模式，事实证明，它确实能给企业带来良好的收益。

实用指南

除了采用折中模式的薪酬制定外，还有以下两种模式可供企业选择。

第一，高弹性模式。这种模式的薪酬主要是根据员工近期的绩效决定的。在一般情况下，奖金在薪酬中所占的比重比较大，而福利比重较小；在基本薪资部分，实行绩效工资（如计件工资）、销售提成工资等工资形式。在不同时期，员工的薪酬起伏比较大。这种模式有较强的激励功能，但员工缺乏安全感。

第二，高稳定模式。这种模式的薪酬与员工个人的绩效关系不太大。它主要取决于企业的经营状况，因此，个人收入相对比较稳定。这种模式有比较强的安全感，但缺乏激励功能，而且人工成本增长过快，企业负担加大。在这种模式中，基本工资占主要成分，福利水平一般比较高。奖金主要是根据企业经营状况，按员工个人工资的一定比例或平均发放。

第三章

世上没有理想化的组织模式

·第一节·
世上没有理想化组织模式

个人与组织之间是互利互惠的

管理精粹

个人发展得越好,组织也会取得更多成就,反之亦然。

——《未来的里程碑》 德鲁克

精彩阐释

德鲁克强调,个人和组织之间是互惠互利的关系。我们既要看到前者对后者的贡献,更要重视后者对前者的培养,个人与组织之间就像鱼与水一样,相互给予,不可分离。

美国石油大王保罗·盖蒂通过其一生的经营生涯,对用人总结出四种类型的评价和对策。他把自己手下的员工大致分为四个类型:

第一类,不愿受雇于人,宁愿冒风险创业,自己当老板,因此他们在当雇员时,表现很出色,为日后自我发展积蓄力量。

第二类,虽然他们充满了创意和干劲,但不愿自己创业当老板。他们较喜欢为别人工作,宁愿从自己出色的表现中,分享到所创造的利润。一流的推销员与企业的高级干部均属这类人员。

第三类,不喜欢冒风险,对老板忠心耿耿,认真可靠,满足于薪水生活。他们在安稳的收入之下，表现良好，但缺乏前两类人的冒险、进取与独立工作的精神。

第四类，他们对公司的盈亏漠不关心，他们的态度是当一天和尚撞一天钟，凡事能凑合过得去就行了，反正他们关心的只有一件事，那就是按时领到薪水。

保罗·盖蒂认为第一类员工的才干是突出的，能用其所长，避其所短，可以为企业发挥重大作用。

第二类员工是保罗·盖蒂企业的中流砥柱，他以各种办法激励他们努力为本企业效劳，让他们建立牢固的企业归属感。

保罗·盖蒂对待第三类员工也十分珍惜爱护，把他们安排在各级部门当副手，逐步提高他们的生活待遇，想方设法稳住这支基本队伍。

对于第四类员工，保罗·盖蒂要求各级管理人员对他们严加管理，促使他们端正态度，为企业发展多出力。

由此可见，组织才是你实现人生价值的地方。如果只是把公司当成"混日子"的地方，做一天和尚撞一天钟，心里只盘算自己的个人利益，势必会与公司总体发展、长远发展的目标相抵触，有时甚至会阻碍公司向前发展的脚步。

实用指南

只有把员工的切实利益与企业发展的整体利益相挂钩，才能避免出现员工对企业整体利益漠不关心的心理状态。

建立与此相应的奖惩机制，企业发展好了，人人都有益处；企业发展得不好，人人都受损失。这样形成员工与企业共存共荣的局面，才能从根本上解决个人利益与整体利益相脱钩的状态。

组织中不断衍生的是无序、纷争与绩效失灵

管理精粹

组织化的机构是必要的。

——《21世纪的管理挑战》 德鲁克

精彩阐释

德鲁克说："组织中不断衍生的是无序、纷争与绩效失灵。"因此，他认为，组织化的机构是必要的。德鲁克认为,在现代企业管理中,无论你个人能力有多强,

组织设计不当必将导致失败。但是，如果你有运筹帷幄的组织能力，你完全可以治众如寡，气定神闲而决胜千里。

所以，千万不要忽视组织的力量。

许多组织中，权力高度集中于最高管理者手中，最高管理者奉行非正式控制原则，管理主要依靠最高管理者的个人直觉、经验和个性，没有正式的程序和规则，任人唯亲。

家长制统辖官僚制就是非正式控制原则统辖正式控制原则，非正式规则取缔正式规则，组织中的高层只有一人。其结果导致管理呈现出集权化、内向化特点，上层组织集决策权、指挥权、监督权于一身，管理随意度大，而中层管理部门则由于处于组织结构的核心位置而相应承担更多的职能而内向化，只注意完善本部门分内的运作，画地为牢，强调的只是自身利益。

由于追求管理分工，导致机构、人员膨胀，延长了信息沟通渠道的长度，信息失真，纵向管理梗阻，从而使决策的及时性、准确性受到影响。而基层成员则如齿轮和螺丝，个个都显得忧郁、灰暗，屈从于规章制度与指令，创新思想和生机被埋没，组织也因此愈显封闭与落后。在现代经济条件下，我们必须推动组织再造，健全控制体系，明确执行控制职能的主体。

为了便于科学用权，必须搞好控制工作，典型控制组织应与重要的行政部门或管理部门平行。

最高控制组织与下属控制组织、综合专职的控制组织与其他控制组织，在职位上要进行分离，权责上要进行划分。

控制组织权责代表的范围与作业程序，应有翔实的文字记录；综合专职的控制组织应有合理的编制与作业制度。良好的组织必有一个严格的监督部门。监督部门必须要独立，即监督部门和执行部门必须分开设置，不能合并为一个机构；在隶属关系上，这两种部门不能由同一名主管人员来管理，特别是不能由执行部门的负责人来管理监督部门或人员。

实用指南

建立组织化的机构，就是要在一定范围内创造并控制权力。有效的控制，就是推动下属和组织高效地去实现组织目标。架构组织要从实际出发，多方权衡，既要实现控制职能，又要防止包办代替，从而稳定组织激励下属，提升组织整体的管理效能。

任何组织都不能完全消除冲突

管理精粹

没有任何一种组织结构是完美无缺的,任何组织都难免有冲突、矛盾和混乱。

——《管理:使命、责任、实践》 德鲁克

精彩阐释

德鲁克认为,任何组织结构都无法避免团队内部的摩擦。每一个团队成员都有自己独特的个性,因此冲突难以避免。

在传统意义上,冲突被认为是造成和导致不安、紧张、不和、动荡、混乱乃至分裂瓦解的重要原因之一。冲突破坏组织的和谐与稳定,造成矛盾和误解。其实,冲突有时候可能比一致更可靠。

因为有冲突就有异议,有异议才有机会改进和完善,试想在一个组织里,听不到不同的声音,团队如何进步和成长?因此,可以这样说,没有冲突的组织是没有活力的组织。

对于一个领导者来讲,在组织内部没有任何冲突并不一定是件好事,因为冲突存在是正常的,在多数情况下,冲突可能比一致更可靠,关键是如何解决冲突。

通用汽车公司发展史上有两位重要人物,由于他们对冲突和矛盾所持的不同看法和做法,给通用公司的发展带来了不同的重大影响。

第一位是威廉·杜兰特,其在做出重大决策时大致上用的是"一人决定"的方式,他喜欢那些同意他观点的人,而且可能永远不会宽恕当众顶撞他的人。结果是,在他领导下的由一些中层管理人员参加讨论任何一项决策时都没有遇到一个反对者,但这种"一致"的局面也仅仅维持了4年。4年之后,通用汽车公司就出现了危机,杜兰特也不得不离开公司。

另一位是艾尔弗雷德·斯隆,他是迄今为止通用汽车公司享有最崇高声望的领导者,被誉为"组织天才"。

他先是杜兰特的助手,在杜兰特之后成为继任者。他目睹了杜兰特所犯的错误,同时他也几乎修正了这些错误。他认为没有一贯正确的人。

他在做出决策之前,都必须向别人征求意见,并且会在各种具体问题产生时阐明自己的观点，但他也鼓励争论和发表不同的观点。在那些负责执行决定的人接受基本概念之前，他并不急于做出最后决定。

这个案例告诉我们，面对冲突以及冲突产生采取的不同态度，会直接影响事业的成败。杜兰特和斯隆对组织冲突所采取的不同的领导或协调手段，直接导致了对其终极目标的影响。

既然冲突是不可避免的，是任何组织或个人获得事业成功所必须面对的，那么，作为领导者要正确认识，敢于直面冲突和矛盾。

第一，正确看待矛盾和冲突。

随着时代的变迁和管理学的不断发展，人们对冲突的看法也在不断地变化。有些冲突对组织成员和组织目标的达成是有害的，但另外一些冲突却是有利的。

从心理学角度来讲，冲突是指两种目标之间的互不相容或相互排斥、相互对立。冲突表现为由于观点、需要、欲望、利益或要求的不相容而引起的一种激烈争斗。

因此领导者要尽可能地控制冲突发展，并化解冲突。最主要的是，冲突本身并不危险，危险的是处理不当。管理者既要洞察到冲突发生的可能性，尽量缓和与避免冲突的发生，又要正确地对待已经发生的冲突，科学合理地加以解决，使冲突结果向好的方面转化。

第二，直面矛盾和冲突。

美国西点军校编写的《军事领导艺术》一书对冲突的积极作用进行探讨并指出，群体间的冲突可以为变革提供激励因素。

当工作进行得很顺利，群体间没有冲突时，群体可能不会进行提高素质的自我分析与评价。

相反，群体可能变成死水一潭，无法发掘其潜力；通过变革促进成长与发展，群众间存在冲突反倒会刺激组织在工作中的兴趣与好奇心，这样反而增加了观点的多样化以便相互弥补，同时提高了紧迫感。

实用指南

任何一个人的认识能力都是有限的，一个人的意见不可能永远正确。而有冲突和矛盾正是弥补这一不足的最佳方案，只要协调合理，沟通及时，冲突就会成为成功的铺垫和基础。

信息化组织必须建立在责任的基础上

管理精粹

信息化组织要求领导层既能尊重绩效,又有不断提升的责任感。

——《管理前沿》 德鲁克

精彩阐释

德鲁克认为,在传统社会里,组织是建立在权威的基础上的,而信息化组织则建立在责任的基础之上。在信息化组织中,要实现组织的正常运转,就要确保员工和部门能切实负起责任。

有一位青年在美国某石油公司工作,他所做的工作就是巡视并确认石油罐盖有没有自动焊接好。石油罐在输送带上移动至旋转台上,焊接剂便自动滴下,沿着盖子回转一周,这样的焊接技术耗费的焊接剂很多,公司一直想改造,但又觉得太困难,试过几次也就算了,而这位青年并不认为真的找不到改进的办法,他每天观察罐子的旋转,并思考改进的办法。

经过他的观察,他发现每次焊接剂滴落39滴,焊接工作便结束了。他突然想到:如果能将焊接剂减少一两滴,是不是能节省点成本?于是,他经过一番研究,终于研制出37滴型焊接机。但是,利用这种机器焊接出来的石油罐偶尔会漏油,并不理想。但他不灰心,又寻找新的办法,后来研制出38滴型焊接机。这次改造非常完美,公司对他的评价很高,不久便生产出这种机器,改用新的焊接方式。也许,你会说:节省一滴焊接剂有什么了不起?但这"一滴"却给公司带来了每年5亿美元的利润。

这位青年,就是后来掌握全美石油业95%实权的石油大王——约翰·戴维森·洛克菲勒。

如果洛克菲勒没有将为公司节省成本当成自己的责任,只是像一名普通员工每天重复自己的工作,最后的结果可想而知,他不可能拥有创造价值的机会。

所以,要想在自己的工作岗位上创造价值,要想在自己的人生中创造价值,那么就必须承担责任!只要员工有责任感,就会产生巨大的生产力。而忽视自己的责任,必会对企业生产造成负面影响。

某家电制造有限责任公司发生了一起管理"事故":5号车间有一台机器出了

故障，经过技术科的工作人员检查，发现原来是一个配套的螺丝掉了，怎么找也找不到，于是，只好重新去买。可是根据公司内部规定，必须先由技术工作人员填写采购申请，然后由上级审批，之后再经过采购部部长审批，才能由采购员去采购。

可是，问题又出现了。市内好几家五金商店都没有那种螺丝，采购员又跑了几家著名的商场，也没有买到。

几天很快就过去了，采购员还在寻找那种螺丝，工厂却因为机器不能运转而停产。于是，公司的其他管理者不得不介入此事，认真了解事故的前因后果，并且想方设法地寻找修复的方法。

在这种"全民总动员"的情况下，技术科才拿出机器生产商的电话号码。于是，采购员就打电话问哪里有那种螺丝钉卖。对方告诉他：你们那个城市就有我们的分公司。你去那里看看，肯定有。

半个小时后，那家分公司就派人送货上门了。问题就此解决。可是之前寻找螺丝钉，就用了一个星期，而这一个星期公司损失了数十万元。

采购部部长后来总结说："从这次事故中，我们很容易就能看出，公司某些工作人员的责任心不强。从技术科提交采购申请，再经过各级审批，到最后采购员采购，这一切都没有错误，都符合公司要求，可是结果却造成这么大的损失，问题在哪里？竟然是因为技术科的工作人员没有写上机器生产商的联系方式，而其他各部门竟然也没有人问。"

这是一个因员工责任心缺失而给企业造成巨大损失的典型案例。如果这个工厂的员工都多一点责任心，相信这个问题在很短的时间内就能得到解决，也绝不会对企业的生产造成很大的影响。员工责任心强的企业必会取得更大的经济效益，取得更长远的发展。员工责任心弱的企业必定会遭受严重的经济损失，在其发展过程中必定会受挫。

英国著名作家萨克雷曾经说过："生活是一面镜子，你对它笑，它就对你笑；你对它哭，它也就对你哭。"

这句话蕴含了丰富的人生哲理，如果将其中的意义推广到责任与价值上，我们可以这样理解：如果你能够承担责任，一步一个脚印地对待自己的工作，那么公司必将给予你实实在在的回报；如果你敷衍工作、消极怠工、试图逃避责任，那么到头来只能是一场空，而且你永远都不会拥有令你骄傲的事业，永远也不会创造令他人羡慕的价值。

实用指南

责任保证了一个企业的竞争力，在激烈的市场竞争中，任何一家想以竞争取胜的公司都必须设法使每个员工拥有责任感。

没有富有责任感的员工，企业就无法为顾客提供高质量的服务，就难以生产出高质量的产品，企业也就无法在这个竞争激烈的社会上立足。

家族企业必须遵守的三条规则

管理精粹

在家族企业里，这三条规则是必须要遵守的。即便如此，管理层还是会在继承问题上闹分裂。

——《变动中的管理界》 德鲁克

精彩阐释

家族式企业深深植根于以家庭和血亲为核心的文化传统之中。当代中国社会经济环境中有很多适合家族企业生存的特点，所以，经过近30年的迅速发展，家族式管理成为中国近70%的民营企业的主要管理方式。

然而，随着市场经济体系逐步发达和经济日益全球化，纯粹的家族企业的生存与成长空间慢慢变得狭窄甚至没有了出路。

当市场变革速度越来越快、竞争越来越激烈时，完全由家族成员掌控的封闭式家族管理的弊端越来越明显。

那么，该继续家族化管理，还是转向职业化管理道路？这成为大多数靠家族起家的创业者头疼的问题。

中国的家族企业可谓是源远流长，最早可以追溯到春秋吴越时的范蠡。他协助越王勾践灭了吴国之后，"乘扁舟浮于江湖"，与儿子一起经商，成为巨商，史称"陶朱公"。而后来，晋商、徽商等中国商人，无不是家族式企业的代表，为中国模式的家族企业积淀下一脉相承的历史渊源。

改革开放后，中国民营企业得到了空前的发展与壮大。然而，随着经济的全球化，国内外企业的竞争加剧，家族企业的弊端也越来越明显。就目前来看，家族企业的"硬伤"主要有以下几点：

首先，随着家族企业的成长，其内部会形成各类利益集团。由于夹杂复杂的感情关系，使得领导者在处理利益关系时会处于两难的境地。

管理者很难像处理普通员工那样处理犯错的亲属和家人，这给企业内部管理留下了隐患。

其次，家族式企业对外来的资源和活力有排斥心理。由于难以吸收外界的优秀人才，企业更高层次的发展会受到限制。

另外，家族企业缺乏科学的决策程序，从而经常导致决策失误。随着企业的发展，竞争环境的改变，企业以往的成功经验开始失效，投资的风险越来越大，如果没有民主、科学的决策，企业将会非常危险。

如何克服这些弊端，挣脱家族企业管理的桎梏？这是当前众多家族企业头痛的问题，也成了决定家族企业下一步走向的关键一点。

德鲁克认为，"家族企业"的关键词是"企业"，而不是"家族"。因此，"家族企业"要想永续发展，必须遵循以下三条原则：

第一，尽量不要让家庭成员在企业里工作，除非他比其他员工更出色。

第二，在家族企业里，越是关键的位子越要安排家族以外的工作人员。不管是生产、销售、财务还是人事管理方面，最好不要让家庭成员担任，即使他非常能干。

第三，不管公司管理层有多少出色的家族成员，必须有一个高层职位由非家族成员担任，比如，研究部主管或财务主管（这两个位子的技术要求都是比较高的）。

德鲁克告诉我们，以上三条规则是必须要遵守的。只有大胆地引入职业经理人，建立完善的管理制度，家族企业才能永续发展。

当然，这并不意味着，家族企业要刻意地清除家族成员，也无需要把所有位置都换成职业经理人，只要能够把握一个用人标准：放一个人在这个位置完全是因为他的才干。

实用指南

家族企业最大的弊病就在于社会精英进不来。企业的最高位置都是自家人，外面有才能的人进不来，而且一家人的思维方式多少有些类似，没有突破点。

大家各有各的想法，要决策某件事就很难，容易贻误商机。而家族企业要克服这些弊端，则必须通过吸纳与任用职业经理人、推行规范化管理两个途径，逐步实现职业化的管理，最终突破家族企业封闭式管理模式。

家族企业的管理规则

管理精粹

在管理上,家族企业有其独特的严格遵守的管理规则。

——《变动中的管理界》 德鲁克

精彩阐释

家族企业在发展之初,企业往往把最困难的部分忽略,留到以后解决,而直接进入快车道。随着资产的快速膨胀,个人的欲望也急剧膨胀,体制和制度的牌终于被摊出来,成为不得不解决的问题。这时,高速行驶必须急刹车,为解决或暂时缓解这些问题提供时间,避免车毁人亡。

家族企业转型,必须分清几种情况。

第一种情况是企业发展到一定规模,家族成员的管理能力不能满足企业发展的需要,要求突破家族管理模式,让非家族成员入股,分享所有权和经营控制权。

第二种是企业发展到一定规模,家族成员的管理能力不能满足企业发展的需要,要求吸收专业管理人才从事专业化的、职业化的经营管理,如担任总经理等,但创业者在重大决策中有最终的决策权,这是局部走出家族制。

第三种情况是企业发展到一定规模,家族资本不能满足企业扩张的需要,要求有效融合社会资本,突破家族制管理模式,与非家族成员共享企业的所有权和经营控制权,完成从家族企业向现代企业的变革。

因此,并不是所有的企业都要走出家族制,只是部分私营企业需要走出家族制。

温州的正泰集团原是一家典型的家族企业,在向现代企业制度转型的过程中,正泰集团的掌门人南存辉采用了渐进的股权稀释方法,使企业的制度转型在平稳之中进行。

南存辉认为,家族企业有其缺陷,但也有天然的优势。"为非家族而非家族"的改造,企图一步到位的激进作法,往往会使情况更糟。南存辉也一直想交权,曾请过一个美国名牌大学工商管理硕士毕业的人当副总,后来又让他当了一阵总经理,但最终还是解除了他的职务。

在温州,无论是政府推动还是企业自主行为,勉强改造家族企业往往以失败告终。曾有4家大型家族企业基于自身发展需要,力图改变家族管理,但因方法

第三章　世上没有理想化的组织模式

较激进，最终全部失败。其中一家实行法人代表轮流坐，企业因控制权问题失去大好发展时机；一家想一举撤掉家族制，引起股东集体跳槽，企业资金被抽空；一家请来了外面的职业经理，由于家族阻碍，职业经理无法贯彻经营理念，该职业经理最后也离开了。

因此，南存辉虽不彻底，但富有实效的后家族化，就具有了典型价值。1991年，南存辉手中有了100万元人民币资产，他从开店办厂的家族成员中招进9人入股，形成以家族成员为核心的企业管理层。这个所有者、经营者、打工者三位一体的、不用付工资（年终按股分红）的家族团队，不仅拥有一定的生产、管理能力与资本，更主要的是"人和"，使企业的起步平稳有力。

南存辉用来招股的100万股金，因为家族资金的流入，股权一下从100%降到40%。这时的正泰，不仅是合资企业，更是不折不扣的家族企业，因为外资也来自"家族"成员。用家族资本稀释自己，这是南存辉"温和革命"的第一步。

紧接着，南存辉开始用社会资本"稀释"家族股权。在正泰成为温州首屈一指的知名企业后，正泰的品牌效应出来了。许多企业看中正泰品牌，希望加盟。先后有38家企业进来，全部成为正泰私人股东，而南存辉的个人股权也被稀释到不足30%。

如果只有上述两项，那南存辉的行动还没有什么典型价值。虽然股权几度稀释，但仍然只是在资金上做文章，技术、管理的"资本化"才是南氏"革命"的亮点所在。

南存辉在集团内推行股权配送制度，他拿出正泰集团的优质资产配送给企业最为优秀的人才。这就是正泰的"要素入股"——管理入股、技术入股、经营入股。股东一下子扩大到110多人，南存辉的个人股权也再度被稀释。

引入家族资本稀释自己股权，引入社会资本稀释家族股权，社会资本（原先的多级法人）成为股东后并不一定有管理权，企业所有权与经营权适度分离：不管你是多大的股东，如果经过考核能力不行，就让出经营权；反之，不管是不是股东，有能力就有位置。就这样，正泰成功地从一家传统的家族企业转型为一个现代的"企业家族"。

私营企业要走出家族制，必须在以下几个方面进行创新。

第一，优化产权结构，淡化家族色彩。

一方面，随着企业的成长和壮大，家族资本不能满足企业扩展的需要，要求有效融合社会资本，这就需要变革产权结构，使产权结构从一元化向多元化发展。

另一方面，企业规模的扩大和技术水平的提高，管理和技术人员的作用日益突出，企业间吸引人才的竞争趋于激烈，从而产生了使管理和技术人员乃至部分职工参与持股的要求，以强化激励机制和减少流动性。

第二，完善治理结构，克服家族藩篱。

对具有一定规模的家族企业，要在治理结构上打破家族垄断，按照《公司法》的要求，形成股东会、董事会、监事会和经理阶层之间合理分工、互相制衡的关系。要接纳专业化的经营管理人才，按公司章程的规定授以职权，负责企业的经营管理，而主要股东组成的董事会则主要负责制定企业的发展战略和长远规划等重大决策。走出家族制的实质在于改变企业从小到大在创业过程中形成的随机决策、随机管理的"人治"，转向以制度管理的"法治"，使公司制度化、规范化和法制化。

第三，建立科学的人才选拔机制。

私营企业的人才选拔机制，要解决两个问题：

首先是从哪里选拔称职的经营人才。20世纪80年代，美国90%以上的新任首席执行官都是从公司内部提拔的，现在已有近1/3的首席执行官来自公司外。如果企业处于健康发展期，要保持公司战略的连续性、基本管理风格的一致性和新任经理人的忠诚度，便从公司内部选择。如果一个企业处于强烈的变革期，选拔人才的时候眼睛不光要盯着内部，还要盯着外界，寻求领导变革的新力量。

其次是如何选拔人才。企业在选择接班人时一定要保持相对的透明度，要让更多的人参与评价，让被选择的人暴露在竞争者、供应商和客户面前，让他公开接受评判。选人的程序要制度化，在制度化下产生的人选较容易被家族成员认可。企业要有一个接班培养计划，有第二梯队、第三梯队的培养计划，做到未雨绸缪。

第四，建立有效的激励与约束机制。

有效的激励机制有多种形式可供选择：经理人员持股、期权制和期股制；年薪制和年薪奖励制；其他方式的激励。

实用指南

改革开放以来，我国家族企业随着经济的快速增长也得到了迅猛发展，在国民经济中发挥了越来越重要的作用。但是，在其不断发展壮大的同时也暴露出越来越多的问题，制约了企业的发展。要想改变这种状况，管理者可以从以上三个方面着手进行管理。

·第二节·
组织结构优化之路——向组织结构要效益

维持企业权力的合法性

管理精粹

除非企业权力的组建是建立在一个能被人接受的合法原则基础上，否则它将无法存在。

——《工业人的未来》 德鲁克

精彩阐释

德鲁克说，除非企业权力的组建是建立在一个能被人接受的合法原则基础上，否则它将无法存在。即社会权力如果丧失了合法性，就不可能长久地维持下去，因为社会只有将个体成员凝聚起来才能发挥作用。对于企业管理来说，如果不能使企业成员得到他们应有的地位，企业必将走向灭亡，这就要求管理者尊重下属。

在微软这个计算机软件帝国里，对人的尊重被放在了首要位置。每一个细节都体现了对员工的重视。为员工提供自由表达的机会，微软设立了个性化的办公室，设立了弹性工作时间，虽然他们的价值观没有任何的口号和标语，也没有像英特尔那样印在每一位员工的工卡上，但是他们的价值观已经深入到企业生活的点滴之中。

每一位员工都对自己的本职工作有着强烈的兴趣，他们各司其职又高度合作。他们通过不断创新来体现个人价值，也对企业发展形成推动力量。所以在微软公司，每一位员工都在为实现个人价值、追求顾客满意和承担社会责任而不懈努力着。尊重员工，创造"和"的氛围，为微软带来强大的"软"实力。

真诚地关心人才，尊重人才，与人才结下深厚的感情是留住优秀人才的关键。

留住优秀人才并不是一件十分困难的事。只要经常在工作中、生活上营造公正平等、愉悦融洽的环境与氛围，有福同享、有难同当，使他们能在你的领导下有一种自我价值实现的成就感，人才便会忠心地在你手下勤奋地工作，回报于你。

惠普公司对员工的关怀一直有着很好的口碑。惠普公司不仅将全体员工团结起来共患难，而且尽一切努力与员工有福同享。

野餐会是让员工有福同享最具代表意义的形式。惠普公司创始人休斯特和帕卡德都认为，野餐会是"惠普之道"的重要内容之一。20世纪50年代初，惠普公司在离帕洛阿尔托开车大约1个小时路程的乡间购买了一块土地，把其中的一部分改建成娱乐区，可供两千多人举行野餐，并将它命名为"小盆地"。这个地方还可以接待惠普的员工及家属来此露宿。

每年野餐会时，惠普公司为员工们提供纽约牛排、汉堡包、墨西哥豇豆、生菜沙拉、法国蒜味面包和啤酒等。公司购买食品和啤酒，员工自助餐厅的师傅们烧烤牛排和汉堡包肉饼，其他需要的物品则由员工自备。休斯特、帕卡德以及惠普的许多行政人员都尽量参加，并与员工进行交流。

这项活动很受员工欢迎，因此惠普公司决定在世界上所有有惠普人聚居的地区实施此活动。在科罗拉多，惠普在埃切特斯公司旁边买了一些地；在马萨诸塞州的海边也买了地；在苏格兰，惠普公司买了一个小湖泊，是公司员工垂钓的好去处；在马来西亚，惠普公司拥有一幢海滨别墅；而在德国南部，惠普公司则购买了适于滑雪的山地。

现在企业间的竞争，主要体现在人才之间的竞争。尊重员工不仅是提高企业整体竞争力最为重要的一环，也是保证企业实现可持续发展的动力之源。因为尊重员工，才能充分调动员工的创造性和主人翁精神，从而使企业积聚巨大的竞争能量，在促进员工实现企业内部绩效优化的同时，在外部市场上实现经济效益最大化。

实用指南

在实施尊重管理过程中，企业管理者要强调员工的重要性，并尽可能弱化自己，采用柔性的管理方式，把每一位员工都放在十分重要的位置上；管理者既要"少管理"，又要"管得住"；既要让员工感受到充分的尊重，又要促进企业的长远发展。尊重是赢得人才忠诚的重要管理手段，只有充分尊重人才，人才才会以忠诚的态度回报企业。

创造一个真正的有机整体

管理精粹

　　管理者的任务就是要创造一个有机的整体，并让这个整体的作用大于各组成部分效用的总和。

——《管理：使命、责任、实践》 德鲁克

精彩阐释

　　德鲁克说，管理者的任务就是要创造一个有机的整体，并让这个整体的作用大于各组成部分效用的总和。这就相当于一个交响乐团，在指挥家的努力下，各个独立的乐器组合成一个整体，演奏出美妙动听的乐曲。

　　艾弗森开车在山间小路上迷了路，慌乱之中，汽车陷入了路边的壕沟里。靠他自己一个人的力量是没有办法把车弄出来的。他看到半山腰有户人家，于是便走过去找人帮忙。

　　他以为这家农户会有大马力的拖拉机，结果走进院子后才发现这家什么都没有。他看到牲口圈里拴着一匹已经衰老的马。看来只有指望它了。他以为农夫会因为马太瘦弱而拒绝他，可出乎他的意料，农夫说："约翰完全可以帮你的忙！"

　　他看着这匹瘦弱不堪的马，觉得很担心，于是问农夫："您知道附近有没有其他人家？您的马太憔悴了，恐怕不行吧？"农夫自信地说："附近只有我一家，您放心好了，约翰绝对没有问题的。"

　　没有别的办法，也只好这样了。农夫把绳子一端固定在汽车上，另一端固定在马脖子上。农夫一边在空中挥舞着鞭子，一边大声吆喝，"使劲，约翰！使劲，汤姆！使劲，琼斯！"声音高亢有力，一会儿，约翰就把汽车从壕沟里给拉了出来。

　　艾弗森觉得很吃惊，但又感到不解："这匹马有三个名字吗？"农夫拍了拍马，笑着说："约翰的眼睛瞎了，汤姆和琼斯是它以前搭档的伙伴。要让约翰感觉到它不是在单打独斗，只要感觉到是在一个团队里，它就有种不服气的劲儿，年轻力壮的马都比不上它。"

　　老马的故事告诉我们，一个人在团队中的力量可能远远胜于他单打独斗的力量。而赋予它这种力量的就是它所拥有的团队精神。

　　为了考察应聘人员的团队合作意识，某公司出了这样一道面试题：招聘官将最终进入复试的6个人分成两组，分别把他们关进两间一样的房子里——房子阔绰舒适，生活用品一应俱全；内有一口装满绿豆粥的大锅，每人只发一只长柄的勺子。

12个小时过去后，招聘官先把其中的一组放了出来，他们出来的第一句话就是"快饿死了"。招聘官感到很奇怪："锅里有足够多的粥，你们为何不吃？"这组人员对这个问题感到十分不满："你给我们的勺子把太长了，我们没有办法把饭放到嘴中啊！"

招聘官很无奈，接着又把另外一组也放了出来，只见他们一个个红光满面、神采奕奕，他们感谢招聘单位给他们提供可口的粥。第一组人感到大惑不解，问他们是怎样用这么长的勺子吃到东西的。第二组的人齐声说道："我们是相互喂着吃到的。"

可见，团队精神可以创造出一种无形的向心力、凝聚力和塑造力。只要大家心往一起想，劲往一块使，有困难就可以靠集体的力量克服，没有的东西也就会创造出来，缺少的东西也会心甘情愿地去补上，这样的企业就会战无不胜、攻无不克。

团队精神的培养并不是一朝一夕能完成的，需要一点一滴地铸造。

第一，需要团队领导者具有出众的协调能力。唐僧就是一个突出的代表人物，他虽然没有徒弟们那各种降妖除魔的本领，却能用一种坚定的信念把不同性格、不同才能的三个徒弟凝聚一起，形成一个高效的团队，最终到达西天取得真经。

第二，需要团队领导者具有出众的人格魅力，吸引力和感召力。巨人集团老板史玉柱，在公司面临巨大困难，举步维艰的时候，很多员工仍不离不弃，即使不发工资也跟随史玉柱努力拼搏。这就是因为史玉柱身上所散发出的吸引力和感召力令人折服，让员工有工作的热情和冲劲。

第三，需要团队领导具有出众的沟通能力。沟通既要横向进行，又要纵向进行，重要的是要保证沟通的平等性和双向性，让成员能畅所欲言，说出真实的想法。沟通的好处在于能让员工迅速达成一致的观点，形成团队的共同价值观。

第四，需要团队领导掌握激励艺术。团队领导既要重视精神激励又要重视物质激励，两手都要抓、两手都要硬。激励的方式要创新，更要做到激励那些有创新的队员。为了使激励机制更好地发挥作用，还要引入竞争机制。竞争能发现自己的长处和不足，同时也容易发现别人的优势和劣势，相互之间取长补短，从而使整个团队更具凝聚力。

第五，需要团队领导为团队设定共同愿景和目标。所有的人都有了相同的愿望和目标，就能同心协力。目标不要不切实际，过于高远的理想或目标会让员工觉得不切实际而产生不了工作的激情。同样，一个切实际的目标会让整个团队产生征服它的心理作用。

实用指南

在这样一个团队协作的年代，可以说，一个人没有团队精神将难成大事，一个团队如果没有团队精神，将成为一群乌合之众，一个民族如果没有团队精神也将难以强大。

事实上，那些基业常青的企业都拥有共创卓越的团队精神，甚至可以说，是否拥有这种团队精神乃是企业能否永续光辉的根本。

如何才能有效摆脱专制

管理精粹

用独立自治的组织管理代替专制，是摆脱专制的唯一途径。

——《管理：使命、责任、实践》 德鲁克

精彩阐释

德鲁克说："在我们这个组织化的多元社会中，如果组织无法各司其职、独立自治，我们也就不会享有个人主义，人们也不会拥有一个能为他们提供实现自身价值的社会。相反，我们会把自己禁锢在任何人都无法独立行事的困境中。我们有的只是极权主义，而不是大众参与式的民主，更别提随心所欲地自由行事了。因而可以说，如果没有强大的、运转正常的独立性组织，专制将是唯一的宿命。"

在德国的主要航空和宇航企业 MBB 公司，可以看到这样一种情景：上下班时候，员工把专门的身份 IC 卡放入电子计算器，马上显示当时为止本星期已工作时间多少小时。MBB 公司允许员工根据工作任务、个人情况等与公司商定上下班时间。该公司实行了灵活的上下班制度，公司只考核员工工作成果，不规定具体时间，只要在要求时间内按质量完成工作任务就照付薪金，并按工作质量发放奖金。这种灵活机动的工作时间，不仅使员工免受交通拥挤之苦，还使他们感到个人权益受到尊重，从而产生强烈的责任感，工作热情也有所提高，公司因此受益匪浅。

法国斯太利公司也同样摒弃了条条框框，对员工实行非常人性化的管理。该企业根据轮换班次的需要和生产经营的要求，把全厂职工以15人一组分成16小组，每组选出两名组长：一位组长负责培训，召集讨论会和做生产记录；另一位组长负责抓生产线上的问题。厂方只制定总生产进度和要求，小组自行安排组内人员工作。小组还有权决定组内招工和对组员奖惩。企业的这种放权行为，不仅没有耽误生产，还使该公司的生产力激增，成本明显低于其他企业。

春秋末期，道家学派创始人老子在《道德经》中提出了一种无为而治的统治思想——"我无为而民自化，我好静而民自正，我无事而民自富，我无欲而民自朴"、"为无为，则无不治"。

20世纪70年代，西方管理学界提出"不存在最好的管理方法，一切管理必须以时间、对象为前提"的权变管理方法，二十多年来一直在管理学界经久不衰。管理的最高境界就是不用管理，"管理"是相对而言的，没有绝对的好，也没有绝对的不好，它是一个辩证对立统一的有机体。

要实现管理上的"无为而治"，应具有下列几个前提。

第一，具有强领导力的领导者组成一个高绩效的团队。高绩效的领导者要发挥自己的影响力，激励下属，辅导下属，又要有效地授权。他既要有高瞻远瞩的战略眼光，制定中长短期战略目标，又要有强的执行力，把组织制定的目标落实到位，这样才会有好的结果。

第二，建构好的企业文化，用好的文化理念来统领员工的行为。企业既是军队、学校，又是家庭，在这里，员工既提高了自己的职业素养和综合性的素质能力，又能体会到大家庭的温暖。企业具有凝聚力、团队精神，才能留住员工的心，使企业与员工能共同发展，共同进步，基业常青。

第三，建立系统化、制度化、规范化、科学实用的运作体系。科学的运作体系是企业高效运行的基础，用科学有效的制度来规范员工的行为，来约束和激励员工对企业管理非常重要。

实用指南

最好的管理就是没有管理，企业通过实行人性化的管理，不仅能加强员工的自我认同感，也能加深员工对企业的忠诚度，使员工具备强烈的主人翁责任感，最终达到高效率、高质量。

第三章 世上没有理想化的组织模式

让员工实现自我管理

管理精粹

组织结构要能够促进员工自我控制，并能激发自我激励。

——《管理：使命、责任、实践》 德鲁克

精彩阐释

德鲁克认为，组织结构能使每个部门和每个人理解本身任务，同时又理解共同的任务，了解如何使自己的任务适应整体的任务，促进员工自我控制。好的组织结构能够把每个部门和每个人的远景指向如何促进业取得成就而不是个人业绩，能够使员工在自我激励下快速将决策转化为行动和成就。

管理者和员工就像一对天生的仇敌，他们似乎处在矛盾的对立两面，永远无法调和。

在工作中，许多人都抱怨过老板忽视自己的意见，用指挥、命令的方式来行使领导的权力，甚至经常无情地批评与训斥下属。

而同样，老板对员工也经常感到不满意，他们认为员工不服从管理、不遵守制度、生产技能不够、懒惰、效率低下等。对于这种冤家似的矛盾，美国学者肯尼思·克洛克与琼·戈德史密斯曾在合著的《管理的终结》中分析指出，管理的终结不应是强迫式的管理,即利用权力和地位去控制他人愿望，而应是"自我管理"。

戴明博士被誉为"质量管理之父"，是美国管理界的权威人士。他在一次讲课中曾讲过这样一个案例：一个日本人受命去管理一家即将倒闭的合资美国工厂，他只用了3个月的时间就使工厂起死回生并且赢利了。为什么？

道理很简单，那个日本人解释道："只要把美国人当作是一般意义上的人，他们也有正常人的需要和价值观，他们自然会利用人性的态度付出回报。"可见，真正的"人性化管理"，是帮助和引导员工实现自我管理，而不是要求员工完全按照全部设计好的方法和程式进行思考和行动。

大名鼎鼎的西门子公司有个口号叫作"自己培养自己"，它是西门子发展自己文化或价值体系的最成功的办法，反映了公司在员工管理上的深刻见解。和世界上所有的顶级公司一样，西门子公司把人员的全面职业培训和继续教育列入了公司战略发展规划，并认真地加以实施，只要专心工作，人人都有晋升的机会。

但他们所做的并不止于此，他们把相当的注意力放在激发员工的学习愿望、引导员工不断地进行自我激励、营造环境让员工承担责任、在创造性的工作中体会到成就感这些方面，以促使员工和公司共同成长。对西门子来说，先支持优秀的人才再支持"准成功"的创意更有价值。

对于管理者而言，员工的自我约束力是企业事半功倍的法宝。需要提醒管理者的是，员工自我管理虽然是一种切实可行的积极的目标，但是真正做到却非常不容易；不仅需要领导者和管理者具备帮助、引导、培训的种种技巧，更为重要的是要有一套促进员工自我管理的制度。

实用指南

许多企业在推行人本管理的过程中花费了大量的时间和精力，效果却不理想。为什么呢？就是没有紧紧抓住最为关键的那个部分——帮助和引导员工实现自我管理。

因为，现代企业的员工有更强的自我意识，工作对他们来说不仅意味着"生存"，更重要的是，他们要在工作中实现自己的价值。一个公司管理者，假如没有认识到这一点，那就无法赢得他的下属，他的公司也同样无法获得成功。

变革才能生存

管理精粹

好的组织结构不一定就会带来好的绩效。但是在不科学的组织结构下，企业即使再努力，也一定不会有好的绩效。

——《管理的实践》 德鲁克

精彩阐释

一项有关管理学的调查证明，在所有的公司中，几乎都隐藏着拒绝变革的情绪，拒绝变革的人都是组织既得利益的获得者，他们试图制止革新，试图维持现状。这些人往往以各种理由阻挠人们去尝试改革，他们的官僚主义倾向使企业的惰性越来越强，可能最终把企业逼进死胡同。

德鲁克认为，要想使企业始终处在正确的组织结构之下，管理者在关键时候

第三章 世上没有理想化的组织模式

必须有敢于变革的勇气。管理者只有在组织需要的时候不失时机地推动组织变革，企业才能成功。

格兰仕集团执行总裁梁昭贤说："办企业要像养孩子那样用心用情才可能打下百年基业。格兰仕所面临的环境正在发生急剧的变化，我们不能做被温水煮熟的青蛙，到发现有性命之忧时才着急，那时想跳都跳不动了。在千变万化的今天，不进行变革就没有出路。对格兰仕来说，只有两样不变——做百年企业的目标不变，'苦行僧'的企业文化不变。"

梁昭贤是这样说的，更是这样做的。格兰仕一直是微波炉、空调双线推行，到2004年企业已有2万多名员工，与全球200多家企业合作，"大企业病"征兆初显，企业到了需要发动组织变革的时候。唯有改变长久以来"集团化企业、工厂化管理"的模式，搭建新的高效组织结构才是出路。

2004年11月，格兰仕推出了变革方案：分成六大公司，四大中心。六大公司为空调器、微波炉、小家电、销售、压缩机、漆包线公司；四大中心是财务中心、模具中心、研发中心、采购中心，各公司独立核算。这是一次彻底的变革，从此格兰仕再没有集权痕迹，实施分权制，权责到位。

与此同时，格兰仕顺应发展的需要，打破了不使用职业经理人的传统，引进了包括日、韩、法等世界各地的经营专才和技术专家，变封闭组织为全开放组织。

至2006年，格兰仕连续12年在中国微波炉市场占有率第一的位置。

这充分证明了格兰仕变革的成功。与任何变革一样，格兰仕的变革也遇到了一些问题。但是，若不进行变革，组织将面临比这更重大、更复杂的问题，那才是真正可怕的。

市场环境瞬息万变，企业只有在变化中不断调整发展战略，保持健康的发展活力，并将这种活力转变成惯性，通过有效的战略不断表达出来，才能获得并持续强化竞争优势，在变化中成为市场上最大赢家。如果管理者在需要变革的时候手软，企业不仅难以克服组织带来的障碍，还会陷入旧体制产生的混乱沼泽之中。

实用指南

在现今这样的时代中，所有的理论、观念及知识都会迅速老化。管理者不可以因循守旧，墨守成规。如果企业家和经理人不能顺应时代发展的要求，而是自满地坚持那些自以为先进的东西，很快就会被时代淘汰。

组织结构要随企业战略适时调整

管理精粹

不管基于何种原因,只要企业调整了战略,就必须调整企业的组织结构来予以配合。

——《管理:使命、责任、实践》 德鲁克

精彩阐释

德鲁克说,战略就是对"我们的企业是什么,应该是什么,将是什么"这些问题提出答案。它决定着组织结构的宗旨,因而决定着在某一企业或服务机构中哪些是最关键的活动。有效的组织结构就是使得这些关键活动能够进行工作,并取得成就的那种组织设计,并且一定要随着战略的调整而调整。

2009年神州数码宣布组织结构调整,按照行业客户、企业客户、中小企业及个人消费用户将旗下业务拆分为六大战略本部。

原本主要针对中小企业及个人消费用户的海量分销业务细分为三个战略本部:商用战略本部、消费战略本部和供应链服务战略本部。其中商用战略本部主要面向中小企业,提供产品及解决方案;消费战略本部侧重消费类IT产品的分销与销售;供应链服务战略本部作为前两者的后勤部门,主要负责供应链物流管理。

原本主要针对企业客户提供服务器、存储等增值分销业务,并入负责网络设备销售的神州数码网络公司后,成立新的系统科技战略本部。定位为为国内企业级客户提供业界先进的产品解决方案与增值服务。

原本主要针对行业的IT服务业务,被拆分为软件服务战略本部和集成服务战略本部,其中软件战略本部主要提供软件产品,集成服务战略本部更侧重硬件,提供端到端的IT基础设施服务。

神州数码称,此次调整是依照客户需求划分业务结构。在未来市场中,将关注八类业务模式,包括零售、分销、硬件安装、硬件基础设施服务及维保、应用集成、应用开发、IT规划和流程外包等,并依此构建业务组织结构,形成六大战略本部(简称SBU),以满足客户的全方位需求。

神州数码此次组织结构调整是对公司"以客户为中心、以服务为导向"战略转型的一个重要组成部分。此前,神州数码董事长兼总裁郭为在2007年制定了向服务转型的战略，他认为此次架构调整即为上述战略的延续。

自 2000 年从联想控股集团分拆出来以后，神州数码重组整合的动作就一直没有间断。2006 年，为配合公司的新战略，郭为对神州数码进行内部整顿，建立四大虚拟子公司，子公司各自开始向服务转型。之后又根据业务的不同将公司分为三个虚拟架构，分别是负责海量分销的神州数码科技发展公司、负责增值分销的神州数码系统科技公司和负责 IT 服务的神州数码信息技术服务公司。

实用指南

根据战略进行组织结构调整，能够使企业进一步释放生产力，强化战略管理能力，在优势领域深耕细作，扩大市场份额，拉大同竞争对手的差距。相反，如果组织结构落后，战略执行将遭受众多羁绊。

·第三节·
赋予组织一个令人激动的目标

将企业的使命转化为目标

管理精粹

企业的使命和任务,必须转化为目标。并不是有了工作才有目标,而是有了目标才能确定每个人的工作。如果一个领域没有目标,这个领域的工作必然被忽视。

——《管理的实践》 德鲁克

精彩阐释

德鲁克认为,并不是有了工作才有目标,而是相反,有了目标才能确定每个人的工作。

因此,企业的使命和任务,必须转化为目标。如果一个领域没有目标,这个领域的工作必然被忽视。

在一个企业中,管理者要依靠决策制定企业的最高目标,确定了最高目标之后,必须把它科学有效地分解成小目标,传达到各个分支和部门,以此确定各个员工的工作目标。

企业领导要根据分目标的完成情况对下级进行考核、评价和奖惩,最终达到以目标管理下属的目的。

与传统管理方式相比,目标管理有其鲜明的特点。

第一,目标管理重视人的因素

目标管理是一种把个人需求与组织目标结合起来的管理制度,注重参与、民主和自我控制。

在这样的管理制度下，下级在承诺目标和被授权之后是自觉、自主和自制的，由此形成的上下级关系也是相互尊重和彼此依赖的。

第二，目标管理要建立目标锁链与目标体系

目标管理就是将企业的整体目标，通过专门设计，逐级分解为分目标，并转换给各部门各员工。

在目标分解过程中，权、责、利三者已经明确，而且相互对称。换言之，只有每个员工实现了自己的小目标，企业的大目标才有可能实现。从企业整体目标到部门目标，再到个人目标，这些目标方向一致，环环相扣，形成协调统一的目标体系。

第三，目标管理重视成果

评价管理工作绩效的唯一标准就是工作成果，人事考核和奖评的依据也是工作成果。

企业管理者以制定目标为起点，以目标完成情况的考核为终结，不去过多干预目标完成的具体过程。因此，在目标管理制度下，很少有监督的成分，却很容易控制目标的实现。

实用指南

目标管理的基本程序大体分三步：第一步设置目标；第二步管理目标；第三步测定目标成果。

其中，目标的设置最为重要，可以通过四步实现。

第一，高层管理者预定目标时，要通过上下级不断的互动商议设定，企业管理者对于企业使命和战略，对于企业应该和能够完成的目标，必须做到心中有数。

第二，在目标管理制度下，每一个分目标都有确定的责任主体，因此，重新审议组织结构和职责分工就变得至关重要。

第三，重新审议组织结构后，就要明确部门的分目标。分目标要具体量化，分清轻重缓急，既要有挑战性，又要有可操作性。

第四，整体目标转换为分目标之后，上下级要就实现目标所需条件及完成目标任务的奖惩事宜达成共识。由下级形成书面文字，编制目标记录卡片，整个组织汇总所有资料后，绘制出目标图。还要注意，要授予下级相应的资源配置的权力，实现权、责、利的统一。

商业思想由企业家的目标彰显

管理精粹

各项目标必须从"我们的企业是什么,它将会是什么,它应该是什么"引导出来。

——《管理:任务、责任、实践》 德鲁克

精彩阐释

在德鲁克看来,企业家一定是有商业思想的人。这种商业思想是通过商业目标体现出来的。企业家在创办和经营企业的过程中,在回答"企业是什么、将会是什么以及应该是什么"的同时,其实亦在彰显他自己的商业思想。优秀的企业家总是能够通过前瞻的商业思想来吸引他需要的合作伙伴。

1995年4月,马云开始第一次创业,创办了他的第一家互联网公司——海博网络,产品叫作"中国黄页"。

一年之后,马云的营业额不可思议地做到了700万。这时马云引起了外经贸部的注意,受邀参与开发外经贸部的官方站点以及后来的网上中国商品交易市场。在这个过程中,马云的"企业对企业的电子商务模式"思路渐渐成熟:用电子商务为中小企业服务,让天底下再也没有难做的生意。

这是一个巨大梦想。

1999年,马云准备回杭州创办阿里巴巴网站。临行前,他对他的伙伴们说:"我要回杭州创办一家自己的公司,从零开始。愿意同去的,只有500元工资;愿留在北京的,可以介绍去收入很高的雅虎和新浪。"他说用3天时间给他们考虑,但不到5分钟,伙伴们一致决定:"我们回杭州去,一起去!"

这些人就是在商界赫赫有名的阿里巴巴十八兄弟。他们之所以愿意跟着马云走,主要是因为受马云思想的感染,他们要一起做看起来不可能完成的事情——为中小企业服务,通过网络改变天下商人做生意的方式。

受马云思想感染的,最有名的案例莫过于蔡崇信的加盟和孙正义的投资。台湾人蔡崇信是全球某著名风险投资公司的亚洲代表,他听说阿里巴巴之后立即飞赴杭州要求洽谈投资。

一番推心置腹的谈话之后,蔡崇信竟然出人意料地说:"马云,那边我不干了,我要加入阿里巴巴。""全球互联网投资皇帝"、日本软银公司的董事长孙正义与马云仅仅面谈了 6 分钟,就立即说:"马云,我一定要投资阿里巴巴!而且用我自己的钱。"

拥有思想的团队,不仅具有高度的凝聚力,而且还具有坚硬的意志力。2002年,是互联网泡沫破灭最为彻底的时候。马云将阿里巴巴当年的目标定为"活着",他希望公司员工坚持下去,等待春天的到来。到了年底,阿里巴巴不仅奇迹般地活了下来,并且还实现了赢利。马云将这一切归功于"坚持",他说,很多人比他们聪明,很多人比他们努力,为什么他们成功了?一个重要的原因是他们坚持下来了。而坚持的原动力无疑就是团队对领袖商业思想的认可和追随。

2007 年 11 月 6 日,阿里巴巴在中国香港上市,一举成为中国最高市值的互联网公司,这还不包括它旗下的淘宝、支付宝、阿里软件、中国雅虎、阿里妈妈和口碑网等众多网站。此外,这次上市还破了多项港股纪录:香港历史上 IPO 认购冻结资金额的最高纪录、香港历史上首日上市飙升幅度的最高纪录、近年来香港联交所上市融资额的最高纪录。

正是由于领袖商业思想的指引,阿里巴巴才创造出诸多商界奇迹。

实用指南

"科学管理之父"泰勒曾说过,管理是哲学。企业家必须明确自己的思想路线,即为企业设定出宏观的发展目标。如果一个企业没有自己的目标,不知道自己是什么及未来会是什么,那么这个企业就没有灵魂,就不可能走远。

目标激励是最大的激励

管理精粹

设定目标是管理者责任之一,事实上也是首要责任。

——《管理:使命、责任、实践》 德鲁克

精彩阐释

德鲁克认为,企业中的每一个成员都有不同的贡献,但所有的贡献都必须是为着一个共同的目标。他们的努力必须全都朝着同一方向,他们的贡献必须互相衔接而形成一个整体。

确立一个明确而具体的目标,让这个目标成为企业所有员工的共同目标,激发每个员工实现此目标的愿望,并紧紧围绕此目标展开工作,不可能就会变成可能,梦想就会变成现实。

福特汽车公司的老板亨利·福特生产他的著名的 V8 型引擎时,决定要将 8 只汽缸铸造成一个整体,并命令他的工程师们设计这种引擎。设计的蓝图是画出来了,但是工程师们经过研究讨论后一致认为,要铸造一个 8 只汽缸的引擎是不可能的。福特却坚持说:"无论如何也要设法生产这种引擎!"

工程师们同声回答:"这是不可能的。"福特继续命令说:"继续去做,直到你们成功为止,不管需要多少时间。"这些工程师只好硬着头皮返回实验室继续去做。如果他们想在福特公司工作,他们只有做,别无选择。谁让福特是他们的老板呢。

6 个月过去了,毫无进展。又 6 个月过去了,仍旧没有结果。工程师们试尽了各种可能的办法,以执行福特的这一命令。但是这件事似乎毫无实现的可能,他们的一致结论是——根本不可能!在年终时,福特和工程师们进行讨论。工程师们再度告诉他,他们尚未找到执行他命令的方案。

"继续去做!"福特仍固执己见,"我要这种引擎,我一定要得到它。"

于是,工程师们继续去做。奇迹出现了,他们找到了诀窍,最终设计制造成了 V8 型引擎。

目标会激发活力。领导者要敢于向不可能说"不",通过不断制定新的更高的目标来鼓舞士气。

管理者必须通过设立一个能够激励人心的目标来让每个员工焕发工作热情,激发新的思考和行为方式为企业创造价值。目标是一个方向舵,它指引企业发展的方向。

索尼公司开发家用录放像机时就是先给自己的人才寻找目标,然后引导开发。当美国主要的电视台开始使用录像机录制节目时,索尼公司就看好这项新产品,认为完全有希望打入家庭。这种新产品只要从内部结构和外观设计上再进一步加以改良,肯定就会受到千家万户的欢迎。

一个新的目标就这样确立了,公司开发人员又有了努力的方向。他们先研究现有的美国产品,认为这些产品既笨重又昂贵,这是通过研究开发加以改进的具体主攻方向。新的试验样机就这样一台接一台造出来,一台比一台更轻盈、小巧,离目标也越来越近。但在感觉上,公司总裁井深大老是觉得没到位。

最后,井深大拿出一本书,放到桌面,对开发人员说,这就是卡式录像带的大小厚薄，但录制时间应该在一小时以上。目标已经非常具体了。开发人员再一次运用已掌握的基础知识，结合科学，调动自己的聪明才智，进一步开发自己的创造力，终于成功研制出划时代的 Betamax 录放像机。

可见，目标激励是最大的激励，给员工一个值得为之努力的宏伟目标，比任何物质奖励都更具有鼓励作用，也比任何精神激励都有效。

实用指南

只有当人们明确了自己的行动目标，并把自己的行动与目标不断加以对照，知道自己前进的速度并不断缩小到达目标的距离时，其行动的积极性才能得以持续。因此，管理者应通过正确引导员工，帮助其明确目标任务，让员工在科学的目标诱引下，不断追求更大进步。

工作目标由其贡献决定

管理精粹

每个管理者的工作目标，都是由他们的贡献决定。

——《管理：使命、责任、实践》 德鲁克

精彩阐释

德鲁克认为，每一个管理人员的工作目标应该由他对上级部门所做的贡献来决定。比如，地区销售经理的工作目标应该由他及他的团队对公司销售部门做出的贡献来规定；工程师的工作目标应该由他及他所领导的团队对公司工程部门所做的贡献来规定。

杰克是一家纺织公司的销售经理，他对自己的销售纪录引以为豪。有一次，他向老板夸耀自己是如何卖力工作、如何劝说服装制造商向公司订货，可是，老板听后只是点点头，淡淡地表示认可。

杰克鼓足勇气问老板："我们的业务是销售纺织品，对不对？难道您不喜欢我的客户？"

"杰克，你把精力放在一个小小的制造商身上，值得吗？你的职务是经理，而不是普通的业务员，请把注意力放在一次可订 3000 码货物的大客户身上！"老板直视着他说道。

杰克明白了老板的意图，老板需要他承担更大的责任。于是杰克把手中较小的客户交给另一位经纪人，自己努力去找大客户。最后他做到了，他找到了很多家为公司带来巨大利润的客户。

他一个人创造的利润比10个普通业务员创造的利润还要多。

从这个案例可以看出，不同职位的人要有不同的目标标准。对于管理者而言，目标管理的核心思想就是把目标分解下达后，成为组织每个层次、每个部门和每个成员工作业绩的衡量标准。

目标管理全过程的最后一个重要工作就是根据初期下达的目标对各方工作和业绩进行检查和考评。

业绩考评是目标管理全过程中的最后一环。一个组织如果能够正确、公正地判断每个组织成员的业绩和工作努力程度，那么这个组织一定是无往不胜的，因为仅仅是公正的评价就已经成为组织成员的激励因素。事实上大多数组织很难做到这一点，组织很容易偏听那些说得多做得少的人，导致那些真正埋头苦干的人被忽视，最终影响组织的士气。

然而，这样一种情况往往出现在没有目标分解或目标分解不全的组织之中，正因为没有目标或目标分解不全，那些光说不做的人才有了偷懒的可能。反之，在目标管理的条件下，考评并不是看你说得如何，而是看你所做的与目标的差异程度，看你真正的业绩。

要想业绩考核发挥出最大的激励作用，就要使业绩目标与员工的能力相适应。考核方法要可行是指考核的方法要为人们所接受，并能长期使用，这一点对考核是否能真正取得成效是很重要的。

方法的可行与否，同方法本身的难易繁简有很大关系。要做到方法可行，考核的结果要客观可靠，使人信服，这也是方法可行的一条重要要求。否则，不但起不到考核的积极作用，反而会产生消极作用。

实用指南

在业绩考核中，只有了解了一个管理者在计划、组织、人员配备、指导与领导、控制等方面的工作做得如何，才能知道那些占有管理职位的人是否有效地进行管理工作。这是企业管理中的一个十分重大的问题，关系到企业目标的实现，关系到企业的生死存亡。因此，任何企业要想有效地实现其目标，就必须十分重视和切实搞好管理者的考核工作。对管理者的考核是绩效考核的核心。

第三章 世上没有理想化的组织模式

制定多种目标并将其具体化

管理精粹

企业必须有多种目标而不是唯一目标。管理一个企业就是在各种目标之间进行平衡。

——《管理：任务、责任、实践》 德鲁克

精彩阐释

德鲁克认为，管理一个企业就是在各种各样的需要和目的之间进行平衡。一个组织总目标的设定是目标管理制度的起点，由总目标产生分项目标，按组织层级发展下去，形成目标网。在组织体系内的各层级，为达成组织的总目标，必须要有部门目标、单位目标或个体目标。各级工作目标都是整体目标的一部分，由数个部门目标支持总目标。总目标与分目标上下一致，彼此呼应，融汇成为一体。

企业目标必然是一个具有若干层次的体系。从企业长期、战略发展上看，可以划分为10年以上的企业发展战略目标，5年左右的中期战略规划目标和当年实施计划目标。从内容上划分，可视作这样三个层次目标：一是企业环境层——体现社会整体利益和全局需要的企业目标；二是企业组织层——企业全体成员共同利益和需要的企业目标；三是企业个人层——体现职工主人翁地位和满足个人需要的企业目标。从企业内部来说，也可划分为三个层次（或四个层次）：企业整体目标、车间（科室）目标、班组与个人目标。

德鲁克说，在有关企业生存的各个领域都需要有目标。一个企业首先必须能够创造出顾客。因此需要市场推销的目标。企业必须能创新，否则，它的竞争者就会使它成为落伍者。因此需有创新的目标。所有的企业都依赖经济学家的生产三要素，即人力资源、资本资源以及物质资源。必须为这些资源的供应、雇佣和发展制定目标。这些资源必须富有活力地加以利用；而且，如果企业要生存下去，必须提高这些资源的生产率。因此，需要有生产率的目标。企业生存于社会和社区之中，因而必须承担其社会责任，至少要承担它对环境产生的影响的责任。因而需要有企业在社会方面的各项目标。

企业的关键领域包括市场推销、创新、人员组织、财务资源、物质资源、生产率、社会责任、利润要求。在这些关键领域制定出目标以后，使我们能够做5件事：

能用数量不多的一般陈述来组织和解释整个企业的各种现象；在实际经验中检验这些一般陈述；预测企业的行为；在企业的决策尚在拟订过程的时候对它们进行评价；使各级管理人员能分析自己的经验，从而提高其工作业绩。

对于多数企业而言，最为重要的目标是利润目标。没有利润目标，任何目标都不可能实现。各种目标都要求企业为之做出努力，即要花成本。而这些目标的资金来源只能取自企业的利润。这些目标都带有风险，因而都要求有利润来弥补可能发生损失的风险。利润不是一项目标，而是必须由各个企业、其战略、其需要、其风险来客观地决定的一种必要条件。

实用指南

企业目标从来都不是孤立的，而是多层次多样化的，和每个员工密切相关。因此，制定企业目标，要注重全员参与。让员工参与目标的制定，能够让其认清工作的性质和难易程度，在思想上有充分准备。员工所选择的往往是他们认为重要的、感兴趣的，比起被指派的任务，他们更愿意承担责任。

用目标管理促使员工自我管理

管理精粹

目标管理的一个好处就是能以员工的自我管理取代强制管理。

——《管理的实践》 德鲁克

精彩阐释

德鲁克认为，目标管理能够促使员工自我管理。自我管理意味着更强的激励：一种要做到最好而不是敷衍了事的愿望。这种愿望将会促使员工努力达到更高的成就目标和获得更广阔的眼界。

目标管理能够促使员工自我制订计划。史蒂芬·柯维在《有效的经理》一书中写道："我赞美彻底和有条理的工作方式。一旦在某些事情上投下了心血，就可以减少重复，开启了更大和更佳工作任务之门。"培根也说过："选择时间就等于节省时间，而不合乎时宜的举动则等于乱打空气。"没有一个明确可行的工作计划，必然浪费时间，要高效率地工作就更不可能了。任何员工都明白这一点。

与制订计划同样重要的是执行力。执行计划是对意志品质与毅力的一次考验与挑战，许多人的计划，并没有得到坚决的贯彻与执行，多是由于他们缺乏勇气与毅力，或是对自己过于放任自流。计划贵在执行。任何人要想成为高效能人士，就必须锲而不舍，矢志不渝地将计划执行到底。

有这样一个人，他追求完全自由自在的生活，他讨厌生活对他的任何束缚。他讨厌理发师对他的摆弄，因而他拒绝理发，一任头发胡须自由地疯长。他讨厌洗澡时受水的冲刷和毛巾的搓擦，因而他拒绝洗澡，一任污垢满身，虱子乱爬。他讨厌鞋子、袜子对他的约束，因而他拒绝穿袜子，把鞋子也脱掉扔了。他讨厌身上衣服对他的束缚，因而他把上衣脱下扔了，打着赤膊。现在，他只剩下腰中皮带和下身裤子的束缚了。

他对皮带说："你给我滚开吧！你干吗总是这么紧紧约束着我？""可是，假如你失去我这唯一的约束，你就可能完全失去你的人格。"皮带说。"胡说！你给我滚开吧！"他找来一把剪刀，剪断了皮带。可想而知，皮带断了，裤子当然滑落了。他喜不自胜——为解脱了全身的任何约束而高兴异常。但没有多久，人们就把他当作精神病人关进了病房。所有的约束他都无法抗拒了——他被彻底地约束了。

这个故事带给我们的启示是：目标具有约束力，为了实现计划和目标，任何人必须干一些可能是自己不想干的事，放弃一些自己深深迷恋的事。

实用指南

如果员工因为讨厌目标的约束而放任自己，最终会因遭到企业的抛弃而陷入人生的大约束之中。所以，每个人都会在目标的引导下，一步步沿着既定的计划，稳妥地前进。这就是目标控制之所以会使员工从强制管理转向自我控制的根本原因。

请告诉员工企业对他的期望

管理精粹

员工的行为和举止都会因为管理者的期待而表现。

——《管理：使命、责任、实践》 德鲁克

精彩阐释

德鲁克认为，上司对下属有着广泛的影响。下属会因上司的批评而气馁，同时也会因上司的激励而充满激情。管理者如能告诉下属企业对他的期待，将会对下属产生极其强烈的激励作用。

英国卡德伯里爵士认为："真正的领导者会鼓励下属发挥他们的才能，并且不断进步。失败的管理者不给下属以自己决策的权利，奴役下属，不让下属有出头的机会。这个差别很简单：好的领导者让人成长，坏的领导者阻碍他们的成长；好的领导者服务他们的下属，坏的领导者则奴役他们的下属。"

给予期望，就能促进下属成长。松下幸之助就常对工作成就感比较强的年轻人说："我对这事没有自信，但我相信你一定能胜任，所以就交给你办。"领导的期望就像是一条沟渠，被领导期望的员工像是流在沟渠里的水，沟渠有多深，水流就能有多深。只要管理者给予期望，下属都不会让其失望。

企业对员工的期望，表达的主要方式是分配其重要任务。让员工承担重要工作，是促进员工成长最有效的方式。根据员工的才能、潜力委派任务，再适时加以指导和引导。对工作成就感比较强的员工，要善于压担子，给其提供锻炼与发展的机会，以挖掘其潜力，创造更大的成绩。领导者越是信任，越是压担子，员工的工作热情就越高，工作进展就越顺利。

作为世界上最大的石油和石油化工集团公司之一，英国石油公司就常用给予有挑战性的任务这种方式来促进员工成长。英国石油公司首席执行官布朗要求英国石油公司里的每个员工都要清楚两点。

第一，自己的任务是什么，自己应该做什么，而不是由别人告诉你做什么。如果是公司的管理人员，他还要对团队成员的才能、素质以及自己掌握的资源所能做成的事情十分清楚。

第二，任何人都要制订出详尽的工作计划，在研究公司战略上必须清楚和能正确评估其资金实力和可能有的多种选择。通过这两点，保证了整个团队的每个人都知道自己该做什么。因为每个人都理解什么事情能做和应该做，就能行动快，员工就能随着工作的完成而得到快速成长。

英国石油公司很重视对年轻人、开发管理人才的培养。他们的目标是使每一个进入英国石油公司的人都能做得更好。他们对有才能的年轻人进行培训，让他们到不同岗位、不同国家工作，丰富他们的经验，提高他们的领导技能，有能力的就提拔。对公司的接班人，还要让他们了解公司整体状况，了解决策是怎样做出的。决策前必须听到最好的建议，而不是先决策，再咨询。

对于有潜质成为重要高级管理人员的人，布朗培训最独特的方法之一是让他做1年至1年半布朗的个人助理。作为布朗的助理，小到递雪茄盒，替他做日程，大到旁听董事会辩论、决策，都要全程参与。布朗说，这是让年轻人通过观摩来学习怎样做出正确决策、怎样向人解释决策、怎样沟通，碰到问题时知道哪些该做、哪些不该做，明白如何分轻重缓急等核心问题时学会怎样成功。

英国石油公司是个大公司，许多事情要靠各级管理者个人决断，所以，布朗认为，最好一次选对人，否则后患无穷。被重点培养的人，能够充分感受到公司的期望，所以，从布朗办公室走出的高级管理人员的工作都很出色。"我们有最好的队伍"是英国石油公司骄傲地写在年度报告上的3句话之一。布朗说，正是这样的机制使英国石油公司非常有效率。

由此可见，要想促进下属成长，就要让下属知道企业对他们的期望很重要。领导的期望就是一条沟渠，被领导期望的员工像是流在沟渠里的水，总是能快速地成长到被期望的高度。

实用指南

如果管理者把员工看作是螺丝钉，出于担心员工能力不足把事情做坏而事必躬亲，不仅会累坏自己，也不利于员工的进步和后备人才的培养。因此，管理者要想使自己轻松起来，就必须学会给予下属期望，让他们在信任中快速成长。

制定的目标要切合实际

管理精粹

目标必须是作业性的，即必须能够转化为具体的工作安排。

——《管理：任务、责任、实践》 德鲁克

精彩阐释

德鲁克认为，目标必须能够成为工作及工作成就的基础和激励。企业制定发展目标无非是让企业的全体员工明白企业的奋斗方向，鼓舞他们的斗志。企业经营的过程并非一场短跑，而是一场漫长的跨栏比赛。跨过一个栏以后，前面又有一连串的栏。想要持续经营的企业，总会还有无数的目标等待着被跨越。因此，企业制定目标就是要在切合实际的基础上为企业下一阶段的发展找到需要跨越的栏。

1990年，澳柯玛集团在详细的市场调查的基础上，果断地提出了内部挖潜改造、自我约束、量力而行，走内涵或低成本扩张道路的经营战略目标。通过企业的产品调整、技术创新和管理创新相结合，设计和开发出 BD-150 型顶式家用小冰柜，填补了我国家用小冰柜市场的空白。

1996年，澳柯玛集团开始了第二次创业，他们针对内外环境的变化，调整了经营战略，确定了建立国际化大型企业集团的战略目标，制定了规模化、多元化、集团化的经营方式，树立了"大、强、新"的经营思路，并设定了合理的短期目标，使集团在更高的起点上再次飞跃发展。

在1998年上半年全国家用电器产品市场占有率统计中，澳柯玛洗碗机、电冰柜分列同行业第一名，微波炉列第二名，电热水器列第三名，澳柯玛电冰箱已跻身同行业产销量前十名。另外，澳柯玛集团已分别在俄罗斯、新加坡等国家设立了澳柯玛系列产品经贸公司。许多产品已远销南美、中东、南非等国家。澳柯玛集团与美国阿凡提公司签订的2万台电冰箱出口合同已经启动。

从资不抵债2700多万元、前后37次被告上法庭，到总资产63亿元、中国家电企业七强之一，澳柯玛集团在9年间经历了两次创业，为集团达到世界先进水平打下了坚实的基础。

澳柯玛集团给我们一个重要的启示，即确立明确合理的企业发展目标，然后将目标进行分解，并实行严格的目标管理是企业得以飞速发展、跻身领先地位的重要前提。

实用指南

制定合理的目标对企业经营有着巨大的指引作用。因此，决策者必须始终牢记决策的目标，知道自己决策的目标到底是什么。目标是不可以凭理想和主观愿望去制定的，任何过高、过急和不切实际的目标，都将对企业产生巨大的危害。管理者制定的企业目标，要做到切合实际，操作性强，而不是一句空话和不能实现的口号。如果目标与现实脱节，目标就变得毫无意义。

· 第四节 ·

变化的组织，永恒的管理命题

人是唯一的管理对象

管理精粹

管理就是管人，管理的任务在于协助员工互助合作、产生绩效，并让他们发挥所长、弥补不足。

——《新现实——政府与政治、经济与实业、社会与世界观》 德鲁克

精彩阐释

德鲁克认为，一个企业领导者的梦想不管如何伟大，假如没有下属的认同与支持，梦想依然只是梦想。领导者要赢得拥戴就要认同下属的感受，找出他们的渴望，引导下属奔向共同的目标。一位知名的企业家曾经说过："假如说领导者需要具备什么特殊天赋的话，那就是感受他人的能力。领导者只有了解下属、倾听他们、读懂他们、采纳他们的建议，才能够站在他们面前，信心十足地说：这就是我所听到的你的愿望，这就是你的需求与抱负，只要你跟着我朝着正确方向走，这一切就都能在我们共同目标的实施中获得实现。"

沃尔玛的以人为本的精神是世界闻名的。沃尔玛所谓的以人为本，包含着多层内容。首先是对企业员工的重视和信任。沃尔玛的响亮口号之一是：零售企业大同小异，所不同的是沃尔玛的员工。尽管沃尔玛雇员成千上万，遍布全世界，企业也造就了多位亿万富翁，但时至今日，企业内各级员工间的关系仍如兄弟姐妹。雇员大多都被称为"合伙人"，因为他们几乎都拥有公司的股份，年底根据股份分红，既是雇员，又是雇主。这一制度从最早的老板山姆·沃尔顿开店时就

开始实施，他当年采取的与众不同的措施是：同雇员利润共享，把供应商融入沃尔玛。

同雇员利润共享不但体现在共同拥有股份方面，还体现在对企业的管理权和决定权上。沃尔玛分店的部门经理如果看到同样的商品在其他地方价格更便宜，有权立即把自己管辖内的商品价格也降到同样水平甚至更低。更重要的是，部门经理可随时在内部互联网上看到相关商品的同步销售情况，并和过去的数据比较，从而使这些部门经理有权像经营一爿独立的专门商店一样随时调整订货，因此大大提高了效率，适应了市场的需要。沃尔玛的库存流量速度是美国零售业平均速度的两倍。

沃尔玛的成功在于其领导者能够深入了解下属的渴望，发掘出企业和员工的共有目的。下放给部门经理管理权和决定权，称大多数员工为"合伙人"以及同雇员利润共享等形式极大地调动了沃尔玛全体员工的积极性。沃尔玛的领导者能够确实感受到他们的员工想要什么、看重什么以及梦想的是什么。然而，对别人的敏感可不是一项普通的技巧，相反地，它是领导者的一种相当珍贵的能力。它要求领导者能了解、接纳、感受别人，并且愿意倾听他人的心声。

大量的有关成功企业领导者的研究表明，比较完美的领导者能善用人类对满足的向往，使得每个人都能了解在创造的过程中自己所扮演的角色，并让他们知道哪里有鱼、到哪里去钓鱼、怎样才能钓到鱼。当领导者清楚地勾画出一个公司的远景时，也就使那些要实现它的人变得更为勤奋。换言之，其有助于振奋人们的精神。

在现实生活中，人们确实想有所奉献，只要有共同的理由、召唤、任务、目的、展望或远景使他们结合一起，他们就能完成非比寻常的伟业。正如彼得·圣吉在《第五项修炼》书中所说的："这是人们心中的一股力量，一股不容忽视的力量……几乎没有任何力量，会像共同的远景如此锐不可当。"

最令人钦佩的领导者是那些有热情、步伐有力、态度积极的领导者，他们相信自己是在参与一次生气蓬勃的旅行，在他们身上人们会时常感受到一种活力，即使他们是在工作之余也如此。下属们更愿意追随"能做事"的领导者，而不是那些总是辩解事情为什么不能做的人。一个优秀的领导者总是相信能够做成事，而且他从不说"不可能"。他们会传达给每个跟他见过面的人一个只要他们想要就可以办得到的信息。

管理的对象是人，管理所服务的对象也是人，管理所有达到的经济目标由人来创造。一个懂得充分尊重人的价值的企业必然能够兴旺发达，反之，必然会失败。

实用指南

每一个部门主管与其所属的成员所做出的成绩之和，就是组织的总业绩。成绩和成果是同下属工作的状况成正比的。如果每一位老板能为下属寻找一个好的动机，点燃其工作热情，便可以使下属对工作全力以赴。也就是说，充分信任下属，授权与他，给下属一个不得不努力工作的理由，下属便自然会极有效率地执行业务，呈现给你丰硕的成果。

战略上集权，战术上分权

管理精粹

如果将责任和决策都集中在少数的高层身上，这样的组织就如同恐龙一样，试图用一个微小、集中的神经系统来控制无比庞大的身躯，但因为无法适应环境的快速变化，必会招致毁灭。

——《管理的实践》 德鲁克

精彩阐释

当企业规模发展到一定阶段，规模与效率的冲突就变得日益明显，这时，集权还是分权就成了企业管理中一个复杂而艰难的问题。德鲁克认为，处理集权与分权的关系，既要防止"失控"，又不能"统死"。在如何处理集权和分权关系这类难题上，杜邦公司的发展历程以及领导人的认知变化最具有代表性。

杜邦公司在美国经济发展中具有举足轻重的地位，它历经两个世纪的兴盛，是美国最大的财团之一，如今更是全球商业界的巨人。历史上的杜邦家族是法国富爵王室的贵族，1789年法国大革命中，老杜邦带着两个儿子逃到美国。1802年，他们在美国建立了杜邦公司，历经200多年的发展，如今杜邦公司经营的产品和服务多达1800多种，经营范围涉及衣、食、住、行、用等各个方面，拥有员工16万余人。

19世纪，杜邦公司实施的是单人决策式管理，领导者对公司实行强权控制，事无巨细亲自过问，为此还累死了两位副董事长和一位财务委员会议议长，公司一度陷入危机，差点转卖给杜邦家族以外的人来经营。到了19世纪末20世纪初，杜邦公司决定抛弃单人决策式管理，实行集团经营模式，建立执行委员会。由于采取了新的措施，公司再度兴旺。但此时，杜邦公司依然属于高度集权式管理。

第二次世界大战之后，杜邦步入多元化经营阶段，但由于高度集权式管理的局限，多元化经营使集团遭到严重亏损。经过分析，杜邦实行了组织创新，由集团式经营向多分部体制转变，总部下设分部，分部下设各职能部门，这一时期，集权已开始向分权转变。

20世纪60年代初，杜邦又面临一系列困难：许多产品的专利保护期纷纷期满，在市场上受到日益增多的竞争者的挑战，道氏化学、美国人造丝、联合碳化物等公司相继成为杜邦的劲敌。

1960～1972年，美国物价指数上升4%，批发物价指数上升25%，杜邦公司产品的平均价格却下降了24%，竞争使杜邦遭受了重大损失。这一时期，掌控多年的通用汽车公司10亿多美元的股票被迫出售，美国橡胶公司也转到了洛克菲勒手下，当时的杜邦可谓危机重重。

1962年，被称为"危机时代领跑者"的科普兰担任公司第十一任总经理。

1967年底，科普兰把总经理一职让给了非杜邦家族成员的马可，这在杜邦历史上是史无前例的，财务委员会议议长也由他人担任，科普兰只担任董事长一职，从而形成了"三驾马车式"的组织体制。

1971年，科普兰又让出了董事长一职。

杜邦是一个家族企业，有一条不成文的规定，那就是家族之外的人不得担任最高管理职务，为了确保杜邦家族"肥水不流外人田"，甚至实行同族通婚，因此科普兰的举动在杜邦历史上无疑是划时代的变革。但是科普兰对此举动自有他的解释，他说："三驾马车式体制，是今后经营世界性大规模企业不得不采取的安全措施。"

事实证明，科普兰的革新是非常成功的。现在，企业的兴盛越来越依靠群体的努力和团队的协作，你不可能有时间坐下来听每一位下属向你报告。管理者必须学会成功地下放权力，让每一位下属都有机会为工作的完成做出贡献。

集权与分权是一对欢喜冤家，既互相矛盾，又密不可分。怎样才能化解它们之间的恩恩怨怨，使之发挥最大的整体协调效应呢？要达到这一目标，可遵循这样一条原则：战略上的集权和战术上的分权。

在现实的企业管理中，关于集权与分权的发展趋势是：最大限度地放权，实行扁平化管理。其主要依据有以下几条：

如果决策集中在最高层组织，则传递有关决策的信息的成本会越来越大，所需时间会越来越长，不利于企业对市场需求变动快速做出反应。

即使最高层领导的经验丰富，判断力极强，但如果决策职能过分集中，则会造成其负担过重，陷入具体事物而不能脱身，也就没有时间做出更重要的决策。

为了更好地适应市场，发挥多样化经营的优势，企业应该及时调整组织结构。

随着社会生产力的发展，世界产品市场正逐步由卖方市场向买方市场转移，市场需求向多样化、个性化方向发展，市场划分越来越细，企业对市场变化做出反应的时间要求越来越短，市场机会稍纵即逝；同时，企业做出正确决策所需的信息量越来越多而详细，必然要求充分发挥底层组织的主动性和创造性，充分利用其自主权来适应他们所面对的不断变化的情况。

实用指南

德鲁克说过："一个成功的企业领导者对领导艺术往往有更新更深的领悟。在他们那里，领导才能就是影响力。真正的领导者是能够影响别人，使别人追随自己的人。他能使别人参加进来，跟他一起干。他还能鼓舞周围的人协助他朝着他的理想和目标迈进。"聪明的领导只在战略上把关，不参与各个集团的实际管理，事事都自己做往往不成功。

打造一个学习型团队

管理精粹

管理能够帮助企业以及员工随着环境需求与机会的改变而成长发展。每个企业都是一个不断"教与学"的组织。

——《新现实——政府与政治、经济与实业、社会与世界观》 德鲁克

精彩阐释

《第五项修炼》的作者圣吉在书中明确指出："当今世界复杂多变，企业不能再像过去那样只靠领导者一夫当关，运筹帷幄来指挥全局。未来真正出色的企业将是那些能够设法使各阶层员工全心投入，并有能力不断学习的组织。"德鲁克认为，学习已经越来越成为企业保持不败的动力之源。当代企业的发展更证明只有比你的竞争对手学得多、学得快才能保持你的竞争优势，才能保持领先。

一个关键信息的把握就能决定一场战争的成败。事实上，世界上著名企业的发展，无一能离开"学习"二字。美国排名前25位的企业中，有80%的企业是按照"学习型团队"模式进行改造的。国内很多企业也通过创办"学习型企业"而给企业带来了勃勃生机。给人一条鱼，只能让他吃一次；教会他钓鱼，才能使他一辈子不会挨饿。作为团队领导，不但要自己会钓鱼，还要教会员工钓鱼。并在团队中创建一种轻松和谐、相互学习、团结协作、分享创新的氛围！使整个团队成为一种学习型的团队，才能使这个团队在竞争日益激烈的市场大潮中立于不败之地。

通用电器前总裁韦尔奇认为一个优秀的领导者应该带领团队持续学习。企业要想在发展过程中不断超越自我，不断地提高竞争能力，不断地扩展企业发展中真正心之所向的能力，首先应以激发企业内员工的个人追求和不断学习，从而使之形成一个学习型组织。企业一旦真正地开始学习，企业定会产生出色的效果，而作为团体中的人也会快速地成长起来，企业的内功更会不断强化。

通用正是通过建立学习型组织保持企业竞争优势的典范企业。通用电气公司是美国纽约道琼斯工业指数自1896年创业以来唯一一家至今仍榜上有名的企业。在过去20年中，通用电气给予股东的平均回报率超过23%。

通用在克罗顿维尔建立了领导才能开发研究所，每年有5000名领导人在这里定期研修，《财富》杂志称其为"美国企业的哈佛大学"。在那里，没有职务的束缚，可以不举形式地自由讨论。每周都有100多名职员在这里集合，听取企业生产、经营和管理等方面的课程。在韦尔奇的领导下，通用领导层变成了一个不断创新、富有成效的领导团体。他们能进一步推动工作，倾听周围人们的意见，信赖别人的同时也能够得到别人的信任，能够承担最终的责任。通用的成功源于一个强有力的学习型组织以及由此产生的独特的学习文化，进而使通用在世界市场长盛不衰。

有所作为的管理者应该向通用学习，在自己的企业建立学习型组织。善于不断学习，这是学习型组织的本质特征。所谓"善于不断学习"，主要有四点含义：强调"终身学习"——组织中的成员均应养成终身学习的习惯；强调"全员学习"——企业组织的决策层、管理层、操作层都要全心投入学习，尤其是经营管理决策层，他们是决定企业发展方向和命运的重要阶层，因而更需要学习；强调"全过程学习"——学习必须贯彻于组织系统运行的整个过程之中；强调"团队学习"——不但重视个人学习和个人智力的开发，更强调组织成员的合作学习和群体智力（组织智力）的开发。在学习型组织中，团队是最基本的学习单位。

学习就是生产力，让你的员工学起来，你的员工才能具有更大的生产能力，你的企业才能获得更大的经济效益。组织员工学习，建立学习型组织，对企业而言，只是小额投入，而这种投入带来的回报绝对是惊人的，并且是持续的。

实用指南

成功的团队是没有失败者的，因为团队的力量来源于团队中的每个人。大家相互学习，相互促进，团队就能够实现个体无法达到的高度。学习力，不仅能促进个人的成长，更使得团队的力量远大于个体之和，学习力能打造出最具竞争力的团队。

寻求组织平衡的协调者

管理精粹

最高管理层的最重要任务之一就是寻求企业短期和长期绩效间的平衡，同时也要在企业各个相关利益分子，如顾客、股东、知识工作者的需求间寻求平衡。

——《下一个社会的管理》 德鲁克

精彩阐释

德鲁克说，平衡从来都是一种艺术，而企业的发展平衡是关系到企业命运的生命艺术。在企业发展平衡的过程中，企业管理者往往会遇到难以想象和难以拒绝的诱惑。一个发展不理想的企业不需要平衡，它只想着如何快速发展；面临平衡难题的必然是那些发展势头很好的企业，它们时常在短期效益和长期效益中迷失自我。

山东省临朐县的秦池酒厂原是一家生产白酒的企业，1990 年 3 月份正式领到工商执照。当时的秦池只是山东无数个小酒厂中的一个，销售区域只局限在潍坊，年产白酒仅 1 万余吨。为了谋求发展，1993 年，秦池酒厂厂长姬长孔放远目光，把目标定为东三省的沈阳。与此同时，秦池还采取了许多其他营销措施。比如，在当地电视台上买断段位、密集投放广告，并由当地技术监督部对秦池酒进行鉴定，还对消费者实行免费品尝……这一系列活动使秦池一炮打响。

1995 年，秦池凭借 6660 万元高价中标央视黄金广告段，成为"标王"，并由此一夜成名，其白酒也身价倍增。中标后的一个多月时间里，秦池就签订了销售合同4亿元。1996年，初尝甜头的秦池以3.2亿元的天价再次成为"标王"。根据秦池对外通报的数据，当年度企业实现销售收入9.8亿元，利税2.2亿元，增长了5~6倍。他们预期1997年度销售额达到15亿元。

"一个县级小企业怎么能生产出15亿元销售额的白酒？"1997年初，北京某报的4位记者便开始对秦池进行暗访。一个可怕的事实终于浮出了水面：秦池的原酒生产能力只有3000吨左右，它用本厂的原酒、酒精勾兑成低度酒，再加上从四川邛崃收购大量的散酒，然后以"秦池古酒"、"秦池特曲"等品牌销往全国市场。

秦池的"勾兑酒"引爆危机炸弹。这则关于"秦池白酒是用川酒勾兑"的系列新闻报道，彻底把秦池从"标王"的宝座上拉了下来。那年，秦池完成的销售额不是预期的15亿元，而是6.5亿元，次年更下滑到3亿元。到1998年，该厂已是欠税经营。秦池从此一蹶不振，最终从传媒的视野中消失了。

一个懂得控制企业发展速度和企业平衡之道的企业家，必然懂得在有可能使企业走上弯路的巨大诱惑面前用坚决的态度拒绝。只有这样，才能保证企业行驶在平稳的航道上。

实用指南

真正的企业家会客观评估企业的发展态势，在企业发展速度上很好地驾驭，从而实现企业的平稳发展。

发展的关键在于资源整合

管理精粹

管理的首要功能就在于整合企业的各项资源以获得存在于企业外部的成果。

——《21世纪的管理挑战》 德鲁克

精彩阐释

所谓资源整合，就是指企业对不同来源、不同层次、不同结构、不同内容的资源进行识别与选择、汲取与配置、激活和有机融合，使其具有较强的柔性、条理性、系统性和价值性，并创造出新的资源的一个复杂的动态过程。资源整合的唯一目的是使企业获得最大的经济利益。资源整合是企业战略选择的必然手段，是企业管理者日常进行的工作之一。

第三章　世上没有理想化的组织模式

德鲁克认为，管理的作用在于对企业的成果和绩效加以定义，任何有此种经验的人都体会到，这是一个最困难、最有争议，同时也最重要的任务。因此，管理的首要功能就在于整合企业的各项资源以获得存在于企业外部的成果。

1993年，格兰仕第一批1万台微波炉正式下线，1996年，格兰仕微波炉产量增至60万台，随即在全国掀起了大规模的降价风暴，当年降价40%。降价的结果，是格兰仕产量增至近200万台，市场占有率达到47.1%。此后，格兰仕高举降价大旗，前后进行了9次大规模降价，每次降价，最低降幅为25%，一般都在30%~40%。格兰仕为什么能以那么低的成本生产并且获利呢？

格兰仕依靠的就是虚拟扩张的资源整合策略。众所周知，打价格战必须有成本优势，而成本优势的前提是产量规模的提高，从规模产量中获取规模效益。规模扩大带动的是成本下降，成本下降引起价格下降，价格下降又直接扩大了市场容量，企业资金回流也相应增加，企业规模再次扩大，成本再次下降……这个简单的循环正是格兰仕一波又一波的价格战的动力所在。

格兰仕降低成本的策略却突破传统企业发展思路，他们充分利用国内劳动力成本远远低于发达国家的有利条件，通过接收对方的生产线，并以低于当地生产成本的价格，给对方供货。随着搬过来的生产线的逐步增多，格兰仕的生产规模也越来越大，专业化、集约化程度也越来越高，成本也就大幅下降了。

这样做，不仅没有动用自有资金投资固定资产，而是将别人的生产线一个个地搬到了内地，而且建这些厂用的还是别人的钱。规模的扩大不仅仅没有让格兰仕背上沉重的成本包袱，反而成为它克敌制胜的不二法门。

格兰仕的这种发展策略就是虚拟扩张，通过优势互补，有效地整合了资源，"虚拟"出了自己的生产线，从而最大化地提高了资源利用率，使格兰仕走上了快速发展之路。

由此可见，资源整合，能够使看似困难的事情变得容易，能够使实际收益远远超过预期收益。

这就是资源整合的力量。德鲁克说，企业的资源都是有限的。但在整合的思维下，有限的资源能够衍生无穷的力量，因此每一个企业都应该成为资源整合的行家。

实用指南

资源整合分为战略和战术两个方面的含义。在战略层面上，资源整合反映的是系统的思维方式，就是要通过组织和协调，把企业内部彼此相关却彼此分离的职能，把企业外部既参与共同的使命又拥有独立经济利益的合作伙伴整合成一个为客户服务的系统，取得 1+1>2 的效果。

在战术层面上，资源整合是对各项资源进行优化配置的行为，就是根据企业的发展战略和市场需求对有关的资源进行重新配置，以凸显企业的核心竞争力，并寻求资源配置与客户需求的最佳结合点。资源整合是一项复杂的系统工程，只有我们勤于思考、善于发现，资源才会层出不穷，这是确保资源整合实现并取得实效的首要前提。

管理机制的建立应始终放在首位

管理精粹

从 20 世纪以来，很少见到任何一个新的基本机制或领导组织能像管理机制一样，在如此短的时间内快速兴起。在人类历史上，也很少看到一个新机制可以在这么短的时间内就变得不可或缺。

——《管理的实践》 德鲁克

精彩阐释

俗话说："没有规矩，不成方圆。"这句俗语也很好地说明了管理机制的重要性。德鲁克认为，一个企业想不断发展、永续经营，有一个比资金、技术乃至人才更重要的东西，那就是管理机制。

世界著名公司沃尔玛高效的运行机制一直为业内效仿，也是其赢得成功的重要因素之一。

1962 年，山姆·沃尔顿在他的第一家商店挂上沃尔玛招牌后，在招牌的左边写上了"天天平价"。"天天平价"成为沃尔玛的行动纲领，为了践行这个纲领，沃尔玛制定了许多富有成效的制度。

首先是完善进货制度，沃尔玛采取了一系列的做法来降低成本。采取统一购货制，尽量实行统一配货。沃尔玛会对一年的销售量进行评估，然后以一年为单位进行集中采购，由于数量巨大，往往会获得比同行低很多的价格；沃尔玛实施买断进货政策，并固定结算货款，绝不拖延，这样可以大大降低进货成本，赢得供应商的信赖。

另外，沃尔玛一般都是直接从厂家进货，中间没有任何销售环节。为了提升

第三章 世上没有理想化的组织模式

物流水平和配货速度，沃尔玛和厂家保持着良好的合作关系。通过电脑联网，实现信息共享，供应商可以第一时间了解沃尔玛的销售和存货情况，及时安排生产和运输。由于效率的提高，极大地降低了沃尔玛的进货成本。

除此之外，每逢节日，沃尔玛都会进行促销活动，但是，与别的商家不同的是，他们喜欢"空手套白狼"。他们用自己的员工或者员工的子女充当彩页上的模特，并对彩页的印制数量进行精确计算。

山姆很清晰地知道，只要保证商品的价格低于对手，顾客就会源源不断地到来。在追求最低价格的思想指导下，沃尔玛成为零售行业中的成本控制专家，它最终将成本降至行业最低，真正做到了天天平价。

一个企业，假如缺乏明确的规章、制度和流程，那么工作中就很容易产生混乱，致使有令不行、有章不循。很多企业都会遇到由于制度、管理安排不合理等造成的事故。有的工作好像两个部门都管，但其实谁都没有真正负责，因为公司并没有明确的规定，结果两个部门彼此都在观望，原来的小问题就被拖成了大问题，最终给公司造成了极大浪费。更可怕的是，缺乏制度会使整个组织无法形成凝聚力，缺乏协调精神、团队意识，导致工作效率低下。

严格而合理的管理机制是企业发展的保证，管理者要制度的执行过程中保证做到以下几点：

第一，要保证制度的严肃性和连续性。"朝令夕改"会使制度失去效力，流于形式，因此一个好的企业制度要保证不因企业领导人的改变而改变，不因企业领导人态度的改变而改变，不因管理者与被管理者关系的亲疏而改变。

第二，制度要随客观环境的变化而不断改进、修订和完善。制度不可能一成不变、一劳永逸，必须与时俱进。

第三，所有制度必须依据人的本性，便于执行。企业的制度要尽可能少，制度越少，员工重视的程度就越高。制度要简单易懂，要对每一条款都进行解释，以免造成误解，要尽可能让员工参与制度的制定。

实用指南

管理机制的建立与完善是指引一个团队成长发展的加速器，也是协助管理者有效管理的重要手段。对于管理下属而言，哪怕是有缺陷的管理机制，也比没有管理机制好得多。管人者以规则说话永远比依靠个人的发号施令更有力度，也更有效率。

活下来，是第一任务

管理精粹

在充满不确定因素的时代中，管理的首要任务是确保组织能够存活，确保组织结构的强度和韧性以及适应冲击、适应变局与善用新机会的能力。

——《动荡时代管理策略》德鲁克

精彩阐释

经济危机没有眼睛，不会轻易放过哪一个企业。但是，德鲁克认为，企业家都是有眼睛的——只不过眼光不同，判断不同，进而采取的方法和手段也不同。成功企业总是成功的道理，即便是面对寒冷的冬天，他们的做法足以引人思考。

由于行业受经济影响较大，联想一次次"过冬"，但柳传志一次次转危为安，不仅每次都活下来，而且还在冬天扩大了规模。

柳传志可能是最早警告中国企业家要为冬天做准备的人之一。联想为全球金融危机准备大约20亿美元的资金。手里有钱，心里不慌。现金在手，至少使柳传志感到两个方面的好处：一是保证自己企业正常运转；二是可以在适当时机收购别的企业，扩大规模。这是联想过冬的重要经验之一。柳传志认为对所有的投资公司来说，"冬天"是一个很好的机会。

至于何时出手，柳传志也有他自己的学问："价格便宜要这么看，2毛5买了叫便宜，2毛2也叫便宜，2毛钱还叫便宜，是不是一定要等到2毛钱呢？在我眼中这并不重要，将来这东西会涨到5块钱，所以5块钱对2毛2、2毛5关系并不大，我和我们的领导班子对投资的观点都比较一致。"关键是好东西，能涨多少倍。好东西是什么呢？行业好，班子好。对这样的好企业，柳传志说，对联想控股的投资业务来说，应该是一个春天播种的好机会。

这就是柳传志的过人之处，当别的企业还在冬天祈求温暖的时候，他却在冷天雪地里四处出击，从而使联想用最经济的成本获得最大的商业收益。

面对寒冷的冬天，糟糕的公司在抱怨中消亡，普通的公司在逆境中辛苦地经营；而优秀的公司则因此在变革中成长和壮大。如果一个企业能比别的企业在以往的成本中挖取更多的利润，能向管理要更多的效益，那他就一定会成为优秀的企业！

在经济形势良好的时代，管理阶层建设的管理机制要帮助企业获得更大的经济效益，促进员工的成就感，平衡企业公民权利和社会责任。在动荡不安的时代里，管理的首要任务是使企业活下来，留得青山在，不怕没柴烧，努力在冬天里发现春天，在危险中发现崛起的机会。企业管理者一定要审时度势，正确把握管理的使命和方向，从而使企业始终行驶在安全、正确的道路上。

实用指南

松下幸之助94岁时说过："你只要有一颗谦虚和开放的心，你就可以在任何时候从任何人身上学到很多东西。无论是逆境或顺境，坦然的处世态度往往会使人更加聪明。"

总之，不论处境如何，为人处世之道就在于坚韧、执着，以坦然的态度处世，这才是最正确的。如果你看到你前面有阴影，别怕，那是因为你背后有阳光。

第四章

企业的生存、使命、责任

·第一节·
企业生存的唯一目的是引导顾客进行购买

站在顾客角度来思考经营

管理精粹

只有当顾客愿意购买商品与服务时,企业才能把经济资源转变成财富。

——《管理的实践》 德鲁克

精彩阐释

德鲁克说,什么是企业,这是由顾客决定的。只有当顾客愿意购买你的商品与服务时,企业才能把经济资源转为财富。要想使企业获得生存空间,就必须有顾客购买产品。这就需要企业管理者凡事都要站在顾客的角度思考问题。

李嘉诚在创业初期,工厂小资金少,为了占领市场、摆脱困境,他不断地思考如何能从顾客的角度出发,赢得市场。有一次,李嘉诚去会见前一天约好的订货商。那是在一家咖啡馆,李嘉诚和订货商对坐着。有那么几秒钟,他们都没有说话,而是默默地品尝着咖啡。接着,李嘉诚从手提包里拿出8种按照订货商的要求设计出来的精巧别致的塑胶花,放在订货商面前。然后,李嘉诚诚恳地告诉订货商:"先生,这8款塑胶花是我和公司设计人员昨晚一夜没睡按你的要求设计出来的,有5款我想基本符合你的要求;而另外3款,因为我考虑到你的订货是为圣诞节准备的,因此,在你的要求的基础上,再糅进一些东方民族的传统风味,我认为或许你会喜欢,所以全部拿来,供你挑选。"

李嘉诚明白自己资金不足的劣势,但他看准了这次薄利多销的机会。他敏感地预测到如能与这位订货商达成协议,那么长江工业公司不但可以脱离困境,而且还可以取得相当有利的竞争地位。因此,在设计产品时,他费了一番周折,仔细考虑了客户的要求,他认为,只有给客户带来最大利益,才能给自己带来利益。

李嘉诚接着说:"就我个人而言,我当然十分希望能够长期与您合作。长江目前虽没有取得足够的资金以及担保,但是我们可以给你提供最优惠的价格、最好的质量、最优的款式,并保证在交货期按时交货。而且,这8款塑胶花样品,如果你觉得满意,我愿意送给你,只是希望有机会跟你合作。"

这位订货商以惊讶而欣赏的目光注视着面前这位华人企业家,钦佩他竟然能在一夜之间设计出8种款式的塑胶花供他挑选。订货商高兴得情不自禁地握着李嘉诚的手连声说:"了不起,年轻人,我同意跟你合作,你会干好的!"

这次成功使长江工业公司从此站稳了脚跟,并在中国香港塑胶企业内有了相当的竞争能力。

实用指南

只有满足顾客需求,引导顾客进行购买,才能救活企业,而只有站在顾客的角度,才能创造顾客。李嘉诚站在顾客的角度思考问题,急顾客之所急,充分考虑顾客的利益,从而留住了顾客,也使当时弱小的长江工业公司得以存活。

顾客是企业的导盲棍

管理精粹

企业内部认为自己所了解的市场情况很有可能是错的,因为只有顾客才真正了解市场。

——《成果管理》 德鲁克

精彩阐释

企业内部的人对市场判断有很大可能是错的,这是因为这种判断是基于企业的立场和角度进行的,而事实上顾客是有自己的立场和标准的。要想了解市场是怎样的,就必须走进顾客群体之中。

巨人集团董事长史玉柱说:市场上没有所谓的专家,唯一的专家是顾客。史玉柱最爱做的事情就是研究顾客，他说：谁消费我的产品，我就要把他研究透，一天不研究透，我就痛苦一天。史玉柱说过，脑白金品牌的策划，完全遵守"721原则"，说把消费者的需求放在第一位，用70%的精力为消费者服务；投入20%的精力做好终端建设和管理；只花10%的精力去处理和经销商的关系。

当初保健品市场竞争那么激烈，可是史玉柱还是用脑白金、黄金搭档创造了一个奇迹，满载而归。究其原因，史玉柱认为："我的成功没有偶然因素，是我带领团队充分关注目标消费者，做了辛苦调研而创造出来的。"之所以要花费大量的精力在消费者身上，史玉柱认为：消费者是最好的老师，你只要能打动消费者就行了。

准备开发脑白金市场的时候，史玉柱将江阴作为大本营。在启动江阴市场之前，史玉柱先进行了一番调查。他挨家挨户地去寻访。白天乡镇里的年轻人都出去工作了，在家里的都是老年人，一天也见不到一个人。因此史玉柱一去，他们特别高兴。通过聊天，敏锐的史玉柱看出了其中的奥妙。他因势利导，推出了"今年过节不收礼，收礼只收脑白金"的广告。而今，这个广告已经是家喻户晓了。

只有对顾客进行充分的调研，才有可能发现新的市场机会。

中国香港有名的"鳄鱼恤"拥有琳琅满目的花色品种和新颖优质的面料，以及精巧的做工。鳄鱼恤之所以受欢迎，主要原因在于企业采取了有效的市场调研，进行精准的市场细分。每一个消费者都可以从这些服装中找到一件自己喜欢的。

鳄鱼恤服装有限公司对消费者进行深入的调查分析，针对不同的消费者生产不同的服装，满足不同人群的需求，他们每生产一件服装，都知道那件服装是生产给什么样的人。比如，"鳄鱼恤"的男装就包括了休闲服、高尔夫、上班服三大系列，针对性相当强。

休闲服的色彩明快，既有鳄鱼恤的传统风格，又不失其活跃的一面，因而它的穿着对象多是年轻人，其面料舒适天然，感觉宽松自在，是外出旅行的必选；货品种类包括了全棉内衣裤、衬衣、T恤衫、袜子、毛衣、休闲西装、休闲裤、夹克衫等。

高尔夫系列以名贵线条和菱形格或"打高尔夫球"的图案为标志，用料讲究，穿着自然而舒适。因为打高尔夫球是一种高尚的运动，深受白领人士的喜爱，所以它的风格为：高尚典雅。货品种类有T恤、夹克衫、毛衣、高尔夫运动裤等。

上班服是专为高级行政人士量身定做的，它精心细致的手工和得体的裁剪、时尚的设计，每一个细节都处理得一丝不苟，符合高级行政人士的处事风格，因为它表现为传统、典雅、舒适。货品种类有夹克、风衣、大衣、皮夹克、皮大衣、羽绒服、内衣裤等。

鳄鱼恤公司的管理者深深懂得，每种顾客都是一个细分市场，因此企业在生产前一定要进行充分的市场调研。

实用指南

世界上没有标准化的消费者，因此也不应该只生产标准化的产品。企业生产每件产品，都应知道它的目标顾客是谁，从而知道市场在哪里。

从顾客需求中寻找机会

管理精粹

只有通过询问顾客、观察顾客，设法理解他们的行为，企业才能发现他们的种种情况。

——《成果管理》 德鲁克

精彩阐释

德鲁克认为，企业要搞明白有关顾客的一系列问题：顾客是谁？他们是干什么的？购买习惯是什么？期望是怎样的？最看重产品哪种特性？……美国哈佛大学教授李维特曾指出，造成企业萎缩的真正原因是管理者目光短浅，把精力全部放在产品或技术上，而对市场需要关注很少。

在日本，多数企业的市场战略是对现有产品的更新换代和市场促销。然而，"花王"却采取了另一种市场战略。他们认为：市场永远存在机会，消费者的需求在不断变化，企业之间的竞争现在就看谁能发现需求的新趋势和新特点。为此，"花王"专门成立了"生活科学研究所"，从企业各处调来上百名经济专家和市场调研的能手，总经理常盘文克对他们说："你们的工作就是挖掘和发现新的需求，你们要为整个企业的发展迈出关键的第一步。"

研究所每年都要定期根据不同的年龄层发放调查问卷，问答项目达几百个，而且十分具体。他们把回收的各种答案存入计算机，用于新产品的开发。现在，研究所每个月要增加近一万个来自消费者的信息。另一层次的调查是邀请消费者担当"商品顾问"，让他们试用"花王"的新产品，然后"鸡蛋里挑骨头"，从他们那里收集各种改进的意见。

来自消费者的信息成千上万，如何分析研究、取其精华，"花王"有其独特的方法。他们把所有信息分为两类：一类是期望值高的信息，即希望商品达到某种程度，或希望某种新产品；另一类是具体的改进建议。"花王"十分重视前者，这类信息虽然没有具体意见，甚至很模糊，却反映了消费者的期望，是新产品开发的重要启示，而具体的改进意见一旦和高期望值信息结合起来，则能起到锦上添花的作用。

在日本市场最畅销的产品"多角度清扫器"就是这两类信息结合的产物。清扫用具迄今为止是笤帚和吸尘器的天下，但"花王"在调查中发现，消费者不仅对笤帚早已不满意，对吸尘器也颇有微词，比如后盖喷气使灰尘扬起，电线妨碍不能自由移动，最麻烦的是一些角落、缝隙、床底很难清扫到，消费者多次反映希望有一种能伸到任何地方清扫的用具。"花王"研究所集中了上百条有关信息，经过研究分析，提出了新产品的基本概念：多角度、无电线、不喷气、轻便等。几个月以后，新型的"多角度清扫器"终于问世，其销售量突飞猛进。

"花王"之所以能一举成功，主要归功于它在新产品上市前的信息调查。"花王"专门成立的"生活科学研究所"作为信息系统为企业收集并筛选出最有价值的信息，其中"多角度清扫器"抓住了市场机会，填补了消费者需求的市场空白，它的成功验证了信息研究对企业举足轻重的作用。

实用指南

信息研究的作用在于通过信息把企业与消费者联系起来，这些信息用来分析市场需求，辨别和界定市场营销机会和问题，从而制订出合乎市场需求的市场营销方案。

产品能给顾客带来什么好处

管理精粹

顾客的唯一问题是：这对我有什么好处？

——《成果管理》 德鲁克

精彩阐释

正如人们常说的"不是环境来适应你，而是你去适应环境"的道理一样，企业在顾客面前唯一要做的事情就是要适应和满足顾客的需求。德鲁克说，企业所认为的是一个产品最重要东西——性能或者他们在讲到"质量"时所指的那些——

消费者可能不太在意。顾客的唯一问题是：这对我有什么好处？

每年的 5 月，是安徽特产龙虾上市的季节。龙虾是许多人喜爱的美味。每到这个季节，合肥各龙虾店、大小排档生意异常火暴，每天要吃掉龙虾近 2.5 万公斤。但是龙虾好吃清洗难的问题一直困扰着当地龙虾店的经营者。因为龙虾生长在泥湾里，捕捞时浑身是泥，清洗异常麻烦，一般的龙虾店一天要用 2～3 人专门手工刷洗龙虾，但常常一天洗的虾，几个小时就被顾客买完了，并且，人工洗刷费时又费力，这样又增加了人工成本。

海尔针对这一潜在的市场需求，迅速研制开发，没多久就推出了一款采用全塑一体桶、宽电压设计的可以洗龙虾的"洗虾机"，不但省时省力、洗涤效果非常好，而且价格定位也较合理，只要 800 多元，极大地满足了当地龙虾经营者的需求。过去洗 2 公斤龙虾一个人需要 10～15 分钟，现在用"龙虾机"只需 3 分钟就可以了。

就在 2002 年安徽合肥举办的第一届"龙虾节"上，海尔推出的这一款"洗虾机"马上引发了抢购热潮。上百台"洗虾机"不到一天就被当地消费者抢购一空，更有许多龙虾店经营者纷纷交订金预约购买。这款海尔"洗虾机"因其巨大的市场潜力获得安徽卫视"市场前景奖"。

在洗衣机市场，一般来讲，每年的 6～8 月是洗衣机销售的淡季。每到这段时间，很多厂家就把洗衣机的促销员从商场里撤回去了。张瑞敏很奇怪：难道天气越热，出汗越多，消费者越不洗衣裳？后来经过调查发现，不是消费者不洗衣裳，而是夏天里 5 公斤的洗衣机不实用，既浪费水又浪费电。于是，张瑞敏马上命令海尔的科研人员设计出一种洗衣量只有 1.5 公斤的洗衣机——小小神童洗衣机。小小神童洗衣机投产后先在上海试销，因为张瑞敏认为上海人消费水平高又爱挑剔。结果，精明的上海人马上认可了这种洗衣机。该产品在上海热销之后，很快又风靡全国。在不到两年的时间里，海尔的小小神童在全国卖了 100 多万台，并出口到日本和韩国。

张瑞敏说："我想任何一个企业做的产品，你卖的肯定不是这个产品，换句话说，用户要的绝对不是你这个产品，要的是一种解决方案……"张瑞敏总是根据用户的意见，从根本上把握消费者的真正需求，"永远不是为产品找用户，而是为用户找产品，真诚到永远"。

实用指南

事实证明，只有研制生产出真正满足消费者需求的产品，才能够赢得消费者的青睐，才能在市场中立于不败之地。

顾客只会为自己的需求埋单

管理精粹

顾客之所以付钱，为的是购买自我需求的满足。

——《成果管理》 德鲁克

精彩阐释

德鲁克在谈到企业使命时，提出过一个问题，即"顾客眼中的价值是什么？"事实上，这是一个关键性问题，但在企业经营管理中常常得不到重视。原因在于，大多数的决策者总以为他们找到了答案。他们总以为"价值"就是他们企业的"品质"，这是不对的，他们没有意识到顾客购买的是一种需要的满足，而并非产品本身。

为此，德鲁克特地举了这么一个例子来说明。他说，对于一个十几岁的小姑娘来说，一双鞋子的价值在于高级款式。鞋子必须时髦，价格只是次要的考虑因素，而耐用性根本不具有什么价值。几年以后，这位姑娘成了一个年轻的妈妈。高级款式就成为一个限制条件了。她不会购买那些非常流行的东西，但她考虑的可能是耐用性、价格、舒适和合脚，等等。同样一双鞋子，对于十几岁的小姑娘来说是一种热门货，而对于比她年龄稍大一些的姐姐来说，却可能价值不大。

由此可见，顾客所购买的，从来就不是一件产品本身，顾客购买的是一种需要的满足，购买的是一种价值。但是，制造商却不能制造出价值，而只能制造和销售产品。所以，制造商认为有"质量"的东西，对于顾客来讲可能是不需要的东西。

美国制鞋企业高浦勒斯公司，在20世纪80年代初期遇到了很大的经营困难。对市场和营销颇有研究的弗兰西斯受命于危难之际，担任公司的总经理，主持产品开发和市场营销。

弗兰西斯认为，在现代市场日益激烈的竞争中，特别是在美国，经济已经十分发达，百姓生活富足，人们买鞋不再是为了御寒防潮。因此，必须制造富有个性、形象鲜明独特的产品，才能吸引消费者，广开销售渠道。

经过仔细调查研究后，弗兰西斯果断要求设计人员以"销售感情胜于销售鞋子"为宗旨，充分发挥每个人的想象力，设计出多种多样、富于个性的鞋来刺激人们的购买欲望。

在这一崭新的营销理念下，该公司在市场上推出了"男性情感、女性情感、优雅感、野性感、沉稳感、轻盈感、年轻感"等各种主题的鞋子。弗兰西斯还为这些类型的鞋子都取上稀奇古怪的名字，如"袋鼠"、"笑"、"泪"、"爱情"、"摇摆舞"等，令人回味无穷，公司也因此取得了巨大的成功。

可见，管理者的经营理念要从产品销售走向"需求销售"。

实用指南

变者赢，不变者衰。任何企业首先考虑的问题就是：谁是我们的顾客？顾客在哪里？给顾客带来的价值是什么？只有把这些考虑透了才能把握住市场经济的脉象。只有满足了顾客需求，产品才能有更好的销路，企业才能发展得更好。

适应要求才能赢得需求

管理精粹

顾客决定企业的产品价值。

——《创新与企业家精神》 德鲁克

精彩阐释

德鲁克说，管理者必须懂得，企业的产品和服务是由顾客决定的，而不是由企业生产商本身所界定。如果管理者意识不到顾客更需要什么样的产品和服务，企业想要实现可持续发展的目标就很危险了。而那些有远见的管理者总是能在最大程度上满足顾客的需求。

有一天，一个年轻人来到奔驰公司，"我想要买一辆小轿车。"他说得很简单。

销售员领着年轻人参观了陈列厅里的一百多种型号的小轿车，然后征求他的意见。

年轻人问："还有没有其他颜色的车？"

销售员吃了一惊："先生，这几十种颜色都没有您中意的吗？"

年轻人失望地点了点头："我想要一辆灰底黑边的轿车。"

销售员不得不失望地告诉他，现在没有这种车，心里想："这个年轻人也太挑剔了！"

没想到，这件事被老板卡文·本知道了，他对那个销售员发脾气："像这样做生意，只会让公司关门停业。"他要求必须找到那个年轻人，让他两天以后再来取车。

年轻人再次来到奔驰公司时，果然见到了他希望见到的那种颜色的车。不过，他还是不满意！"这辆车不是我想要的规格。"

这次接待他的是公司销售部主任，他的阅历要比上次那位销售员丰富得多，但也没见过如此挑剔的顾客，暗想："这人怎么这么不近人情，偌大的一个奔驰公司，专门为他生产出一辆车来，他竟然还不满意！"不过，他不动声色，没有将心里的不快表露出来，而是耐心地问："先生想要什么规格的，我们一定满足您的要求。"

年轻人说出了他想要的规格，还把车型、式样都详细描述了一遍。销售部主任一一记录下来，然后告诉年轻人，三天之后到公司取车。

三天之后，年轻人来了，看到自己想要的车已经摆在眼前，自然十分高兴。不过，开着车试跑了一圈后，他对销售部主任说："要是给汽车安个收音机就好了，那样一边开车一边还能欣赏到动听的音乐。"

销售主任十分吃惊，因为当时汽车收音机刚刚问世，应用不多，而且很多人反对车内安装收音机，认为那会分散司机的注意力，导致车祸的发生。不过，销售部主任还是没有生气，问："先生您想安一个吗？"年轻人点头。销售主任犹豫了一下后立刻说："那您下午来取吧。"

这时年轻人显得有点儿不安了，毕竟要求太过分了。但是，奔驰公司果真为他的轿车安了收音机，使他十分满意。

自此之后，奔驰公司建立了订购制度，顾客需要什么样的色彩、规格、座椅、音响、空调、保险门等，都可以提出来，这些要求由电子计算机向生产线发出指令，进行生产，很快，一辆完全按顾客要求生产的车就会出现在顾客面前。

由此可见，适应顾客要求的产品才有市场，以消费者需求为导向是市场营销的永恒主题。

尤其是对于刚刚走入市场却又面临知识经济时代挑战的企业来说，唯一的出路就是彻底转变思想，努力适应消费者的需求。

实用指南

德鲁克认为，顾客永远都是没有错的，不要在产品卖不出去的时候找借口或者埋怨顾客，也不要在不能满足顾客需求时试图改造顾客，使其接受你的产品。

第四章　企业的生存、使命、责任

信誉是无形的资产

管理精粹

诚实的力量是巨大的，它所形成的吸引力、向心力，能化为财源和取之不竭的无形资本。

——《成果管理》 德鲁克

精彩阐释

德鲁克说，诚实的力量是巨大的，它所形成的吸引力、向心力，能化为财源和取之不竭的无形资本。空口的承诺丝毫不能跟真正的服务相比，诚实是促使顾客采取行动有效的方法。

北京同仁堂是一个难得的百年老店，也是中国医药界的一块"金字招牌"。

同仁堂创建于清康熙八年（1669年），自1723年开始供奉御药，历经八代皇帝。在三百多年的风雨历程中，历代同仁堂人始终恪守"炮制虽繁必不敢省人工，品味虽贵必不敢减物力"的古训，树立"修合无人见，存心有天知"的自律意识，造就了制药过程中兢兢业业、精益求精的严细精神，其产品以"配方独特、选料上乘、工艺精湛、疗效显著"而享誉海内外。

开业之初，同仁堂就十分重视药品质量，并且以严格的管理作为保证。1702年，创始人乐显扬的三子乐凤鸣在同仁堂药室的基础上开设了同仁堂药店，他不惜五易寒暑之功，苦钻医术，刻意精求丸散膏丹及各类型配方，分门汇集成书。乐凤鸣在该书的序言中提出"遵肘后，辨地产，炮制虽繁，必不敢省人工；品味虽贵，必不敢减物力"，为同仁堂制作药品建立起严格的选方、用药、配比及工艺规范，代代相传，培育了同仁堂良好的商誉。

300多年来，同仁堂为了保证药品质量，坚持严把选料关。起初，北京同仁堂为了供奉御药，也为了取信于顾客，建立了严格选料用药的制作传统，保持了良好的药效和信誉。新中国成立后，同仁堂除严格按照国家明确规定的上乘质量用药标准外，对特殊药材还采用特殊办法以保证其上乘的品质。例如，制作乌鸡白凤丸的纯种乌鸡由北京市药材公司在无污染的北京郊区专门饲养，饲料、饮水都严格把关，一旦发现乌鸡的羽毛、骨肉稍有变种即予以淘汰。这种精心喂养的纯种乌鸡质地纯正、气味醇鲜，其所含多种氨基酸的质量始终如一，保证了乌鸡白凤丸的质量标准。

中成药是同仁堂的主要产品，为保证质量，除处方独特、选料上乘之外，严格精湛的工艺规程是十分必要的。如果炮制不依工艺规程，不能体现减毒或增效作用，或者由于人为的多种不良因素影响质量，不但会影响药效，甚至会危害患者的健康和生命安全。同仁堂生产的中成药，从购进原料到包装出厂都有上百道工序，加工每种药物的每道工序都有严格的工艺要求，投料的数量必须精确，各种珍贵药物的投料误差控制在微克以下。例如犀角、天然牛黄、珍珠等要研为最细粉，除灭菌外，要符合规定的罗孔数，保证粉剂的细度，此外还要颜色均匀、无花线、无花斑、无杂质。

从最初的同仁堂药室、同仁堂药店到现在的北京同仁堂集团，同仁堂经历数代而不衰，在海内外信誉卓著，树起了一块金字招牌，真可谓药业史上的一个奇迹。

企业卖的是信誉，而不是卖产品。消费者给予企业无任何企图的赞扬，有口皆碑，这就是美誉度。这种美誉度是无价的，是最可贵、最可靠的市场资源。

实用指南

信誉是树立品牌的关键点。在当今市场，从牙刷到理财服务，每样东西都已成为商品。由于产品、服务和技术如此易于模仿，企业信誉成为决定顾客购买取向的决定性依据。

让顾客觉得物超所值

管理精粹

只要二手车的售价能够保持在较高的水平，顾客就无法拒绝以旧换新、提高消费档次的诱惑。

——《管理：使命、责任、实践》 德鲁克

精彩阐释

德鲁克认为，顾客都是极其理性的，只要能够获得更多的价值，他们愿意掏钱。因此，任何企业不仅要满足顾客的价值概念，还要想方设法超过顾客的价值期望，让顾客感到物超所值。

让顾客感觉物超所值，牵涉到一个重要概念：顾客价值。顾客价值是从消费者的感官为出发点的概念，它是指顾客从购买的产品或服务中所获得的全部感知利益与为获得该产品或服务所付出的全部感知成本之间的对比。如果感知利益等于感知成本，则是"物有所值"；如果感知利益高于感知成本，则是"物超所值"；感知利益低于感知成本，则是"物有不值"。

某软件公司销售人员向北京一家贸易公司财务部部长推销一款财务软件。这款软件定价为 3600 元，部长觉得价格有点高，一直为是否购买而犹豫不决。

看到这种情况，销售人员决定为这位部长算一笔账。他问部长："部长，对账费时间吗？不知道您这边是经常需要对账，还是偶尔才需要对一次账呢？"

部长表示，由于这家贸易公司是大型卖场和厂商的中间商，需要在财务上每天和卖场及厂商进行核账。一天起码有 3 个小时的时间是用在核账上面。部长对此很苦恼。

于是销售人员就趁机说："我们这款软件的授权使用时间是 10 年，也就是大约 3600 天，平均下来每天的成本才是一元钱。而这一元钱对公司来说，可以忽略不计，而对您的意义可就大为不同。它等于让您每天空出 3 个小时的时间。您觉得值不值？"

部长肯定觉得值，销售人员刚把话说完，他立即决定购买一套。

从销售技巧上来看，销售人员最后使客户欣然接受了这款软件的价格，是因为巧妙运用了"除法原则"。

实用指南

营销界流传着一句话，"顾客要的不是便宜，要的是感到占了便宜"。当顾客觉得占了便宜，就会爽快地掏钱包。企业管理者及营销人员要在产品价值上多做文章，通过抓住让消费者心动的关键点，使消费者在心理上产生物超所值的愉悦感和满足感。

· 第二节 ·
用短线心态经营，势必付出昂贵代价

每个人都有为企业创造财富的责任

管理精粹

在谈到即将发生的成本时，我们也必须去思考是否有足够的收入来弥补。

——《非连续时代——转型社会守则》 德鲁克

精彩阐释

德鲁克认为，企业的投资要能够赢利，赢利绝对是第一任务，而企业的赢利有赖于企业每一位成员的努力。

1993年，郭士纳就任IBM公司董事长和首席执行官。郭士纳的加盟，对IBM有着重大的突破意义——他是IBM第一次从本公司之外引进的最高领导人。当时的IBM形势不容乐观，公司的各条战线和各大板块都存在着致命问题。郭士纳上任后采取的第一项措施就是裁员——这就是空降高管的好处，因为是外来者，在公司内部没有枝枝蔓蔓的人际关系，裁起人来，毫不手软。

郭士纳在一份备忘录中记载了当时自己出台这项措施的真实心境：我知道你们中的很多人多年来一直效忠于公司，对这个公司有很深的感情，令你们没想到的是，到头来却被公司评价为多余的人，这一定令你们很生气。我知道这对大家来说都是痛苦的，但我深切感到裁员就是公司最希望我干的事情，并且所有人都知道采取这一措施是必要的。

裁员措施与IBM一贯坚持的企业文化精神相违背——"不解雇"是IBM企业文化的重要支柱，IBM的创始人托马斯·沃森及其儿子小沃森认为，不解雇政策可以让每个员工觉得安全可靠。但是，现在郭士纳所采取的政策使公司上下发生了翻天覆地的变化，他总共辞退了至少 35000 名员工。

我们必须承认郭士纳的措施是正确的——经过他的整顿和改革，IBM 在短短 6 年内重塑了企业形象，走上了迅速崛起的复兴之路。郭士纳提醒了我们，虽然赢利是任何企业生存和发展的根本目的，但是促进企业赢利目标的实现，却是公司上下共同的责任。

作为企业组织的一名成员，任何员工都有为公司创造财富的责任。松下幸之助曾经说过："赢利是整个社会繁荣不可或缺的义务和责任。假如做不能赢利的工作，还不如一开始就不做，也没有必要做，因为做了也没有任何意义。"这就要求组织成员必须把促进组织创造利润作为最大职责。

杜邦集团创始人亨利·杜邦宣称："企业利润高于一切。"所有杜邦家族的男性成员，假如在杜邦公司工作一段时间之后被认为无法为促进公司创造效益提供支持，就会被要求退出企业。

在亨利·杜邦眼里，只有家族服务于企业，决不让企业服务于家族。不能为组织创造利润，那就是组织的累赘，是公司的冗员，为了公司发展的需要，这部分人必须被清理出去。

实用指南

创造利润是每一个公司都必须秉承的首要发展原则。而利润的产生必然仰仗组织成员的付出和努力，企业的兴衰成败、收益多少都与成员的努力与否紧密相连。

当每一名组织成员都把创造利润作为自己的最大职责和神圣使命，并为达成职责和使命创造性工作时，这个组织将会迎来更大的利润和更广阔的发展空间，组织成员也将获得更大的成就。

资源配置要着眼于未来

管理精粹

只强调利润，将会误导管理者，以至于危害企业的生存。

——《管理的实践》 德鲁克

精彩阐释

德鲁克认为，目光短浅的管理者会为了今天的利润而破坏企业的未来，他们会将各种资源集中在目前最好的产品线，而忽略对有潜力的业务和潜力市场的投资。

在全球经济一体化的今天，所有企业都面临着高新技术、信息化和全球化的挑战。市场竞争越来越激烈，企业在发展到一定程度之后，应该着眼于未来进行战略调整。这是一个趋势。竞争日益激烈的市场，要求企业要善于为未来布局，企业只有着眼于未来利润进行资源配置，才能赢得未来。

2007年，万科的新标志取代了伴随它走过19年的老标志。这时人们都已经淡忘万科曾经是一家以电器贸易起家的多元化公司。1993年万科的业务曾遍及十多个行业领域。

当时万科希望到香港发行B股却因为业务线过长而受到讥讽。然而这样一个苦苦探索的企业，在选择了一条正确发展道路后终于获得了成功，万科董事长王石可谓功不可没。

王石曾感慨地说："从海拔8844米的高度俯瞰能看到什么？其实，登顶那天云雾弥漫，可见度很低，啥都看不到。做企业比登山更难。两者不同在于，一个是丈量自己的高度，一个是丈量企业的高度。两者相同之处在于，在信念和目标下，定位自己的脚步，选择正确的路线前行。"

1993年春节后，当其他企业认为"不能将鸡蛋放在同一个篮子里，需要多产业发展，广区域布局"时，王石发现，万科利润的30%来源于房地产。在他看来，房地产这一块并非最大利润，但是它的发展速度却是最快的。于是，王石带领万科的管理层找了个安静的地方召开会议，大家既不谈指标，也不谈利润，而是提出了将房地产作为公司的未来发展方向。

这个发展方向在业内引起广泛争议。而王石始终认为将来的市场发展趋势是专业化。他一步步减掉万科正在赢利的各种业务：零售、广告、货运、服装、家电、手表、影视等。曾经长袖善舞的万科选择轻装上阵，单盯着一条住宅开发的路往下走。

2008年，在他提出专业化发展的第十四年，万科成为中国房地产行业内的龙头老大，其发展规模之大令其他企业难以抗衡。王石也成为最有影响力的商界人物之一。

同样的事件在知名企业里并不鲜见。在市场不断变化的过程中，对于企业而言，做加法也好，做减法也好，都是适应市场的需要。一个具有全球战略眼光的企业家，会对自己的产品在全球的地位随时进行动态分析，然后确定自己的核心竞争力在哪儿、自己做什么产品、保持什么样的品牌战略。

第四章 企业的生存、使命、责任

实用指南

不着眼于未来进行思考，必然被未来所抛弃。正如德鲁克所言，只强调利润将会误导管理者。管理者只有突破对短期利润的关注，从更长远的角度来审视企业的资源布局，才能使企业基业常青。

一味追求高利润，会危害企业的生存

管理精粹

一味地追求高利润，是企业持续发展不该出现的极端行为。

——《变动中的管理界》 德鲁克

精彩阐释

追求利润是每个企业都不能忽视的目标，但企业不能一味强调利润，领导者管理企业必然要平衡各种需要和目标，利润只是一种比较重要的目标，企业为了战略需要、长远发展，不会把利润作为第一目标。过度强调利润，就会使管理者重视短期利益，为了今天的利润，不惜牺牲明天的生存。一个不择手段的企业很难建立信誉，一个只重视眼前利益的管理者也很难取得大的成就。所以德鲁克把一味强调赢利看成是管理中最愚蠢和糟糕的办法。

不强调赢利性，本质上体现的是管理者的一种品格和修养、一种眼界和视野。

第一次世界大战期间，有一位奥地利的先生非常喜欢美术作品，他拼命工作、节衣缩食，就是为了多收藏几幅名画。皇天不负有心人，数十年后，从伦勃朗、毕加索到其他著名画家的作品，他应有尽有，收藏颇丰。

这位先生早年丧妻，只有一子。时光流逝，奥地利卷入战争。他依依不舍地送儿子远赴战场。两个月后，他收到了一封信，信上说："我们很抱歉地通知您，令郎在战争中牺牲了。"儿子为了背回受伤的战友，而被敌人的子弹打中。这个消息对他而言无异于晴天霹雳。

老人一下子苍老了很多，终日在家发呆。就在此时，有一个年轻人登门造访。原来他是老人的儿子舍命搭救的战友。年轻人说："我知道您爱好艺术，虽然我不是艺术家，但我为您的儿子画了一幅肖像，希望您收下。"老先生泪流满面，他把画挂在大厅，对年轻人说："孩子，这是我最珍贵的收藏。"

一年后，老先生郁郁寡欢而终。他收藏的所有艺术品都要拍卖，消息传开，各地的博物馆馆长、私人收藏家及艺术品投资商们纷纷慕名前来。

拍卖会上,拍卖师坚持先拍卖老人儿子的画像。他说:"这幅画起价100美元,谁愿意投标?"会场一片寂静。他又问:"有人愿意出50美元吗?"会场仍然一片寂静。这时有一位老人站起来说:"先生,10美元可以吗?我虽然没有多少钱,但我是他的邻居,从小看着画中的孩子长大,说实话,我很喜欢这个孩子。"拍卖师说:"可以。10美元,一次;10美元,两次;好!成交!"

会场立刻一片沸腾,人们开始雀跃,认为名画的拍卖就要开始了。拍卖师却说:"感谢各位光临本次拍卖会,这次的拍卖会已经结束了,根据老先生的遗嘱,谁买了他儿子的画像,谁就能拥有他所有的收藏品。"

所有把利益放在第一位的人,都不能得到那些珍品。

作为管理者,当然不能相信天上会掉馅饼,更不能认为天下会有免费的午餐,既不能指望偶然的机遇,也不能完全靠利润来支撑。只考虑赢利的企业,必定是做不强、做不大、做不久,也无法让顾客信任的企业。

不以利润为目标,就避免了企业为了追求利润而失去绝佳的商业机会。一个伟大的公司当然也需要赚钱,但是光会赚钱的公司不是伟大的企业。

实用指南

很多企业家在刚开始创业的时候,就把为众人服务作为奋斗的目标。譬如比尔·盖茨,他在创业之初就已经把"让千万人都用得上电脑软件"作为目标;譬如山姆·沃尔顿,他发誓要建立一种既便利又廉价的商业形态,沃尔玛成为实现他这一理想的工具。当然,光有使命感的企业是不行的,必须产生财富,这样,企业创造的价值才能得到人们的认可。

用短线心态经营,势必付出昂贵代价

管理精粹

用短线心态经营企业,势必付出昂贵的代价。

——《变动中的管理界》 德鲁克

精彩阐释

在德鲁克眼里,利润都是有陷阱的,尤其是短期利润的诱惑,常常会使企业丧失了获得长期利润的源泉。这是因为对短期利润的追逐会使企业的有限资源越摊越薄，越来越稀释主业的供给。在日益专业化的竞争中，每个产业链上都汇聚了大量虎视眈眈的竞争者，企业最终会因为资源分散而遭受失败。

顺驰集团的失败就是个典型。1994年，孙宏斌在天津成立顺驰公司，主要从事房地产中介业务，一年后将业务范围扩展到房地产开发。2002年顺驰首次异地开发房地产，由此顺驰集团进入快速发展阶段。

2003年9月，顺驰在上海、苏州、石家庄、武汉等地获取项目，迈出其全国化战略的坚实一步；同年10月，第一个异地项目——"顺驰·林溪乡村别墅"在北京正式亮相；同年12月，顺驰取得了北京大兴黄村卫星城1号地的开发权。

2004年，顺驰实现了100亿元的销售目标，储备的土地面积达1200万平方米，员工急剧膨胀到8000人，同时开发35个项目。短短10年间，顺驰已发展成为中国房地产行业中极具影响力的企业，累计操作房地产项目57个，销售面积近500万平方米，累计实现销售收入近200亿元。

但顺驰良好的发展势头并没有持续太久。2004年的疯狂扩张导致其2005年的销售收入必须达到100亿元才能弥补现金流不足。不幸的是，2005年顺驰只有80亿元的现金回款，资金链迅速紧张。与此同时，国务院为控制日益高涨的房价出台了一系列宏观调控政策，顺驰重点投资的华东地区深受调控影响。其中，华东的重点项目苏州凤凰城的销售骤然下跌，每个月2亿元的销售回款任务几乎没有实现过，最差时每个月只能完成1000多万元，欠苏州政府的土地款高达10亿元。

面对日益恶化的形势，顺驰开始自救，但谋求的多渠道融资进展却不顺利。随着上市梦想的破灭，顺驰只好接受被收购的命运。2006年9月5日，顺驰中国控股有限公司以人民币12.8亿元出让其55%的股权给香港上市公司路劲基建有限公司；2007年1月23日，路劲基建有限公司宣布再投13亿元收购顺驰近40%的股权，从而持有顺驰近95%的股权。曾经辉煌的顺驰神话就此破灭。

德鲁克提出的追求最低限度的利润，即是企业稳定发展的真谛，也是对那些高速发展企业的忠告。市场也是讲究平衡的，当企业开始为追求高额利润而进行规划时，事实上你已经失去捕捉未来商机的机会——企业的资源和条件是有限的，当所有资源都在为追求高额利润努力时，企业也就全部或者部分放弃了对未来商业机会的关注。

实用指南

每家企业都应该把目光放得更长远，每位管理者都应该使自己的眼光更开阔，管理者如果只顾眼前利益，终有一天会自食其果的。

资金与人员的分配决定企业收益

管理精粹

企业资金和人才的分配，决定管理者能否成功地将业务知识转化为行动，也决定企业能否获得收益。

——《永恒的成本控制》 德鲁克

精彩阐释

德鲁克说："企业资金和人才的分配，决定经理人能否成功地将业务知识转化为行动，也决定企业能否获得收益。"对于企业资金的分配，经理人要事先了解资本投资的情况，找到市场的空白点。

作为一名成功的领导应该知人善任，让自己的下属去做他们适合的事情，这样才能充分发挥他们的工作潜能，实现组织人力资源的有效利用。

李嘉诚手下有两员大将，霍建宁和周年茂，针对两人的不同特点，李嘉诚对他们做了不同的安排。霍建宁毕业于香港大学，随后留美深造。1979年学成回港，被李嘉诚招至旗下，出任长江集团会计主任。他利用业余时间进修，考取了英联邦澳洲的特许会计师资格证。

李嘉诚很赏识他的才学，也发现霍建宁是一个策划奇才，却不是一个冲锋陷阵的闯将，于是在1985年任命他为长江集团董事，两年后提升他为董事总经理，让他在幕后工作。

不会闯荡不等于没有才干，外界媒体称霍建宁是一个"全身充满赚钱细胞的人"。长江的每一次重大投资安排，如股票发行、银行贷款、债券兑换等，都是由霍建宁策划或参与抉择的。

为了发挥霍建宁的长处，李嘉诚较少派他出面做谈判之类的工作，而是给了他一副新的担子，为李嘉诚当"太傅"，肩负培育李氏二子李泽钜、李泽楷的职责。

周年茂是长江元老周千和的儿子。周年茂还在学生时代时，李嘉诚就把其当作长江未来的专业人士培养，并把他和其父周千和一起送到英国学习法律。

周年茂学成回港后，顺理成章地进入了长江集团。李嘉诚发现他做事干脆，口才很好，指定他为长实公司的发言人。

1983年，回港两年的周年茂被选为长江董事，1985年与其父周千和一道荣升为董事副总经理。当时，周年茂才 30 岁。

周年茂虽然看起来像一位文弱书生，却颇有大将风范，指挥若定，调度有方，临危不乱，该进该弃，都能够把握好分寸，收放自如，这一点正是李嘉诚最放心的。周年茂升任副总经理，顶替移居加拿大的盛颂声，负责长江的地产发展。

周年茂走马上任后，负责具体策划，落实了茶果岭丽港、蓝田汇景花园、鸭利洲、海怡半岛等大型住宅屋村的发展规划，顺利实施了李嘉诚的计划，从而以自己的能力赢得了李嘉诚的信任。李嘉诚将更大的重任托付于他。

李嘉诚善于识人，又能够把人才放在适当的位置上，这是他的高明之处，也是他管理好下属的一个良方。有许多领导者常感叹手下无人可用，其实在很多时候不是手下没人，而是没有把人放在正确的位置上。

实用指南

仔细审视一下你所在公司的资金和员工的分配政策，看看它们是否达到了你的预期目标。如果没有，则应尽快调整分配措施。

·第三节·
卓越，就是为企业寻找核心能力

成就来自卓越

管理精粹

成就来自卓越，伟大的企业或产品必定在某一方面甚至多方面超越对手。

——《成果管理》 德鲁克

精彩阐释

德鲁克认为，成就来自卓越，伟大的企业或产品必定在某一方面甚至多方面超越对手，有许多企业还必须在不止一个领域中达到超过一般的水平。但是，要真正掌握市场给予经济回报的那种知识，就需要集中将几件事情做得格外出色，只有卓越才能成功。

2005年以前，美的微波炉、紫微光微波炉和蒸汽紫微光微波炉等一样，虽然试图通过产品功能的创新为自己觅得一条不一样的路，但在格兰仕的攻击下，难有进展。直到获得国家专利的"食神蒸霸"的问世，美的拥有了"蒸"的功能。"食神蒸霸"可以做诸如剁椒鱼头、清蒸大闸蟹等传统蒸菜，打破了此前微波炉的局限，不再只是加热工具。

自微波炉发明以来，一直横亘于行业面前的最大难题是，用微波炉直接加热的食物脱水严重、营养流失严重、口感也不好，而"食神蒸霸"的成功推出，解决了这个问题。用微波炉蒸菜，无明火、无油烟，不但解决了厨房清洁难题，还可以实现智能化控制，而且与明火蒸食物相比，最大限度地减少了消费者用于烹饪的时间。此后，美的微波炉走上了提升微波炉价值、共享价值链，从而回归商业本原的道路，不断通过技术改进，赋予产品甚至整个行业新的价值。

第四章 企业的生存、使命、责任

2007年5月"美的微波炉美食节"开展，美的微波炉的普通员工使用美的微波炉做出了八大菜系的近百道菜肴。正是凭借"蒸"的功能所创造的创新价值，使美的微波炉从价格战中冲杀出来。高强度的理念引导和品牌宣传，令美的微波炉取得了销量大突破——2008年全年销售突破了550万台，接近600万台。

由此可见，只有出色才能超越对手，才能获得市场的青睐。

实用指南

成就来自卓越，任何平庸都不能换来经济回报。企业要想获得成功，不是干过多少事，而是干成多少事，尤其是在哪几件事上做得极其出色。

技术领先是核心竞争力

管理精粹

核心优势就是能将企业的特别能力与顾客所重视的价值有机地结合在一起。

——《21世纪的管理挑战》 德鲁克

精彩阐释

在德鲁克看来，产品竞争主要包括价格和技术两个方面，在利润越来越透明的市场环境中，价格已经不是核心手段。不断的技术创新支持的差异优势，才是企业保持长久市场竞争优势的重要途径。因此，企业应把发展更核心的竞争力——技术领先，放在最重要的位置。

1998年，人们惊诧地发现，北欧小国芬兰有一家名叫诺基亚的公司，其手机销售量超过了全球通信巨无霸摩托罗拉，一跃而成为移动电话制造业中的世界冠军。诺基亚能取得今天的成就，应该归功于时任总裁的乔马·奥利拉。但诺基亚能从生产胶鞋等传统产品转型为一家高技术公司，却不能不提到前任总裁卡瑞·凯雷莫。

1977年，凯雷莫被任命为诺基亚新总裁。在他的率领下，诺基亚成功地把简陋的无线通信器，发展成为一种成熟的移动通信系统，也就是早期的大哥大。诺基亚开发出来的大哥大，具有许多实用性优点，很受市场的欢迎，成为诺基亚的一个赢利点。

于是，凯雷莫把目光瞄准了当时那些炙手可热的产品——家用电器、计算机、BP机等，他开始四处扩张，先后购买了德国的电视机生产厂、瑞典的计算机公司、美国的传呼机公司。他的莽撞为诺基亚的发展带来了麻烦，在强大的日本索尼、荷兰飞利浦、美国 IBM 等竞争对手面前，诺基亚节节败退。

更为不利的是，美国通信巨人摩托罗拉只花了很短的时间，就在无线通信技术上后来居上，研制出了第一代手机——模拟机，并大批量生产，使唯一能给诺基亚带来赢利的大哥大产品在市场上处处碰壁，公司业绩下滑，并开始亏损。股东们怒气冲冲，不断向凯雷莫施加压力。凯雷莫不堪重负，在 1988 年 12 月 2 日选择了自杀。

1990 年 2 月，诺基亚董事会想把手机生产业务卖掉，他们找来刚刚上任的手机部负责人——38 岁的奥利拉。奥利拉阻止了董事会的决定。在手机研发部的项目档案中，他发现诺基亚有一个没被注意的为 GSM 标准开发相应手机产品的项目。尽管当时 GSM 远不是一个成熟的数字化手机通信标准，但奥利拉凭直觉认为它很可能成为继模拟方式之后的第二代手机标准。

1992 年，奥利拉被任命为诺基亚的新任总裁。上任后，他做的第一件事就是调兵遣将，他把新生代那些有创新精神并与他同时期进诺基亚的年轻人放在了 GSM 手机研发位置上。他们全力推进 GSM 通信标准手机的研发和生产，不断扩大诺基亚的技术优势。

1993 年底，局面渐渐明朗，欧洲各国先后开始采用 GSM 数字手机通信标准为新的统一标准。诺基亚趁机把它精心准备的突破性产品——2100 系列手机推向市场。这种手机用了新潮的数字通信标准，音质清晰而稳定，机身小巧玲珑，大受市场欢迎。

1994 年，诺基亚终于在美国成功上市，吸纳到大量资金。奥利拉乘胜追击，在追求更完美的技术的同时，高举"手机不再是昂贵奢侈品，而是一种时尚装饰物和易用工具"的旗帜，和对手展开了创新速度、设计和价格的大赛。凭借领先的技术优势，诺基亚手机平均每隔 35 天就推出一个新品种，并且带动手机价格在数年内一再下跌。至 1998 年，诺基亚取得全面胜利。在全球手机市场份额中，它一举拔得头筹，占总份额的 22.5%。

诺基亚的成功说明了技术领先就是企业最大的优势。凯雷莫时代的大哥大，一度在技术上领先于对手，结果这种优势不被重视，很快被摩托罗拉超越；奥利拉没有让这种悲剧重演，在取得领先之后，时时创新，一直保持领先，始终使自己在市场竞争中保持领先地位。

实用指南

企业管理者应该知道，通过技术创新赢得市场地位实际上比防守一个已有的市场地位要稳妥得多。只有技术领先，才可能实现持续领先。

第四章　企业的生存、使命、责任

成为多个领域的领先者

管理精粹

巴克公司在每个领域内都握有一小部分药品，并且这些药品都是具有明显优势的。

——《管理学案例》 德鲁克

精彩阐释

在谈及巴克公司的战略目标时，德鲁克说："巴克公司在每个领域内都握有一小部分药品，且这些药品都是具有明显优势的，并对提高临床医学水平发挥着举足轻重的作用。"德鲁克说这句话的目的是告诉我们，任何一家成功的企业除了在一个领域内做得极其出色外，还要精通其他的知识领域。

珠穆朗玛峰之所以成为地球之巅，因为它矗立在喜马拉雅山之上，盘基广大高原之上。假如把它建立在河海平原上，八千多米的高峰是难以存在的，犹如无源之水易于枯竭。对于企业，亦是如此。

作为世界上最为重要的电信设备供应商之一，华为集团取得的成绩已令很多同行企业难以望其项背。在华为集团，48%的员工从事研发工作，截至2008年6月，华为已累计申请专利超过29666件，连续数年成为中国申请专利最多的单位。华为技术有限公司加入了ITU、3GPP、IEEE、IETF、ETSI、OMA、TMF、FSAN和DSLF等70个国际标准组织。华为担任ITU-TSG11组副主席、3GPPSA5主席、RAN2/CT1副主席、3GPP2TSG-CWG2/WG3副主席、TSG-AWG2副主席、ITU-RWP8F技术组主席、OMAGS/DM/MCC/POC副主席和IEEECaGBoard成员等职位。

华为持之以恒对标准和专利进行投入，掌握未来技术的制高点。在3GPP基础专利中，华为占7%，居全球第五。2008年2月21日，据世界知识产权组织（WIPO）报道，华为2007年PCT国际专利申请数达到1365件，位居世界第4，较前一年上升9位。前三名的企业分别是松下、飞利浦和西门子。

华为总裁任正非要求华为突破对单个产品的迷信和依赖，能够为客户提供"整体产品"。在2006年的北京国际通信展上，华为重点展示涵盖移动产品、固定网络产品、光网络产品、数据产品领域、无线终端产品、数据产品领域、业务与软件等全面的系列产品及解决方案。产品的深度延伸，使得华为的市场空间进一步扩大。

只精通一种技术是远远不够的。任正非提出的整体产品思想，就是要求华为不仅要在一个产品领域领先，还要在多个产品领域内领先。在这种思想的背后，是任正非的忧患意识：尽管华为拥有很多在国际市场上具有很强号召力的产品，但如果华为对这些产品产生依赖，那么它还能够持续领先吗？答案显然是不能。忽略已经取得的成就，追求还未攀登的高峰，只有这样，企业才能走在市场的前列。

实用指南

大多数行业都有一个或几个企业处于市场领导者的地位，这些市场上的领先者不断受到其他企业的挑战，为了保持领先地位，有三种领先者战略可供选择：

（1）扩大市场占有率。一般来讲，市场占有率和企业的赢利能力之间存在一种正比关系，赢利能力随市场占有率的增加而增加。但是在到达一定限度以后，盲目追求市场占有率的进一步增加，会导致成本的上升。

（2）扩大总需求。这主要表现在寻求现有产品的新用户、新用途以及更多的使用量上。

（3）维持现有市场占有率。领先者必须通过有效的防守和进攻战略，积极反击竞争对手对现有市场的争夺。最好的措施是根据市场的发展变化，不断创新。在采取这种积极进攻措施的同时，领先者还要选择不同的防守战略。

别被短板遮住眼睛

管理精粹

企业管理者更看重自己并不擅长的事物或领域。

——《成果管理》 德鲁克

精彩阐释

德鲁克说，一般而言，要知道怎么做比较容易。所以企业内部的人往往会认为自己所拥有的能力并没有什么，即使拥有特殊能力，他们也会大意地认为所有的同行都具备这种能力。相反，他们更看重自己并不擅长的事物或领域。因此，企业管理者千万不要被短板遮住了眼睛。

为了更好地理解企业核心竞争力战略，可以在企业内部就下面三个带有根本性的问题掀起广泛深入的讨论，以期取得共识：一是如果我们不控制这种独特的核心竞争力，我们的现有竞争优势能维持多久？二是这种核心竞争力对顾客可感知价值是如何重要？三是如果我们不拥有这种特殊的核心竞争力，我们在将来会失去哪些可能的机会？

这种沟通不只在企业内部运行，还要与企业外部的顾问和投资者进行沟通。例如，要使企业在某核心技术方面的专长成为核心竞争力，首先需要企业在该技术领域不断进取，始终保持领先地位，这意味着企业不仅要给予资金支持，还要建立有效的科研开发激励制度；其次需要很好地协调研发部门与生产销售部门之间的关系；最后，在产品营销阶段，需要建立市场信息反馈机制，使研发更好地与市场需求保持一致。

以天津药业为例，它首先确立"高科技加规模经济"的发展战略，其"高科技"目标非常具体：生产的所有产品，在中国只要还有一家生产，质量和消耗指标就要领先于它；主导产品地塞米松要超越世界王牌罗素公司的产品；开发的新品附加值要高，同时必须具备一定的生产规模。

为了超越对手的一流产品，天津药业在改造传统工艺、提高质量降低消耗上下工夫，在公司里，技术开发、市场开发是一线，生产是二线。它建立了国家级技术开发中心，以开发中心为主，在生产经营全过程建立技术创新系统，每个车间都设有试验室，各班组都有工艺员和试验员，公司投入技术开发中心的科技费用每年都不少于3000～4000万元。

同时，它将市场信息、产品销售、质量监控、储运发货到售后服务形成链条，只要国内用户急需，销售人员一刻不耽误地送药上门。为了聘到和留住能够开掘核心竞争力的人才，天津药业修订了聘用原则，不拘一格使用人才，并明确奖励创新，规定奖金的70%必须奖给主创人员，管理者等无关人士一分不取。

构建企业核心竞争力时企业高层领导起决定性作用。一个对企业核心竞争力的开发与构建反应迟钝的高层领导，往往无意在企业现存业务中开发、构建自己的核心竞争力，而是依靠在企业外部进行关键零部件的配套购买来填补自己核心技术空心化的缺陷。

这种做法无疑是将开发企业核心竞争力的机会拱手让出。一旦核心技术改变或拥有核心技术的供应商决定进入市场成为竞争对手，则该企业的抵抗力将十分脆弱。企业高层领导的战略重视仅仅是成功的一半，成功的另一半还需要企业高层领导对构建企业的核心竞争力制订出切实可行的计划。

实用指南

企业需要内审自己所经营的业务、所拥有的资源和能力，外察市场需求和技术演变的发展趋势，运用企业的创新精神和创新能力，独具慧眼地识别本企业的核心竞争力发展方向，并界定构成企业核心竞争力的竞争优势有哪些。

从行业外寻找新的发展理念

管理精粹

不妨从自己所处的行业外寻找新的发展理念，这些理念可以让自己的企业获益匪浅。

——《21世纪的管理挑战》 德鲁克

精彩阐释

德鲁克认为，对企业或某一行业影响最大的技术，可能来自企业所在的行业外部。使企业成功变革的许多理念，大多源于企业外部。Walkman(随身听)的发明，就是一个很成功的例子。

广受年轻人喜爱的"随身听"是日本新力公司董事长盛田昭夫的得意杰作。时任总经理的盛田昭夫认为，年轻人都喜欢音乐，青少年尤其爱好此道，不过他们欣赏音乐的场所只能在房间内或汽车中，出了门、下了车，音乐便离他们而去，所以许多年轻人往往因为音乐而不喜爱户外运动。盛田昭夫想：是否能够开发出一种可以让人们在房子、汽车之外欣赏音乐的产品呢？

当他把这个构想在公司的产品设计委员会上提出之后，除了一个年轻人兴致勃勃地表示这是个非常棒的构想之外，其他的人都认为不可思议而加以反对。盛田昭夫坚持自己的想法，力排众议，并开始着手开发这一产品。产品开发成功后，第一批的产量是3万台，许多人对于这3万台的销路表示忧虑，盛田为了鼓舞士气，信心十足地立下誓言："年底之前销售量若达不到10万台，我便引咎辞职。"随身听上市之后，立即引起年轻人的抢购，销售量势如破竹，几创纪录，到了当年年底，已突破40万台。不但盛田保住了总经理的职位，该产品还成为公司获利最多的商品。紧接着，随身听在产品功能上再做改良，以扩大市场并应付竞争者的挑战。第三年，随身听在全球的销售量已达到400万台，创造了该公司单一产品在一个年度内最高的销售量纪录，也再度证明了盛田昭夫的远见卓识。

这个世界上，对于有创造力的人，到处都是商机。但模仿者、追随者、因循守旧者，绝少有开辟新路的希望。世界更需要的是具有创造力的人，因为他们能脱离旧的轨道，打开新的局面。

这个时代并不欠缺机会，而是欠缺创意。只要你有新奇的想法，并付诸行动，就已经成功了一半。在生活的每个角落里，都隐藏着一些新鲜的东西，如果我们能够想到这一点，不断地从偶然的机会中挖掘对自己有用的信息，不断开发自己的创新能力，就能够打破思维的桎梏，使自己的生活和工作都更有创意。

实用指南

有人说："我不知道世界上是谁第一个发现水，但肯定不是鱼。因为它一直生活在水中，所以始终无法感觉水的存在。"其实人类社会中的很多现象蕴含着与之相同的道理。生活中有很多可以创新的空间，但由于传统思维方式的限制，我们往往视而不见或盲目排斥，遏制了创新本身的发展空间。

敢于创新，要有打破常规的勇气，要与惯性思维做斗争，还要保持对人、对物的敏感性和好奇心。不敢越雷池一步，就永远跳不出条条框框的制约。

认清自己的长板及短板

管理精粹

哪些是我们在既往时期内做得不好而对手却毫不费力地出色完成的事情？

——《成果管理》 德鲁克

精彩阐释

德鲁克说，企业要常问自己两个问题。第一个问题是：哪些是我们在既往时期内做得出色而且未感到费力，但对手并没有做好的事情；第二个问题是：哪些是我们在既往时期内做得不好而对手却毫不费力地出色完成的事情。这两个问题能够帮助企业管理者认清自己的优势和劣势，扬长避短。

众所周知，一只木桶盛水的多少，并不取决于桶壁上最高的那块木板，而恰恰取决于桶壁上最短的那块木板。人们把这一规律总结成为"木桶定律"或"木桶理论"。

根据这一核心内容，"木桶定律"还有三个推论：其一，只有当桶壁上的所有木板都足够高时，木桶才能盛满水。只要这个木桶里有一块不够高度，木桶里的水就不可能是满的。其二，比最低木板高的所有木板的高出部分是没有意义的，高得越多，浪费就越大。其三，要想提高木桶的容量，应该设法加高最低木板的高度，这是最有效也是唯一的途径。

对一个企业来说，构成企业的各个部分往往是参差不齐的，而劣质的部分往往又决定了整个企业组织的水平。"最短的木板"与"最劣质的部分"都是企业系统中有用的一部分，只不过比其他部分稍差一些，并不能把它们当作累赘扔掉。因此，经营企业的真正意义就是扬长避短。

20世纪50年代末期，美国的佛雷化妆品公司几乎独占了黑人化妆品市场，同类厂家始终无法动摇其霸主的地位。佛雷公司有一名推销员乔治·约翰逊邀集了三个伙伴自立门户经营黑人化妆品。伙伴们对这样的创业举动表示怀疑，因为他们的实力过于弱小，这像是拿鸡蛋往石头上碰。

约翰逊说：我并不想挑战佛雷公司，我们只要能从佛雷公司分得一杯羹就受用不尽了。当化妆品生产出来后，约翰逊就在广告宣传中用了经过深思熟虑的一句话："黑人兄弟姐妹们！当你用过佛雷公司的产品化妆之后，再擦上一次约翰逊的粉质膏，将会收到意想不到的效果！"这则广告貌似推崇佛雷的产品，其实质是在推销约翰逊的产品。

通过将自己的化妆品同佛雷公司的畅销化妆品排在一起，消费者自然而然地接受了约翰逊粉质膏，公司的生意蒸蒸日上，最终它取代了原先霸主的市场地位。

实用指南

任何一个系统，都不可能是尽善尽美的，都或多或少地存在着某些短处。对于这些短处有些管理者往往将其捂在内部，藏起来，冷处理，如此下去，短处势必会掩盖住长处，成为危及整个系统的"炸弹"。正所谓人无完人，对于这些薄弱环节，企业管理者不能视而不见。

培养员工的"禁忌"

管理精粹

清楚界定培养员工的"禁忌"，远比阐明"准则"容易得多。

——《非营利组织管理》 德鲁克

精彩阐释

培训和发展员工是企业发展的重要手段，给员工投资，就是增强企业的软实力。作为管理者，在培养员工时，应该注意哪些问题呢？没有思考的管理是一种

第四章 企业的生存、使命、责任

没有原则的管理，是一种渎职。所以，管理者首要明白的是培养员工的禁忌。德鲁克认为，这些禁忌主要有三方面，一是不要过分关注员工的缺陷，即不要试图通过培养来改变员工的缺点；二是不要重用那些"公子哥"、"太子爷"式的人物；三是不要用偏颇的成见来培养员工。

关于第一点，众所周知，此处不再赘述。

第二，不要重用那些"公子哥"、"太子爷"式的人物。"公子哥"、"太子爷"式的人物，他们最大的危害就在于眼中没有组织，可以践踏组织的任何价值观和理念，企业一旦使用这样的人并且培养这样的人，这个企业就没有希望可言了。企业需要的是那种能上能下，能吃苦能做事，有谋略懂经营的人才；企业需要的是那种有一颗平常心，却能做出不平常事业的人才。

第三，不要用偏颇的成见来培养员工。这其实是我们经常遇到的问题。很多管理者总是希望把属下培养成和他一样的人，或者总是用严格的规定来规范自己的权威。他们认为，只有听话的员工才是值得培养的员工。然而，我们所处的这个时代，恰恰最不需要的就是太听话的员工，因为他们只是被动地执行任务，而不是主动地承担责任。有才能的人往往敢于挑战权威，市场环境瞬息万变，要培养员工，就应该让员工明白，什么情况下，他可以越权行事。"将在外，君命有所不受"，让员工能有机会独立行事是对他最好的培养。

高桥达氏是日本高考泽电机总公司的总经理。他曾担任过电会社关东电信局副局长，茨城县是他的管辖区。这个县的潮来电话局需要一辆吉普车，以适应鹿港岛临港区域的特殊交通条件。总公司虽然掌握着各种汽车的规格使用特权，但是不包括吉普车，其电话局可以提出购买吉普车的预算。

而且电话局长虽然征得高桥副局长的许可而取得预算，总公司却说要等上一年。大家都很着急，总希望能找到另一种解决办法。

最后高桥做出决定："3天之内将吉普车拨给潮来电话局，责任我负。"高桥是个能人，他的做法与一般人不同。对于一般的人，如果权限操纵在上级手中，就只能消极等待，遵守繁杂的手续，他们会感到不这样做就没法买到想买的东西、做想做的事情。高桥也无权决定吉普车一事，但吉普车是急需之物，对实现公司的目标有很大帮助。所以高桥做出了超越权限的处置，没有因为无权而消极等待。

作为管理者，就应该培养这样的经理，因为高桥更明白一辆吉普车对下属开展工作的重要性，他越权行事的目的并不是藐视规则，而是因为规则已经严重束缚了企业的发展和目标的实现。这样的人往往会使他的上司感觉不舒服，但是这样的人更愿意对企业的效益负责。

实用指南

如今，社会发展一日千里，新技术、新理念、新方法、新模式层出不穷，只有不断地学习，不断地进步，才能跟上历史的进程不至于被社会所淘汰，才能成为企业中一支真正的超级团队，引领着整个企业不断向更高、更好、更强的目标迈进。

研究对手，复制其优势

管理精粹

管理要对对手进行认证研究：这家企业的优势有哪些？在哪些方面表现得极为出色？

——《巨变时代的管理》 德鲁克

精彩阐释

研究对手是为了复制对手的优势，从而实现超越。德鲁克说，研究对手要回答出两个核心问题：是哪种优势能够让这家企业在市场竞争中脱颖而出？而这些优势又可运用到哪些方面？

鸿海集团是全世界 EMS（电子组装制造）产业中的老大，其他竞争对手只能望其项背。但是，鸿海的日子也并非高枕无忧，先前每年 30% 的高增长态势已一去不返，投资者由追捧开始变得摇摆。

据统计，2007 年 11 月至 12 月下旬，鸿海集团包括鸿海、鸿准、富士康及群创等公司，市值蒸发了 8000 亿元新台币。这其中的根源就在于鸿海的商业模式被对手成功复制。

以富士康为例，作为全球最大的手机代工厂，最近几年遭遇了比亚迪的强势冲击，后者从富士康手里抢走了大量订单，使富士康的未来市场空间面临着严峻考验。

比亚迪早期从手机电池起家，逐步建立手机生产技术，并锁定富士康为目标，打进诺基亚，成为富士康之外的第二大供货商。由于比亚迪的产品价格明显较富士康有优势，三星、摩托罗拉、诺基亚、索爱、TCL、海尔、华为、飞利浦等电子巨头逐渐成为比亚迪手机的代工客户。

比亚迪的商业模式与富士康非常接近，从 2003 年起，比亚迪进入了手机代工领域。截止到 2008 年 2 月，该公司的业务涵盖手机电池、手机代工及汽车生产领域。尽管富士康曾经表示，之所以比亚迪这几年发展非常快，就是因为它采用整批挖角的方式，复制了富士康的商业模式。但从商业竞争的角度上来说，复制对手的成功经验本身就是一种很好的竞争手段。

不仅富士康如此，据媒体报道："鸿海旗下的群创公司整合上游面板、关键零组件、下游监视器及电视的做法，在过去面板产能过剩时，创造了一个奇迹。不过，现在这一模式也受到越来越多的挑战，类似群创的整合商业模式也一一出现，例如友达与佳世达、奇美与冠捷，以及华映与唯冠等，它们的结盟，也让群创的领先优势不再明显。"

连鸿海本身也遭到了强有力的挑战。过去，通过横向并购，以及从模具、机壳、零部件到组装制造等上下游的垂直整合模式，鸿海打造了一个强大的帝国版图，显示出了强大的威力，把全球其他 EMS 大厂、国内 ODM（原厂委托设计制造）厂商逼得气喘吁吁。

然而，也就几年时间，鸿海成功的商业模式就被竞争对手成功复制。例如在 EMS 厂部分，早期曾遥遥领先鸿海的伟创力，自 2005 年龙头地位被鸿海超越后，它也开始"研究"鸿海，包括收购旭电、华宇计算机的笔记本计算机生产线，还入股驱动 IC 设计公司联合聚晶，这些购并及整合动作，无一不是针对鸿海而来。从各自财报看，2006 年伟创力的营收为 188 亿美元，旭电为 115 亿美元，两者相加约为 303 亿美元，与鸿海的 385 亿美元仍有一定差距，但它们之间的整合，有望从鸿海手中抢回 EMS 的龙头地位。

鸿海的商业模式已被竞争对手成功复制，这对鸿海构成了极大威胁。如果我们站在比亚迪、伟创力的角度来进行思考，就会得出这样的结论：复制对手是赢得竞争的重要捷径。复制对手是跟随者及后来者所采取的一种必要的竞争手段。采用这种手段，就能事半功倍，轻而易举地实现后来者居上。

实用指南

通过复制对手的经验，使自己减少了学习成本；复制对手的优势，能够使自己在短时间内获得和对手叫板的资本，即便不能顷刻之间削弱对手，也能让其不至于一花独放。

·第四节·
如果还无法成功，就另辟蹊径

如果无法成功，就另辟蹊径

管理精粹

　　第一次失败后，再努力一次。如果还无法成功，就另辟路径。

　　　　　　　　　　　　　　——《非营利组织管理》 德鲁克

精彩阐释

　　德鲁克认为，决策者在实施战略时会遇到各种各样的难题，成效也不能马上显示出来。这时需要应对的法则便是，"第一次失败后，再努力一次。如果还无法成功，就另辟路径"。首次实施某一战略时，通常不能实现预期效果，这时，要静下心来，反复思考，总结经验，精心准备。然后再进行第二次尝试，如果结果还是不尽如人意，那么就要果断地另辟蹊径。

　　英特尔公司彻底放弃存储器市场，则充分体现了其适时变革、毫不犹豫地走向未知领域的决心和信心。

　　20世纪70年代，英特尔是半导体存储器芯片市场上的当然领导者。虽然英特尔公司输赢参半，但是英特尔代表着存储器，存储器也意味着英特尔。然而到了20世纪80年代初，日本的存储器厂家以势不可当的力量登台竞争。它们惊人的开发能力使人震惊，甚至有传闻说它们正在秘密研制一种百万比特的存储器；顾客还发现日本存储器的质量显著优于美国同类产品；日本公司还在资金上占有优势，据说它们获得了大量政府拨款。总之，一切都变得那么可怕。而英特尔不过是加利福尼亚州的一家小公司，它已经明显处于劣势。公司总裁安德鲁·葛洛

第四章　企业的生存、使命、责任

夫说："我们奋力拼搏，改进质量，降低成本，但日本厂家也展开了还击。更糟的情况来临了，1984 年的秋天，业务急剧衰退，好像再也没有人愿意买存储器芯片了，我们的订单如春雪一般消失无踪。接着只好缩减产量，但它的速度怎么也跟不上市场的滑坡，仓库的货物还在不断堆积。"公司不断地开会、争论，却没有达成任何协议。"我们迷失了方向，在死亡的幽谷中徘徊。"英特尔将何去何从，是生存还是灭亡？

一年后，也就是 1985 年的一天，葛洛夫正在办公室意志消沉地与董事长哥顿·摩尔谈论公司的困境。葛洛夫朝窗外望去，问哥顿："如果我们下台了，另选一名新总裁，你认为他会采取什么行动？"哥顿犹豫了一下，答道："他会放弃存储器的生意。"葛洛夫把头转回来，目不转睛地看着哥顿，终于说了一句："我们为什么不走出这扇门，然后回来自己动手？"

放弃存储器业务这件事在公司里反复地商量，明里暗里反对的人越来越多，这毕竟是公司的核心业务，让一个市场的领导者离开市场，就如同让演员离开舞台一样，令人痛苦。在一次吃饭时，下属问葛洛夫："你能想象没有存储器的英特尔公司吗？"葛洛夫勉强咽下一口饭，说："我想我能。"四座立刻哗然。最后公司终于下定决心：从领导层到整个企业，都彻底放弃存储器。当他们把这个决定通知客户时，一些人说："你们下这个决心可花了不少时间啊！"葛洛夫这才意识到，与公司没有情感牵扯的人，早就看出英特尔该走哪条路了。有些雇员，他们甚至比高层领导更早知道这种结果是不可避免的，很快就投入到新产品的开发中。

此后，英特尔迅速转向了微处理器的全力研发和生产，变革的阵痛很快过去。英特尔公司恐怕没有想到，正是 20 年前那次痛苦的选择，成就了今天计算机心脏的骄人业绩，英特尔浴火重生的经历终于使它成为电脑芯片业的巨子。

想想看，哪个企业愿意放弃自己在行业内的领导者位置呢？这种选择需要一种勇气，因为没有人知道在下一个陌生的市场，我们要从头再来，需要如何面对。然而，如果不选择，企业遭受的损失会更大。在一个市场空间已经极其狭窄的领域，何必要固守阵地，而不抓紧撤退，保存实力呢？英特尔为了实现转型，花了三年时间，尽管经历了痛苦的抉择，但毕竟使公司站到一个新的起点。在面临艰难抉择时，领导者如果犹豫不决，就会失去变革的大好时机，市场一旦有变，企业就会被无情地抛弃。

实用指南

德鲁克提示企业管理者，把自己和自己公司正在拼命征服的穷山恶水看作死亡之谷——只能成功，不能失败，不然就意味着灭亡。它是战略转折点中的必经之地。你无处可逃，也无法改变其凶险的面目，你唯一能做的就是坚定自己的目标，想出有效的办法来克服它，从而引领企业走向更大的辉煌。

坚定目标就需要放弃没有前景的任务，需要把资源集中在成效上，需要进行有系统的行动。简而言之，就是要进行"企业体重控制"。如何做到这一步？这就需要管理者要敢于决策，敢于清除过去的羁绊。

半块面包总比没有面包好

管理精粹

半块面包总比没有面包好。

——《卓有成效的管理者》 德鲁克

精彩阐释

德鲁克认为，管理是一项复杂的工作，所以要用到复杂的办法，比如妥协。在进行具体的管理工作和决策时，有时要求管理者能够做到必要的妥协和适当的让步。

德鲁克强调，妥协是决策的常态。一个不会服从命令的士兵不是一个好士兵。同样地，一个不会妥协的决策者不是一个好的决策者。一个优秀的决策者是不会把自己的决定强加给下属的，他总是想办法争取他们的支持，减少决策的阻力，为决策执行营造良好的内部环境。罗斯福总统就是这方面的典型。

罗斯福还是纽约州州长的时候，有一次，为了使各党派的成员们相互合作，完成他们最不赞成的改革行动，罗斯福运用他的妥协技巧，非常成功地达到了决策目标。

当任命一些重要职务时，罗斯福请各党派推举候选人。最初他们所提的人选，大都是各党派中令人瞩目的人物，但罗斯福知道这些人极难得到议会的同意。

于是他们举行第二次推举，选出的人在各党派中各有其地位。罗斯福仍然请他们考虑有没有更适当的人选，免得送交议会时被否定。

第三次他们推举出比较合适的人，罗斯福向他们表示诚挚的谢意，感谢他们的协助,但请他们再仔细地考虑一下。第四次的人选和罗斯福心目中所预期的名单非常接近。罗斯福再一次向他们道谢后,就发表候选名单,请议会行使同意权。

这种决策方式的目的,就是让选举者参与决策,并使他们把决策视为自己的贡献。罗斯福对他们说:"因为你们的缘故,我决定让这几位担当重任,我希望你们能对我有所交代。"

作为决策者,罗斯福充当了一个引导者的角色,为了达到自己预想中的决策目标,他尽量采取对方的意见,使对方认为决策是他们的贡献。这样,通过求同存异的办法,双方意见一致而达到了决策目标。

决策者首先要学会正确地妥协。其次要学会理解对方,学会换位思考,学会站在对方的立场上进行决策。

1929年美国经济大萧条时期,许多中小企业都倒闭了,一个名叫西尔的人开的齿轮厂订单也是一落千丈。西尔为人宽厚善良,慷慨体贴,交了许多朋友,并与客户都保持着良好关系。在这举步维艰的时期,西尔想找那些老朋友和老客户出出主意、帮帮忙,于是就写了很多信。可是,等信写好后他才发现,自己连买邮票的钱都没有了!

这同时也提醒了西尔,自己没钱买邮票,别人的日子也好不到哪里去,怎么会舍得花钱买邮票给自己回信呢?可如果没有回信,谁又能帮助自己呢?西尔认为,只有先想到别人的困难,别人才会帮自己解决困难。

于是,西尔把家里能卖的东西都卖了,用一部分钱买了一大堆邮票,开始向外寄信,还在每封信里附上2美元,作为回信的邮票钱,希望大家予以指导。他的朋友和客户收到信后,大吃一惊,因为2美元远远超过了一张邮票的价钱。大家都被感动了,他们回想起西尔平日的种种好处和善举。

不久,西尔就收到了订单,还有朋友来信说想要给他投资,一起做点什么。西尔的生意很快有了改观。在经济大萧条中,他是为数不多站稳脚跟而且有所成的企业家。

西尔为什么在经济危机中能够成功呢?因为他先想到别人的困难,站在别人的立场上决策。决策者容易局限在自己的思路中,总是考虑自身利益,结果反而达不到目标。

决策者必须善于妥协,如何妥协是一种决策的技巧,决策者必须通过实践,学会在决策中运用别人的智慧,从而提高自我决策水平。

当然,决策者必须明白,妥协不是服从,服从就是执行命令,妥协则是决策上的让步。优秀的决策者绝不会在涉及价值观等核心问题上让步。妥协是对对方的尊重，尊重对方的文化、价值观及利益。总之，妥协是决策中必要的让步，妥协是为了实现双赢共赢。

实用指南

管理者在进行妥协的决策时，一定要具体情况具体分析，尽量找出自身与竞争对手的平衡点。管理者要以争取企业利益最大化为目的，如果实在不能兼顾，也不要损害企业的核心利益。

利用对手的失误击败对方

管理精粹

日本柔道大师的高明之处，就在于他们能从对手的自以为是和沾沾自喜中寻找力量。

——《创新与企业家精神》 德鲁克

精彩阐释

利用对手的失误击败对方是一种非常高明的战略方式。德鲁克认为，日本柔道大师能从对手的自以为是和沾沾自喜中寻找力量，这就是他们的高明之处。因为他们比任何观众都清楚，对手的攻击战略大都建立在自己的优势技术之上。这样一来，他们发现对手对自己这种优势技术的持续依赖，只会使他毫无防备。

瑞士一直有着"钟表王国"的美称，在钟表领域称雄两百多年。1979年，日本媒体传出的一个消息让瑞士人觉得十分不爽，日本媒体声称日本钟表的产量已超过瑞士，是当时名副其实的钟表王国。这让许多一直唯瑞士钟表是瞻的许多局外人大为不解：制作精良、名声早已远扬的瑞士钟表怎么会成为了日本钟表的手下败将？

事情原来是这样的：日本钟表获胜的原因，在于其大量生产的电子表。本来电子表也是瑞士人最早发明的，但是强调技艺的瑞士钟表制造商们对这些能够量产的电子表看不上眼。另外，他们对工业化生产的电子表的商业开发并不成功，尽管瑞士钟表的名声冠誉全球，但他们在中低端钟表市场上的商业表现并不能使人信服，中低端市场空间一直未被充分挖掘。与之相反，电子表的市场空间却被日本人敏锐地捕捉到，他们积极主动地开拓电子钟表市场，通过精准的市场定位和杰出的商业运作，日本不仅在钟表数量上超过了瑞士，而且还从中获得了丰厚利润。

瑞士人自然不甘心位居第二，他们开始反击，他们一方面利用其技术优势，将电子表不断改良，研制出比日本钟表更准确、更精细的电子表，有效阻击了日本人的进攻；另一方面继续强化高档表的开发，赋予电子表更加高的品位感，从而在层次上与日本生产的手表进行区分。经过三年的反击，瑞士终于重新夺回了钟表的王者位置。

尽管瑞士重获王者称号，但不得不承认，正是它忽略了中低端市场上，才给了日本钟表厂商可乘之机。很多钟表专家表示，日本钟表业要想重新崛起，还需要对瑞士进行二次拜师，那就是要学习瑞士的精细化制作。从瑞士与日本的竞争中可以看出，充分利用竞争对手的成功或失败既体现出商业智慧，更是超越对手的捷径。

需要提醒管理者的是，根据兵力优势原则，要想战胜竞争对手，必须将兵力集中，形成一定的优势。如果企业将资源分散，在多条战线上展开进攻，即使能够取得小范围或者一时的胜利，却始终不能有效建立起长期、稳固的胜利。资源是制定战略的基础，根据资源制定战略目标，集中优势兵力促进目标达成，他们会将资源集中于利用现有战术能够实现的目标上，而不是那些看似宏大，实则空洞的幻想之上。

实用指南

由于对手的存在，我们能够在一次次的竞争中学会反思，变得成熟，逐渐走向强大。对手的存在不仅是压力，更多的是一种动力。任何一个希望变得更强的组织都应该正视对手、正视竞争。在竞争中成长，比对手更优秀，就能超越对手。而利用对手的成功或失败，就是一种很有效的竞争方法。

一次只做一件事

管理精粹

一个管理者能完成许多大事的秘诀就在于一次只做一件事。

——《卓有成效的管理者》 德鲁克

精彩阐释

德鲁克说，如果卓有成效还有什么秘密的话，那就是善于集中精力。卓有成效的管理者总是把重要的事情放在前面先做，一次做好一件事情。这是提高效率的好方法。

很多人试图一次完成几件事情。但是研究表明，成功人士一次只做一件事。他们知道，这样做比没头没脑地围着几件事转更节约时间。

每周三是医学专家王医生出诊的日子。由于他的医术高明，因此很多人都慕名而来。每个星期三，医院里都会聚满了来自不同地方的患者，他们早早地排起长队，急切地等待着。

对于王医生来说，工作的紧张与压力可想而知。他有时就一个问题与同一个患者重复三四次。令人不可思议的是，这位身材瘦小、戴着眼镜、一副文弱样子的王医生，看起来一点也不紧张，人们都很佩服他面对大量缺乏耐心和意识混乱的患者时，仍然能表现出让常人很难想象的镇定自若。

他面前的患者，是一个矮胖的农村妇女，头上戴着一条头巾，已经被汗水浸透，她的脸上充满了焦虑与不安。王医生倾斜着上身，以便能听到她的声音，"你哪里不舒服？"他把头抬高，集中精神，透过他的厚镜片看着这位妇人，"不舒服时间持续多久了？"

这时，有位穿着入时、戴着昂贵首饰的女子，试图插话进来。但是，王医生却旁若无人，只是继续和这位妇人说话："你确信是间歇性疼痛吗？""是的，大夫。""是进食以后比空腹时更加疼吗？""不，恰好相反。"他点点头说："我给你开一个处方，每天吃四次，每次吃两粒。""你说的不是每天三次，对吗？""是的。""四次？""是的，四次。"

女人转身离开，王医生立刻将注意力移到下一位时髦女患者身上。但是，没多久，那位妇女又回头来问一次："你刚才说是四次，对吗？"这一次，王医生集中精力在下一位患者的身上，不再管这位头上扎丝巾的妇女了。

有人不解地询问王医生："能否告诉我，你是如何做到保持冷静的呢？"王医生这样回答："我并没有和所有的患者同时打交道，我只是单纯处理一位患者。忙完一位，才换下一位。在一整天之中，我一次只能为一位患者服务。"

其实在更多的时候，"质"远远比"量"更为重要，与其拿100个60分，还不如得60个100分。尽管它们的和都是6000分，但差别可真是太大了。

如果你是公司的管理者，你每天做许多事情，但却每件事都是马马虎虎，别人看待你充其量不过是个60分的人。

相反，如果你能集中精力，不贪心，一次只做一件事情，并且能把它做得十分完美，那么别人看待你，就会是个100分的人。

实用指南

怎样才能保证在同一时间内，专心做好一件事呢？首先，要下定决心，明确目标，最好在记事本上写下自己的想法，随时提醒自己；其次，在工作的过程中，要善于摆脱干扰，把自己的全部精力集中于此。

将企业的劣势化为机遇

管理精粹

将企业的劣势转化为机遇，必将遭遇来自企业内部的阻力，因为它意味着打破惯例。

——《成果管理》 德鲁克

精彩阐释

德鲁克说，企业管理者一定不要总把精力放在昨天的危机上而牺牲明天的机遇。我们应该看到，危险可以转化为机遇，机遇也可能在危险中丧失，没有绝对的危机，也没有永恒的机遇。正是危险与机遇的如影随形，才让我们真正认识到企业管理与经营的大智慧、高境界。

美国强生曾因成功处理泰诺药片中毒事件赢得了广泛赞誉，被树立为危机管理的典型案例。

1982年9月，媒体曝出芝加哥地区有人服用泰诺药片中毒死亡的严重事故。刚开始被曝只有3人死亡，坏消息迅速传遍美国，大家都相互传说全美各地死亡人数高达几百人。强生公司陷入空前危机。

强生公司立即组织危机应对小组对所有药片进行检验，在全部近千万片药剂中，发现所有受污染的药片只源于一批药，总计不超过75片，并且全部在芝加哥地区，而最终的死亡人数也确定为7人。

强生公司仍然按照公司制度中最高危机方案，即"在遇到危机时，公司应首先考虑公众和消费者利益"，不惜花巨资在最短时间内收回了所有的泰诺药片，并花数百万美元进行赔偿。

将公众和消费者利益放在最重要的位置，强生的这一做法获得了公众的认可和谅解，最终挽救了强生公司的信誉。

但是不可避免的是，泰诺的市场份额猛然下降。事情过去很长一段时间，强生公司并没有将新生产的泰诺药片投入市场——尽管市场需求随着事情被淡忘而逐步回升。

强生不急于推出泰诺，是有考虑的，当时美国各地政府正在制定新的药品安全法，要求药品生产企业采用"无污染包装"。强生公司看准了这一机会，立即率先响应新规定，采用新包装的泰诺一经上市，立即大受欢迎，一举挤走了它的竞争对手，仅用5个月的时间就夺回了原市场份额的90%。原本一场"灭顶之灾"竟然奇迹般地为强生迎来了更高的声誉，这得益于在危机中发现良机。

与强生公司不同的是，罗氏公司曾经在危机管理中错误频频。

2003年2月，国内某重要报纸发表文章对达菲的不良反应进行质疑，并向当地公安机关举报。达菲的生产商A公司在此次风波中，仓皇应战，连发五招，但招招落空，陷于空前被动之中。与强生公司把公众放在首要位置上相比，A公司在危机管理中步步都是错棋。

第一步：拖延记者。面对记者的采访要求，A公司把时间拼命往后面拖。结果错误地估计了事故规模，忽视了能够赢得公众同情和支持的可能性，从而错过将危机消灭在萌芽状态的时机。

第二步：推卸责任。从危机爆发后公司在接受记者采访的语言及致媒体的新闻稿来看，公司一直在转移注意力，推卸责任。

第三步：利益引诱。当媒体要求采访时，A公司企图以利益换利益，竟然以投广告为诱饵。

第四步：威胁。在A公司与媒体的沟通中，屡次出现"将保留追究其法律责任的权利"，企图吓退媒体。

第五步：利欲熏心。在危机发生后，A公司不仅不反省产品本身质量和功效，反而为了经济利益继续生产。

在此次危机公关中，A公司既没有抓住危机管理的重点，也没有捕捉到扭转局面的良机；既没表现出一个大企业应有的魄力，也没表现出其一贯标榜的诚信。和强生公司比起来，A公司输的根本就在于没有将公众利益放在最重要的位置上。公众就是一切，此次事件对A公司的声誉是一个巨大的打击。

实用指南

对于企业而言，危机意味着危险，同时也意味着契机。洛克希德-马丁公司前任首席执行官奥古斯丁认为：每一次危机本身既包含导致失败的根源，也孕育着成功的机会。事实上,并没有绝对失控的企业危机,只有不合适的危机处理方法。如果处理得当,危机完全可以演变为良机。

对自己的测度能力不要过于自信

管理精粹

有的管理者往往会一厢情愿地认为自己的测度很准确。其实不然,这样做的结果只会使我们的企业发展到无法控制,甚至无法管理的境地。

——《管理:使命、责任、实践》 德鲁克

精彩阐释

德鲁克认为,组织的很多重要成果是无法测度的。在企业的内部,对管理者来说,如果我们测度得越多,就越容易判断失误。因为我们常常会认为自己的测度很准确。其实不然,这样只会使我们的企业发展到无法控制的局面。要避免出现这种现象,管理者就要克服独断专行的习惯,集思广益,听取大家的意见。

权力是个奇妙的东西,不仅仅能带来一定的成就感,还能带来实际的利益,但如果领导对权力使用不当,太倚仗权力,不管什么事都采取强硬的手段来压制下属,并且不厌其烦地一再向人们显示自己的权力,则不能使属下信服。

独断专行的恶果是显而易见的,其一,个人的权力无法受到约束,独断专行,财务问题等也是很难避免的;其二,独断专行的结果必然会压制人才,影响下属能力和智慧的发挥。

就领导自身而言,听取群众的意见,发挥群策群力的优势,有助于做出正确的决策。企业中有很多人才,他们在专业领域中是出类拔萃的,领导的作用正是运用这些人才的专长。集合众人的意见,集中最大的力量来解决问题,尽可能地引出众人的看法,而不让一项意见在充分讨论前被封杀。

频繁的人才流动,有相当一部分因素是因为人才先前所在的企业领导独断专行。古人云"士为知己者死",用在这里并不一定合适,但事实上是否有一个善于倾听员工意见的好领导已经成为留住人才的关键要素之一。

日本松下公司多年来事业蒸蒸日上,原因之一在于松下幸之助善于与员工沟通。他经常问员工:"说说你对这件事的看法?""要是你来做,会怎么办?"这样做会使员工感到领导对自己的尊重,从而认真地发表自己的见解,使企业增产增效。让员工发表自己的意见，不遗余力地出谋献策，这就是经营成功的秘诀。

企业的管理人员应该首先认识到自己和一个普通员工一样，要在自己的岗位上发挥作用，为企业创造效益，官衔只是工作性质和内容的代表，并不表示自己能够凌驾于员工之上。企业需要有效的资源开发，要让合适的人在合适的位置上。真正好的领导会进行人本管理，人本管理就是以职工为本，这不是嘴上说说就行的，必须用心才能做到。要关心职工的疾苦。"替职工分忧，与职工共享喜悦"，这样整个企业犹如家庭一般，公司上下同心，拧成一股绳，产生最大的效益。所谓"人心齐，泰山移"，就是这个道理。

实用指南

不管一个领导的个人能力有多么强，要想保证自己的集团目标实现、保证自己集团的利益，就必须在重大的事件上与自己的搭档和员工达成共识，广泛听取各个方面的意见。

·第五节·
承担社会责任是企业常青的保证

社会责任是企业存在的价值

管理精粹

只有当社会认为某个企业有所贡献，而且是必要、有价值的企业时，这个企业才能存在。

——《管理：使命、责任、实践》 德鲁克

精彩阐释

德鲁克说，任何组织都必须对社会影响和社会成果进行管理。企业所承担的社会责任的大小，决定着企业存在的必要程度。承担的社会责任越大，企业存在的必要性就越强，企业也就越有价值。著名企业家马云说过："赚钱只是企业家的一个技能，更多的是对自己、对企业、对社会的责任感和使命感。"

北京某彩色显像管有限公司是一家大型现代化合资企业，与许多只注重效益的企业不同，它是一家极具社会责任感的企业。该公司现有1条彩色投影管生产线，6条彩色显像管生产线，年产量1100万只，年产值40多亿元，是当今世界上生产效率最高、产品品种最全、经济效益最好的彩色显像管生产企业。

但是，该彩色显像管有限公司在彩色显像管的生产中发现了一些问题。原来，很多道工序需要使用工业水和纯水。而随着产量持续增长，用水量也随之上涨，这与北京市水资源严重缺乏的尖锐矛盾不符。所以该公司在进一步发展时，急需解决的问题就是怎样解决水资源匮乏、水价提升、增加公司成本等制约公司产量增长的问题。

本着节约用水、节约成本的考虑，公司几年来进行了多项节水技术改造工程。同时，公司提出并加紧实施了废水再制纯水工程，从而在根本上解决公司用水紧张的问题。

该公司采用膜分离法，这是当今世界上的最新工艺。这种新型制纯水工艺，利用膜组件，构筑没有酸碱的全膜法脱盐制水系统，通过多介质过滤和超滤膜，再过电脱盐设备、反渗透膜，达到将废水再制成纯水的目的。

多年来进行的节水技术改造工程等在一系列努力下，使公司降低了生产耗水量，大大节约了公司的生产成本。公司投产15年来，彩色显像管产量增加近10倍，用水量只增加了近4倍。废水再制纯水工程展现了该彩色显像管有限公司节约资源、关爱环境、对社会高度负责任的企业精神，为北京市节约用水做出了贡献，同时也节约了公司的生产成本，收到了很好的经济效益，达到了爱护环境与提高经济效益的双赢局面。

企业是社会的细胞之一，离开了社会资源，企业的发展就成了无源之水、无本之木，没有一个好的环境，企业也难以生存。

实用指南

正如某美国著名企业协会所倡导的，企业社会责任的重要体现是通过尊崇伦理价值以及对人、社区和自然环境的尊重实现商业的成功。很多优秀的企业早已证明了这一点：社会责任感强的企业，才更受尊重，才能保持基业常青。

责任是企业的生存之本

管理精粹

管理者所提出的问题不应是"我们所做的事对不对"，而应是"我们所做的事是不是社会和顾客要我们做的事"。

——《管理：使命、责任、实践》 德鲁克

精彩阐释

德鲁克说，管理者的首要责任是冷静而实际地确定和预测企业的经营行为有些什么社会影响。如果处理不当，即使是一些小影响也可能成为企业的危机和丑闻。社会迟早会认为这种影响是对社会正直的一种侵犯，会对那些没有负责地为消除这种影响或找出解决办法而努力的企业索取高昂的代价。

第四章　企业的生存、使命、责任

冠生园是中国的名牌老字号，它一向以质量上乘、诚信经营而享誉大众。但就是顶着这样响当当的老字号桂冠的一家企业——南京冠生园食品企业，却在新闻媒体的一次"陈馅事件"的曝光中破产倒闭。把过期的食品用料"陈馅"翻炒后，再制成月饼出售，这种行为在南京冠生园人看来，并不是很严重，但他们没有想到企业会因这样的"小事"而倒闭。

在"陈馅事件"被媒体曝光后，企业的第一个反应就是"媒体害了企业"。即使在企业破产倒闭后，企业依旧对媒体耿耿于怀："好端端一个企业要不是媒体曝光，怎么会倒？"

一直到企业破产倒闭，冠生园公司的经理仍然将企业破产的原因归咎于媒体曝光，丝毫也没有意识到社会责任的缺失才是导致企业倒闭的最根本的原因。责任是企业的生存之本，如果企业缺失了对于社会公众的基本责任，社会公众就会毫不留情地抛弃企业。

面对企业所遭遇的诚信危机，南京冠生园依旧陷于为自己行为的辩解中，而没有表现出一丝纠正行为过失的应有的诚信。该企业先是辩解称这种做法在行业内"非常普遍"，随后又匆忙发出了一份公开信继续狡辩，在所有的补救措施中，唯独没有向消费者做出任何的道歉。正是这种没有任何忏悔之意的行为，不仅令消费者更加寒心，也进一步使企业自身信誉丧失殆尽。

社会是企业利益的最终来源，如果企业能够主动、勇敢地承担社会责任，就能赢得良好的社会声誉，得到全社会的支持与认可；另一方面，企业这样做，也能更好地、充分地展现自己的文化取向和价值观念，为以后的长远发展营造更良好的社会氛围，从而保持自己旺盛的生命力，实现健康、平稳、可持续的发展。负责就需要付出代价，付出了代价就会有良性回报。

2003年"非典"时期是中国大多数企业发展最困难的时期，许多企业就表现出了极高的战略眼光，纷纷捐赠款物，其中联想、方正等企业更是因为贡献突出，获得各大新闻媒体的广泛关注，在国内乃至世界上都树立了勇于承担社会责任的形象。

实用指南

责任是企业的生存之本，丧失了社会责任感的企业是难以立足的，更别提什么长远的发展。只有那些勇于承担社会责任的企业，才能够得到社会和消费者的支持，从而得以健康顺利地发展。

通过承担社会责任提升影响力

管理精粹

把社会问题转化为企业机会的最大意义不在于新技术、新产品、新服务，而在于社会问题的解决，即社会创新。这种社会创新直接或间接使公司实力得到加强。

——《管理：使命、责任、实践》 德鲁克

精彩阐释

德鲁克认为，社会问题是社会的机能失调引起的，它们是一些弊病，但对于企业来说，它们是机会的主要来源。因为企业的职能就在于组织起创新力量来把社会问题转化为做出成就和贡献的机会。

2008年5月12日，汶川大地震发生，举国悲痛。几天之后的5月18日晚，由多个部委和央视联合举办的募捐晚会上，"王老吉"背后的生产商广东加多宝集团因为1亿元的巨额捐款而"一夜成名"。加多宝集团代表阳先生手持一张硕大的红色支票说："希望灾区人民能早日离苦得乐。"这1亿元的捐款成为当时国内单笔最高捐款，加多宝集团顿时吸引住了全中国人民的眼球。

人们都为加多宝集团的社会责任之举而拍手称赞。就在加多宝宣布捐款1亿元的时候，社会公益产生的口碑效应立即在网络上蔓延，消息传出10分钟后，许多网友第一时间搜索加多宝相关信息，加多宝网站随即被刷爆。接下来"要捐就捐1个亿，要喝就喝王老吉"、"中国人，只喝王老吉"等言论迅速得到众多网友追捧。

王老吉的真情实意打动了每一个中国人，道德之举产生了巨大的经济效应，许多网友发帖说："喝王老吉不仅仅会甜在嘴里而且还会甜进心里！"网上一个名为"'封杀'王老吉"的帖子号召大家"买光超市的王老吉，上一罐买一罐"。单单5月19、20日这两天，王老吉就在全国多地出现了断货现象。

许多优秀企业都有远远超越利润目的的道德追求，而同时，它们的利润也会滚滚而来。履行社会责任可以彰显企业形象，提升企业品牌影响力；而社会责任缺失，则会丑化企业形象，令企业品牌蒙羞。

企业履行社会责任与企业品牌建设有着直接的、深切的联系，履行社会责任已经成为企业品牌建设的新路径。加多宝的案例证明,社会责任不仅为企业品牌加分,更能直接带来经济效益。

诺贝尔经济学奖得主诺思说:"自由市场经济制度本身并不能保证效率,一个有效率的自由市场制度,除了需要有效的产权和法律制度相配合之外,还需要在诚实、正直、公正、正义等方面有良好道德的人去操作这个市场。"《礼记》中说:"德者,得也。"以"德"面对市场和消费者,不论是否抱有功利目的,就长期发展而言,必然会带来良好的利润回报。

实用指南

承担社会责任是平衡企业与社会关系的重要途径。如果一个企业受到了社会的尊重,有谁还能挡住利润的到来?

因此,企业要在激烈的市场竞争中,时刻保持住清醒的头脑,始终如一地肩负起企业应有的社会责任,将企业真正做得健康,有责任感,受全社会尊敬,从而保持基业常青。

无视社会责任的企业最终会被社会抛弃

管理精粹

凡有悖于机构的宗旨和使命的,对社会、经济、社区和个人的各种影响应维持在尽可能低的程度,最好能予以消除。不论这种影响是在机构内部,还是对社会环境或物质环境,都是愈少愈好。

——《管理:使命、责任、实践》 德鲁克

精彩阐释

德鲁克说,负面影响至少是令人讨厌的,甚至可能是有害的,而绝不会是有益的。它们总会带来成本和威胁。这类影响不仅消耗资源,还会消耗管理者的精力,并且无益于产品的价值和顾客的满足。越是对社会不负责任的企业,越不能受到社会的容忍与宽恕。

2008年6月,位于兰州市的解放军第一医院收治了首例患"肾结石"病症的婴幼儿,据家长们反映,孩子从出生起就一直食用河北石家庄三鹿集团所产的三鹿婴幼儿奶粉。7月中旬,甘肃省卫生厅接到医院婴儿泌尿结石病例报告后,随即展开了调查,并报告卫生部。随后短短两个多月,该医院收治的患婴人数就迅速扩大到 14 名。

此后，全国陆续报道因食用三鹿乳制品而发生负反应的病例一度达到几百例，事态之严重，令人震慑。

2008 年 9 月 13 日，党中央、国务院对严肃处理三鹿牌婴幼儿奶粉事件做出部署，立即启动国家重大食品安全事故一级响应，并成立应急处置领导小组。

2008 年 9 月 15 日，甘肃省政府新闻办召开了新闻发布会称，甘谷、临洮两名婴幼儿死亡，确认与三鹿奶粉有关。

随着问题奶粉事件的调查不断深入，奶源作为添加三聚氰胺最主要的环节越来越被各界所关注。另据医学专家介绍，三聚氰胺是一种低毒性化工产品，婴幼儿大量摄入可引起泌尿系统疾患。患泌尿系统结石的婴幼儿，主要是由于食用了含有大量三聚氰胺的三鹿牌婴幼儿配方奶粉引起的。

2008 年 12 月，三鹿外资股东新西兰恒天然集团方面确认，应一位债权人的请求，石家庄市中级人民法院已经对三鹿发出破产令。这家国内连续 14 年保持产销量第一的奶粉生产企业，最终不得不面对资不抵债的困境，进入破产程序。

公开资料显示，截至 2007 年底，三鹿总资产 16.19 亿元，总负债 3.95 亿元，净资产 12.24 亿元。按照 2007 年颁行的《企业破产法》对破产清算的程序规定，三鹿将由法院指定的破产管理人对其进行管理，破产管理人将负责公司财产的有序出售及债权人赔付方面的问题。

2009 年 3 月，三元公司出资 6.165 亿元购得三鹿集团的核心资产；其后，于 4 月初，三元再度出手，以 4900 万元的价格购得山东三鹿 95% 的股权。2009 年 11 月 5 日随着三元收购唐山三鹿的完成，三元吞并三鹿"蛇吞象"的故事正式宣告结束，三鹿从此退出历史舞台。

2009 年 1 月，石家庄中院一审判决三鹿集团董事长田文华犯生产、销售伪劣产品罪，被判处无期徒刑，并处罚金 2000 多万元。

企业管理者应当从三鹿集团的覆辙中得到教训。一个企业不但要追求赢利，更要承担社会责任，努力使社会不受自己的运营活动、产品及服务的消极影响。

实用指南

企业在创造利润、对股东利益负责的同时，还要对社会负责。一个缺乏社会责任感的企业是一个不健康的企业，是一个品质低下的企业，是一个短命的企业；忽视社会责任的企业家，最终要被社会所抛弃。

第四章　企业的生存、使命、责任

主动对企业造成的影响负责

管理精粹

任何组织都要为自己所造成的影响负责，无论造成影响是有意或者无意。

——《管理：使命、责任、实践》 德鲁克

精彩阐释

德鲁克说，对社会造成的影响，对组织的目的来讲，是附带的，但在很大程度上又是不可避免的副产品。企业会因忽略对社会的影响或把它们看作无足轻重而置之不理，从而付出沉重代价。最合理的做法是主动为造成的社会影响负责。事实上企业在主动消除影响的同时也会增加自己的社会影响力。

每年，总会有一批消费者因为使用环保不合格的产品令家人的健康亮起红灯，网络论坛上投诉产品长期有刺鼻异味的帖子屡见不鲜。如今，随着人居环境日渐受到关注，消费者在装修和购买建材时开始追求环保性能，越来越多的家居企业也开始围绕环保、绿色做起了文章。

无论在家居行业还是整个商业领域，鲜有企业愿意把产品的生产过程、原材料的真实面貌、成品是否具有环保性等"内幕"进行公示。现在，随着消费者讲究"知根知底"，越来越多的家居企业开始实行"透明销售"，通过公开商品的生产过程、使用情况以及环保指数等方式，使消费者放心购买。

红星美凯龙首创"环保标签"就是一个很好的例证。2008年3月4日，红星美凯龙在京启动"绿色环保·'签动'中国"活动，宣布在其全国49家连锁店推广"环保标签"。此后，卖场内凡是符合国家有关环保标准的产品都将贴上醒目的"家居环保标签"，而凡是购买这类产品的消费者将获得"绿色商标"及相关证书、文件，并可最大限度地享受环保检测等各项优惠服务。

"开展这一活动是希望能给消费者的健康人居环境提供更多保障，把一切不环保产品挡在卖场之外。"红星美凯龙董事长兼首席执行官车建新表示，卖场将组织筹建专业的环保审核小组，并邀请权威环保监测机构监督，对产品生产商、供应商以及代理商提供的环保材料实行全方位的严格审查。

据悉，红星美凯龙的入驻厂商中，已有华日、标致、国安佳美、百强、MPE、富莱斯、箭牌、科宝博洛尼、诺贝尔等27个品牌首批获得环保标签。车建新透露：

红星美凯龙将为此活动增加 3000 万～5000 万元资金，今后还将有更多品牌陆续通过检测，成为红星美凯龙"环保家族"的成员。

红星美凯龙创办于 1986 年，2008 年销售总额突破 235 亿元，成为中国家居业的第一品牌。红星集团多年来一直热心社会公益事业和光彩事业，2005 年董事长车建新被授予"国土绿化贡献奖"殊荣。2007 年荣获"国内影响力品牌领袖大奖"、"家居家装行业影响力品牌领袖大奖"。

其实，任何企业都应该有这种思维：通过承担社会责任，主动提升企业的影响力，从而赢得顾客及社会的尊重，而不是漠视社会公众利益，在负面影响出现时被动应对，从而使企业声誉一落千丈。

实用指南

主动为企业的社会影响负责不仅可以为社会做出贡献，还为自身树立形象。它将自身的利益和公众最普遍的利益结合在一起，在推动社会发展的同时，亦拓展了企业的发展空间。这是一种具有远见的开明之举。

管理者对负面影响应该未雨绸缪

管理精粹

如果负面影响需要增加成本才能消除，管理者就应该未雨绸缪，提前制定规则，以能够用最经济的成本、对社会最有利的方式来解决问题。

——《管理：使命、责任、实践》 德鲁克

精彩阐释

德鲁克认为，企业要对经营行为所产生的社会影响作出判断，从而找到最经济的解决方式。尤其是要通过科学的预防机制来预防重大负面影响的产生。也就是说，管理者要学会对负面影响未雨绸缪。

位于沈阳市皇姑区昆山路上的中国石油加油站，即使驾车者站在汽车加油口的边上，也几乎闻不到一丝汽油的味道。据工作人员介绍，一套新上的油气回收装置将所有暴露在外的汽油油气全部回收，经过加压将油气中的汽油重新送回油罐中。安装这套造价不菲的先进设备，不仅是为了降低损耗、节约成本，更重要的是减轻了加油站对周边空气的污染，让附近居民不受汽油味的困扰。

从过去提倡"效益优先"，转变为如今的"安全第一、环保优先"，实现企业安全发展和清洁发展，已经成为中油沈阳公司在经营中恪守的重要原则。据了解，中油沈阳公司将从2007年起逐步沈阳的148座加油站中普及油气回收装置，让这些加油站都变成默默无闻的好邻居和环境友好的使者。

对于能源行业而言，安全是生产经营中的头等大事。对于安全隐患早发现、早排除，是实现企业安全发展的前提。从2000年起至2007年5月，中油沈阳公司累计投入6580万元进行了安全环保、重大火险隐患整改、乙醇汽油调配等重大项目设施改造，确保了企业的安全发展和清洁发展。在先后进行的四次大规模安全检查中，共发现隐患291项，其中的273项隐患已经整改完毕，整改率达90%。

中油沈阳公司在工作中强化关键环节和要害部位的安全环保管理，不断探索新的安全环保项目，建立有重大危险源监控体系，按照QHSE管理体系要求，全面落实安全环保规章制度。与此同时，进一步加强对员工的安全教育和培训，着力提高员工的安全意识、责任意识和操作技能。

可见，在中油沈阳公司领导的眼里，只有做到未雨绸缪，安全发展、清洁发展的道路才能越走越宽。

实用指南

未雨绸缪是企业避免危机的重要方法。从本质上说，企业的危机是指能够对企业及其产品和声誉造成潜在破坏的事件。面对激烈的市场竞争，一个企业不管过去有多辉煌，随时都可能受到危机的冲击，这是任何企业都无法回避的。问题的关键是，企业应该如何开展危机的管理以化险为夷。只有将危机化解在无形之中，企业才能安全。即便是出现难以消弭的负面影响，因为事前做好了充分的估计和深刻的认识，企业也能从容应对，而不是仓皇应战，处于被动。

伟大的企业都有正确的价值观

管理精粹

一个企业最好避免做一些不符合本企业价值观的事情。对于新技巧和新知识，我们很容易就学会，但我们很难去改变自己的本性。

——《管理：使命、责任、实践》 德鲁克

精彩阐释

德鲁克说，社会也要求管理者自治。企业应该在正确的价值观引导下发展。在市场经济中，企业的价值观发挥着巨大作用。如果为了追求利润，企业及其员工不惜采取假冒仿制、欺诈行骗、商业贿赂和行业垄断等不道德手段，不仅会损害诚实的经营者和广大消费者的权益，也会使企业掉入火坑，万劫不复。

反之，如果企业在创立之初就形成正确的价值观并长期坚持，企业必然会长盛不衰。

拥有三百多年历史的老字号药店同仁堂，历经岁月打磨，至今仍然屹立不倒、基业常青，秘诀也正在于它一直秉持着以人为本的企业道德理念。"品味虽贵必不敢减物力，炮制虽繁必不敢省人工。"同仁堂店内的对联见证了其主人300年风雨不倒的辉煌历史，见证了国药第一品牌的赫赫声威。

同仁堂集团宣传部部长金永年曾举同仁堂非典期间赔本买卖的例子，以此说明同仁堂对企业道德理念的坚守。

2003年，非典病毒肆虐中华大地。在此期间，同仁堂积极响应党的号召，为广大市民提供抗非典药品。但是，同仁堂每卖出一服"抗非典方"，就亏损2元钱，仅此一项，企业就报亏600万元。"政府发布了限价令，规定每服药只能卖9元，可是药材的采购价格却数倍地疯涨，过去1公斤金银花价格不会超过40元，非典期间却达到了每公斤300元。"

面对赔本这种情况，很多药店纷纷放弃销售"抗非典方"，同仁堂的决策层却劝勉自己的员工说："三百多年来，我们信奉'同修仁德、济世养生'的企业宗旨，国家有难之际，也是我们回报社会之时。"正是有了这样的企业精神，同仁堂才有了一个个令人钦佩的壮举，始终傲立于世。

商家逐利，天经地义，像同仁堂这样重德轻利，确非一般企业能做到的。它不仅是以人为本理念的集中体现，还代表一个企业对社会的责任感。若一个企业把眼光单纯放在追求利润上，是短浅的，真正伟大的企业必须点燃自己的灵魂之灯。就像一个人不能没有自己的灵魂一样，企业一旦失去了优秀的文化理念，就会失去强大的生命力、凝聚力、战斗力以及竞争力。

实用指南

通过观察伟大公司的发展历程就会发现，这些企业常在成功之前就拥有崇高理想和核心理念，并自始至终以崇高理想激励自己，同时保持核心理念不变。并且，这些崇高理想和核心理念，往往就是企业所坚守的以道德为基础的企业核心价值观。简而言之，就是企业通过确立崇高理想和核心理念为企业确立了牢不可破的道德根基，这种根基最终成为企业腾飞最稳固的基石。

第五章

赢在未来的远见、洞察力与有效决策

·第一节·
战略性计划关注的是当前决策的未来形态

战略规划不是预测

管理精粹

如果我们一味地预测未来,那只能使我们对目前正在做的事情怀疑。战略规划之所以重要,是因为我们对未来不能准确地预测。

——《管理:任务、责任、实践》 德鲁克

精彩阐释

为什么说战略不是预测?德鲁克给出两个理由:其一,未来是不可预测的。每个人都可以看一看当前的报纸,就会发现报纸上所报道的任何一个事件都不是10年前所能预测到的。战略规划之所以需要,正是因为未来不能预测。其二,预测是试图找出事物发展的最可能途径,或至少是一个概率范围。但是企业的发展往往是独特事件,它将不在预设的路径或概率范围之内,所以预测往往并不能带来作用。

得州仪器就是一家成功用战略规划主导企业未来发展的典型代表。20世纪80年代前期,得州仪器一直是全球第一大半导体公司,经营范围涉及笔记本电脑、企业软件、打印业务、国防工业、数字信号处理器等多项业务。各个业务板块都发展不错,但不是最好,各业务在全球市场上排名皆在十名左右,只有数字信号处理器业务在全球排名第一。是维持现状，还是围绕核心业务发展？这是个战略问题。

得州仪器的高层为了企业未来的发展方向多次召开会议，经过慎重选择，他们决定将笔记本电脑、国防工业等业务全部卖掉，将全部精力与资金投在DSP（数字信号处理器）ANALOG（模拟）领域。他们认为，未来市场竞争将会更加激烈，只有全力竞争才能成功，所以，他们选择了最具有前景的数字信号和模拟领域。这一战略是成功的。在全球半导体公司排行榜中，得州仪器位居世界第三。在通信芯片领域得州仪器堪称霸主，其全球约50%的GSM手机芯片市场占有率无人能敌。

在得州仪器的战略规划中，战略决策者并没有对未来的竞争动向进行预测，而是强调了为未来的市场竞争所做出的准备：他们砍掉了一些并不能在业内获得领先的业务，而是将资源转移到具有领先优势的业务上，确保优势业务在未来市场上持续领先。从得州仪器身上可以看出，成功的战略规划并不需要预测，战略规划的立足点是在今天而不是未来，它只要求企业为未来做好行动计划和资源支持。

实用指南

德鲁克认为，战略决策者所面临的问题不是他的组织明天应该做什么，而是"我们今天必须为明天来做哪些准备"，问题不是未来将会发生什么，而是"我们如何运用所了解的信息在目前做出一个合理的决策"。战略规划并不涉及未来的决策，所涉及的是目前决策的未来性。决策只存在于目前。

正确利用趋势而非对抗

管理精粹

善于利用结构性趋势的人很容易获得成功。如果想要对抗趋势，不仅极其困难，也是毫无前途的。

——《巨变时代的管理》 德鲁克

精彩阐释

德鲁克认为，在大多数行业中都可以看到结构性趋势的变化。结构性趋势在短期内对行业的影响微乎其微，但它远远要比短期性波动重要得多。然而令人遗憾的是，很多经济学家、政治家和管理者的所有注意力都放在短期波动上。事实上，谁利用结构性趋势，谁几乎就能必然取得成功。

历史上一共经历了三次革命，农业革命、产业革命，以及目前正在进行的信息革命。这是日本软件银行集团创始人孙正义始终信奉的观点。他认为，在信息化社会的第三阶段，由提供数字化信息技术的微软、英特尔、思科、甲骨文等国际知名企业担纲主演。但是，只有信息化社会的第四阶段来临，提供数字化信息服务的网络公司跃出台面，革命才算是真正成功。那时信息产业的成长幅度也会比现在的个人电脑产业大得多。这是孙正义坚定的"未来趋势判断"。

孙正义的梦想是："当信息化社会进入第四阶段，我希望软件银行能够名列世界前十大企业。老实讲，我的志向是成为第一，在我心目中只有第一，没有第二。"为实现这个目标，孙正义做了规模宏大的部署。他用别人觉得疯狂的方法，在20世纪的最后6年时间里，投资600多家IT公司。每当孙正义看到有前途的公司时，他就猛扑过去。其中对雅虎的豪赌让孙正义一战成名。孙正义的雅虎股票每股投资成本约2.5美元，市场价则冲高到250美元，升值整整100倍。到2000年，软银已成为国际网络业的最大股东。2000年初，软银股价比发行价升值90倍，孙正义身价达到顶峰——700亿美元。

在日本，最大的在线游戏公司、最大的入口网站、最大的电子交易网站、最大的网络拍卖服务，都是孙正义的公司。他曾自豪地说道："在日本，我们就等于雅虎加谷歌加eBay。"孙正义认为，从拨号到宽带，不过是网络革命性改变的第一阶段，手机宽带上网将会是下一个主流。现在，全世界一年卖出2亿台个人电脑，手机的销量是电脑的5倍，手机上网时代的到来是大势所趋。孙正义现在要抢的下一个第一名，就是手机宽带上网，2007年软银为此投入155亿美元。拿到手机上网主导权后，孙正义将要采掘下一个金矿——手机上网购物。孙正义说："这个大趋势刚刚开始。"

孙正义顺应商业发展潮流而独占鳌头。当结构性变化出现时，一如既往的人面临被淘汰的危险，而迅速改变的人将迎来机会。对于任何企业来说，对抗大势必然会失败。

实用指南

德鲁克说，在短期内与趋势抗争非常困难，而且长期与趋势抗争几乎是毫无希望。企业管理者应该时刻审视并努力把握未来发展趋势，以顺势而赢得未来，绝不能因对抗形势而处于被动。

促使资源转化为成果

管理精粹

战略规划是思想、分析、想象和决策的应用，强调的是责任。

——《管理：任务、责任、实践》 德鲁克

精彩阐释

在德鲁克眼里，企业管理者应通过有组织的、系统的反馈，对照着目标进行衡量战略决策的成效。任何决策都要有成效，而衡量成效的重要标准是促进资源转化为成果的多少。他认为，最权宜、最机会主义的决策，以及那种根本不做决定的决策，将会在一个相当长的时期内承担无效决策带来的责任。

20世纪80年代，日本制造是世界的旗帜。索尼、松下等企业成为世界级品牌，美国制造则节节败退。

就在这个时候，美国以IBM为首的公司开始生产个人计算机及各种配件。美国公司首先找到日本人，问是否愿意给美国代工。日本的企业集体反对，只有NEC做了规模不大的投入。

于是美国又去韩国寻找，把辅助产品交给他们代工。结果，韩国的三星、LG得以迅速崛起。日本的企业很后悔，在笔记本市场奋起直追，最后在整个电脑硬件领域只有这块市场有一席之地。

20世纪90年代，美国开始了互联网的建设，美国企业再次找到了日本，日本人觉得互联网只适合于军事应用，再次集体选择了放弃。在如今的互联网世界里，韩国和中国远远走在了日本的前面。

日本曾经是全球领先的游戏产业大国，但曾独领风骚出品了无数款风靡全球游戏的日本游戏业，在网络游戏时代来临时却反应迟钝，坚守在以掌机、家用机为主的电子游戏市场。

韩国近些年抓住机遇，在网游市场中独树一帜，不仅独霸本国市场，还在亚洲各国不断拓展市场。中国网络游戏厂商们也凭借着多年来艰苦卓绝的努力获得了立足之地。在人才储备、游戏策划、程序开发等方面有着强大实力的日本游戏厂商则逐步落伍，虽然后来为进军网络游戏做过诸多的努力，无奈最后皆以失败告终。

三次战略决策失误使得日本在全球的 IT 潮流中远远落后，现在日本的优势仍在工业制造，与处在知识经济时代的美国相比，它已经落后了一个层次。所有企业制定战略时都不能草率，都要对所处历史时期的特有经济规律深刻把握，对宏观环境和行业动态有透彻理解，对竞争对手和自身竞争能力有深入了解。如果战略错误，企业将遭遇重大挫折。

可见，确保企业的发展方向和资源投入的正确，这是战略的重要责任。

实用指南

德鲁克认为，在制定战略规划的过程中，最重要的问题是："我们的企业是什么"，"我们的企业应该是什么"。战略规划强调的是责任——促进资源转化为成果的责任，认识到这一点，也就抓住了战略规划的关键。

别用过时的前提条件做决策依据

管理精粹

管理者应经常问：作为决策依据的前提条件是否已经过时？

——《新现实》 德鲁克

精彩阐释

德鲁克说，企业要想赢得当前的市场，管理者就需要具有全新的思维框架。一个企业的建立，首先是思维模式的建立。

企业家首先要明确企业存在的前提：企业的外部环境是什么？企业的使命是什么？企业的核心竞争力是什么？只有对这三个前提问题的准确把握和解答才能使企业的发展战略能够持久和有效地发挥作用。任何一种决策都必须从前提出发去认识，才能真正抓住问题的关键。

戴尔公司是当今世界电脑行业的翘楚，很多人认为，戴尔是依靠商业模式创新成功的。不错，戴尔的直销模式历来为管理界所看重，但为什么 IBM 和康柏都曾经模仿戴尔的直销模式，却失败了？

事实上，戴尔成功背后的核心因素是它运用前提性思维构建了一整套的运营模式，这种运营模式精确地定位了企业战略和顾客需要，从而使任何竞争者也无法照搬和模仿。

我们知道，任何企业都必须给自己进行准确的定位，定位自己使企业明确了自己是什么、将成为什么，这实际思考的是企业存在的理由，而这恰恰是企业存在的前提。企业只有首先确定了自身的价值和意义，才能朝着这个方向前进和努力。戴尔公司正是通过建立自己的经营理论而准确地给自身进行了定位。

首先，对企业外部环境的假设。戴尔公司发现，计算机行业都是由制造厂商生产电脑以后，配售给经销商和零售商，由他们卖给企业和个人消费者。而这样显然使生产者无法获得足够利润，而且也无法完整地体现顾客的需要。据此，戴尔采取直销模式，果断地砍掉中间环节，既能提升自己的效益，也为顾客节省了费用。它们通过电话或互联网向客户进行直接销售，并根据顾客的要求定制电脑。这就使戴尔公司具有显而易见的竞争优势，通过客户定制，戴尔公司通常能以比零售价还低的价格向客户提供他们所需的计算机。

这种对企业外部环境的定位，使戴尔明确了企业的发展方向和发展模式，那就是不断地满足顾客的多样化需求并提供低廉价格的产品。

其次，对企业使命的假设：为顾客创造价值。戴尔认为，随着顾客力量变得愈加强大，企业为了提高竞争力，增强顾客的满意度和忠诚度，都树立了"以顾客为中心"的经营理念。这就决定了企业经营策略的确定必须从"由内到外"的思考方法转变为"由外而内"的思考方法。

他们据此制定的企业使命，迎合了信息时代顾客的需要。因此，得到了顾客的认同和支持。戴尔从顾客的需要出发，充分体现了顾客是企业价值实现的评判者，不重视顾客的力量，必然被顾客力量所淹没。这种从最简单的前提出发的思维方法，恰恰是戴尔模式的重要经验。

再次，根据以上两点的设想，戴尔确定了企业实现使命所需的核心能力的设想。戴尔的核心竞争能力实际上并不是直销，而是不断地完善自己的供应链，通过建立直销模式来提升自己的核心竞争力。这种定位，使戴尔真正明确了自身的优势是什么。

正是因为戴尔对企业存在前提问题的深刻认识，因此在过去的十几年时间里，戴尔打破了全世界公司成长的纪录，从零进入到全球 500 强。毫无疑问，一个企业生产什么、怎么生产并不重要，重要的是凭什么要这样生产。

实用指南

一个具备前提性思维的企业家，时刻都会反思企业行动的依据，从而不断地认识自己，不断地提升自己。经营企业要顾及各种问题，要预想到各种困难，只有善于认识前提的领导者，才是真正卓有成效的管理者。

为未来的变化做好准备

管理精粹

管理者所面临的问题不是企业明天应该做什么，而是今天必须为未来做哪些准备工作。

——《管理：任务、责任、实践》 德鲁克

精彩阐释

德鲁克说，未来的事务都是不可预料的。对于管理者而言，他们更重要的工作不是预测未来的变化，而是要把握住已经发生了的变化。握住已经发生的未来，并采用一套系统的策略来观察并分析这些变化。这才能在制定战略决策的时候看得更高更远，避免鼠目寸光。

苹果电脑公司诞生在一个旧车库里，它的创始人之一是乔布斯。苹果的成功，在于他们把电脑定位于个人电脑，普通人也可以操作。这具有划时代的意义。因为在此之前，电脑是普通人无缘摆弄的庞然大物，它不仅需要高深的专业知识，还得花上一大笔钱才能买到手。

乔布斯推出了供个人使用的电脑，这引起了电脑爱好者的广泛关注。更为重要的是，苹果公司还开发出了麦金塔软件，这也是软件业一个划时代的、革命性的突破，开创了在屏幕上以图案和符号呈现操作系统的先河，大大方便了电脑操作，使非专业人员也可以利用电脑为自己工作。苹果公司靠着这一系列的创新，诞生不久就一鸣惊人，市场占有率曾经一度超过IT业老大IBM。

但是，在进入20世纪90年代以后，网络经济迅速发展，苹果公司未能抓住网络化这一契机，市场占有率急剧萎缩，财务状况日趋恶化，连续两年亏损。苹果公司想出了各种办法，但种种努力都没有产生太大的效果。

就在苹果公司上上下下愁眉苦脸之际，IT界传出一个令人震惊的消息，微软总裁比尔·盖茨宣布，他将向自己的竞争对手——陷入困境的苹果电脑公司投入1.5亿美元的资金！此语一出，IT界为之哗然。比尔·盖茨大发慈悲了吗？作为世界首富，比尔·盖茨在世界各地捐资。但这一回他不是捐资，更不是行善，他向苹果注入资金是出于商业目的。

因为比尔·盖茨知道，苹果作为曾经辉煌一时的电脑霸主，尽管元气大伤，但它的实力仍然非常强大。在这个时候，很多电脑公司包括微软的一些竞争对手如IBM、网景等，都提出与苹果合作，以达到和微软竞争的目的。显然，如果微软不与苹果合作，对手的力量就会更强。

另外，美国《反垄断法》中有规定,如果某个企业的市场占有率超过规定标准，市场又无对应的制衡商品，那么这个企业就必须接受垄断调查。如果苹果公司垮了，微软公司推出的操作系统软件市场占有率就会达到92%，必然会面临垄断调查，仅仅是诉讼费就将超过从苹果公司让出的市场中赚取的利润。

而这时和苹果合作，则可以把苹果拉到自己这一边。苹果和微软的操作软件相加，就基本上占领了整个计算机市场，微软和苹果的软件标准就成了事实上的行业标准，其他竞争对手也就只好跟着走了。当然，微软实力比苹果强大，微软不会在合作中受制于苹果。

如果比尔·盖茨只看到了苹果公司衰落对于微软的近期利益，而没有看到苹果的倒闭在未来对于微软的一系列可怕的不利影响，那微软公司必然遭受"城门失火，殃及鱼池"的麻烦。对于未来危机熟视无睹是一个企业衰败的前兆，很多颇有远见的管理者对这方面都是非常重视的。

实用指南

德鲁克说，如果企业不为未来做准备，就要为出局做准备。管理者作决策时如果仅仅是为了眼前利益或一时之局，而对未来发展缺少必要的考虑，企业将付出昂贵的代价，轻则发展迟缓，重则面临倒闭。因此，管理者一定要注意决策的前瞻性，在今天与未来之间搭好桥，避免到时措手不及。

善用创新创造未来

管理精粹

创造未来的真正含义是创造一个不同的事业。

——《成果管理》 德鲁克

精彩阐释

创造未来的真正含义是创造一个不同的事业。在德鲁克眼里，这个事业的创造是指将一个包含不同经济实体、技术及社会的构想加以具体化。对于企业而言，市场环境千变万化，要想持续赢得市场，就应当不断关注任何一个可能拥有潜在市场的创意，善用创新打开新市场，找到新的业务增长点。

1993年，郭士纳临危受命担任IBM首席执行官。当时的IBM亏损严重。1994年，郭士纳应邀在华尔街进行公开演讲，他利用这个机会向听众展示了IBM未来的网络化战略构想，并强调IBM要在"以网络为中心的世界"中充当领袖。一年之后，郭士纳将IBM的战略总结为"电子商务"。当时，能够对这一战略概念充分理解的人少之又少，很多人一度搞不懂郭士纳葫芦里卖的是什么药。

电子商务战略使IBM从单一的计算机硬件提供商转变为IT服务商。电子商务战略的核心是，为客户提供包含软硬件在内的信息架构构建服务和企业流程改造服务。它向客户传递的价值内涵是，企业能够在IBM提供的IT服务的帮助下，更加充分地利用计算机和网络，更方便而有效率地从事商业活动。这个战略的确立，犹如一把手术刀，切掉附在IBM身上的毒瘤，创造了奇迹。1996年，IBM历经1991到1993年高达80亿美元的亏损后，奇迹般地实现了770亿美元的营业收入和60亿美元的利润。

2002年初，彭明盛出任IBM的首席执行官。当时的商业背景不容乐观，互联网泡沫破碎，IT神话破灭，网络走下神坛，众多计算机生产商、网络服务供应商、各大网站开始对互联网行业的发展模式和价值体现方式进行了新的思考和探索。在很多人还没想明白应对未来的举措之时，IBM又适时地推出了新的战略——电子商务随需应变。这个战略的重点是"随需应变"。这四个字揭示了IBM公司IT服务方式的转型和提升，它剥离出个人电脑业务，同时开始收购普华永道和无数软件公司，力求通过打包齐全的软件产品，向客户提供从战略咨询到解决方案的一体化服务。

这个战略的价值在2008年爆发的全球金融危机中得到了最为充分的体现。IBM的季报显示，IBM在2008年第四季度净利润同比增长12%。在大部分公司都受到经济危机冲击时，IBM利润增长仍超过预期，绝对算得上一个奇迹。

由此可见，伟大的公司都是善于创新的公司。

实用指南

德鲁克说，在寻找未来的过程中，一个企业所认定的与众不同之处，就是这个企业赖以生存和奠定其独特地位的法宝。创造未来的真正含义是创造一个不同的事业。而创新是创造新事业的唯一途径。因此，企业管理者应该不断拓宽思路，不拘泥于以往的经验和成就，以想人之所未想，为人之所不能为，出其不意，以新制胜，为企业的发展找到一个潜力无穷的新市场。

最有价值的战略信息往往来自顾客

管理精粹

顾客是企业生存和发展的基础，失去了顾客，企业就失去了生存的条件。

——《管理的使命》 德鲁克

精彩阐释

德鲁克认为，一个企业本身打算生产些什么样的产品并不具有十分重要的意义——特别是对企业的未来发展和企业的成功来讲，生产的产品是什么并不能起到关键作用。德鲁克指出，顾客想要买的是什么，他们认为有价值的是什么，什么就是具有决定性意义的——这一切决定着什么是一个企业的销售目标，它应该生产些什么，它是否会兴盛起来。所谓的"顾客是上帝"说的就是这个道理。

史玉柱是中国最为传奇的企业家之一。因为创办巨人公司，他曾成为中国大陆富豪榜第八名。又因为贸然修建巨人大厦，个人负债2.5亿元，成为中国最著名的失败者。2004年，崛起之后的史玉柱开始成立征途公司，运作《征途》游戏。到了2006年，月利润直逼亿元大关。

史玉柱的成功来自于他对顾客的精准把握。专注地研究顾客，是他与其他企业家之间最大的差异。"规模稍大的企业家，往往今天邀这个政府官员吃饭，明天请那个银行行长打球，他们70%的时间属于'不务正业'。我从不琢磨领导们各有什么爱好，只一心一意研究消费者，这为我节约了很多时间。"

史玉柱关注得更多的是顾客的每一个细微感受。他认为，网络游戏这个行业太年轻、太浮躁，对玩家迷恋什么、讨厌什么，一无所知。他说："每个人需求都是不一样的。你不能花钱请调查公司去调查，不能拿着一张表在路上拦着人家去打钩，只能去跟他聊天、拉家常。"

为了摸清消费者的实际需求，他先后和600名玩家进行过深入交流，根据玩家的需求设计和增加相应的功能，甚至不惜把行业内陈旧的条条框框一脚踢翻。

例如，原来所有的游戏中，玩家要升级就必须打怪，既枯燥又累人，让玩家叫苦不迭，更有甚者，在宁波有一个人因"打怪"猝时死在了网吧。为此，他设计了只要按个键电脑就能自动打怪的装置，即使把电脑关了，它还能自己打。这个变化受到了广大玩家的欢迎。

由于揣摩透了玩家的心理，史玉柱非常自信地说："我敢说，《征途》是所有游戏中最好玩的，没有哪个玩家说不好玩。"

史玉柱对顾客的分析极其到位。他从一开始就把玩家定位为两类人，一类是有钱人，他们为了得到一件在江湖上有面子的装备根本不在意价格是否成千还是上万；另一类是没有钱但是有时间的人，如果不用买卡就能打游戏的话他们没有理由不往《征途》里钻。

根据对各类消费者的需求分析，史玉柱使出为玩家发工资的绝招，"让没钱的人免费玩，让有钱人开心玩，赚有钱人的钱"，甚至可以"养100个人陪1个人玩"。这种免费模式的发展直接刺激了我国网络游戏产业的发展，市场规模增长率以超过70%的速度飞速发展，史玉柱也因此获得了至少400亿元的收入。

另外，在进入网络游戏行业之后，商业嗅觉灵敏的史玉柱很快就发现，其实不被这个行业重视的中小城市和农村市场更有发展潜力，那里的消费者并非想象中的那么穷，于是他在其他人反应过来之前，极其迅速地在全国所有的中小城市和1800个县建起了办事处，并很快建立了绝对的市场优势。

从案例中可以看出，市场不是由上帝、大自然或各种经济力量所创造的，而是由顾客创造的。

实用指南

顾客是一个企业的基础并使它能继续存在。正是为了满足顾客的要求和需要，社会才把物质生产资源托付给企业。顾客决定了企业的性质和企业生产什么样的产品，企业的战略制定也应该来自顾客的需求。只有以满足顾客的需要为导向，以占领市场为导向，以不断地创新、不断地发现顾客的需求为导向，企业才能更好地生存和发展。

成功的战略要保持忧患意识

管理精粹

如果不着眼于未来，最强有力的公司也会遇到麻烦。

——《生态愿景》 德鲁克

精彩阐释

德鲁克指出，明天终归要来，并且一定与今天不同。到那个时候，即使是最强大的公司，如果没有为迎接未来做好充分的准备，也一定会陷入巨大的麻烦之中，甚至可能会丧失自己的个性和领导地位，遗留下来的不过是维护大公司运转的高昂开支。对于正在发生的一切，它无法控制也无法理解。

管理者的超前忧患意识，在当今市场条件下尤为可贵。我们从众多的企业盛极而衰的变迁中可以看出，企业最好的时候，可能就是走下坡路的开始；产品最畅销的时候，往往也是滞销的开端。

美国百事可乐公司是国际著名的大企业，但就是在公司事业如日中天的时候，总经理韦瑟鲁普却开始担心汽水市场将会走下坡路，同行业之间的竞争也会变得更加激烈。

如何激发员工的工作积极性，使百事公司的员工们相信，如果他们不拆散这部金钱机器，并重新把它建立起来，百事公司就有可能走向衰亡呢？于是，韦瑟鲁普制造了一场危机。

韦瑟鲁普和销售部经理重新设计了工作方法，重新规定了工作任务，要求年收入增长率必须达到15%，否则企业就会失败，百事可乐公司也将不复存在。

这一要求可能有些危言耸听，但也在一定程度上反映了市场竞争的激烈程度及由此可能会产生的后果。最终，韦瑟鲁普完成其在职业生涯中一次最艰巨的行动，即被他称为"末日管理"的战略。

百事可乐公司的"末日管理"法，充分运用了各类资产，使公司的现有设备得到了最大限度的利用，减少了资金的占用，使得资产的循环周转顺畅起来，一些日常管理的节奏也快速起来，公司的经济效益不断地获得提高，事业也蒸蒸日上。

"末日管理"的核心是企业最好的时候往往是下坡路的开始。要求管理者要有忧患意识，要居优思劣、居安思危、居盈思亏、居胜思败。其目的就是为了预防危机的到来。

海尔总裁张瑞敏曾说过："没有危机感，其实就有了危机；有了危机感，才能没有危机；在危机感中生存，反而避免了危机。"

实用指南

德鲁克说，由于企业未能着眼于未来，在变革发生时就不得不承受被新情况搞得措手不及这一巨大风险。这种风险是任何大企业都承受不起而任何小企业都不需要冒的风险。因此，企业管理者有责任以未来的眼光关注企业的战略，从忧患意识上强化战略的预见性和未来性，将危机消灭在萌芽状态。

·第二节·
不能为未来做准备，就是为自己掘坟墓

精准把握未来的市场需求

管理精粹

修补常态往往是毫无价值的，因为常态只是昨日的现实。

——《成果管理》 德鲁克

精彩阐释

德鲁克说，在做出决策或者行动时，这些决策或者行动就已经开始变旧。优秀公司能够长久领先的根本原因就在于它们总是在市场发展的任何拐点处发现市场的潜力和机遇，从而在企业内部迅速集结各项资源为迎合未来的需求进行产品开发，及早进入潜力市场，从而赢得市场开发的主动权。

海信就是一个善于把握未来需求的企业。2005年7月2日，当装有"信芯"的彩电在青岛海信集团出产时，中国彩电产业掀开了一个新的篇章。这个引人注目的成就的背后蕴含着海信人1600个日日夜夜的辛苦探索，以及3000万元的资金投入。

海信为什么要花如此大的力气来打造这颗"中国心"呢？

在2005年之前，海信彩电的年产能已达800万台。每年制订生产计划时，原材料"集成电路"的采购量都是一笔庞大的支出——这笔支出全部是给国外企业的，因为海信自己没有芯片，中国企业都没有芯片。

而根据公开的数据，截至2004年底，我国境内共有彩电企业68家，实际年产量达7328.8万台，中国已经成为世界上最大的电视生产国了。然而，这7000多万台电视机中所使用的核心视频处理芯片均为进口。

据商务部统计，仅 2004 年上半年我国芯片进口价值就高达 262 亿美元。2003 年，我国芯片进口累计 416.7 亿美元，贸易逆差 340 亿美元，超过当年全国进出口 255 亿美元的贸易顺差值。芯片已超过飞机成为美国对华第一大出口商品。

因此，无论是从自身考虑，还是从中国市场考虑，一颗小小的芯片不仅不再让自己受制于人，更能够带来巨大的经济效益。为了拓展海信的发展之路，海信集团董事长周厚健意识到必须打造一颗属于中国人的彩电之"心"。

为此，海信在 2000 年设立了"专用集成电路设计所"。历经 4 年自主研发，终于在 2005 年 2 月制造出了可以完全替代国际同类产品的芯片，并达到了国际先进技术水平。装备了"信芯"的数万台海信电视已经上市。海信用自主创新为自己发掘了一个极具潜力的市场，并迅速获取利润。

由此可见，优秀的管理者不会把眼光停留在昨天，和已经发生的事实上，他们会更多关注预示未来变化的细节，以便把握企业发展。只要我们认真观察，就会发现其实在企业的周围到处都有赢得更大成功的商机。

实用指南

哲学家奥里欧斯说过这样一句话："我们的生活是由我们的思想造成的。"思想上的超前，必然带来行动上的超前，个人发展如此，企业发展更是如此。在市场竞争激烈的今天，每一名企业管理者都应该有超前的战略意识，具备博学善思的素质。要想走在市场变化的前面，就必须提前了解、研究客户和消费者的潜在需求，通过不断挖掘市场潜力，拓宽产品的市场份额来获得更大的利润空间，这样才能战胜对手，在市场竞争中占据优势。

在今天就开始把握未来

管理精粹

不能等到未来到来后才去把握，未来需要在今天就开始把握。

——《成果管理》 德鲁克

精彩阐释

德鲁克认为，未来大多是由那些与当前任务有关的决策和行动所开创的。如何以当前决策和行动开创未来，这需要企业在面对企业发展方向问题上懂得如何把握未来需求。

作为全球最大的电子商务网站之一，易趣的发展使人们深刻地认识到把握未来需求的意义。在1990年的美国，互联网成为新宠，很多人一觉醒来被其2300%的发展速度所吓倒。皮埃尔·欧米迪亚觉得，互联网一定会主导未来，目前的交易形式一定会移植到互联网上去，当前面对面的交易在将来肯定会在互联网提供的虚拟平台上进行。于是他在1995年创办了易趣。

一开始他对这个网站并没有财富幻想，他只是把它看作是一个实验场，通过让网上市场中买家和卖家拥有同等的信息，看看能不能获得高效率的交易。但是他很快就发现了易趣诞生的重大意义，它推翻了以往那种规模较小的跳蚤市场，将买家与卖家拉在一起，创造一个永不休息的市场。

在易趣平台上贩卖的第一件物品是一只坏掉的镭射指示器，以14.83元成交。欧米迪亚惊讶地询问购买者："您难道不知道这玩意儿坏了吗？"购买者的回答是："我是个专门收集坏掉的镭射指示器玩家。"欧米迪亚从这个事情中嗅到了一个讯息：在这个世界的任何角落中都隐藏有准备购买东西的人，同样也有准备出售东西的人，由于信息不对称，他们之间不能建立成交关系，他们需要一个平台，突破地域的限制，能够使信息及时地传递给愿意接受信息的人，这个平台就是易趣。

在易趣上，每天都有数以百万的物品被刊登、贩售、卖出。在这些物品中，有的价值不菲，有的不值一提；有的是刚出厂的新玩意儿，有的沾满灰尘；有的是庞然大物，有的就是针尖。从1美分的小物件到500万美元的喷气式飞机，只要不违背法律，任何人在易趣平台上可以出售任何物品，同样任何人都可以在这个平台上购买任何东西。

现在的易趣已经有75万人靠它谋生，每秒钟可以售出一辆汽车。欧米迪亚也因为易趣的火爆而成为财富新贵，当易趣在1998年上市时，他几乎就在一夜之间成为全球最富有的人之一，连他自己都觉得自己一下子富得有些离谱。

从欧米迪亚身上看出，一个能够在今天就开始把握未来需求的管理者，最终一定能带领企业成为市场的大赢家。德鲁克认为，面向未来的管理，就是要管理者走出企业的狭小空间，始终把眼光向外，站在外部的世界，审视企业的发展走向，而不是立足企业内部，坐井观天，那将永远也不能获得对未来的真正认识，更不能有效地提高个人效能和企业的整体绩效。

实用指南

德鲁克说，管理者必须在今天就接受创造未来的责任，愿不愿意攻克这一任务，成为管理者是否优秀的分水岭。

将行动立足于现有资源及条件

管理精粹

在开始谈论未来之前，我们必须了解目前状况。因为凡事都需要从现实出发。

——《工业人的未来——保守的探讨》 德鲁克

精彩阐释

德鲁克认为，企业的利润来源于市场，市场是企业产生利润的源泉。由此可以联想到，凡事都需要从现实出发，对企业而言，无论是创新产品，或者管理制度改革，都要依据市场的现实需要而进行。

在20世纪中叶之前，汽车业所遵循的是"福特式"生产管理。这一模式，可以实现规模生产效应，可以最大限度地降低单位成本。比如，在同样的固定费用支出下，每小时生产10辆汽车的成本，显然要低于每小时生产1辆汽车的成本。当然，这一模式有一个前提，那就是企业处于生产导向经营阶段，生产出来的产品都能卖出去，如果卖不出去，生产越快，损失就越大。

随着市场需求的多样化和消费者追求个性的意识日渐强烈，生产导向开始向市场导向过渡，大规模大批量的"福特式"生产，日益暴露出其缺陷。比如，制造过程中物流配置不合理，强大的生产能力与市场需求的矛盾十分突出，不开机则罢，开机则是大量产出，产品积压接踵而至。

面对这种情况，很多人都在分析"福特式"生产的缺陷，包括通用汽车等汽车厂商。通用汽车公司首创了市场细分，以市场需求为导向，生产出更多品种和款式的汽车，以满足不同消费者的需求。

凡事都要从现实出发，还要求企业无论做何种决策或行动，都要立足于现有资源和条件。企业的资源包括几个方面：物质资源、技术资源、管理制度的配备以及人力资源。物质和技术是实行生产的客观条件，管理制度决定了企业的软实力和软环境，人力资源是企业开展一切活动的动力。只有具备了这些条件，企业的一切市场行为才能顺利进行。

实用指南

德鲁克认为，管理者要一手抓内一手抓外，两手平衡，并相得益彰。对外，通过对市场现实的客观评判，使企业能够和市场进行无缝对接，达到有机融合，使企业的服务或产品既能满足市场的需要，同时企业还能够从市场上源源不断地获益。对内，通过对各项资源的精准掌握，能够确保企业的决策和行动既不冒进，也不胆怯，能够时时保证企业资源利用最大化，企业收益最大化，从而保持企业的平稳发展。

没有任何一个判断是稳操胜券的

管理精粹

　　没有任何一个判断是稳操胜券的，在所有关于未来的判断中，一定会失败的就是那些"十拿九稳"、"零风险"等"绝对安全"的概念。

——《成果管理》 德鲁克

精彩阐释

　　德鲁克认为，对未来的把握充满风险，未来是不可判断的，任何自认为有预见性的行动都可能是错误的，甚至会产生难以承受的风险。因此要想取得对未来的成功，就必须做好失败的准备。失败是对追求者获得成功之前的考验，也是促进快速成功的必备经验。

　　微软就是一家不断鼓励员工进行创新并允许员工失败的企业。微软公司愿意聘用那些曾经犯过错误而又能吸取经验教训的人。微软公司的前任执行副总裁迈克尔·迈普斯说："我们寻找那些能够从错误中学会某些东西、主动适应的人。"在录用过程中，他们总是问应聘者："你遇到过的最大失败是什么？你从中学到了什么？"

　　格里格·曼蒂与别人一起在1982年共同创立了爱林特计算机系统公司。10年后，公司由于入不敷出而倒闭。而微软在1992年12月聘用了曼蒂，任命他为部门主管，负责筹划如何把新技术用来制造消费产品。

　　微软公司从曼蒂身上发现的不仅是他的技术和管理经验，而且发现他是一个敢用远见打赌的人——即使这种远见付诸东流。微软的人会告诉你：用远见打赌是公司存在的全部。许多远见最终以失败告终，但这并不重要，重要的是他们曾尝试过。

　　在寻求有远见的冒险者时，微软公司喜欢找寻那些成功地处理过失败和错误的人。一位高层管理人员说："公司接受了很多内部的失败。你不能让员工觉得如果做不成，他们就可能被解雇。如果那样，没有人愿意承担这些工作。"在微软公司，最好是去尝试，即使失败，也比什么都不做好得多。

在微软的亚洲研究院，管理层更是鼓励员工创新。张宏江博士说："我们是研究院，不是新产品开发部或公司的先进技术开发组。我们常说，如果你做10个研究，10个都成功了的话，那就是失败了——因为你没有创意。研究院是对未来的投资，一个对自己未来有信心的公司应当允许他的研究人员理想主义。"

张宏江还指出，研究院可能更看重自己在相关领域上对学术研究的推动而并非功利地以产品为中心。

他说："我们发表10篇论文，可能其中只有1篇最终会转化为微软的产品，但其他9篇使这个领域的研究大大前进了一步，可能影响到未来的几十年，这是我们所看重的。"

实用指南

为什么不能万无一失？德鲁克认为，在所谓的开创过程中，企业很难清楚地知道自己该怎么做，他们既没有方法，也没有可以遵循的促进成功的法则和经验。不要认为万无一失，相反，要认识到开创未来的成功概率可能是万分之一。有这样的心理准备，企业在开创未来的道路上才能更从容一些。

做好手头工作比空想未来更重要

管理精粹

预测未来是自找苦吃，打理好手头上最有前途的事情，比什么都重要。

——《动荡时代管理策略》 德鲁克

精彩阐释

德鲁克认为，要想打理好手头最有前途的事，最好的方法就是为企业制定好合适的短期目标。

这种目标既是立足于企业目前所具有的资源，又能超越企业目前所取得的成就，指引着企业向一个恢宏的前景前进。

已故网球名将亚瑟·艾伦就是一个善于制定短期目标的人。艾伦一生都坚持这样一个理念："每次你订立一个目标，然后完成那个目标，就是一种不断增强自信的过程。"

他经常为自己制定短期目标，一旦达成那个目标，他就再定一个新的目标。

艾伦就是运用这种定立目标的方法，登上了网球王座。他说："我早年的几位教练常制定清楚明确的目标，正是我愿意遵循的。这些目标不见得一定要像赢得巡回赛这么重大，而是将一些有待克服的困难、近期内需要努力的方面定为目标，如果这些目标一个个地实现了，我们距离自己的最终目标就会越来越近。并不是只有赢得巡回赛才可以作为目标。往往一些小目标渐渐一个个地达成后，我自己都会意外地发现'嘿！我距离得大奖已经越来越近了。'"

艾伦一直以这种方式参加高难度的比赛。他说："参加巡回赛，你总想能进入复赛。比赛时，你总希望漏接的反手球不超过某个数字。或者是你必须锻炼体力到一定的程度，气候太热时，你才不至于很快就感到疲倦。这一类的小目标，可以帮助你将注意力由成为世界第一或赢得巡回赛这类的远大目标上，分解为几个较易达成的小目标。"

美国通用公司的前任董事长罗杰·史密斯也是这样的人。

在进入通用之初，他只是一个名不见经传的财务人员。罗杰初次去通用公司应聘时，只有一个职位空缺，而招聘人员告诉他，工作很艰苦，对一个新人会相当困难。他信心十足地对接见他的人说："工作再棘手我也能胜任，不信我干给你们看……"

在进入通用工作的第一个月后，罗杰就告诉他的同事："我想我将成为通用公司的董事长。"当时他的上司对这句话不以为然，甚至嘲笑他自不量力，逢人便说："我的一个下属对我说他将成为通用公司的董事长。"像艾伦一样，罗杰将自己的目标逐步分解为一个个可以实现的短期目标，然后努力地逐一实现它。令他的上司没想到的是，若干年后，罗杰·史密斯真的成了世界上最大的"商业帝国"通用公司的董事长。

由此可见，一个人只有具备务实的心态，做事脚踏实地，才能找到自我发展的平衡点和支撑点，才能在看似平凡的岗位上取得不平凡的成就。

实用指南

制定科学的短期目标，不仅能够使企业时刻保持有目标感，还能使企业在目标的不断实现中收获信心和做好实现更大成就的准备。

尝试做一件能改变世界的事情

管理精粹

我多次听到诺贝尔奖得主说:"我从事这项研究并获得如此殊荣,都是源自于当初导师对我随意说的一句话——你为什么不去做一件能让世界发生改变的事情呢?"

——《非连续时代——转型社会守则》 德鲁克

精彩阐释

德鲁克认为,要想做出改变世界的事情,就需要企业管理者具有常人所不具备的胆识。孙子说:"见胜不过众人之所知,非善之善者也。"意思是说:"预见胜利不能超过平常人的见识,算不上最高明。"言外之意,真正的成功是要想获得别人意想不到的胜利。这不仅需要管理者要出其不意,更要有勇气。

1997年李书福开始造汽车的时候,中国的汽车市场已经被大众、通用、标致这样的跨国巨头蚕食得一片狼藉,根本没有国产自主品牌的立足之地。早在1991年11月25日,中国硕果仅存的国产轿车——"上海"牌轿车宣告停产。在此之前,国人曾经引以为傲的红旗轿车也已经停产。

财大气粗的跨国公司各自带着自己的合作者,对中国迅速成长起来的汽车市场指点江山,细分着这个市场。以车型、价格和区域来分割市场的利润,并且在满足中国消费者交通需求的同时,通过合资造车、销售汽车、收取品牌费和设计费的形式来取得巨额利润。

李书福不甘心中国汽车市场被外资企业蚕食。1997年,李书福不顾亲友反对,决意投资5亿元资金进军汽车行业,并抛出一句"汽车不过就是四个轮子加沙发"的"疯话",无疑让跨国巨头们贻笑大方。而在1996年的时候,李书福改装两辆奔驰造车的故事在当地更是引起轰动,甚至有人去问他这两台改装车的价格。

李书福不止一次地对《第一财经日报》表示,他要打造一家百年汽车公司,要让吉利的车走遍全世界,而不是让外国车走遍全中国。为了实现他的造车梦,他还曾到各部门游说,当某官员告诉他"民营企业干汽车无异于自杀"时,他说,"那你就给我一次跳楼的机会吧",由此可见他对自己梦想的执着。

经过十余年的发展,李书福领导的吉利集团连续六年进入中国企业500强,连续四年进入中国汽车行业 10 强,被评为首批国家"创新型企业"和首批"国家汽车整车出口基地企业",是"中国汽车工业 50 年发展速度最快、成长最好"的企业。公司资产总值超过 140 亿元。

由此可见,成功的高度取决于目标的高度,而目标的制定取决于企业家的胆识。

实用指南

德鲁克认为,具有卓越的胆识,这是作为一个企业家应该具备的基本素质之一,也是企业家获得非凡成就的基础和条件。事业的发展靠的就是胆识。没有胆识,事业就会停滞不前。胆识不仅决定了目标的高度,也决定着成就的高度。

真正的成就来自立即行动

管理精粹

我们或许无法获得真正想获得的成就。但如果我们现在立即去做,产品或服务总会找到顾客,也能够赚钱并满足我们的一些期望。

——《成果管理》 德鲁克

精彩阐释

通常,每一个企业在确定好战略目标之后,必然面临一个执行力的问题。如果企业有明确、具体的目标,结果却是没有完成任务、没有达到目标,为什么?假如企业的战略规划没有太大的问题,那么问题又出在哪里呢?答案很简单:没有强大的执行力。因此,执行力的高低是企业铸就高效的前提和保障。子曰:"敏于事而慎于言。"对企业而言,与其空想未来,不如把目前的想法付诸行动。

行动的快慢决定了企业组织在达成目标、实现经济利益或者在与对手的竞争中是取得胜利或是失败。

在中国家电企业中,海尔的发展速度是最快的,但与国际大公司相比,张瑞敏承认海尔还存在一定的差距。张瑞敏说:"与国际大公司相比,海尔在实力上还有一段距离。但是,海尔产品在美国、欧洲市场上升很快,虽然我们有很多地方不如国际大公司,但是我们是依靠速度去竞争,去取胜的。"

以速度求胜是海尔人的共识,在海尔到处可见的一条标语给人印象深刻——"迅速反应,马上行动"。这是海尔要求每一位员工必须具备的工作作风。海尔的员工们都说，这八个字体现了海尔的市场观和服务观，也浓缩了海尔企业文化的力量。海尔人正是靠着高速度、高效率来赢得客户和市场的。

其实，不只在海尔，很多企业管理者都会有这样的共识，凡是发展快且发展好的世界级公司，都是执行力强的公司。盖茨曾坦言："微软在未来10年内，所面临的挑战就是执行力。"IBM前董事长兼首席执行官郭士纳也认为，一个成功的公司管理者应该具备三个基本特征，即明确的业务核心、卓越的执行力及优秀的领导能力。

实用指南

德鲁克认为，对工作专注、用心以及坚持"速度第一"的原则，你一定能有效提高自己的执行力。

首先，对工作专注、用心是做好任何事情的前提条件，在执行工作任务时，先把心思集中到如何快速、高效完成任务的思考上来。其次，执行力高低的一个衡量尺度是快速行动，因为速度现在已经成为决定成败的关键因素。当然快与慢是辩证的，因为快速执行并不是要求你为了达到目标而不计后果，并不是允许任何人为了抢速度而降低工作的质量标准。迅捷源自能力，简洁来自渊博。员工的快速执行首先要建立在强大的思维能力基础之上。杰出的员工能够不断探寻业务模式和事物的因果关系，能够尝试从新的角度看问题。

主动承担开创未来的责任

管理精粹

管理者如果不想做一个平庸的管理者，就应该承担开创未来的责任。

——《成果管理》 德鲁克

精彩阐释

德鲁克认为，即便开拓未来具有很大的风险，但与墨守成规相比，这种风险依然小得多——墨守成规会使企业很快走上死亡的道路，而开拓未来会为企业赢得机会。

1993年2月，李健熙到美国洛杉矶考察，目睹了三星的产品在国外的境遇。他去了很多电子卖场和大百货商店，看到三星的电子产品都被放在不起眼的角落，因无人问津而落满灰尘。而索尼的产品位置摆得却很显眼，买的人也多。李健熙

第五章　赢在未来的远见、洞察力与有效决策

当场就买了几个样品，回来后拆开发现，三星产品的零件比别人的多，价格却便宜20%。这就意味着三星的成本比竞争对手高，却卖不出好价钱。

国际市场把三星产品视为二流货，无疑给三星领导层以强烈的刺激。当时身为会长的李健熙扪心自问："我们离21世纪只有7年的时间了，世纪之交世界将会发生多少变革？走向21世纪的三星将如何立足于世界？"

美国之行结束后，李健熙随即决定，在三星进行一次天翻地覆的变革。他一气呵成写出《三星新经营》一书，作为企业未来发展的行动指南。他在该书的开篇提出"变化先从我做起"的口号，并作为三星的企业哲学和奋斗精神。号召公司以人才和技术为基础，创造最佳产品和服务，为人类社会做出贡献，积极投身到消费者中间，认识并且迎接来自全球的挑战，为全人类创造更加美好的未来。

要实现美好的设想，必须脚踏实地从一点一滴做起。哪里才是突破口呢？李健熙一针见血地指出，在全球一体化时代，品质就是企业竞争力的准绳，直接关系到企业的生死存亡。"三万个人搞生产，六千个人搞售后服务，这样的企业拿什么和人家竞争？由品质问题找出原因，想办法解决，要让我们的产品达到一流水准。哪怕把生产线停下来，哪怕会影响我们的市场份额。"

为此，他在"新"经营理念中，特别强调以质量管理和力求变革为核心，彻底改变当时盛行的"以数量为中心"的思想。

李健熙先后同三星1800多名中高层人员一起召开会议，并于1993年6月7日在德国法兰克福提出了"新经营"宣言，以破釜沉舟的气势吹响了"新经营"的号角。

"新经营"使三星步入了品质取胜的良性发展轨道，创造出了三星崭新的企业文化。

1997年的亚洲金融危机，使得大宇、起亚等不少当年与三星齐名的大企业先后倒下，然而身强体健的三星却挺了过来，并在国际市场上脱颖而出。时至今日，三星品牌已经成为世界上最具影响力的品牌之一。

由此可见，引领企业赢得未来，是管理者最为重要的责任之一。

实用指南

在德鲁克看来，开拓未来是管理者义不容辞的责任，也是管理者从优秀走向卓越必上的一堂课。在市场经济飞速发展的今天，很多管理者都有这样的体验：变化是唯一不变的真理。只有企业跟随市场的变化而变化，才能使自身具有竞争力。

·第三节·
决策者要站得足够"高"和"低"

管理者要为决策找准方向

管理精粹

除了个别事情外,所有的决策都要坚持一种共性,也就是说要为决策设置准则。
——《卓有成效的管理者》 德鲁克

精彩阐释

为决策设置准则就是为决策确定方向。德鲁克认为,卓有成效的管理者会将决策当成一个有条理的处理过程,一个有清晰原则和明确顺序的处理过程。决策的准则决定着决策的目的和宗旨。

在微软,比尔·盖茨将微软自由工作氛围的建立放在两个方面。首先是舒适的工作环境,这包括了自然环境和人文环境。微软的研究所被称为"campus",这与"大学校园"的英文单词是一样的,也正是微软自然环境的真实写照。在微软的研究所内,不仅拥有大量鲜花、草坪的园区,还有美丽的比尔湖,篮球场、足球场更充满校园气氛。舒适的自然环境,造就了微软优雅的工作环境,同时也成就了微软员工的高效率工作。

第二方面就体现在人与人之间的工作交流上。在微软中,最典型的沟通方式是"白板文化"。"白板文化"是指在微软的办公室、会议室,甚至休息室都有专门供书写的白板,以便随时记录某些思想火花或建议。这样一来,有任何问题都可及时沟通,及时解决。白板文化不仅使员工充分得到了尊重,还使交流成为一种令人赏心悦目的艺术。

从上述案例中可以看出，企业的价值观和一贯坚持的企业精神往往成为决策时所必须坚持的方向。

实用指南

事实上，只有符合企业价值观和一贯做法的决策才能较为容易地得到执行。这就提醒了管理者在做决策时要对企业以往的表现进行判断，使决策符合企业价值观和企业精神，避免因两者相悖而遭到抵触。

以不变应万变

管理精粹

在还没有彻底了解时就立即进行处理，只会失败，并且毫无成效。

——《卓有成效的管理者》 德鲁克

精彩阐释

德鲁克认为企业若试图在"知己知彼"的基础上决策，面对日益动荡复杂的竞争环境将越来越力不从心。如何在不确定的环境下正确做出战略决策、把不确定的劣势转化为竞争中的优势，是在新的市场环境下对企业经营者提出的新挑战。而应对市场不确定性的一个行之有效的办法就是：以不变应万变。

西武集团是赫赫有名的企业，它的掌门人堤义明在1987～1988年连续两年登上《福布斯》企业家财富榜的榜首。然而，西武集团今天的成就，却来自于一个"忍"字。

堤义明的父亲，西武集团创始人堤康次郎临终时，留下一份特殊的遗嘱："在我死后的10年里，不要做任何创业，只能忍，即使有新的构想，也不能付诸行动。10年之后，你想怎么做就怎么做，你一定要按照我的想法去做。"

堤义明在早稻田读大学时，就已经是一个非常有主见的年轻人。他和几位好友一起创办了早稻田大学观光会，发动学生到西武企业去打工，表现出了很强的企划能力和实践能力。父亲去世后，堤义明接管了西武集团。

当时，堤义明正是意气风发、血气方刚之年，很想做出一些重大事情，但他必须遵从父亲的遗训。10年间，面对很多投资机会，堤义明都忍住了大干一场的冲动。其中，放弃地产业的投资，是最不被人理解、事后又证明是最明智的行为。

当时，日本工业进入全盛时代，工商企业蓬勃发展，地价猛涨。这个时候，堤义明却做出了一项惊人的决定："西武集团退出地产界。"整个日本的企业界都为此震惊，那时做土地投资就像印钞票。这时有人开始怀疑堤义明的能力，有人还开始中伤堤义明，说他只知道靠家业生活，于是他的高层主管也对他失去了信心。

为此，公司还专门召开了一次专题会议，讨论是否投资地产业。堤义明在会议上面对经验比他丰富、年龄比他大的高层主管这样说："现在土地投资的好时机已经过去了。什么都要讲求平衡，现在大家一个劲儿地炒地皮，结果只能把正常的状态搞坏。我想，过了多久就会出现失衡的大问题。"

他当机立断："我们公司必须得有一个明智的决定，如果全体一致同意，那事情就不妙了，全体一致的主张，往往都会有毛病。现在你们大家都不同意我的看法，可是我知道我是对的，你们全都没有看到地产业的风雨已经来临。这件事情我决定了，大家照我的话去做就行了。"

对于这个决定，有的人说堤义明其实是拥有了太多的土地，满足了，所以不想再做土地买卖。

不错，当时西武集团拥有的土地数量是日本最多的，可是在地皮行情最好的时候放弃地皮投资，却并不是因为他已经握有大量的土地，而是因为他搜集到了足够的情报。

分析表明，地产业的景气只能够维持几年，土地供过于求，只有及时收手，才不会在大灾难来临的时候一败涂地。堤义明的想法不久就得到了验证，很多地产投机者都陷入了困境。

到1974年，堤义明忍够了10年，确保阵脚不乱，为他后来的全面出击打下了良好的基础。

1974年之后，当其他企业还没有从地产投资失败中恢复元气时，他已经大举进入酒店业、娱乐场、棒球队等多个行业，在全日本刮起了一股"堤义明旋风"。

以变化适应变化，是一种策略，但前提是你要具备变化的能力。忍耐，以不变应万变也是一种策略，在这种策略下，你可以更仔细地观察对手、养精蓄锐、磨炼内功，等待时机。

实用指南

世界上没有完全不变的东西，**解决"万变"其实需要很多的方法**，但很多方法中有"不变"的存在，如创新精神、永不放弃的努力等。所以，只要抓住了这些"不变"的东西，就可以轻松应对"万变"了。

第五章 赢在未来的远见、洞察力与有效决策

鼓励下属积极参与决策

管理精粹

卓有成效的管理者鼓励下属说出不同的想法。

——《卓有成效的管理者》 德鲁克

精彩阐释

古人云："兼听则明，偏听则暗。"德鲁克认为，决策者要主动听取下属的意见，这样才能全面客观地了解事物，做出正确的决策。从管理角度来说，决策者全面听取各方意见，尤其是听取下属的反面意见，可以团结有不同意见的下属，也能赢得下属的尊重和信任，提高组织的凝聚力。

时任秦王的秦始皇执掌大权后，下了一道命令：凡是从别的国家来秦国的人都不准居住在咸阳，在秦国做官任职的别国人，一律就地免职，3天之内离境。李斯是当时朝中的客卿，来自楚国，也在被逐之列。他认为秦始皇此举实在是亡国的做法，因此上书进言，详陈利弊。

他说：从前秦穆公实行开明政策，广纳天下贤才，从西边戎族请来了由余，从东边宛地请来了百里奚，让他们为秦的大业出谋划策。而当时秦国的重臣蹇叔来自宋国。这些人都来自于异地，都为秦国的强大做出了巨大贡献，收复了二十多个小国，而秦穆公并未因他们是异地人而拒之门外。

李斯直言指出，秦始皇的逐客令实在是荒唐之极，把各方贤能的人都赶出秦国就是为自己的敌国推荐人才，帮助他们扩张实力，而自己的实力却被削弱，这样不仅统一中国无望，就连保住秦国不亡也是一件难事。李斯之言使得秦始皇如醍醐灌顶，恍然大悟，急忙下令收回逐客令。正因为秦始皇听取了李斯的建议，不仅留住了原有人才，而且吸引了其他国家的人才来投奔秦国。秦国的实力逐渐增强，10年之后，秦始皇终于完成统一大业。

决策需要了解不同的信息，需要对企业经营中的不同情况进行有效判断，但是任何决策者都不可能掌握全部的信息和资源，所以决策者必须重视别人的意见。尽管某些意见不能被采纳，但至少可以作为决策的参考，即使是那些反对的意见，也可以提醒决策者规避决策中的风险。

本田宗一郎被誉为"20世纪最杰出的管理者"。回忆往事，他常常对周围的

人说起一则令他终生难忘的故事。一次，一位来自美国的技术骨干罗伯特来找本田，当时本田正在自己的办公室休息。罗伯特高兴地把花费了一年心血设计出来的新车型设计图纸拿给本田看："总经理，您看，这个车型太棒了，上市后绝对会受到消费者的青睐……"

当时本田正在闭目养神，罗伯特看了看本田，话还没说完就收起了图纸。

第二天，罗伯特见到本田后，第一句话就是："尊敬的总经理阁下，我已经买了返回美国的机票，谢谢这两年您对我的关照。"面对本田的惊诧，罗伯特坦言相告："我离开您的原因是由于您自始至终没有听我讲话。就在我拿出我的设计前，我提到这个车型的设计很棒，而且还提到车型上市后的前景。我是以它为荣的，但是您当时却没有任何反应，而且还低着头闭着眼睛在休息，我一恼就改变主意了！"

后来，罗伯特拿着自己的设计到了福特汽车公司，受到了高层领导的关注，新车的上市给本田公司带来了不小的冲击。通过这件事，本田宗一郎领悟到"听"的重要性。他认识到，如果不能自始至终倾听员工讲话的内容，不能认同员工的心理感受，就有可能会失去一位技术骨干，甚至是一个企业。

这就说明，决策者的任何决策都需要一种决策艺术。

实用指南

决策者必须要重视别人的意见，必须善于把自己的决策通过员工参与的方式体现出来，因为所有的人都愿意当主人，而不想做奴仆。

通过这样的方式，决策者处于决策的主动地位，并能积极地引导员工参与决策，以提高绩效。

审时度势做决策

管理精粹

管理者在决策时必须先从是非标准出发，千万不能一开始就混淆不清。

——《卓有成效的管理者》 德鲁克

精彩阐释

德鲁克认为，对一个决策方案来说，首先应要求它是正确的，也就是说，它可以实现决策目标，如果它不能实现决策目标，那么它就是错误的。

第五章　赢在未来的远见、洞察力与有效决策

要想获得正确的决策方案，就必须做好决策形势的分析工作。决策形势是指决策面临的时空状态，也就是我们平常所说的决策环境。一个决策是否正确，能否顺利实施，它的影响和效果如何，这不仅取决于决策者本身，同时还直接取决于决策情势，并受到一系列自然环境和社会环境的制约。

1944年，盟军准备开辟第二战场。以艾森豪威尔为总司令的盟军司令部，经过缜密的研究，制定了在诺曼底登陆的"D日计划"，并决定于6月5日实施。希特勒也意识到了盟军将要在英吉利海峡东南岸登陆，但由于情报工作不力，他无法确定盟军将要在英吉利海峡最窄的加莱附近登陆，还是在诺曼底地区登陆。因此他把兵力平分在加莱地区和诺曼底地区。

可见，这种情况对盟军是十分有利的，也就是说盟军司令部的决策是正确的。但是进入6月份后，决策情势的突变，即连日的暴风雨，却差点儿使盟军的登陆计划告吹。

面对连日的暴风雨，盟军司令部有关专家认真地分析了气象资料，预测到在暴风雨的间隙中，即6月6日英吉利海峡将会出现一段好天气后，毅然于6月4日晚21时45分下令决定："D日计划"改在6月6日执行。

而与此同时，德军错误地做出了另一个判断，他们认为，英吉利海峡气候将持续恶劣。

因此德军最高统帅部做出了由于天气恶劣，盟军不会实施登陆作战的错误决策。于是军官休假了，海上与空中的侦察取消，负责守卫诺曼底地区的隆美尔元帅也于6月5日晨回柏林晋见希特勒，整个德军处于毫无戒备的状态。

结果，6月6日凌晨2时，盟军三个伞兵师空降到德军防线后方，接着展开大规模海、陆、空协同进攻。凌晨6时30分，诺曼底登陆取得胜利。通过以上案例，我们不难看出，盟军正是由于正确分析并充分利用了决策情势，才取得了诺曼底登陆的最终成功，而德军也正是由于对决策情势的错误估计而导致了反登陆作战的惨败。

可见，全面分析决策情势对正确决策是极其重要的。

实用指南

决策行为实际上是决策者个人的主观因素和决策情势这两方面共同作用的结果。因此，为了提高决策的科学性，就必须要研究和重视决策情势在决策活动中的作用，最大限度地提高决策的安全系数。

一旦做出决策就不要犹豫

管理精粹

在做决策的过程中,一定要做到不做不必要的决策,而一旦决策就不要犹豫。

——《管理:使命、责任、实践》 德鲁克

精彩阐释

德鲁克认为,因为外来的压力而使决策犹豫不决,这样的管理者是不称职的。卓有成效的管理者必然善于谋断。一旦做出判断,管理者必须有坚持下去的勇气,否则再准确的判断也会中途夭折。

尹明善就是一位勇于坚持自己判断的强者。在这个追逐体育明星的年代,尹明善和力帆足球俱乐部的球员们一道成了大众追捧的对象。不过,当初尹明善决定涉足足球事业的时候,却是无人喝彩。计划之所以能最终成行,很大程度上是因为他坚持了自己的判断。

当时力帆上下不赞同的理由很多:重庆足球人口相对较少,重庆球市持续低迷,几乎全国所有的足球俱乐部都在亏损,力帆将拿出近9000万元资金投入到重庆寰岛红岩俱乐部。

如此大的投资,风险太大不说,到底值不值?经营足球俱乐部要是能赢利,为什么那么多比力帆大得多的企业都不接?

尹明善力排众议,最终买下了重庆寰岛红岩俱乐部。

事实证明了尹明善的决断没错,俱乐部果真没有让尹明善失望。还没有接手球队,全国就多了2亿人知道力帆,"八年寒窗无人问,力帆一球天下闻",正是对此的最佳写照。

因为涉足足球,乌拉圭一位华侨认定力帆是大企业,非要买力帆的摩托车。这也是足球带给力帆的第一笔生意。

2000年11月12日,重庆力帆队以总比分4:2击败北京国安,赢得足协杯冠军。由此为力帆集团带来了更好的社会效益,使产品订单一下子增加了40%。广东惠州的麦科特集团是尹明善争取三年而未成功的客户,后来却主动要求订货,原因很简单:"能搞足球,力帆长大了!"

这样精彩的决断,尹明善还不只一桩。

2000年起,国内各大城市纷纷颁布"禁摩令",三轮车更是备受厌弃。一些摩托企业纷纷不再生产三轮车,力帆内部此时也有很多人主张砍掉三轮摩托,因为那玩意儿太低档,没什么前途,而力帆这么大个企业还生产那不上档次的产品,也显得掉价。

尹明善又一次显示出他超越常人的判断力:中国有10亿农民,他们拉货跑运输,图的显然不是豪华舒适,而是价廉实用。发展才是硬道理,市场需要的是好商品。企业最大的指挥棒是市场,而不是主观愿望。

既然有市场需求,为什么要停止生产呢?结果在他的坚持下,力帆很快成为全国三轮摩托产量最大的企业,2002年1~8月就销售了5万多台,远远超过第二名。

在力帆,尹明善已成为企业的精神领袖,"他们对我有很大的依赖,所以我争取不出错"。他还始终坚持这样一点:有了判断,还必须果断,"做一件事,有55%的可行性就干!等到你论证来比较去,即使有80%的把握你也会失去机会"。在他眼里,判断力是个"说不清楚的东西"。

坚持自己的判断,利于决策产生,使企业能够在第一时间获得行动指南。正是对这种"说不清楚的东西"的勇敢坚持,尹明善总是能到一定的时候搞出一些新名堂来令人耳目一新。如果一个企业在任何决策上都犹豫不决、磨磨蹭蹭,无人敢于拍板,最终将会一事无成,毫无作为。

实用指南

确定决策目标的可能性,重要的是把握实现目标的可控条件和不可控条件。可控条件既包括已有的物质手段、有利因素,也包括对整个大的环境的可控程度。不可控条件主要是指各种随机应变的客观现象,以及人们的心理因素。可控条件是实现决策的矛盾的主要方面,是起主导作用的,应该准确把握。

只有把握了可控条件,才有可能实现决策目标。不可控条件是矛盾的次要方面,但它受可控条件的制约和影响,因此在把握可控条件时,要注意影响不可控条件,使其转化为可控条件。切记在可控条件把握不准时,不可草率确定决策目标。

社会是错综复杂的,事物也总是不断变化发展的,变化有时在意料之中,更多是在意料之外。无论在商界还是战场。针对这样的意外,上天往往只给你瞬间的工夫决策,错过了,也就什么都没有了,因此决策者必须果敢、有魄力。这是做决策的一种境界。

做决策也需要勇气

管理精粹

做决策不仅需要判断力，更需要勇气。

——《卓有成效的管理者》 德鲁克

精彩阐释

德鲁克认为，利润与风险成正比。越是危险的地方，越是有大的利润。这是经商之要诀。许多人对此都烂熟于心，但缺乏运用的真功夫。何以如此呢？关键之一是就是决策时没有冒险的勇气。

1600年前后，摩根家族的祖先从英国迁移到美洲，到约瑟夫·摩根的时候，他卖掉了在马萨诸塞州的农场，到哈特福定居下来。

约瑟夫最初以经营一家小咖啡店为生，同时还卖些旅行用的篮子。这样苦心经营了一些时日，他逐渐赚了些钱，就盖了一座很气派的大旅馆，还买了运河的股票，成为汽船业和地方铁路的股东。

1835年，约瑟夫投资参加了一家叫作"伊特纳火灾"的小型保险公司。所谓投资，也不要现金，出资者的信用就是一种资本，只要在股东名册上签上姓名即可。投资者在期票上署名后，就能收取投保者交纳的手续费。只要不发生火灾，这无本生意就稳赚不赔。

然而不久，纽约发生了一场大火灾。投资者聚集在约瑟夫的旅馆里，一个个面色苍白，急得像热锅上的蚂蚁。很显然，不少投资者没有经历过这样的事件。他们惊慌失措，愿意自动放弃自己的股份。

约瑟夫便把他们的股份统统买下。他说："为了付清保险费用。我愿意把这旅馆卖了，不过得有个条件，以后必须大幅度增加手续费。"

这真是一场赌博，成败与否，全在此一举。

另有一位朋友也想和约瑟夫一起冒这个险。于是，两人凑了10万美元，派代理人去纽约处理赔偿事项。结果，代理人从纽约回来的时候带回了大笔的现款。这些现款是新投保的客户出的比原先高一倍的手续费。与此同时，"信用可靠的伊特纳火灾保险"在纽约名声大振。这次火灾，约瑟夫净赚了15万美元。

这个事例告诉我们，能够把握住关键时刻，通常可以把危机转化为赚大钱的机会。冒险是上帝对勇士的最高嘉奖，不敢冒险的人就没有福气接受上帝恩赐给人的财富。

任何一个企业要想做大，所面临的风险都是长期的、巨大的和复杂的。企业由小到大的过程，是斗智斗勇的过程，是风险与机会共存的过程，随时都有可能触礁沉船。在企业的发展过程中常常会遇到许多的困难和风险，如财务风险、人事风险、决策风险、政策风险、创新风险等。要想成功，就要有"与风险亲密接触"的勇气。不冒风险，则与成功永远无缘。

其实，很多事在未真正完成之前，都是具有风险性的，常常会有一波未平、一波又起的时候，也常常会有看似平静，但内部暗藏危机的时候，商场上更是如此。但是一旦你勇于去做，敢于去克服那些困难，那么，你将会有意想不到的收获。在那些看似难以捉摸的风险背后，往往隐藏着巨大的财富。

实用指南

任何一件事情都有成功和失败两种可能。当失败的可能性大时，却偏要去做，那自然就成了冒险。问题是，许多事很难分清成败可能性的大小，那么这时候也是冒险。而商战的法则是只有敢于冒险，才会有获得成功的可能。

"暂行缓办"就是"不办"

管理精粹

许多管理者都知道，所谓的"暂行缓办"，实际就是"不办"。

——《卓有成效的管理者》 德鲁克

精彩阐释

德鲁克认为，开展一项计划，时机的掌握是非常重要的。本来 5 年前就该开始的工作，延后 5 年必然是最大的失策。

一天，6 岁的王安外出玩耍，发现了一只嗷嗷待哺的小麻雀。他决定带回家喂养。走到家门口，他忽然想起未经妈妈允许，便把小麻雀放在门口，进屋请求妈妈。在他的苦苦哀求下，妈妈答应了。但是，当王安兴奋地跑到门口，这时小麻雀已不见了，他看到的是一只刚刚饱餐一顿的黑猫。

这件事给他幼小的心灵带来了深深的创伤，从此他明白了一个道理，也吸取了一个教训：凡事要当机立断，立即行动，不能瞻前顾后、犹豫不决。王安以后做事从不优柔寡断，果断把握机会成就了他一生的事业。

同样，在企业管理中，纵使你有骄人的才干、聪慧的头脑，如果总是徘徊不做决断的话，最终必定会因此而失去下属对你的信任。因此，在日常的管理工作中，当遇到事情需要决策时，你必须抓住工作的实质，当机立断，立即行动，一鼓作气将问题解决，而不是在犹豫不决中贻误时机。事实上，要解决问题必须先行动起来，因为一旦进入行动状态后，人们就来不及多想，就等于逼上梁山、背水一战，这样反而更容易将问题解决。

黛丽尔就是一个遇事当机立断，善于把握机会的人。她为人正直、进取，做事果敢、有魄力，从不畏缩。1950年她从美国中西部来到纽约这个世界金融中心。20世纪70年代，她已经凭借其非凡的才干担任纽约州银行业管理官。

1977年，汇丰银行提出要收购纽约的海洋密兰银行，应不应该让一家外国银行取得海洋密兰的控股权成为一时的焦点。黛丽尔和凯里州长各持不同的看法。黛丽尔经过考虑，坚持用纽约州买卖银行股权的法律规定，保住了海洋密兰的控股权。她公开反抗她的上司——纽约州州长休·凯里，这意味着可能被撤职的危险，但她毫不畏缩，为纽约州金融事业出了关键的一臂之力。

1981年，黛丽尔在另一宗银行拯救行动中，显示了她果敢善断的卓越才干。从1980年开始，纽约州的格林威治储蓄银行由于经营策略失误，很快陷入困境。它付给存款客户高利息，而它的收入来源却是低息抵押，结果入不敷出，亏蚀累累，濒临破产。如果再得不到援助，就会陷入绝境，关门倒闭。一旦这家银行倒闭，结果就不仅仅是一宗大银行破产事件，而可能产生连锁反应，引起其他储蓄银行发生大规模挤兑事件。

为了阻止这种恶性事件的发生，黛丽尔没有犹豫，而是果断决策，和联邦储蓄保险公司一道，谋求挽救办法。她的方案是力求在纽约州选择一家实力雄厚的储蓄银行，与格林威治储蓄银行进行合并。她找过许多储蓄银行，但对方都表示不感兴趣。经过74个星期的努力，她终于在1981年12月说服了纽约的大都会储蓄银行收购格林威治储蓄银行，同时使联邦储蓄保险公司同意发放1.85亿美元给大都会储蓄银行，进行两家银行合并具体实施阶段，终于使格林威治储蓄银行避免了破产倒闭的命运。黛丽尔成了纽约州银行业管理官员中炙手可热的人物，成了力挽狂澜的第一功臣。

她这种果敢与决断以及坚持自己的立场的大将作风使她由华尔街一家股票经纪公司的调查员，成长为在纽约股票交易中稳坐第一把交椅的人，成为纽约州银行业的一个重要人物。在黛丽尔的管辖之下，她所在的金融裁判机构资产合计达5000亿美元。

黛丽尔的事例告诉我们，要想在问题中显示你的才干，就要摆脱徘徊犹豫的坏习惯。在瞬息万变的现代职场中，机遇、信息稍纵即逝，我们没有时间和机会徘徊太久。有些人往往优柔寡断、患得患失、瞻前顾后，结果只是将问题一拖再拖，失去了解决问题的最佳机会。

实用指南

美国加利福尼亚大学在一份分析了3000多名失败者的报告中得出结论，在30多种常见的失败原因中，优柔寡断占据榜首。

徘徊太久，是每位管理者取得成功的大敌。在经济快速发展的今天，企业发展需要那些做事坚决果断，能够迅速将问题解决的人。因此，如果你想成为企业发展的关键力量，就应当改掉优柔寡断的坏习惯，要以果断、勇敢、自信来替代徘徊犹豫，以迅雷不及掩耳之势迅速把机会牢牢抓在手里。

用战术性决策解决问题

管理精粹

战术性决策的重心应该在解决问题上。

——《管理的实践》 德鲁克

精彩阐释

德鲁克认为，解决问题是战术性决策的主要功能。战术性决策虽然兼顾全局利益，但它是以解决问题为根本出发点的。任何管理者在做此种决策时一定要问：这个决定是否能使问题得到完美解决？

休布公司相比阿夫思，在市场略占有优势，市场占有率相对高一点。阿夫思为了抢占市场份额，特别针对休布而制定了营销战略。休布一直在市场上投入了大量的广告费，为一款名为"斯蜜朵"的新款伏特加酒做宣传。很显然，"斯蜜朵"

酒是未来阶段里休布的拳头产品。阿夫思针对"斯蜜朵"酒的定价，特意调整了自己产品的价格，他们希望以降价来打压"斯蜜朵"酒的势头。

休布在得知阿夫思的降价策略后，对于将要采取哪种措施比较适合，做了周密的考虑：如果跟着降价，双方将会陷入降价大战，最终结果只能是使消费者坐收渔翁之利，而对双方没有任何好处。休布预测到阿夫思的降价措施难以长久，于是他们绕开了阿夫思划定的正面战场，而是选择了对阿夫思发动侧翼进攻。

休布的侧翼战堪称典范，一共分三个步骤：第一步：产品区分。休布公司提高了"斯蜜朵"酒的售价，在原价的基础上增加了一美元，并在广告中特别强调了"斯蜜朵"酒的独特性，从而与阿夫思的产品进行有效区隔。第二步：诱敌深入。为了使阿夫思陷入降价的陷阱，休布公司推出一款新产品，其售价与阿夫思产品售价一致，并随着阿夫思的降价而降价。第三步：釜底抽薪。为了彻底阻截阿夫思，休布又接连推出两种比阿夫思产品更便宜的新产品，这一招使阿夫思措手不及，几无应对之策。

三步奇招使休布大获全胜，不仅巩固了已有的市场份额，还趁势得到扩大。休布所出台的战略就是战术决策。战术决策是有关实现战略目标的方式、途径和措施，战术决策的目的就是实现目标。因此，战术决策具有极强的应变力。可以说，应变力的强弱直接决定着战术决策的成功与否。

罗斯福是一个应变力出众的总统，这使他具有超强的解决问题的能力。在罗斯福就任总统后不到一个月时间里，迅速解决了许多重大问题：出台《紧急银行法》，使银行业开始恢复营业；发表炉边谈话，使全国人民恢复生产信心；出台《农业调整法》，挽救了农业；与此同时，实行《紧急救济法》，确保每个人都有饭吃；成立了多种机构，解决了青年就业问题。

而在之前的总统竞选中，罗斯福正是通过采用宣传新政这种战术决策打败对手胡佛。当时，还在总统职位上的胡佛信奉自由经济政策，全然不顾广大民众要求增加救济的强烈呼声，几次否决了在全国实行普遍救济的议案。不堪生活压力的退伍军人聚集到白宫前，要求政府发还拖欠的补助金，令人感到震惊的是，胡佛竟然下令镇压，结果造成了五十多人伤亡。

针对这个局势，罗斯福却大肆宣传新政思想。这显然是针对胡佛保守的经济政策提出的战术性竞选策略。罗斯福通过新政向民众描绘出一幅极为光明的生活前景。尽管胡佛称罗斯福为"格子裙上的变色龙"，但他只能眼睁睁地看着胜利的桂冠戴在了罗斯福的头上。对事情的把握和应变能力的差异，决定了罗斯福和胡佛的最终结果的不同。

应变力出众的竞选策略使罗斯福获得总统宝座。由此可见，战术决策的价值使命就是迅速解决问题。其实，决策的过程就是不断解决问题的过程。

实用指南

在管理过程中，管理者遇到的问题只有两种，一种是预计到的情况，一种是临时情况。对于前者，管理者早有准备，而后者的出现，正是体现管理者应变力的绝佳时机，是否能够做出具有应变力的决策，直接关系到问题是否能够得到彻底解决。

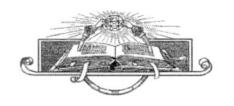

·第四节·
管理者该如何成功营销而减少推销

今天是昨天计划的结果

管理精粹

如果产品不具有独特的价值效用和领先的市场地位，管理者最好在产品销量尚好的时候早作打算。因为销量和利润可能会在毫无征兆的情况下顷刻之间消失。

——《成果管理》 德鲁克

精彩阐释

德鲁克说，管理好的企业，总是单调无味，没有任何激动人心的事件。那是因为，凡是可能发生的危机早已被预见，并已将它们转化为例行作业了。德鲁克所要表达的意思是：好的企业不寄希望于意外的好运气，也从来不会遇到意外的打击，只要按照计划来步步为营，就会不断接近目标。

马狮是 20 世纪上半叶英国一家服装公司的品牌，当时人们从穿衣上就能看出身份等级。上流社会的人穿着时髦精致，而下层人士则衣衫褴褛。马狮公司决定靠给下层人士提供物美价廉的衣物来突破社会的阶层壁垒。公司采取了这项战略决定后，就将全部精力都集中在这个目标上。

一家百货商店肩负起了社会革命的重任，看起来很令人吃惊。这一决定意味着企业的目的是满足社会的终极需要。在确立战略发展方向后，马狮公司提出了一系列的计划。例如，创新计划、人力计划、财务计划、简化计划、利润要求、社会责任等。在营销领域的计划是：将客户定为工人和低级职员，去了解他们的好恶以及在服装方面的购买力。

眼界的不同决定了思路的不同，思路的不同决定了计划的不同，计划的不同决定了结果的迥异。当别的公司还在一门心思地钻研如何将衣服制作得更华丽的时候，马狮公司却在思考如果将衣服制作得更为下层人士所接受。将目标分解成具体的计划之后，马狮团队的整个气势和状态都远远超过同行，在别人看来几乎是不可能的扩张景象出现在马狮公司身上。

哲学家奥里欧斯有一句话："我们的生活是由我们的计划造成的。"计划的超前，必然带来行动的超前。

实用指南

在市场竞争激烈的今天，每一名企业管理者都应该有超前的战略意识，具备博学善思的素质，按照计划步步为营。要想走在市场的前面，就必须提前了解、研究客户和消费者潜在需求，通过不断挖掘市场潜力、拓宽产品的市场份额来获得更大的赢利空间，这样才能战胜对手，在市场竞争中占据优势。

别因为领先而忽视创新

管理精粹

一个领先企业，其失败的真正根源不是被市场冷落，而是因为企业自身掉以轻心——他们抗拒创新，从而难以适应日趋变化的市场需求。

——《管理：使命、责任、实践》 德鲁克

精彩阐释

德鲁克说，企业往往在取得领先地位之后失去警惕。有些企业能够不断推出新产品，有些企业却因为产品的陈旧而湮没在市场的潮流中，其中的根源就在于是否有持续促进创新的管理机制。对于任何企业而言，即便拥有了对手不能超越的优势，也不能因为领先而忽视创新机制的推进。

苹果公司是最为重视创新的企业。"创新"两个字也是大多数人对苹果做出的共同注释。波士顿咨询服务公司调查了全球各行业的 940 名高管，其中有 25% 的人认为苹果是全球最具创新精神的企业。在美国《商业周刊》评选的 2007 年度最具创新能力企业排名中，苹果众望所归，获得全球第一。

苹果高效的创新精神从何而来？1997 年，当苹果公司的创始人乔布斯重返苹果时，他的任务就是为这个问题找到答案。乔布斯用行动做出了最好的回答。

乔布斯认为，无论新的建议和创新性想法听起来多么幼稚和可笑，管理者都应给予重视。创新的活动一旦开始，管理者就要最大限度地保证创新效率。

为了促进更多创新行为的发生，乔布斯进行了人才机制的改革，并进行了其他方面的调整。例如，他削减了产品线，把正在开发的15种产品缩减为4种，裁掉一部分人员，节省了公司的运行成本。乔布斯为苹果重新梳理了管理制度，将管理的核心调整到促进创新上。他本人不仅表现出高效的创新思维能力，还亲身参与到创新实践的各个环节中去。他的这种行为不仅使下属看到管理层对创新的投入和决心，而且在促进员工创新上做出了表率。

在乔布斯回归之前，苹果一直陷在停滞不前的泥潭中。管理专家研究苹果公司的历史发现，离开了乔布斯的苹果和乔布斯主持下的苹果，两相对比，由于创新而取得的效益差别极其明显。他们把苹果公司持续创新的动力归结于乔布斯不遗余力建设的、把促进创新当作重要使命的管理机制。

从乔布斯身上可以看出，管理者如果不能建立起以创新为核心的管理机制，企业将不会在创新上有任何建树。

实用指南

在市场发展过程中，哪些公司领先、哪些公司将消失，这是无法预料的。即使是管理专家，也很少能够做出正确的判断。其中的因素有很多，但最重要的因素是一个公司的管理者能否为公司建起持续促进创新的管理机制。企业要想在领先的位置上待得久一些，就必须持续地创新。

放弃没有理由存在的特色产品

管理精粹

没有理由存在的特色产品总是在消耗企业的资源。

——《成果管理》 德鲁克

精彩阐释

德鲁克说，没有理由存在的产品总是在消耗公司的资源，它们通常要求持续不断地技术加工，以便得到进一步的修改和多样化的特性。因为只有看上去具有新特性，它们才能继续在市场上存在。它们不是标准产品，生产要付出昂贵的代价，但是质量却是无法预测的，性能也无法得到控制，并且它们一般会招来无休止的投诉，所以，没有理由存在的特色是没有存在价值的。

李蓝电气公司是一个制造油泵马达的小公司，整个公司只有几百人，可是它制造的油泵数量比美国任何一家公司都多。为什么一家仅有数百名员工的小公司，所制造和销售的油泵马达要比通用和西屋这种大公司的产品价格低很多，却依然还有利可图呢？"因为所销售的是有所差异的马达。"亨德森研究李蓝电气公司之后得出这样的结论。

或许这种差异对很多人来说并不重要，但对购入和装配这种马达的油泵制造商来说，这种差异就非同小可了。对这一行业比较熟悉的人都知道，有些特殊用途的油泵马达必须能防止爆裂，而这些具有防爆功能的油泵马达必须要有特殊的设计：轴柄稍有不同，或是装马达的方法稍有不同，或是气孔的规范稍有不同。李蓝公司正是看到这一点，把自己的产品战略定位在了制造这种稍贵的马达上，按照产品的特殊用途来进行设计。

西屋电气公司也制造油泵马达，但它主要生产的是一种标准化、轻便型的一般用途马达，如果客户需要的是具有防爆功能的马达，该公司就把自己生产的马达装上铸铁罩，而这具铸铁罩则大大增加了公司整体的制造成本。西屋公司的成本当中不仅包括标准型马达、铁罩成本，以及装上铁罩的成本，同时，必须在原有生产线上制造出满足专业化需要的产品，这种交叉式的生产方式既难以达到客户的特殊要求，又使原来的高速生产流程严重受阻，无论是对生产成本还是对公司的生产力来说，都是极为不利的。

因为生产成本很高，西屋公司也只能把售价定得高一些，而李蓝公司却是专门制造这种马达的，它的成本只有西屋公司的1/2，就算是把价格定到西屋公司售价的2/3，仍然能够获得足够多的利润。

成本和售价是产品本质的主要部分，因此亨德森认为，李蓝公司真正销售的是一种与西屋公司有所差异的产品。小小的李蓝公司能够抗衡强大的西屋公司的原因是找准了自己的位置。李蓝的马达不但比较便宜，而且更适合特殊目的使用。

实用指南

发现没有理由存在的特色产品实际上是非常容易的，没有理由存在的特色产品是没有真正在市场上发挥出经济价值的产品。所以，它的顾客量特别小，而且还非常分散。

为产品做出合适的价格定位

管理精粹

产品定价的出发点应该是顾客支付得起并且也愿意支付的价格。

——《管理的实践》 德鲁克

精彩阐释

企业生产产品的目的是为了让顾客购买,而购买的多少与顾客的购买力密切相关。

因此,德鲁克认为,只有制定顾客支付得起并且愿意支付的价格,顾客才会实施购买行为,企业才能完成销售。

在特定的消费群里,以市场或者顾客最想支付的价格为出发点来设计和定价产品,才是最保险的策略。

奇瑞QQ是现代都市的一道亮丽的风景,它之所以能迷倒那么多人,与市场需求、价格定位是分不开的。

奇瑞QQ的目标客户是收入并不高但有知识、有品位的年轻人,同时也兼顾有一定事业基础、心态年轻、追求时尚的中年人。

一般大学毕业两三年的白领都是奇瑞QQ潜在的客户,人均月收入2000元即可轻松拥有这款轿车。

许多时尚男女都因为QQ的靓丽、高配置和优良的性价比而把这个可爱的小精灵领回家,从此与QQ快乐地结伴。为了吸引年轻人,奇瑞QQ除了轿车应有的配置外,还装载了独有的"I say"数码听系统,成为"会说话的QQ",堪称目前小型车时尚配置之最。

据介绍,"I say"数码听是奇瑞公司为用户专门开发的一款车载数码装备,集文本朗读、MP3播放、U盘存储等多种时尚数码功能于一身,让QQ与电脑和互联网紧密相连,完全迎合了离开网络就像鱼儿离开水的年轻一代的需求。

在产品名称方面,QQ取自网络语言,意思为"我找到你",如此一来,就使得"QQ"突破了传统品牌名称非洋即古的窠臼,充满时代感的张力与亲和力,同时简洁明快,朗朗上口,富有冲击力。

在品牌个性方面,QQ被赋予了"时尚、价值、自我"的品牌个性,在消费群体的心理情感中注入品牌内涵。

品牌的市场价格定位，就是要确定企业的品牌情感到底是要凝聚在谁的身上。对于大多数做产品的企业来说，这种品牌情感一定是落在需要你产品的那群消费者身上，并且满足他们的购买力。

柯达公司在创业初期就发现了一个问题：当时的照相要调光、调焦等复杂手段让大多数顾客望而生畏，人们对摄影技术所知甚少，所以导致产品不好卖。为了解决这一难题，柯达公司不惜投入巨资，试图研究一种自动对光、自动调焦的相机。

柯达公司花费了好几年心血，终于研发成一种无需手动调焦、手动对光，只要对准目标按下快门，就能获得自己理想照片的相机。即便是一个对摄影技术一无所知的人只要稍一点拨，就能使用这种相机，因此，这种相机被称为"傻瓜照相机"。

换成别的公司，可能会趁此机会将相机的价格定得很高，大赚一笔。但柯达公司恰恰相反，他们想到的是放长线钓大鱼。

这种相机上市以后，价格低到了令人难以置信的地步，人们甚至怀疑这种相机能否照出影像。经过一段时间的宣传，人们纷纷踊跃购买，表现出了极大的兴趣，同时也得到了人们的认可。

人们都为能够拍出理想的相片而兴奋不已，消费者看起来是占到了便宜，实则柯达公司才是最大的赢家。

随着"傻瓜照相机"的大量售出，柯达品牌的胶卷、相纸乃至整个柯达彩扩业都因此而受益，摆脱了曾经那种死气沉沉的局面。

人们手中有了相机就必然要在这些领域里不断消费，柯达在开始就盯准了一个更有潜力的市场。因此，它并不急于收回成本，而是舍小求大，获取了更多的利润。

柯达的营销手段是精明的，当它把花费大价钱开发出的相机以低价出售时，实际上是只抛出一块砖石，它要引出后面的胶卷和相纸，激活它们的市场。

这可以看作是一种销售策略，只有买相机的人多了，才能够售出更多的胶卷和相纸。

实用指南

以市场或顾客最想支付的价格为出发点，来定价自己的产品，才是最保险的战略。这样做确实会遇到很多麻烦，但比起企业以成本为出发点来定价的方法要好得多。

要明白顾客都是"懒人"

管理精粹

在现在商业社会中，销售通路的变化频率越来越快，变动的速度远远超过技术的发展速度和顾客的期望。

——《成果管理》 德鲁克

精彩阐释

德鲁克说，在一个快速变革的时代，销售渠道的变革比任何其他事物都要快。他很有预见性地肯定了信息革命对销售渠道变革的影响也最大。在他的眼里，网络使家庭主妇成为了购买汽车的决定者——尽管她们不喜欢和汽车销售商打交道，但网络使她们坐在家里就能够完成整个购买过程。越来越多的消费者会通过网络来购买自己所需要的产品，省了许多奔波之苦。这是许多网店获得成功的根本原因。

淘宝网的出现，改变了许多人的购物方式，在淘宝网上购物成为许多消费者生活的一个重要部分。从2003年创立以来，淘宝飞速成长的势头就没有停过。2007年淘宝的交易额达到惊人的433亿元，超过了沃尔玛和家乐福在中国销售额的总和。从淘宝网的成功就可以看出，让消费者更"懒惰"，让他们坐在家里就可以完成交易，这是一个多么值钱的商机。

电子商务只是商业中的一种方式，但这给我们带来了重要的商业启示：新的消费变革正在发生，顾客对产品或服务的便捷性要求越来越高。国内著名零售企业苏宁电器公司曾在全国范围内做过一次服务调研活动，通过电话回访、街头拦截、VIP会员深度访谈等方式对全国近10万名消费者进行了满意度及服务需求的深入调研。在此次调研中，便捷性成为出现频率最高的词语之一。

实用指南

从商业竞争的角度来考虑，市场中没有懒惰的顾客，只有懒惰的商人。顾客的需求和期望蕴含着巨大商机。成功的企业之所以成功就在于迎合了消费者的懒惰心理，提供了更为便捷的产品或服务，让消费者在享受产品或服务上越来越轻松，提升了顾客的生活舒适度，从而获得消费者的忠诚和依赖。

只有创造市场才能创造企业

管理精粹

如果管理者以销售工作的整体表现来谈论营销,其依然是推销思维——以产品为出发点,仍是在寻找市场。

——《管理:使命、责任、实践》 德鲁克

精彩阐释

在德鲁克眼里,推销就是寻找市场。然而,高明的营销能够创造市场。

优秀的管理者能够把小机会变成大机会,把大机会变成更大的机会。他们不随大流,眼光独到,另辟蹊径,在别人"睡醒"之前早已把赚来的钱塞进自己的口袋里。

宝洁公司是目前世界上最大的日用消费品制造商和经销商之一。它在全世界60多个国家和地区设有分公司,所经营的300多个品牌的产品畅销140多个国家和地区,年销售额超过300亿美元。

1988年8月,宝洁公司正式进入中国,建立了广州宝洁有限公司。为了促进"海飞丝"、"飘柔"等品牌产品的销售,宝洁认为要占领市场必须创造市场,要创造市场必须创造顾客。因此,他们采用独特的促销模式来创造顾客。

根据市场调查,当时广州市区有发廊3000多家,以每个发廊每天接受20个人洗头计算,一个月洗头总人数就接近广州市区的总人数,广州洗发水销量中发廊占34%左右。因此,宝洁公司首先选取了10家位于闹市区、分布合理的发廊参与此次活动。

随后,宝洁设计了6388张洗发券,消费者不需要购买任何宝洁产品,只需剪下一张宝洁产品的广告,就可换取一张相当于自己一天甚至两天工资总额的洗发券,凭洗发券可以到指定发廊洗头。

这样,就算是没有工资收入的学生或家庭主妇,也一样有机会到高级发廊享受服务。

第一周到广州体育馆换票,由于整个宣传是立体式的,遍及全市报纸、电视、电台及发廊,结果,前来换票的人空前踊跃,直到换完最后一张票,还有3000多人排队。第二周不得不改用了寄信换票的方式。公司每周都有固定的票数发出,每周都是先到先得。

每周五《羊城晚报》1/4版广告是整个行动的高潮，连续推出4周。公司用固定的报纸篇幅、固定的媒介发布时间，每次公布不同的换票游戏规则。行动期间，天河区星期五的晚报下午5点钟就卖完了，这大大提高了各种职业、区域消费者的投稿取票回报率。

这次行动的结果是，宝洁公司用只能拍5条广告的费用，使"海飞丝"、"飘柔"在广州地区的销售额比去年同期增加了3.5倍，使广州宝洁获得了1990年度宝洁总部的两项全球性大奖——最佳消费者创意奖及最佳客户创意奖。

我们来分析一下宝洁公司是如何创造市场的。

首先，宝洁和选定的10家发廊合作，发廊购买宝洁的洗发水，而宝洁为其吸引顾客。顾客凭洗发券免费享受服务，而这部分成本由发廊承担，发廊通过活动扩大了知名度。

其次，宝洁通过和报纸、电台等媒体的合作，提高了媒体的影响力，使报纸的购买量迅速增加，周五的晚报下午5点就买完了。

最后，宝洁既卖出了自己的产品，同时又以近乎免费的方式做广告，扩大了宝洁的影响力。

可见，通过这一促销活动，宝洁使目标顾客——消费者和发廊迅速增强了对宝洁的品牌信任，从而大大降低了成本，提高了销售业绩。

宝洁公司通过独特的创意，创造了顾客，很快打开了市场局面，进入快速、稳健的发展阶段。这是一个典型的多赢案例，这个例子启示创业者，必须想方设法创造顾客，使顾客加强对你的产品和公司的认同度，这是占领市场并创业成功的重要条件。

做市场，是要讲求手段与策略的。如果一味跟随别人的步伐，而没有丝毫的创新，市场只能越做越小，越做越死。有时，一点小小的创意，一个小小的变化，便可以改变产品的市场格局。高明的营销不仅能创造市场，更能赢得市场。

实用指南

只有创造市场才能创造企业，而创造市场的唯一途径就是站在顾客的角度，想顾客所想。管理者必须以顾客为根本，你能为顾客提供什么样的产品和服务，这是决定事业成败的关键。

第五章　赢在未来的远见、洞察力与有效决策

销售渠道也要"精耕细作"

管理精粹

企业只有具有一个畅通的销售通路，才能把产品运送到顾客手中。

——《成果管理》 德鲁克

精彩阐释

德鲁克说，每一个企业都有它自己的销售商，而他们正是企业的第一个顾客。这些顾客决定着企业的产品与消费者的距离，任何企业都必须对他们进行精耕细作，从而获得畅通的销售通路。

1991年在推广果奶的时候，娃哈哈就已经跨过亿元的门槛，但开始只是在几个城市推广，成功后便把全国市场分割成几个大片。到了1994年，全国销售额超7个亿，娃哈哈遇到了瓶颈，要想销售再上一个台阶，市场的区域需要进一步细分。

当年年底，宗庆后召开全国经销商大会，创立了联销体，网络分割从大片下降到了省，当时几乎各省会城市都有批发市场，产品通过批发市场辐射下去，尽管这时的区域划分是比较粗放的，但是相比当时的竞争对手太阳神、乐百氏来说，娃哈哈的区域分割更合理、更均匀。它促使娃哈哈的业绩更上一层楼。

到1995年底，娃哈哈靠着果奶、AD钙奶等产品的成功，全国销售额达到了8.8个亿。1996年，引入了达能，推出了纯净水，娃哈哈纯净水很受欢迎。这时，以省级批发为单位的销售通路难以支撑当年10亿元销售目标的完成。宗庆后及时对区域又进行了分割，到1996年底娃哈哈的经销商几乎分布到了所有省份的二级城市。当年的销售额顺利迈过10亿大关。

1998年娃哈哈推出非常可乐，当年销售额达28亿，超越健力宝成为中国饮料的"老大"。1999年非常可乐热销，娃哈哈销售额超过45个亿，但想更上一层楼，销售通路又遇到了瓶颈。从2000年起，娃哈哈已经开始在全国建立县级经销商。尽管县级网络的分割开始并不顺利，直到2003年各个省才陆续分割到位，但在非典到来的2003年，大多数企业都受到严重影响，娃哈哈却开始发力，逆势冲过了100亿的门槛，从而彻底拉开了与其他饮料厂的距离。

2004年娃哈哈又开始了第5次革命，很多镇一级的市场都有了娃哈哈的经销商，加上营养快线和爽歪歪的推出，只用了4年的时间，销售就加速冲过了150亿、

200亿和300亿的大关。

娃哈哈的销售历程，是区域销售通路不断革命的过程，在这个革命进程中，销售通路一次次被细分，最终为娃哈哈实现逐年提高的年度目标打下了坚实的渠道基础。尽管没有人可以肯定用分割销售区域的办法来提升销量，可以适用于中国任何一家企业的发展，但娃哈哈对销售通路的革命精神值得任何一名管理者借鉴。要想获得别人难以企及的成功，就要使销售通路比别人做得更细、更透。

良好的销售渠道，不是一天就可以建立起来的，它离不开你精心的"播种"与"呵护"，就像农夫干农活一般，要求精耕细作。

首先要"播种"，这是长出一棵果树的必要条件。虽然有些种子会腐烂，不发芽，但不播种，就绝不会有果树长出来。人际关系也是如此，你的用心是人际关系的必要条件，虽然不一定会有好的回应，但没有用心，就不能建立人际关系。虽然有人主动和你建立关系，但也要你做出回应，这样关系才会持续下去。你若冷淡以对，他还会来找你吗？

有些种子会发芽，但有些却不能，像有些干燥的地方，种子可以在地下深埋数十年，但雨水一来，就会迅速发芽。销售渠道也是如此，你的用心有时很快就会从对方那里得到回馈，但有时却不一定。至于什么时候才能得到"回馈"，你不必花心思去期待，反正你已种下了一粒种子，"机缘"一到，它自然会发出芽来。而这发芽的时间，有可能是在你四五十岁时，甚至一辈子都没发出芽来，但总是有希望的。

种子发芽后，你得小心勤快地灌溉、除草、施肥，它才会长成大树，开花结果。人际关系也是如此，你同样要用热心、善心来经营它，尤其不可拔苗助长，急于收获果实，这样只会破坏你的人际关系。而最糟糕的是，这种拔苗助长的作风会成为你的负债。

播的种子越多，发的芽也越多，经过一段时间后，收获的果实将令你感到欣慰。销售渠道也是如此，管理的过程中要多用心，尽可能多开辟一些渠道，纵然有一些"不发芽"的，但长时间积累下来，你的客户还是很多，那时这种人际关系就是你的果树林，而你必然能享受这些甜蜜的果实。

实用指南

在产品同质化十分严重的环境背景下，维持企业业绩主要依靠的是企业之间的渠道竞争。如何利用渠道激励策略开发和维护更多的客户，构建以企业为主导的营销价值链，是决定企业能否脱颖而出的核心利器。畅通的销售渠道是一种实力，也是企业成功的保障。

第六章

变革时代的理性与智慧

·第一节·
企业必须成为变革的原动力

自满往往是企业危机的开始

管理精粹

成功的企业往往会对以往获得的创新成果沾沾自喜，但也会因此而陷入难以摆脱的危机。

——《管理的实践》 德鲁克

精彩阐释

在德鲁克看来，自满往往是企业危机的开始。

1999年，陈天桥靠他借来的50万元走上了创业之路。2005年，32岁的他就成为了华人首富。短短6年间，他一手创建的"盛大网络"资产已超过百亿，并成为中国最大的互联网企业和世界最大的网络游戏公司之一。2008年第三季度财报显示，盛大实现了第11个季度的稳健增长，而且超出行业第二名1.4倍。

盛大之所以取得如此巨大的成功，忧患意识是它最好的利器。在外人看来，盛大手里似乎有花不完的钱，它的财务状况足够健康。按照陈天桥自己的描述，盛大没有银行贷款，没有应收账款，每天的现金收入超百万。陈天桥的心里一直都认同比尔·盖茨的那句话："微软距离倒闭永远只有14天。"微软帝国尚且如此，何况他的盛大呢？

陈天桥曾说:"在 2001 年之前,盛大每天都可能死去;在 2002 年,盛大每个月都可能死去;在 2003 年,盛大每个季度都可能死去。"在盛大的发展过程中,陈天桥说自己每一年里都承担了别人十年的风险。遭遇过与合作伙伴对簿公堂,遭遇过投资方突然撤资,遭遇过黑客的大规模袭击,也遭遇过竞争对手"举报"所谓的偷漏税……政策、业务、技术风险,盛大始终觉得自己"危机重重"。

"人无远虑,必有近忧。"陈天桥始终是直面现实又憧憬梦想的清醒者,忧患意识是他的一支清醒剂。身处的领域,新的技术每天变化着,每天以加速度变化着。盛大每天在追求机遇的过程中面临着新的危机,同时又在不断解决危机中抓住新的机遇。这就是使盛大茁壮的生命力量。

所谓高人,往往是比常人多看到三两步,多做了三两手准备而已。正如陈天桥所说的:变是常态,不变是非常态。在陈天桥看来,一家企业如果不能在快速竞争的市场中,始终保持小步快跑的速度,就会保持不死不活的状态或者就会被人拉下来。忧患意识让人在危机面前保持清醒。也正是这样的危机意识,使陈天桥带领盛大一次次跨越死亡线,成为国内最大的游戏运营商、最受人尊敬的 IT 企业之一。

实用指南

孙子说:"乱生于治,怯生于勇,弱生于强。"意思是,混乱可以转化为严整,怯懦可以转化为勇敢,弱小的态势也可以转化为强大的态势。任何事情都有好与坏的两面,满足和停留就意味着危险,因此管理者要时刻有忧患意识。

变革能使企业获得动力

管理精粹

变革往往能够促使企业获得动力。

——《下一个社会的管理》 德鲁克

精彩阐释

德鲁克认为,使企业成为变革原动力的真正用意在于通过这种定位而使企业的心态产生改变,让组织不再把变革视为威胁,而将其当作机会。

当初,苹果公司盛极一时,以激情和创新享誉全球。但是随着乔布斯的离开而经历了从辉煌走向衰落的过程。是什么原因促使苹果公司发生如此令人遗憾的变化？我们应该注意的是，苹果公司的产品品牌并没有出现致命硬伤，技术实力并没有消失，显然品牌和技术并不是影响苹果公司发展的障碍。

很多管理者将苹果的衰败归结为组织激情——尽管品牌没有变化、技术实力没有变化、其他资源条件没有变化，但组织的激情消失了，组织发展的动力失去了，组织的品牌、技术和其他资源成了摆设，未能产生最大效用，衰败趋势就难以避免。

这一局面后来随着乔布斯的回归才得以扭转。回归后的乔布斯对组织进行了多项变革，不但重塑创新战略的核心地位，而且还对重要岗位的人事进行了调整。伴随着乔布斯一项项变革举措的推出，苹果公司重获激情，重新进入上升式发展轨道。

由此可见，企业往往能够通过主动变革而获得巨大的前进动力。

实用指南

卓越的管理主要由技术、机制或规划构成。这只是管理的一方面，其实在卓越的背后，还有更为本质的因素：员工的激情、团队的激情和企业的激情。一个有激情的组织必然是战斗力出众的组织，当组织受到挫折、困难和危险时，会自动调整自己的资源配置和行为方式加以应对。相反，缺乏激情的企业往往毫无斗志。因此，企业管理者要擅用变革来激发员工的激情，使组织始终处在一个活力四射的氛围之中。

恐惧是抗拒变革的根源

管理精粹

拒绝变革源于无知和对未来的恐惧。

——《管理：使命、责任、实践》 德鲁克

精彩阐释

德鲁克认为，如果企业内部自我认为"企业现在这种良好形势会一直保持下去，只要我们做好本职工作，企业就能长盛不衰"，那么这家企业离倒闭就不远了。因为这种思想会在企业内部形成一种不思进取、保守的企业文化，会使企业失去活力，逐渐僵化，从而使企业陷入没落。

在强生公司开发出泰诺之前，独霸美国解热镇痛市场的是史特灵制药公司的拜耳阿司匹林。作为史特灵制药公司的主打药，在半个多世纪里一直是美国解热镇痛市场的统治者。为了不至于削弱市场主导地位，史特灵制药一直没有把 Panodol 引入美国市场，该药属于非阿司匹林的解热镇痛剂，是其在欧洲市场上的主打药。

应该说史特灵制药公司这种保守的做法延误了其发展良机。随着泰诺的问世，史特灵制药公司的市场地位与日俱下。史特灵制药公司的保守思想使其将市场发展机遇拱手相让给对手。尽管市场已经发出了明确的信号——是换一种新策略的时候了，史特灵还是把自己封闭在原有的框框中。失败已经成为难以避免的下场。最终，史特灵制药公司被伊士曼·柯达公司收购。

山西票号曾一度执中国金融界之牛耳，在其长达百余年的发展历程中，辉煌与盛誉始终相伴，闻名中外。然而，在清末经济危机困扰下，在与现代银行的竞争中，山西票号走向衰落，一蹶不振。最终退出历史舞台，成为旧时中国记忆中的历史场景。

在山西票号谢幕之前，并非没有改革之机遇。山西票号在外国银行来华之后，尤其是在遭遇到中国官商银行的市场竞争之后，部分亲身感受到竞争压力的分号经理首先意识到了票号实行制度创新、向股份制现代银行转变的必要性。主要代表人物当数蔚丰厚票号京都分号经理李宏龄，他曾于1908～1909年间数次向平遥各总号大掌柜力陈改组银行之利弊，呼吁实施从票号向现代银行的改革。

但由于平遥各总号大掌柜长期居于高墙之内，关于现代银行的信息接触较少，无法及时掌握未来发展的趋势，又加之各号总经理一般都较为传统，旧体制的保守思想根深蒂固，对新生事物充满敌意，甚至坚决反对。最终，李宏龄的改革呼吁因为大掌柜的置之不理而不了了之，票号尽失改革良机。

这正如张瑞敏所讲，"创新的成果都是暂时的，只能是相对的，今天的成果明天不一定是成果，所以你这个成果在别人打倒你以前，自己先否定自己，只有自己不断打倒自己，才能永远不被别人打倒"。

实用指南

在市场经济飞速发展的今天，很多管理者都会有这样的体验：变化是唯一不变的真理。《鬼谷子》中说："变化无穷，各有所归，或阴或阳，或柔或刚，或开或闭，或弛或张。"企业要因时、事、势而移，及时地调整战略。

企业首先要掌握各种物产的生产季节、产地、价格、数量及运输路程与方式；与物产有关的气候变化、年成丰歉等知识；密切注意市场变化行情，预测商品的多寡贵贱。企业要随天时、机遇、季节变化而变化，随市场而变化。战略上是否随世而移，产品是否及时更新换代，都关系到生意的成败。凡是业务范围较大、经营得法的企业家,大多是这方面的行家里手。

套用 IBM 广告词"随需应变",要把一个企业做大做强,就要随市场而变,无论心理上还是投资策略上,都要随市场的变化及时做出适应市场的调整。

做好准备,等待机遇

管理精粹

当天堂的甘露如雨水般降落时,一些人撑起了雨伞,另一些人则找来大汤匙。

——《动荡时代的管理》 德鲁克

精彩阐释

有人问爱因斯坦为什么能够成功,是怎么抓住机遇的,爱因斯坦说,机会只青睐那些有准备的头脑。

准备是一切工作的前提。只有充分准备才能保证工作得以完成,而且做起来更容易。拿破仑·希尔说过,一个善于做准备的人,是距离成功最近的人。一个懂得准备、善于未雨绸缪的员工才能及时抓住成功的机会,这样的员工当然也是老板眼中的优秀员工。

安娜在一家服装公司做销售工作,业绩一直不错。可是公司为了开拓第三市场,决定减少服装的生产量,裁减员工,以达到压缩成本的目的,资金转向了第三产业——房地产业。现在,所有员工都面临着被裁的危险,人人自危。销售岗位要裁去一半人员,这不能不让所有销售人员心里打起鼓来。大家平常工作都差不了太多,谁走谁不走呢?

面对这种情况,安娜却镇定自若,似乎并没有太在意。最后的结果是销售部人员走了一半,副主管也被辞退了,而安娜却升了职。原来,安娜在平常的工作中,十分注意整理所有客户的资料,还利用业余时间学习编程工作,为公司建立了一个庞大的数据库。这个数据库的建立为销售渠道的正规化提供了科学的依据,大大地提高了工作效率。早在一个月前,安娜就向主管拿出了这个数据库,得到了认可,正在等待讨论通过与实施。

升职后的安娜除了将销售方式正规化外,还积极联系国外的销售客户。当第一次与意大利出口商签单时,总经理发现安娜能用流利的意大利语与客户交谈,不禁对她另眼相看。不久安娜升为副总经理,成为这家公司的骨干,在销售领域无人可以替代。

机遇是位公正的女神，没有一丝一毫偏私，谁为迎接她做好了充分准备，她就属于谁。

曾有人这样形容现代职业人的竞争环境："每一条跑道上都挤满了参赛选手，每一个行业都挤满了竞争对手。"在人满为患的跑道上和拥挤的行业竞争通道中，怎样才能成为一匹黑马，成为令人羡慕的领跑者呢？最简捷的方法就是比别人早一点做好准备。

俗话说："春耕莫等东方明，插秧莫等鸡开口。"生活中丰衣足食、工作上一帆风顺的人都是比别人早走一步的人，但是提前做好准备的精神在现实中已经被人们忽视了。在上面案例中，安娜的工作业绩一直不错，表面上看和大家没有什么区别，实际上，安娜已经在平时一点一滴地做好了许多能够增加自己价值的准备。无论是编程还是客户的积累，以及意大利语的学习，都是其中的一部分。这并不能证明安娜的智商比其他人高多少，却证明了安娜重视准备的一种态度。正是因为具有了这种态度，安娜才成为了这家公司最不可替代的人。

一位哲人说，你永远不可能比别人多长一个脑袋，但预先准备，却能使你变得不可替代。提前预备得越早、准备工作做得越充分的人，成功的可能性就越大，我们常说的"养兵千日，用兵一时"，就是一种准备的哲学。

实用指南

"每个人的一生，至少都有一次受到幸运之神垂青的机遇，一旦幸运之神从大门进来后，发现没人迎接，她就会转身从窗子离去。"卓有成效的管理者都知道这样一个道理，那就是机遇只会降临到有准备的人身上。

怎么做比做什么更重要

管理精粹

在变革的年代里，怎么做比做什么更重要。

——《21世纪的管理挑战》 德鲁克

精彩阐释

德鲁克认为，变革的领导者一定要审视所有的产品、服务、市场及流程，并自问"就目前所知，如果我们还要进入这个领域，是否要依照旧有的经验"。

第六章 变革时代的理性与智慧

在20世纪60年代,米勒啤酒在美国啤酒行业的地位并不令人乐观,它们仅仅处在令人尴尬的第八位。比上不足比下有余,市场份额不足一成,与知名品牌百威相比,差距如同天堑。当时米勒公司内部的一个员工的说法是:第八位的位置就是告诉你,要想往上走,你需要超过七个对手才能成为领先者。如果你不上进,这个位置足以保证你饿不死,前七名每天吃牛排,我们每天能够吃上蘸点肉味的面包。

米勒公司的高层显然不满足于每天吃面包,他们也想吃牛排,为了提升公司在行业内的位置,他们决定采取重大措施。在措施出台之前,他们开始着手严谨的市场调查。很快,市场调查结果使他们有了重大发现。按照啤酒饮用者的酒量特征来对市场进行划分,市场可分为轻度饮用者和重度饮用者。前者人数虽多,但饮用量却只有后者的1/8。这个结果使米勒公司的高层感到很兴奋,他们大胆地设问:如果这些重度饮用者喝的都是我们的啤酒,我们的利润将会有多大?

为了找出答案,他们将市场调研工作做得更为细致,随着调查的深入,他们总结出了重度饮用者的多项特征:这部分顾客多是蓝领阶层,收入不是很高,但喝酒的钱还是充裕的;他们消遣闲暇时光的主要方式是看电视,每天待在电视机前的时间多达三小时;他们爱好体育运动,爱看体育节目,喜欢参与各类体育比赛……这些特征为米勒公司描绘了详细的顾客肖像图,公司高层决定把目标市场定在重度饮用者身上,在这个顾客群体上做足文章。

他们选用了公司旗下的"海雷夫"牌啤酒作为进入这个目标市场的主打产品,并对这个产品进行了重新包装,改变了宣传策略,加大了宣传力度。他们通过与电视台合作开创了一个以米勒啤酒为名字的栏目,并在栏目中对"我们的啤酒和你的时间相匹配"这一广告主题进行大肆宣传。广告画面中出现的多是令人血脉贲张的运动画面,比如在迷雾弥漫的大海中航船、从陡峭的山坡上冲下摩托车,等等。这些广告传达的诉求效果是:只要你喝"海雷夫"牌啤酒,你就像他们一样勇敢,你的人生经历像他们一样刺激。

经过一段时间的宣传,米勒啤酒获得了成功,"海雷夫"牌啤酒在1978年的销售量多达2000万箱,仅次于AB公司的百威啤酒,在全美名列第二。从此,米勒啤酒公司进入一条高速发展的轨道,成为全世界闻名的啤酒生产商之一。

实用指南

企业管理者经常碰到的一个误区是:将更多的精力投入到解决做什么问题上,而忽视了对怎么做的关注。"做什么"的思考出发点是行动本身,强调的是自我判断和感受;"怎么做"则是将思考、行为、决策与市场需求、竞争环境接轨,因此,这对企业而言,更具有现实意义。

要敢于"断臂"

管理精粹

一艘长年行驶在海上的船只,必须清理那些附在船底的藤壶,否则它们会降低船只的速度并减弱船只的机动性。

——《动荡时代管理策略》 德鲁克

精彩阐释

很多跨国公司发展到一定程度时,就会向以核心技术或者品牌为主的经营战略转变,停产竞争力不强的产品或者出售竞争力不强的部门,这就是所谓的"断臂"。企业断臂的过程就是清除过去羁绊的过程。它们之所以会这样做,就是不想因为过去而束缚眼前的行动。

2006年8月1日,柯达公布的2006年第二季度财务报告显示,二季度柯达净亏损2.82亿美元,每股亏损0.98美元。其中,柯达四大主业中,消费数码产品的营收为6.28亿美元,比2005年同期下降了6%;胶片及冲印系统集团营收为11.53亿美元,相对于2005年同期的15.03亿美元有较大降幅;医疗集团营收也下降了6%,为6.55亿美元;其他所有产品的销售额为1600万美元,而2005年同期则为2400万美元。唯一增长的便是柯达的图文影像营收,比去年同期增长了14%,营收额达到了9.08亿美元。

这份财务报告充分说明了向数码业务的转型比预期的要困难得多。为了扭转目前的不利局势,柯达在公布财报后立即宣布将旗下数码相机制造所需业务全部外包给新加坡专事代工的伟创力国际有限公司NasdaqFLEX。柯达公司副总裁、柯达消费数码影像集团数码相机及组件部总经理认为,此项战略将使柯达集中精力专注于高级研发以及那些能够带来最大的差异化竞争优势的业务领域。

早在2003年,在前任首席执行官邓凯达的推动下,柯达开始从传统影像到数码影像的战略转型。为了增加自己在数码影像方面的市场份额,柯达在2006年前投入30亿美元,在公司的三大战略支柱——民用数码影像集团、医疗集团、胶片影像集团之外,进行大规模的收购。对于柯达此次的断臂之举,有专家表示:

第六章 变革时代的理性与智慧

"柯达在数码相机和数码冲印方面其实还是良性发展的,现在的举动并不等于它在数码领域受挫,反而从另一个侧面反映出柯达想把数码做好,是专业化分工的一个举措,这样可以降低成本,操作也会更灵活。"

事实确实如此,柯达2007年底完成了整个公司的转型。2008年1月,柯达公布的2007年第四季度财务报告称,由于四年来从传统胶卷技术向数字技术的转移获得成功,2007年第四季度柯达公司获得了2.15亿美元的利润,每股收益71美分。

从案例中我们可以看出,"断臂"使柯达获得了新的发展。

实用指南

德鲁克说:"要把资源集中在成效上,就需要企业进行体重控制。"也就是每次进行新任务时,就要放弃一个没有前景的任务。只有这样,企业才能轻装上阵,在最擅长的领域精耕细作。

在自己最擅长的领域发动变革

管理精粹

成功变革的首要良机就是要发掘自身的成就,并将变革建立在已经取得的成就上。

——《21世纪的管理挑战》 德鲁克

精彩阐释

将变革建立在已经取得的成就上,就是要求企业要基于自己的优势资源进行变革。孙子也曾说:"无所不备,则无所不寡。"意思是:"处处防备,就处处兵力薄弱。"无论是德鲁克还是孙子,言外之意都是要发挥自己的长处,而不是掩饰自己的短处。对于企业不太擅长的领域,尽量避免花费力气。

1981年,通用电气旗下仅有照明、发动机和电力3个事业部在市场上保持领先地位。2001年,杰克·韦尔奇退休时,通用电气已有12个事业部在各自的市场上数一数二。如果它们能单独排名的话,那么,通用电气至少有9个事业部能入选500强企业之列。这是杰克·韦尔奇推行"数一数二"战略的辉煌成果。

1981年,杰克·韦尔奇上任后,开始不断向投资者和下属宣传他的"数一数二"经营战略。他认为,未来商战的赢家将是这样一些公司:"能够洞察到那些真正有前途的行业并加入其中,并且坚持要在自己进入的每一个行业里做到数一数二。无论是在精干、高效,还是成本控制、全球化经营等方面都是数一数二。80年代的这些公司和管理者如果不这么做,不管是出于什么原因:传统、情感或者自身的管理缺陷,在1990年将不会出现在人们面前。"

"数一数二"战略开始的时候并不被人们理解。在20世纪80年代,只要企业有赢利就足够了。至于对业务方向进行调整,把那些利润低、增长缓慢的业务放弃,转入高利润、高增长的全球性行业,这在当时根本不是人们优先考虑的事情。当时无论是资产规模还是股票市值,通用电气都是美国排名第10的大公司,它是美国人心目中的偶像。整个公司内外没有一个人能感觉到危机的到来。

其实,当时美国的市场正被日本一个一个地蚕食掉:收音机、照相机、电视机、钢铁、轮船以及汽车。通用电气公司的很多制造业务的利润已经开始萎缩。而且1980年美国的经济处于衰退状态,通货膨胀严重,石油价格是每桶30美元,有人甚至预测油价会涨到每桶100美元。这对通用电气公司的制造业也是个冲击。

杰克·韦尔奇认识到,把通用电气公司的弱势业务转给外边的优势企业,两者合并在一起,这对任何人都是一个双赢的结局,比如把空调业务出售给特兰尼。特兰尼在空调行业中占据领先位置,合并后,原通用电气公司空调部门的人员一下子成了赢家中的一员。

韦尔奇的"数一数二"战略使通用公司很快摆脱困境,走向成功。

韦尔奇的这种战略体现的正是基于自身优势进行变革的思维方式。

实用指南

只有基于自身优势进行变革,企业才不会在不擅长的领域浪费精力,而会一直专注于最擅长的领域,获得持续成功。

·第二节·
知识的特点就是不断变化

成为知识整合的高手

管理精粹

在今天高度技术化领域里,许多成功的公司并非以技术见长。

——《成果管理》 德鲁克

精彩阐释

德鲁克认为,知识整合是企业最重要的能力。在德鲁克眼里,"知识不只是技术,许多成功的公司并非以技术见长"。企业的成功并非完全依靠技术,而是依靠企业各个环节知识的综合所产生的力量。有的企业以技术见长;有的企业以营销见长;还有的企业以管理见长。无论哪种企业,但凡取得卓越成就的企业,必然在一个领域甚至在多个领域里占有高人一筹的知识。这种支撑企业傲立群雄的知识有可能是营销知识,也可能是管理知识。优秀的企业管理者一定善于综合知识并使其迸发出最大的能量。

鲍罗·道密尔在美国工艺品和玩具业中享有盛誉。1945年,这位21岁的匈牙利青年,身上只带了5美元就到美国闯天下。20年后,他成为百万富翁。道密尔初到美国的18个月,就换了15份工作,有些甚至是别人梦寐以求的。这在别人看来是无法理解的,但道密尔觉得,那些工作,除了能维持生存外,都不能展示他的能力。

通过当推销员,他获得了人生的第一桶金。随后,他用自己所挣的钱收购了一个濒临倒闭的工艺品制造厂。当时道密尔只提出两个条件,一是不负责工厂旧的债务,二是他接手以后的亏损由他自己负责。另外,尽管他只占有工厂的70%的股份,但这个工厂将来如果挣了钱,他的利益要占90%。一年后,这家工厂起死回生，获得了惊人的利润。道密尔是怎么成功的呢？

原来，他接手工厂后，首先仔细研究了公司的每一项作业程序，从定价、消耗到销售，从生产到管理，把每一项缺点记录下来。他对这些可能导致工厂亏损倒闭的要素进行排列分析，确定哪些是不合理的、哪些是可调整的。然后，他针对这些缺点进行了一系列的调整。通过对一系列因素的比较和测算，道密尔最终得出结论：工厂倒闭的主要原因在于管理成本太高和产品定价太低。

针对这一结论，他采取了行动。首先，要降低管理成本，他就必须裁减大批职员。道密尔把留下来的管理人员的工作量加倍，薪水也加倍，以与工作量相适应。这些留下来的人，由于待遇提高也增加了责任心。其次提高产品价格，以此来增加赢利。在加价前，道密尔先加强服务质量，以减少顾客的埋怨，改变消费者对公司的看法，让他们觉得物有所值。当时机成熟时，再加价。

事实证明他是正确的，道密尔通过对工厂各个环节的精细化管理，工艺品制造厂不仅扭亏为盈，还使道密尔赚到了人生的第一个100万。鲍罗·道密尔的成功凸显了知识整合的意义，也有力地证明了德鲁克所说的"知识不只是技术，许多成功的公司并非以技术见长"。

实用指南

德鲁克说，知识不只是存在于企业之中，也非企业独自占有，这就需要企业管理者善于从企业之外学习知识，将其综合运用到企业中来，从而使企业获得独特的核心竞争力。使一个企业真正与众不同，并且成为其独特的资源，是其利用各种知识——从科学和技术的知识到社会、经济和管理的知识的能力。一个企业唯有在知识整合方面的才能与众不同，才能生产出有价值的东西。

知识的最大特点就是不断变化

管理精粹

每一种知识最终会因为过时而变成错误的知识。

——《成果管理》 德鲁克

精彩阐释

德鲁克认为，知识的真相就是每一种知识都会变成错误的知识。知识如同新闻一样，当你还沉湎于昨天的事件中时，那个事件已经成为了历史。

第六章　变革时代的理性与智慧

作为全球最成功的企业之一的微软公司的总裁，盖茨非常喜欢微软公司文化中的一条："每天早晨醒来，想想王安电脑，想想数字设备公司，想想康柏，它们都曾经是叱咤风云的大公司，而如今它们也都烟消云散了。有了这些教训，我们就常常告诫自己——我们必须要创新，必须要突破自我。我们必须开发出那种你认为值得出门花钱购买的 Windows 或 Office。"

计算机领域有一个人所共知的"摩尔定律"，它是由著名的芯片制造厂商——英特尔公司创始人之一戈登·摩尔经过长期观察后，于 1965 年 4 月 19 日提出的。"摩尔定律"基本定理：集成电路芯片上所集成的电路的数目每隔 18 个月就翻一番；微处理器的性能每隔 18 个月提高一倍，而价格下降一半；用一个美元所能买到的电脑性能，每隔 18 个月就翻两番。

盖茨历来以悲观的论调谈论微软，即使是在微软最鼎盛的时期，他也一再强调微软离破产只有 18 个月的时间。当微软利润超过 20% 的时候，他强调利润可能会下降；当利润达到 22% 时，他还是说会下降；到了今天，他仍然说会下降。他认为这种危机意识是微软发展的原动力。微软著名的口号是：不论你的产品多棒，你距离失败永远只有 18 个月。

盖茨的危机意识来源于对知识过时的担心。正是因为这种危机感，使微软找到了持续发展的必由之路，那就是不断创新。事实上，盖茨一直也没有停下创新的脚步，无论在任何场合，只要是软件能发挥效益的地方，他都会让微软顾及到。微软为手表开发软件、为电话开发软件，电视机、汽车上也有微软的产品。不过这些东西有的需要很长时间才能被大众接受。例如微软为有线电视网络开发的软件直到最近几年才开始赢得了大量的客户，而相应的开发工作历时已超过了 10 年。

无论是盖茨的忧患意识，还是摩尔定律，都警示了更多的企业管理者：竞争时代瞬息万变，任何一个企业稍稍疏忽就将面临破产。正如硅谷一家经营者说的那样："你永远不能休息，否则，你将永远休息。"

永远追求新知是企业管理者必须拥有的意识和习惯，只有这样，企业才能永续发展。

实用指南

对于管理者而言，下面这个问题始终应该提出来问一问：我们还需要什么，或者我们是否需要某种不同的东西？言外之意，企业应在高度警醒下不停学习。

创新能力越弱越容易墨守成规

管理精粹

　　企业的技术变革越不显著或突出，整个组织墨守成规的可能性就越大。

　　　　　　　　　　　　　　——《管理的实践》 德鲁克

精彩阐释

　　德鲁克认为，要想避免陷入墨守成规的陷阱，企业就必须时刻强调创新。在这个要求创新的时代，不能创新的公司是注定要衰落和灭亡的。一个不知道如何对创新进行管理的管理者是无能的。

　　日本汽车称霸全球和克莱斯勒在箱式旅行车上的崛起就充分说明了创新对于提升企业竞争能力的重要性。

　　20世纪70年代初期，中东战争爆发，全球爆发金融危机。这为一直对美国市场伺机而动的日本汽车公司迎来了机会。尽管经历了连续快速增长的日本汽车工业也受到了这次石油危机的影响，在1974年出现自1965年以来的首次负增长，但在那一年，日本汽车率先掉头，他们减少了对耗油量大的大型汽车的投入，转而全力发展节能的小型车。

　　小型车开辟了新的市场蓝海，因为其特别省油，得到了深受石油危机困扰的欧美民众的热烈欢迎。

　　1976年日本汽车出口达到250万辆之多，首次超过国内销量。以福特、通用和克莱斯勒为首的美国汽车工业这时才如梦方醒，开始重金投入开发省油的小车型。

　　其实在日本汽车大举进入美国之前，美国汽车三巨头并不是没有发现小型车的市场需求，但为了不在原有的竞争格局中率先发生变化，他们三家中的任何一家都没有对这种车型足够重视。

　　日本人抢占了先机，节能小型车的蓝海是他们发现和开创的，所以他们毫无争议地成为了这个领域的第一名。

　　因为错失这片蓝海，美国三巨头损失惨重，三巨头中实力较弱的克莱斯勒公司险些因此而破产。

　　痛定思痛的克莱斯勒开始寻找属于自己的蓝海，他们把眼光停留在箱型车上。

传统箱型车的空间不够大，不能满足消费者旅行的需要，但小货车又不够轻便。1983年，克莱斯勒公司开发出介于传统箱型车和小货车之间的厢式旅行车系列，从而开辟了旅行车这一细分市场，成为了旅行车中的领先者。

后来，很多公司介入箱型车的研发，沃尔沃曾推出过740涡轮增压型5门旅行车，这是当时速度最快的旅行车之一，0～100公里/小时加速时间仅需8.5秒，功率输出高达200马力。

从90年代之后，汽车行业的竞争已经成为全球化竞争，竞争越来越激烈，市场不断地进行细分，新的空间越来越少，但规律没有变化：谁的创新能力越强，谁就能成为第一名。

我们应该从日本汽车工业、克莱斯勒和沃尔沃的发展中得到这样的提示：企业组织想要成为胜利者，成为行业的领先者，就必定要拥有别人所不具备的创新能力。

实用指南

市场就是无边的疆域，企业管理者要想成为这个疆域中某一领地的王者，自己成为这个领地的开拓者和规则制定者，是最为便捷的途径。

只有卸下昨天的包袱，才能拥有明天

管理精粹

企业往往不愿意放弃昨天的束缚，因而也就无法获得明天可以利用的资源。

——《动荡时代的管理》 德鲁克

精彩阐释

德鲁克认为，企业要敢于抛弃过去。事实上，企业只有卸下昨天的包袱，才能更好地创造明天。

1947年美国著名的贝尔实验室发明了晶体管。许多专家都将这看作是一次伟大的发明，因为与当时主流的电子管相比，晶体管具有体积小、耗电少等优点，他们都认为在电子行业的未来发展中电子管将被晶体管所取代。

但是当时正在世界电子市场上处于领先地位的几大企业，比如美国无线电公司、通用电气公司、荷兰飞利浦公司，他们并不对晶体管感兴趣，虽然在隐隐约约之中他们也感到晶体管似乎更能代表未来，但他们觉得目前对这个新产品给予过多的关注似乎意义不大。

这就是大公司的通病——潜意识中过于相信自己在市场上的影响和地位，对顾客的需求变化不够关注，由于自己在目前市场上投入了很多并有强大的优势，所以不愿意轻易为某种出现的具有革命性意义的产品进行自我调整和改变。

正所谓老虎也有打盹的时候，大公司的自我膨胀给了索尼发展机遇。当时的索尼公司不像现在如日中天，而只是一个名不见经传的小公司。

索尼的掌舵人盛田昭夫知道了晶体管被发明出来这个消息后，第一时间联系了贝尔实验室，仅仅用了不到三万美元的价格购买了技术转让权。

盛田昭夫认为，电子管和晶体管都是电子产品的基础配件，它们是彼此的替代品，按照一般规律，越先进的产品就越受欢迎，电子管代表的是过去和目前，晶体管代表的一定是未来。晶体管的使用能够减轻电子产品的重量，并使产品的带电时间增长，这符合了消费者希望电子产品越来越轻、越来越省电的消费期望，必然会得到消费者的认可和欢迎。

盛田昭夫相信，晶体管必然会为电子行业带来革命，谁最先占据晶体管市场，谁就把握住了未来的需求，谁就能在市场中处于主动位置。

盛田昭夫的远见在市场中得到了印证。在盛田昭夫的大力推动下，在获得晶体管技术转让权的两年之后他们就率先推出了首批便携式半导体收音机。与当时市场上流行的电子管收音机相比，他们功能相当，但索尼收音机的重量不足其他产品的1/5，价格只是它们的1/3。索尼收音机大受欢迎，席卷市场。

3年后，索尼收音机在美国本土打败了美国无线电公司和通用电气公司，成为美国市场上的王者。5年后，索尼收音机在国际市场上没有对手，是国际市场的王者。

不能放下昨天，就不会拥有明天。这正是索尼战胜美国无线电、通用电气等所带来的重要启示。

实用指南

德鲁克说，我们现今处在动荡不安的时代，变革是常态。不能放下昨天就等于把组织里最有价值的资源和最优秀的人才，继续投注到毫无效果的事情上。抛弃昨天意味着要把投注到无效领域的资源释放出来。除非一个组织认定主导变革是它的任务，否则这个组织就不可能存活下去。在一个结构快速变迁的时代，唯有变革才能存活。

第六章 变革时代的理性与智慧

把握住先机是企业成功的关键

管理精粹

"已发生的未来"属于未来的商业范围，它是知识、社会、文化或者产业结构的变化，它是一种重大的转变，是一种打破现有模式，而不只是对原有模式的修正的转变。

——《成果管理》 德鲁克

精彩阐释

德鲁克说，在转变开始和转变彻底形成之间存在着时间差。认识到这种时间差的企业往往会抢得发展的先机。

2000年，江南春看到了电梯里包含的巨大商机，用液晶电视播放广告来填补等待时间，用动态画面代替户外静态广告的创意应运而生。全新的商业模式再加上江南春的个人魅力，立刻吸引了软银的风险投资。两年内，分众传媒的液晶电视覆盖了40多个城市的2万多座楼宇，成为行业急先锋。

江南春的广告理论是："分众传播的角度强调立体化传播和无缝化传播。立体化指针对人们生活的多元化，进行多渠道的传播，单一媒体已经不能满足人们立体化的多元生活。无缝化传播是根据特种人群的生活习性，进行符合他们生活习惯的传播。我们根据人们的文化生活习性和媒体接触点，来开发创造出一些新的，原来没有的媒体形式、渠道、方式等。"

例如，商务人士整日忙于工作、应酬而无法关注传统媒体这一事实，使江南春认识到，要打这类人的广告，不能采取传统模式，而要在他们常在的会所、健身房、办公楼宇等地方树立媒体。凭着这样的理念，江南春首先想到的是高档写字楼此前毫无额外利用的电梯，"利用人们等电梯的无聊时间来播放广告"。

2003年5月，江南春注册成立分众传媒（中国）控股有限公司，并出任首席执行官。当分众传媒通过私募获得充沛资本之后，江南春以迅雷不及掩耳之势在全国各大城市掀起了"圈地"攻势，在短短两年多的时间里，江南春在全国45个城市中占领了2万栋商业楼宇。正如《福布斯》杂志所描述的："江南春以最快的速度占领当地的主要高档写字楼，将剩下的市场空间留给了随后出现的模仿者。"

分众传媒以其独特的商业模式、独特的分众性，不但赢得了业界的高度认同，其高速成长更得到众多国际知名投资机构的积极响应，相继注资数千万美元，推动了户外电视广告网络的发展。2005年7月，分众传媒成功登陆美国的纳斯达克，成为海外上市纯广告传媒第一股，上市短短5个月，其市值已经飙升至12亿美元。

江南春以及分众传媒的成功告诉我们，企业成功的关键就是要把握先机，快人一步，要比竞争对手更迅速地掌握未来的动态、未来的资讯、未来的走向。

实用指南

凡事预则立，不预则废。每个企业的发展都离不开市场，但是市场又是发展变化的。当前，企业之间的竞争异常激烈，相互之间不仅仅是人才、资本、产品和技术水平的比较，同时也是行动与速度的对抗，俗话说"抢先一步赢商机"，如果不善于谋划未来，只是鼠目寸光，关注当前，那么就会失去未来潜在的效益，企业的发展就没有后劲。

管理者的判断力是制胜的先决条件

管理精粹

我们需要先看清未来的发展模式。

——《成果管理》 德鲁克

精彩阐释

德鲁克说，要使未来发生，人们必须愿意做新奇的事情，并且必须愿意提出这样的问题：我们真正想看到的，于今日极不相同的东西是什么？人们必须看清未来的发展模式，并愿意相信这是正确的。

因正确判断未来的发展趋势而获得商业成功的事情在各行各业都有发生。

比如在汽车业发展的早期，当汽车这种产品作为一种奢侈品在高端市场拼得你死我活的时候，福特却坚持降低汽车的销售价格。他认为汽车不应该是一种奢侈品，而应是一种生活必需品；当百货商场固守城市市场时，沃尔玛的创始人山姆却从一个偏僻的小镇起家，并认为小城镇同样能够支持大型超市的发展；当照相机刚刚被发明出来的时候，柯达的创始人热伊斯曼就认为这个时尚的玩意儿在将来必定会家家拥有。

哈默是美国著名的企业家。1931年，他从苏联回到美国。当时的美国正在如火如荼地进行总统换届选举，罗斯福是总统候选人之一。哈默经过一段时间的观察和判断，他认为最终罗斯福会取胜。哈默知道，罗斯福喜欢喝酒，他一旦竞选成功，1920年公布的禁酒令就会被废除。到那时，威士忌和啤酒的生产量将会十分惊人，市场上将需要大量的酒桶用以装酒。

这里面蕴藏着巨大商机。用来制作酒桶的木材非一般木材，而是经过特殊处理的白橡木。哈默在苏联生活多年，他知道苏联盛产白橡木，于是立即返回苏联去订购白橡木板。他将这些木材运到美国，在新泽西州建造了一个现代化的酒桶加工厂，取名哈默酒桶厂。这个酒桶厂开业的时候，"禁酒令"尚未解除，所有的人都觉得他是个疯子。然而，当哈默的酒桶生产线日趋成熟的时候，新任总统罗斯福下令解除了禁酒令。酒桶的需求一下子被激发出来，哈默成为罗斯福新政的最大受益人。

综观当代市场，竞争日趋激烈。企业要制胜市场，何者为先？人才、资金、装备、信誉、信息、机遇，这些都是企业获得成功的必备要素。然而，哈默的成功经历告诉我们，制胜市场的先决条件乃是管理者的判断力。

实用指南

在德鲁克看来，只有具有远见卓识的创业者，才能在扑朔迷离的市场中把握成功的关键，才能在纷繁复杂的思绪中找准制胜的契机。在企业发展中，只有把握住趋势，才能使企业走在时代的前列。

跟上潮流，积极拥抱信息革命

管理精粹

电子商务深刻地改变着经济和市场的结构，改变着产品和服务的流通，也改变着消费者的价值观念和消费行为。

——《未来社会的管理》 德鲁克

精彩阐释

德鲁克说，信息革命的革命性影响源自电子商务，即互联网作为推销渠道的出现。

阿里巴巴和淘宝网是全球最著名的两大电子商务网站。这两个网站的创办和崛起有力地说明了创始人马云对信息产业未来发展趋势的精准把握。尤其是阿里巴巴的创办，在当时的中国，"互联网"这个词语尚不被大多数中国人所熟知，马云创办电子商务网站的举动充分反映了马云高人一筹的眼光和视野。

大学毕业后，马云当了6年半的英语老师。期间，他成立了杭州首家外文翻译社，用业余时间接了一些外贸单位的翻译活儿。1995年，"杭州英语最棒"的马云受浙江省交通厅委托到美国催讨一笔债务。结果他钱没要到一分，倒发现了一个"宝库"——在西雅图，对计算机一窍不通的马云第一次上了互联网。

刚刚学会上网，他竟然就想到了为他的翻译社做网上广告，上午10点他把广告发送上网，中午12点前他就收到了6个E-mail，分别来自美国、德国和日本，说这是他们看到的有关中国的第一个网页。"这里有大大的生意可做！"马云当时就意识到互联网是一座金矿。

人类的发展趋势越来越便捷，互联网这个新事物能够消除地域空间的阻碍，提升信息传递的速度和效率。因此，马云断定互联网一定能够影响未来，人们将因为互联网而做出许多改变，其中也包括做生意的方式。

回到杭州的马云身上只剩下1美元和一个疯狂的念头：创建互联网网站。马云的想法是，把中国企业的资料集中起来，快递到美国，由设计者做好网页向全世界发布，利润则来自向企业收取的费用。

马云创办了中国第一家互联网公司——海博网络，产品叫作"中国黄页"。在早期的海外留学生当中，很多人都知道，互联网上最早出现的以中国为主题的商业信息网站，正是"中国黄页"。所以国外媒体称马云为中国的Mr.Internet。10年之后，当阿里巴巴成为世界最大的电子商务网站之后，有人在总结马云的成功时用了这样一句话：领先趋势并驾驭趋势。

直到今天，任何人都无从知道电子商务在什么时候才能不火。因为把握住了未来的交易形式，易趣、亚马逊、阿里巴巴等电子商务网站每天都在高速增长，每秒都在流进黄金。企业的创办团队不仅获得了丰厚的回报，企业本身也处在一个富得流油的领域，前景不可限量。

实用指南

互联网对社会和政治，尤其是对我们看世界以及我们自己在世界上的行为方式的影响，大得超乎我们的想象。对此，德鲁克认为，对于企业管理者而言，你能看多远，就意味着你能获得的财富有多少。

第七章

是高歌猛进还是裹足不前

·第一节·
企业发展的假象：是成长还是水肿

成长过快，死亡也快

管理精粹

成长过快绝对是企业经营的一种危机。任何组织的规模在短期内迅速扩大了一倍或者两倍，这就代表着组织扩张的速度超过了企业认知的限度。

——《巨变时代的管理》 德鲁克

精彩阐释

企业在创建以后，成长是一个必经的过程，然而，过分追求成长的速度无异于自寻死路。管理行为因其具有艺术性，因此追求动态的平衡便成为经营成长的动力。

五谷道场，2005年11月面市，2006年在全国销售额迅速达到5亿多元人民币，荣登年底"第五届中国成长企业100强"的榜首。可惜的是，其成长性犹如涨潮一样，来得快去得也快，最终因资金链断裂而深陷困局，难逃被人收购的命运。反观五谷道场从快速增长到快速衰落的发展轨迹，我们在扼腕的同时，更应该反思和引以为戒。

20世纪末，河北邢台人王中旺在家乡隆尧县创业，创建了河北中旺食品有限公司，也就是中旺集团的前身。2004年年中，王中旺决定打造一个新的品牌，以实现产品从中低端向高端的扩张和延伸，当年10月，五谷道场注册成立。

2005年年初，为了打造自己的高端品牌，同时也为了有别于康师傅等方便面巨头，五谷道场在品牌定位上出奇制胜，"拒绝油炸、留住健康"、"非油炸、更健康"等概念被迅速推出。由于当时油炸食品致癌风波闹得正凶，已经让消费者颇感恐慌，所以五谷道场的横空出世可谓恰逢其时，自然在市场上引起了强大的震动。

似乎一夜之间，五谷道场"非油炸"的广告开始在央视和地方电视台及各类平面媒体上狂轰滥炸，上市前3个月，五谷道场就在各城市选择高档社区、写字楼、学校、车站码头、交通要道进行大规模免费派送。五谷道场开始红遍中国，上市当月即获得600万元的销售额，之后一路增长，市场一天比一天好。半年后，五谷道场的市场全面铺开，每月回款达3000万元左右。当时，公司上下无不陶醉在差异化的胜利之中。

对于五谷道场的快速发展，许多人给予了高度的评价，用一个简简单单的"非"字将庞大的方便面市场硬生生地劈成了两半，使五谷道场轻而易举地占据半壁江山。业内专家评价："五谷道场的市场开拓期，在产品定位、品牌区隔、传播方面做得无可挑剔，可以称得上是策划史上的经典案例。"

在五谷道场的强烈攻势下，2006年方便面行业销售下挫60亿元，之前销售淡季行业开机率为75%，而2006年2月后开机率仅为45%。面对大好形势，五谷道场不断扩大销售队伍，增加产能，加大广告投入，并且同时在全国30多个城市设立办事机构，半年内员工数量曾一度扩展到2000多人。原本仅有几十个人的北京本部，居然在很短的时间内建立起一支近千人的销售团队。

但这时的五谷道场已经埋下隐患。根据中旺集团内部人士对媒体的透露，五谷道场的财务控制过于粗放，严重透支了企业资源。"我们是中型企业在做大型企业的事情。"就连掌舵人王中旺也曾对媒体承认，"我们已经投资了4.7亿元，仅广告费就支出1.7亿元。"真正形成现金流的只有3亿元，这使得五谷道场的现金流开始吃紧。2007年中期，五谷道场在全国各地超市相继出现了断货现象，五谷道场这个品牌逐步退出市场，中旺集团只好吞下失败的苦水。

企业的发展仅靠规模扩张是不够的，规模扩大到一定程度，应放慢发展速度，使企业有个喘息的机会——这是客观事物发生和发展的必然。针对这一问题，企业应把好两个"关"：一是企业发展速度要与企业管理水平相适应。企业发展速度太快而相应的企业管理水平未能提高、人才培养等跟不上，就有可能造成管理滑坡，影响企业经济效益。二是企业发展速度与企业资金的周转速度相适应。如果资金不能及时回笼，公司没有足够的资金支持企业的发展速度，企业将因为发展过快而陷入被动。

实用指南

物极必反，成长过快，失败也快。企业成长过快，一方面是因为市场环境给予机会，另一方面是企业管理者主观上过于追求发展速度和规模。中国有句古话，叫作"欲速则不达"，很多企业因为急于扩张，谋求企业的快速发展，如意算盘没打成，却赔了夫人又折兵，造成资金链断裂，最后导致企业崩溃。

专业化、多元化还是一体化

管理精粹

专业化、多元化和一体化是影响大和高风险的战略。对它们的检验标准有两个：经济成果和经济风险。

——《成果管理》 德鲁克

精彩阐释

德鲁克认为，走多元化、专业化还是一体化路线，必须根据企业自身的情况来区别对待。走多元化战略是一个险招，但是如果具备了下面两个条件，就有惊无险，还能摘到让企业起死回生的灵芝仙草。第一个前提条件是，企业的主业发展已经到了一个非常高的程度，市场占有率、技术水平、管理水平都无懈可击，产业的发展余地已经到顶，有着丰厚的剩余资本；第二个条件是进入的领域一定要有优势。

史玉柱以他的惨痛教训告诉其他企业家——企业不能盲目多元化！中国企业家十年前的最大挑战在于占据机遇、把握机遇。随着这十年来经济法制的进一步规范，各行各业进入白热化的竞争，所以现在企业家的最大挑战在于是否能够拒绝诱惑。以前各行业竞争不激烈，你什么也不懂，但只要你能进去别人没有进去，你就很容易赚到钱。现在竞争激烈了，专业化是非常必要的。但是我们许多民营企业还是沿用过去的思维。专业化不仅对中国企业适用，全球化的发展趋势肯定也是专业化道路。史玉柱将盲目追求多元化写在了他的《四大失误》里：巨人集团涉足了电脑业、房地产业、保健品业等，行业跨度太大，新进入的领域并非优势所在，却急于铺摊子，有限的资金被牢牢套死，巨人大厦导致的财务危机几乎拖垮了整个公司。巨人的主业——电脑业的技术创新一度停滞，却把精力和资金大量投入到自己不熟悉的领域，缺乏科学的市场调查，好大喜功，没有形成多元化管理的能力。

困境压得大家都无法喘息。由此看来，多元化仿佛就是一条企业家所不能涉足的死路。但是，在越来越激烈的市场竞争中，过于专业化的企业往往会出现前有封堵、后有追兵的困境，企业不堪挤压，市场份额越做越小，人才越走越少，效益越来越差。由于力量对比悬殊，在其他大企业的挤压下不得不退出行业，结果被"挤死"了。多元化与专业化，一个是狼窝，一个是虎口，到底怎么办才能有出路呢？多元化究竟是死路还是出路？这也是我国很多经济学家和企业家多年来争论不休的一个话题。

历史稍长一点的企业，产业结构一直是变动着的，受各种因素影响，有时候扩张，有时候收缩。在谈到创业十年的企业该怎么做的时候，被人奉为"专业化经营成功典范"的联想集团前主席柳传志说："由于竞争关系，企业在制定战略的时候必须要不断寻找新的奶酪。如果不提前注意的话，企业会发现突然到了绝路，它没有拐大弯，战略上没有想到提前要动，在没路的地方临时部署就来不及了。"

实用指南

德鲁克认为，多元化、专业化本来并无优劣之分，都是企业因环境变迁，追求资本利益最大化的一种产业结构形式，本身就是一个动态的变化着的过程。是否要走多元化道路，关键还在于是否能够掌控住整个全局的正常运行。

轻重不匀，就会难以平稳

管理精粹

一家企业无论其赢利能力有多强，比例较重的业务永远会吸收更多的企业资源。

——《管理：使命、责任、实践》 德鲁克

精彩阐释

德鲁克认为，一个公司可能过于复杂以致无法管理。轻重不匀，企业的发展就难以达到平稳。

因此，企业在发展过程中要始终保持各种资源（社会资源、企业资源或物资资源、意识资源）的均衡配置。

华为公司就是均衡发展的典范。华为 20 年的成长与发展之路，是建立在动态地实现功与利、经营与管理的均衡基础之上的，通过持续不断地改进、改良与改善，华为不断强化与提升经营管理能力，进而使企业走上了一条良性发展之路。华为的成功，充分说明了均衡管理是企业真正的核心竞争力。

自 2001 年起，在公司总裁任正非总结的华为"十大管理要点"中，不管内外部环境如何变化，"坚持均衡发展"始终放在第一条。"继续坚持均衡的发展思想，推进各项工作的改革和改良。

通过持之以恒的改进，不断地增强组织活力，提高企业的整体竞争力，以及不断地提高人均效率"，是华为长期坚守的发展观。

均衡发展的思想使华为公司的市场表现始终引人注目。在 2007 年年底开始的金融危机中，华为不仅一直保持良好的增长势头，而且其国际化步伐一直迈得坚实有力，2008 年国际收入已占其销售收入的 75%，并且当年国际专利申请数量超越了丰田和飞利浦，名列世界企业第一。

在《商业周刊》杂志评选出的全球十大最具影响力公司中，华为是中国唯一上榜企业。

在企业发展过程中，管理者要善于牢固地建立与保持某个或几个重要关系或关键部位的平衡，并且使这些基本平衡点具备抗干扰、抗破坏的机制。

如在扩张发展或开辟新的投资领域中，使原有重要生产经营项目获得稳定足够的资本额度、建立规避风险的股份有限公司制度及获得不受新项目负面影响的畅通状态等等。这是至关重要的，因为在某一时期内，某个基本平衡点是维系全局稳定的重心。

实用指南

德鲁克说，任何企业都必然有一种规模最适度，超过了这个度，增加的规模不仅不能提高成绩，并且会降低成绩。

均衡发展是企业长寿的秘诀，也是第一位的。只有在先保持企业平衡，规模适当，企业才能根基牢稳，走得更远。如果忽视了平衡的重要性，即便是获得一时增长，也会很快轰然倒塌。

企业要在变革中获得成长

管理精粹

成长是断断续续的，到了一定阶段，企业就必须通过主动变革来获得成长。

——《管理：使命、责任、实践》 德鲁克

精彩阐释

德鲁克说，对成长进行管理的控制性因素是高层管理者。一家公司要能够成长，其高层管理者必须要有主动变革的意愿，能够在公司需要变革的时候恰到好处地发动变革。企业要在变革中获得成长。

2007年6月14日上午11点，在深圳证券交易所大厅的显示屏上，美的股票的股价让人眼前一亮。刚刚还在原地踏步的股价，短短几分钟内，一路直线上扬，丝毫没有震荡的迹象。到下午收盘时，这只股票已经飙升猛涨了584%。究竟是什么让美的股价一路走高。

原来，美的电器收到了商务部签发的关于非公开发行股票方案的批复文件，原则上同意美的公司向美国高盛集团全资拥有的子公司定向增发75595183股人民币普通股，要求定向发行价格不低于董事会决议公告前20个交易日内公司股票收盘价均价的90%。这意味着美的电器出售10%股权引进高盛作为战略投资者的方案终获商务部的通过。

一路上涨的股价是对美的创始人何享健几十年商业经验的肯定和鼓励。在2007年正月初八这天，也就是春节长假后上班第一天的内部高管会议上，低调稳健的他竟然喊道："我要否定自己，去变革！"后来，他在《中国企业家》的独家专访中详述了过去三年中他对美的未来的思考与行动。

由于家电行业早就高度成熟，要想在全球做大，必须引进资本。他说："我们要从做产品到做企业，从做企业到做资本。下一步，我们的企业不光要讲效益、讲现金流，更重要的是看企业的市值，进行市值管理。现在的世界靠的是科技和资本，只要有钱、有科技，就什么都能做到。"但许多国内民营企业认为引进资本这是"烧钱"或"玩钱"的做法，普遍难以接受。他们觉得还是踏实做事赚钱比较实在，用资本来扩张企业风险太大，害怕企业改"姓"，不归自己所有。但何享健认为，企业竞争将发生在产业领域之外，新的游戏规将从此展开，资本说话的年代也将到来。

何享健说:"美的的 1000 亿是实实在在的,它意味着美的将进入世界 500 强,意味着美的要进入白色家电亚洲前两名、世界前五名。"言谈之间,豪气尽显。

截至 2007 年 6 月 15 日,美的电器的市值高达 491 亿元人民币,为国内 A 股和香港 H 股市场所有家电类上市公司之首。拥抱高盛是何享健做出的正确选择。他与时俱进的变革思想为美的公司找到了一条升级之路。

实用指南

德鲁克认为,企业在成长中应不断根据自身情况,调整发展战略,以获得更大更好的成长。敢于变革,企业才能不断获得提升的良机,才能做得更强、更大。

规模无所谓大小,合适就好

管理精粹

一个企业的规模不适当,往往是因为没有找到其足以生存与繁荣的适当位置。
——《管理:使命、责任、实践》 德鲁克

精彩阐释

德鲁克认为,一个企业机构规模不适当,往往是因为没有找到其足以生存与繁荣的恰当位置。不符合实际的规模,有时候于企业而言不亚于一场灾难。

威廉·格兰特算得上美国商业史上的"少年英雄",他白手起家创立的格兰特公司,由小本经营,发展成为美国屈指可数的大企业。威廉·格兰特生于 1876 年,19 岁时就显示出了其过人的经营才华,当时他掌管波士顿公司的一家鞋店。1906 年,格兰特拿出自己的全部资金在林思市投资 1 万美元开设了第一家日用品零售店。两年后,他在美国其他城市开设了格兰特连锁店,到 20 世纪 60 年代,格兰特的年销售收入近 10 亿美元,跻身于美国知名大企业行列。

值得一提的是,格兰特公司定价策略的运用,是其成功的重要环节。在零售业竞争十分激烈的情况下,格兰特经过认真研究,将其经营的日用品价格定位在 25 美分,高于"5 美分店"和"10 美分店",但低于普通百货公司的价格,而格兰特公司的陈设格局又比廉价的"5 美分店"和"10 美分店"档次高。这一价格定位同时吸引了百货公司和廉价商店的顾客。

但是后来的盲目扩张却使格兰特公司最终走上了没落之路。格兰特公司不断发展连锁店，到 1972 年，公司新开办的商店数量就已经是 1964 年的两倍，但利润却没有随规模的增长而增长。到 1973 年 11 月，格兰特公司的利润只有 3.7%，该年格兰特全年营业额达 18 亿美元，但利润却只有可怜的 8400 万美元，创该公司历史新低。让人遗憾的是，它并没有放慢扩张的速度。1974 年，格兰特公司的连锁店猛增到 82500 家，是 10 年前的 1000 多倍。与此同时，它的总债务节节攀升，在 143 家银行的债务达 7 亿美元，公司信誉急剧下降。1975 年 10 月，格兰特公司不得不申请破产，使 8 万员工丢了饭碗，成为美国历史上第二大破产公司，也是美国零售行业中最大的破产公司。

  有效的扩张可以造就一代企业枭雄，没有节制的扩张也可能是一场浩劫的开始。过快的扩张速度，会使企业面临巨大的不确定性。

  德鲁克认为，集体成长得越大，则其体积中的大部分距离外界环境则越远，因它就更加需要专门而复杂的器官来供应生命的必要物质。复杂性也有一定的限度，如果超过了一定的限度，无论怎么设计，复杂性都不能为结构所支持。对于某一行业或某一市场中的一家企业而言，存在着规模方面的最高限度。如果超过这个限度，无论它管理得多么好，从长期来看，也无法得到很好的发展。比如美国的商业图书出版公司，如果超过了中等规模之后，其间接费用就会快速增长，并产生大量的管理和推销费用。同时销售人员的数量也会大大增加。结果，出版公司只能成为一家勉强维持生存的企业。至于教科书、技术书、百科全书和参考书等工具书的出版公司，则不受这种规模的限制。

  同时，德鲁克认为企业也存在着规模方面的最低限度。如果低于这个限度，它就无法生存。比如在目前的技术条件下，要创建一家小型钢铁公司就好像要创建一支小型军队一样，几乎是不可能的；要创建一家小型石油公司或成功的小型石油化学工地，也几乎是不可能的。在这些领域中，如果要使小型企业或是中型企业能够生存下去，只有使它们占据特殊的生态利益，才能避免其与该行业中的巨型公司直接竞争。

  如何才能发展合适的企业规模让企业得到持续稳健的发展呢？这需要管理者认真从自己的行业特质、企业的实际经营情况、消费者需求及企业所能承受的复杂度来进行全方位的判断。管理者必须对这些问题进行仔细掂量：多小的规模容易在大鱼吃小鱼的竞争中被吞并？多大的规模就是太大了？什么是恰当的规模和不恰当的规模？

实用指南

每一家企业都有一个适合自己的规模,盲目追求规模的大小,是不可取的,企业管理者要根据企业发展的实际情况来决定规模的大小,以此来应对激烈的市场竞争。

业务模块越少越容易出成果

管理精粹

企业的业务模块越少,越容易管理。简单就容易清晰,每个人都能清楚地了解自己的工作,也能清楚地看出自己的绩效与企业整体成果的关系。这样就利于集中资源获得成果。

——《管理:使命、责任、实践》 德鲁克

精彩阐释

业务模块越少就意味着企业发展领域越集中。随着经济进一步发展,企业的目标从对规模扩张的片面追求,开始转向更关注对核心竞争力的培养。潜心地研究一下那些在低迷的经济形势下脱颖而出的企业,是什么令它们在竞争激烈的情况下依然保持着明显的优势?答案正是这个关键词——专注。

很多事实证明,许多企业的成功得益于专注。软件公司BEA就是一个典型。BEA是全球领先的应用基础结构软件公司,在全球拥有15000多家用户,其中包括《财富》全球500强中的大部分公司。它创造过一个令人惊讶的奇迹——连续23个季度保持高速增长,并在短短的6年时间内,销售额突破10亿美元大关,成为有史以来达到这一目标用时最短的软件公司。

取得如此不俗的成绩,关键在于BEA的专注。自成立以来,BEA就始终将公司的发展领域圈定在连接企业硬件平台和应用软件的基础软件部分,并专注于这一市场的发展。当很多竞争对手向其他方向发展的时候,BEA不曾动摇,始终在这一领域内更专注地发展,并最终在这一领域获得了无可匹敌的竞争优势。

单独狩猎的豹子成功率堪比结群出动的狮子;一个成功的王牌狙击手百步穿杨,弹无虚发;千里之外的鸽子放飞后也能准确地回到故乡……孙子说:"故形人而我无形,则我专而敌分。"每一场战争都要集中兵力对待,这种作战思想同样适用于商界。

实用指南

三心二意的企业不可能获得非凡成就,一个优秀的管理者必须对自己企业的未来有一个规划蓝图,这个蓝图就是目标。在追逐目标的过程中,尽管资源、技能、经验、机遇等各种因素很重要,但专注于目标的态度更重要。

不断更新自己的知识结构

管理精粹

人们越来越依赖知识进行工作,人们对于知识的依赖日益超过技术。

——《德鲁克论亚洲》 德鲁克

精彩阐释

美国国家研究委员会的一项调查发现,半数以上的劳动技能在短短的 3~5 年内就会因为跟不上时代的发展而变得无用,而以前这种技能折旧的期限则长达 7~14 年。现在职业的半衰期也越来越短,所有的高薪者若不学习,不出 5 年就会再次变成低薪者。

就业竞争激烈是知识折旧的重要原因。据统计,25 周岁以下的从业人员,职业更新周期是人均一年零四个月。比如,当 10 个人只有 1 个人拥有电脑初级证书时,他的优势是明显的,而当 10 个人中有 9 个人拥有同一种证书时,那么原有的优势便不复存在。未来社会只有两种人:一种是许多工作在等他选择的人,另外一种是找不到工作的人。在风云变幻的职场中,思维活跃、能力超强的新人或者经验丰富的业内资深人士不断地涌进你所在的行业或公司,你每天都在与几百万人竞争,因此你必须不断提升自己的价值,增加自己的竞争优势,学习新知识并在产业当中学到新的技能。也就是说,如果你停止学习,那你将无法永远保持优势。

皮特·詹姆斯现在是美国 ABC 晚间新闻的当红主播。在此之前,他曾一度毅然辞去人人艳羡的主播职位,到新闻的第一线去磨炼自己。他做过普通的记者,担任过美国电视网驻中东的特派员,后来又成为欧洲地区的特派员。经过这些历练后,他重新回到 ABC 主播的位置。而此时的他,已由一个初出茅庐的略微有点生涩的小伙子成长为成熟稳健又广受欢迎的主播兼记者。

皮特·詹姆斯最让人钦佩的地方在于,当他已经是同行中的优秀者时,他没有自满，而是选择了继续学习，使自己的事业再攀高峰。卓有成效的管理者，无论自己处于职业生涯的哪个阶段都会把不断学习当成自己的一项重要工作。因为他们清楚自己的知识对于所服务的机构很有价值，正因为如此，他必须好好自我监督，不能让自己的技能落后于时代。因此，当你的工作进展顺利的时候，要加倍地努力学习；当工作进展得不顺利，不能达到工作岗位的要求时，那你更要加快自己学习的进度。在瞬息万变的现代社会，"学习"是让我们能够为自己开创一番天地的利器。当我们试图通过学习超越以往的表现时，我们才能算得上真正意义上的高级管理者。

反之，如果我们沉溺在对昔日以及现在表现的自满当中，学习以及适应能力的发展便会受到阻碍。工作如逆水行舟，不进则退，不管你有多么成功，你都要对职业生涯的成长不断投注心力。如果不这么做，工作表现自然无法有所突破，终将陷入停滞，甚至是倒退的境地。

马克三年前在一家合资企业担任网络通讯设备销售总监，因为三年来一直忙于日常事务，在"干杯"声中一晃三年就过去了。三年后的今天，他的一名下属学历比他高，能力比他强，经验也在数年的商海中获得了积累，销售业绩惊人，在公司最近的绩效考评中名列第一，将马克取而代之，留给马克的除了美好回忆和一个"将军肚"外，唯有一声叹息。

学习的重要性对企业不言而喻。管理者要努力使企业成为学习型组织。从20世纪80年代开始，在企业界和管理界，出现了推广和研究学习型组织的热潮，并逐渐风靡全球。美国的杜邦、英特尔、苹果电脑、联邦快递等世界一流企业，纷纷建立学习型组织。

身居世界企业500强的德国西门子，要求员工必须遵守不断学习的职业守则，不准任何人凭资格和"吃老本"。他们要求其员工必须努力进取，具备很强的学习能力、观察能力，理解公司核心的价值观，融入公司的文化氛围。保持自然学习状态，针对自身素质对症下药，把自己培养成公司不断发展所需求的人才。

在英特尔，每个新员工都是立刻投入职场。他们必须在开放的环境里，快速学习别人的经验，以迅速解决自己手上的问题。英特尔创始人葛洛夫认为，最重要的东西是一个人的学习速度，而非他的经验。学习速度快的人，一旦授予更高的职位，给予更大的挑战，他便会以更快的速度学习，往往就能达到目标。

当拔擢盖尔辛格负责486晶片开发计划时，他年仅27岁，只有些许的管理经验。葛洛夫认为他是合适的人选，因为他有深厚的科技知识背景，同时他有一颗持续学习的心，会主动吸收所需的新知识。他成功地带领486开发团队完成计划，在后来的岁月中，他也以这样的特质完成更多的挑战。盖尔辛格很快地往上升，在1997年，他已经成为桌上产品部门的副总裁了。

辛格是一位（奔腾）微处理器开发团队里优秀的工程师。他对设计新的开发工具有绝佳的贡献，于是葛洛夫让他管理设计技术组。虽然他并没有多少管理经验，但是他很快地学习，不仅在技术上将设计工具的品质大幅推进，对这个组织的数百人的管理也有超乎预期的表现。

在IBM的员工当中流传着这样一句话："无论你进IBM时是什么颜色，通过学习，你都会变成蓝色（IBM有"蓝色巨人BigBlue"的称号）。"IBM公司以其出色的员工培训而闻名遐迩，而IBM的员工则以其不断学习的能力变得出类拔萃。

奥文·托佛勒曾说："在这个伟大的时代，文盲不是不能读和写的人，而是不能学、无法抛弃陋习和不愿重新再学的人。"

终身学习的观念已经深入人心，在这个剧变的时代，没有比学习更重要的事，一个人只有不断地学习，才能不断地进步。不要懒惰，更不要懈怠，管理者必须记住这一理念：只有死的时候，才是毕业的时候。只有坚持不断地学习，企业和个人才能面向结果、面向未来。

实用指南

德鲁克认为，坚持不断地学习，不仅仅是对管理者本身的要求，而是对所有人的要求。知识更新速度加快，意味着企业要提高绩效就必须更新知识、更新观念。因此，组织内的成员能否有效地学习，就不只是一个学习力的问题，也不是一个工作力的问题，而是一个组织能否有效管理的问题，能否提高绩效的战略问题。只有坚持学习，才谈得上生存、发展、创新等其他一系列问题。

·第二节·
风险控制就是消灭死

建立企业的商业情报系统

管理精粹

商业情报系统就是对有关商业环境的组织情报进行系统化处理的程序。

——《21世纪的管理挑战》 德鲁克

精彩阐释

现在是知识经济时代。知识经济时代的四大特征是：知识爆炸、知识共享、即时通讯、即时查询。在这种经济条件下，谁掌握了最新信息，谁就有可能迈入成功。

密歇尔·福里布尔是个在比利时出生的犹太人。他经营着当今世界最大的两家谷物公司之一——大陆谷物总公司。密歇尔·福里布尔接任父辈产业后，采取了与前辈不同的经营方式，运用现代经营策略，把公司的业务迅速扩展到世界各地。到20世纪80年代初，他的分公司已在五大洲各主要城市建立起来，总共100多家，成为一个名副其实的跨国大公司。

大陆谷物总公司能够在30多年里迅速发展壮大，除了密歇尔·福里布尔高超的经营艺术外，还与他高度重视信息有密切关系。

自从开始跨国经营后，他就把信息当作企业的生命线。在20世纪50年代，通讯主要靠电报、电话，而且当时这两方面的成本十分昂贵。但为了及时掌握各地谷物生产、供应和消费的信息，福里布尔所有分公司都普遍应用电报、电话，与总公司时刻保持联系。后来有了传真机，他又率先购置这种当时最新的通讯设备。而且，这些信息通道都与他分布在世界各地的住宅接通，保证他时刻与各地分公司取得直接联系。

福里布尔还聘用大批懂技术的专业人才，随时为他收集、分析来自世界各地的信息情报。据统计，他的总公司每天收到来自分公司及情报代理人发来的电报、传真、电话近万次，由一个专门的信息情报部门进行分类处理，最后浓缩进电脑，供福里布尔及总公司决策层参考。

福里布尔的"信息管理"中还有一张王牌，即以高薪聘请包括美国中央情报局在内的各国情报局退休人员。这些人员提供的信息或了解到的情报，对福里布尔的决策很有参考价值。

现在，福里布尔的公司已经往多元化经营方向发展。但不管在哪个领域，他都因善于运用信息而获得成功。例如，他从信息情报中了解到美国海外轮船公司要出让一部分股权，经过对信息的分析后，他果断地购入14.3%的股权，不到一年就获利2000多万美元。

正是对信息的重视，使福里布尔的事业蒸蒸日上。

信息是如此重要，然而真正把信息的重要性落到实处的人并不是很多。作为现代企业的管理人员，应该怎样捕获重要的情报呢？最有效的途径是建立信息系统，把信息作为系统工程建立起来。信息系统是促成科学决策的有力保障。

总体说来，信息的收集主要有以下几种方法：

开会收集法：对调查者而言，可召开目的明确的专题会议，直接听取与会者的专门意见；也可召开综合性会议，直接获得各种意见。有时也可利用各种组织者主持召开的会议所产生的结果，间接获取有用的信息。甚至还可以委托召开会议，间接获取有用的新鲜信息。

测验收集法：主要分为民意测验和心理测验两大类，是管理者用以了解民心的常用调查方法。测验法与问卷法大同小异，是同类性质的方法。它们的主要不同就在于测验法要比问卷法更精细、更周密，特别是心理测验，它完全以心理学原理为科学基础，设计得更精巧。

民意测验在进行所有的管理决策时都很有用，心理测验则主要在进行用人的管理决策时才有用。这些测验结果在管理决策时都是很有分量的砝码。

报告收集法：利用各种报告，能够直接获取有用的第二手材料和信息。另外，管理客体，特别是群众也可以直接向管理主体反映情况和问题，反映意见、愿望和要求。管理主体由此得到的这类信息，也属于报告性质，是直接的、真实的、甚至是尖锐的第一手材料和信息。

统计收集法：是最具权威的、最确信的调查方法。它运用统计工具，包括统计原理、数学模型和统计模型，对决策所要处理和涉及的问题和情况进行科学、系统地调查，为决策者提供直接可用的事实依据。但是，这个方法只有统计专家才能娴熟运用。因此，管理主体在决策时要依靠和借助于统计专家和统计部门进行的专门统计服务。

问卷收集法：问卷有两种。一种是普通问卷，由研究者直接交给调查对象填答，或者由研究者通过口头询问代调查对象填答的问卷；另一种是邮寄问卷，即通过邮局把问卷交到调查对象手上，由调查对象填答好以后寄给研究者的问卷。二者最根本的操作程序是：首先，依据调查对象的心理问题目标，设计出适当的问卷。然后，通过一定的方式将问卷送达调查对象手中，在一定的时间内答完并收回。最后，整理问卷，分别进行定量和定性处理，汇总成有用的第一手真实信息。

实用指南

面对纷繁庞杂的社会信息，管理者要根据自己的工作范围，运用系统原理，建立一个纵横交错、内外结合、上下相连、反应灵敏的信息网络。作为一个视野开阔、消息灵通的管理者，要时刻关注报刊、广播、电视及书籍这四大媒介发布的信息。

成功收购六原则

管理精粹

失败的收购通常都是因为没能对一些收购的原则给予足够的重视。

——《成功的收购》 德鲁克

精彩阐释

对企业的决策者而言，收购不一定就意味着成功，要想实现预期目标，就应该遵循一些广为人知并且得到普遍认可的原则。成功收购的6条原则如下。

（1）要想实现成功收购，必须建立在为被收购者做出贡献的基础之上。

（2）要想实现成功收购，必须建立在企业策略的基础上，而并非财政策略。

（3）要想实现成功收购，必须尊重被收购公司的业务、产品和顾客。

（4）要想实现成功收购，必须确保两个企业实体能够建立一个共同的团结核心，比如在技术、市场与营销或是核心优势等方面。

（5）在短时间内，确保为被收购企业的员工提供可预见的晋升机会。

（6）在短时间内，为被收购的公司任命高层管理人员，避免被收购的公司陷入群龙无首的混乱中。

实用指南

收购一家企业，并不是一件简单的事情，每一个企业都有自己的价值观、经营方略。所以，在收购一家企业之前，请认真参照德鲁克上述所说的六条原则。

不可忽视的公共关系维护

管理精粹

公共关系工作的职能是给公司高层和各部门的管理者提供信息，这些信息要反映大众所持的态度、信仰及其背后的原因。

——《公司的概念》 德鲁克

精彩阐释

德鲁克认为，对企业来讲，公共关系决定着企业形象，是联结客户与市场的纽带。对大众而言，"公共关系"意味着"广告宣传"。换句话说，公共关系是在更广和更深的层次上为企业做宣传。

组织作为社会的一分子，要与社会的其他各个成员打交道，如同一个人要与领导、同事、邻居、客户等和睦共处一样，为了组织的发展，为了建立友好的组织外关系，任何一个领导者都要从事"关系管理"。从关系的规则、执行到控制，都成为日常工作、营运决策中不可疏忽的一环。而成功的企业领导者通常习惯以自我为中心，围绕目标，全方位地对外辐射，搞一个系统工程，求得左右逢源。

这首先要求领导具备良好的信誉意识。所谓信誉就字面意思而言，指信用和名声。它产生在人们的交往活动中，既表明履约者的可靠性，也表明在这种可靠性基础上形成的知名度和美誉度。公共关系中讲的信誉，体现在公众对组织的工作效益、工作质量、技术水平、服务态度、人员素质、总体实力等多方面要素的评价上，与组织形象紧密地联系在一起。

其次是形象意识。形象是组织最为宝贵的资源，其功用在于："一旦形成和确立，就会转化为一种外在的东西，转化为一种力量，一种推荐力、吸引力和感召力。"这会给组织带来不可估量的效益。公共关系的形象意识是指关注组织形象，积极构建组织形象，努力维护和宣传组织形象的自觉习惯。

最后是信息意识。全面、及时、准确的信息是组织生存和发展的必要条件，是领导决策的重要依据。信息的根本作用在于能够提高主体对客体的调节和控制能力。树立信息意识，企业在复杂多变的市场环境中就能始终耳聪目明，适应外界环境的各种变化。

具备了以上意识形态，管理者就可以和自己的员工、顾客、社区建构有利于组织生存发展的良性关系，实现"双赢"。

第一，关心员工就像关心自己的家人。

在企业这个大家庭中，老板与员工之间的和睦一致是企业发展的内在动力。老板要承认和尊重员工的个人价值，培养员工对企业的认同感、归属感，要对员工处处表现出关怀，这样才能赢得员工的爱戴。老板要利用各种时机与员工进行情感上的沟通，从而创造出和谐的企业环境。

福特公司在全球闻名遐迩，而它关心员工就像关心自己的家人的做法也让不少公司自愧不如。它的这种做法，使公司的每一个员工都备受感动，他们觉得公司就是他们第二个的家。在这种以公司为家的思想鼓舞之下，员工的主人翁精神得到了前所未有的发展，福特公司的生产效率也得到了明显地提高。

第二，顾客就是上帝。

对于企业来说，顾客犹如土壤、空气、阳光，企业从他们那儿能不断获得成长的养分。若企业蔑视顾客，就等于无视自己的生存条件。

所以，企业应当树立起"顾客就是上帝"的服务意识，主要表现在：结合自身特点，针对顾客的需要，增加服务的种类，扩大服务的范围，延长服务的时间，挖掘服务的深度，改善服务的态度，提高服务的效率等。这是企业树立和推广形象的主要途径。

第三，协调与社区的关系。

社区关系主要是指组织与周围相邻的工厂、机关、商店、旅馆、医院、公益事业单位以及居民等的相互关系。这些单位虽然与组织不一定发生直接的经济业务联系，但对组织的生存与发展却有着重大影响力，是组织外部环境的重要组成部分。

社区的关系融洽，会使组织士气高昂，员工心情舒畅，从而推动经营的顺利进行。企业搞好社区关系的目的，是让企业在社区树立一个合格公民的良好形象，取得社区公众的爱戴、合作与支持。为此，企业必须努力做到以下几个方面，企业的对外公共关系才能有良好的基础，对外才可获得更广泛的合作。

第一是积极参加社区的公共事业，比如兴建一些公共设施，提供义务性的专业服务等。第二是减少对社区公共活动的影响，比如治理"三废"、减少噪音等，促使社区成为一个文明的区域。第三是参与公益活动，为社区做好事，如兴办教育、发展文化、帮助社区安置老人、支持残疾人事业等，不断强化企业在社区中的"热心居民"形象。

实用指南

"公共关系"现在已经有了广告攻势、宣传效应等多重涵义。了解大众对公司的态度，并对此加以分析改进是非常必要的，因为，公司只有适合大众的意愿才能生存下去。

构建企业危机管理体系

管理精粹

要构建企业危机管理体系，首先就要制订危机管理计划，其次要建立一个完善的预警系统，能够提供重要信息，帮助企业做出准确的危机预测和分析。

——《公司的概念》 德鲁克

精彩阐释

德鲁克认为，具体处理危机时，领导应表现得有条不紊，冷静理智地处理好以下几个阶段，不能眉毛胡子一把抓。

第一阶段，未雨绸缪——危机管理的预防

华为掌门人任正非这样说："十年来我天天思考的都是失败，对成功视而不见，也没有什么荣誉感、自豪感，而是危机感。也许是这样才存活了十年。"正是应验了千年前孟子所说的"人之生于忧患，而死于安乐也"。因此，对危机的预防是必要的。

首先，是建立一套规范、全面的危机管理预警系统。比如进行危机管理的定期模拟训练。将所有可能对商业活动造成麻烦的事件一一列举出来，考虑其可能的后果，并估计预防所需的花费。

其次，就是采取"谨慎"和"保密"的态度来处理机密信息，以防范某些商业危机。比如由于在敏感的谈判中泄密而引起的危机。

第七章 是高歌猛进还是裹足不前

1993 年马丁·玛丽埃塔公司与通用电气宇航公司通过多轮磋商终于达成 30 亿美元的收购案，这一秘密消息在高度紧张的日子中被保持了 27 天，结果却在预定宣布前两小时泄露给了媒体，给公司带来不必要的麻烦。

要想保守秘密，就必须尽量使接触到它的人减到最少，并且只限于那些完全可以信赖且行事谨慎的人。应当要求每一位参与者都签署一份保密协议。要尽可能快地完成谈判。最后，在谈判过程中尽可能多地加入一些不确定因素（工程师们称之为"噪音"），这会使窃密者真假难辨。即使做了这些，也应当有所准备，因为任何秘密都可能会泄露。

第二阶段，集思广益——危机的确认

这个阶段危机管理的问题，是感觉真的会变成现实，公众的感觉往往是引起危机的根源。

以发生在 1994 年年底的英特尔公司奔腾芯片的痛苦事件为例，引发这场危机的根本原因，是英特尔将一个公共关系问题当成一个技术问题来处理了。随之而来的媒体报道简直是毁灭性的，不久之后，英特尔在其收益中损失了 4.75 亿美元。更可笑的是，当公司愿意更换芯片时，很少有用户肯接受。估计仅有大约 1%～3% 的个人用户更换了芯片。可见，人们并不真的要更换芯片，他们只要知道他们有权利换就行了。

这个阶段的危机管理通常是最富有挑战性的。经验告诉我们，在寻找危机发生的信息时，管理人员最好听听公司中各种人的看法，并与自己的看法相互印证。

第三阶段，兵分两路——危机的控制

危机到来时，组织内部不能自乱阵脚，而应该兵分两路：一路仍旧维持组织内部的正常运转，不能捡了芝麻丢了西瓜；另一路则成立临时危机处理小组，应对危机引发的各种问题。也就是说，在首席执行官领导的危机管理小组与一位胜任的高级经营人员领导的经营管理小组之间，应当建立一座"防火墙"。

进行危机公关，任何危机的发生都会使公众产生种种猜测和怀疑，有时新闻媒介也会有夸大事实的报道。因此危机组织要及时与新闻媒体沟通，掌握舆论的主导权，尽力以组织发布的信息作为唯一的权威性来源。另外，要慎选公司发言人，他应当具有足够的权威，对企业各个方面和危机事件都十分清楚，同时还应头脑清晰、思维敏捷。

第四阶段，迅速行动——危机的解决

某段时间，连锁超市雄狮食品（FoodLion）突然间受到公众瞩目，原因是美国某电视台的直播节目指控它出售变质肉制品。结果公司股价暴跌。但是，雄狮食品公司迅速采取行动，他们邀请公众参观店堂，在肉制品制作区竖起玻璃墙供公众监督，改善照明条件，给工人换新制服，增加员工的培训，并大幅打折，通过这些措施将客户重新吸引回来。最终，食品与药品管理局对它的检测结果是"优秀"。此后，销售额很快恢复到正常水平。

相反，1995年的日本以阪神大地震为开端的天灾人祸接踵而至，从东京地铁到日元升值，这一系列不测的事件使日本人一向引以为荣的"安全"、"发展"的神话随之土崩瓦解。这同时也引发了政坛的震荡，在苦苦支撑飘摇的政局一年后，心力交瘁的首相村山富士辞掉了首相职务。虽然说政坛风云变幻，但是政府行动的迟缓也是导致失败的因素之一。

阪神地震发生后，驻当地的外国领事馆和国际组织及时地组织和参与了救灾工作，而日本政府却由于危机管理的不完善而手足无措，行动迟缓。震后，日本政府没有采取迅速果断的措施组织救援工作。地震使高速公路和铁路瘫痪，唯一的连接神户和其他地区的道路干线堵塞，无人疏通，救护车、消防车和物资运输车无法进入灾区，导致灾情扩大。日本政府没有组织好灾区居民的自救和疏散行动，使救援行动一片混乱，陷入无序状态，一定程度上延缓了救灾的处理。

正因政府对地震信息反应不灵，救援行动迟缓，灾区公民与国内其他地区的公民对政府的抱怨不绝于耳，反对党也借此对村山内阁大加抨击，讥之为无能首相，村山的首相宝座本来就不牢固，而阪神地震的余威更使村山地位开始动摇。

第五阶段，痛定思痛——危机的总结

聪明的人不会犯同样的错误，因此总结经验教训至关重要。

首先需要调查，对危机发生的原因和相关预防及处理的全部措施进行系统的调查；其次是评价，对危机管理工作进行全面的评价，包括对预警系统的组织和工作内容、危机应变计划、危机决策和处理等各方面的评价，并要详尽地列出危机管理中存在的各种问题；最后就是要整改，对危机涉及的各种问题综合归类，分别提出整改措施，并责成有关部门逐项落实。

实用指南

危机是企业发展过程中的一把"双刃剑"。要让这把"双刃剑"扬长避短，最大限度地使它向有利于自己的方向转化，则必须坚持三个原则。

第一原则：当危机发生时，将公众的利益置于首位。要想得到长远利益，公司在控制危机时就应更多地关注消费者的利益，而不仅仅是公司的短期利益。

第二原则：当危机发生时，局部利益要服从组织全局的利益。危机可能由局部产生，但危机的影响则是全局性的，因此在危机处理中要有全局的观念，要懂得从全局的角度考虑问题，局部利益要服从组织全局的利益。

第三原则：当危机发生时，组织应立即成为第一消息来源，掌握对外发布信息的主动权。如果作为第二或第三消息来源，则会陷入被动。

有效控制财务隐患

管理精粹

处于发展阶段的新企业通常会遭遇三大财务危机：缺少流动的资金；没有企业扩张所需的资本；企业的开销、库存和应收账款失去控制。

——《创新与企业家精神》 德鲁克

精彩阐释

德鲁克认为，在企业发展的过程中，如果对财务缺乏足够的关注，同时又没有正确的财务政策，那么企业便有可能遭遇危机。对于迅速成长的企业更是如此，企业发展越快，财务基础越不稳固，所隐含的危机就越大。究其原因，企业面临的财务危机不外乎三种：缺少流动的资金；没有企业扩长所需要的资本；企业的开销、库存和应收账款失去控制。

财务危机曾经让许多知名企业或轰然倒下，或受重创放缓脚步，令人叹息。

曾经名噪一时的地产黑马——顺驰地产，鼎盛的时候，其老总孙宏斌甚至叫板王石的万科地产，后来因为大面积购地，遭遇地产"寒冬"，无资金支撑新开发的楼盘而土崩瓦解；赵新先的"三九胃泰"曾经传遍大江南北，却因盲目多元化导致资金危机，连引以为傲的立在纽约曼哈顿广场的巨幅广告牌都被悄然拆除；巨人集团的史玉柱因为高估当时企业和市场的大好形势盖巨人大厦，结果因资金不足，不仅让大厦没有树立起来，还拖垮了其他业务……

警钟长鸣，引以为戒。事实上，任何一个经济组织的生存和发展都需要一套健康、有效的财务政策来维系和支撑。近年来，英语培训行业因为需求增加，增长速度飞快，引来了众多企业经营者的目光，使得竞争更为激烈，淘汰率也非常高。

赫赫有名的南洋集团是从太原起家的，后来经过快速扩张，成为中国民办教育的翘楚。南洋的发迹应该归结为该公司的"教育储备金"这一历史产物。其内容是如果学生家长一次性交一笔 8~20 万元不等的储备金，此后就不需要交纳任何学费和伙食费等费用。等学生毕业之后，储备金将全额不加利息如数返还家长。所收取的储备金，学校则用来继续扩大规模，开设新学校，快速发展。

可是，世事难料。1998 年亚洲金融危机爆发。受其影响，我国内需严重不足，央行为了鼓励消费连续 8 次降息，这使得靠"教育储备金"的集资方式运作的民办教育成为高危险群体。到 2005 年秋季，南洋到期的各校教育储备金无法兑现，各地形成挤兑风潮。2006 年，南洋集团由于储备金问题全面崩盘。除南洋外，双月园、金山桥也因同样的原因相继垮掉。

同样是民营培训学校，新东方的资金链问题也引起了社会的关注，尤其是 2006 年新东方的上市，让人们有这样的猜测：新东方上市是不是因为缺钱呢？

俞敏洪就这些问题发表了自己的看法。他说，新东方不缺钱，也无须圈钱。为什么还要上市？真实原因之一是上述问题的延续。他希望用严厉的美国上市公司管理规则来规范内部，以制度说话，避免前面出现的人情和利益纠葛。

他还说，那些学校垮掉有两个原因：一是资金链问题，一是模式的问题。比如南洋采取的储备金模式，学校收取学生高额储备金，承诺学生毕业时返还，只收取利息用来办学。这在早些年利息高达 10% 以上的环境下还行，但后来国家降息，低到只有 3 个多百分点，学校就难以为继，不得不动用学生的储备金，最后出了问题。

德鲁克认为，事实上，上述三种财务危机常常会同时爆发。而只要发生了其中一项就足以使整个企业的发展停滞下来，严重的还会危及它的生存。一旦出现这种财务危机，企业就会面临诸多的麻烦。所以管理者要未雨绸缪，防患于未然，在企业建立之初就建立一个合理的财务制度。

实用指南

企业财务状况好，企业才真的好。随着市场经济的发展，企业的财务管理不能停留在仅仅是事后反映的账务核算上，而应该在正确核算的基础上更好地发挥监督和决策功能，企业应逐步建立有效的财务监控体系，企业管理者应该转变财务管理观念，更好地发挥财务决策职能。一方面要重视财务管理，树立市场观念、利润观念和以财务管理带动其他管理的观念，控制、规范企业的经营行为。另一方面要通过科学的财务分析，形成一整套面向市场的财务管理体系，为企业的生产决策提供依据。

树立一个令员工信服的目标

管理精粹

树立一个令员工信服的目标，并促使他们贡献出最大的工作成绩。

——《工业人的未来》 德鲁克

精彩阐释

树立目标，可以增强我们努力做好工作的欲望和力量。在受到挫折乃至失败的时候，这个目标会给我们力量，让我们继续支撑下去，让我们继续奋斗。如果一个管理者不知道要实现什么样的目标、为什么要实现这个目标，那么他是不可能成功的。所以，德鲁克强调，每个企业都要建立一个让员工信服的目标，并使他们做出最大的工作成绩。

斯巴达克斯领导一群奴隶起义，被俘虏。对方说："你们曾经是奴隶，将来还是奴隶。只要你们把斯巴达克斯交给我，就不会死。"在一段长时间的沉默之后，斯巴达克斯站起来说："我是斯巴达克斯。"之后，他旁边的人站起来说："不，我是。"

一分钟之内，被俘虏军队的几千人都站了起来。每一个站起来的人都选择受死。这个部队所忠于的并非斯巴达克斯，而是由他所激发的"共同目标"，即有朝一日可以成为自由之身。这个目标如此让人难以抗拒，以至于没有人愿意放弃它。

如果没有目标，组织就失去了未来的发展方向。目标作为一种未来的景象，产生于领导者思维的前瞻性。如果领导者希望其他人能加入到自己的旅途中，他必须知道要往何处去。有前瞻性并不意味着要先知先觉，而是要脚踏实地地确定一个企业的前进目标。一个令人信服的目标能激励大家一步步迈向未来。

目标能够帮助企业得到员工真正的忠诚。一个卓越的领导者必须首先明确自己对未来愿景的认识，然后才能争取下属接受共同的愿景。一个人做某事的动机分为外在和内在两种，外在的动机不可能让人把工作本身当作一种使命和事业，只有内在的动机产生的动力才能成就超常的结果，而一个组织的内在动力就是来自于组织的共同目标。

餐馆连锁店运营商 IHOP 曾因为其烤薄饼而深受消费者青睐。到了 20 世纪 90 年代，IHOP 的经营似乎已经不受控制，与其说它是个餐馆运营商，不如说它是一家房地产开发企业，因为它开发了很多新的店铺出售，自己只经营其中的 10%。当斯图尔特于 2001 年 12 月成为该公司的首席执行官时，她发现公司已经出现了分化，更为严重的是组织非常涣散。曾经强大的 IHOP 品牌已经失去了自己的意义，特许经销商也将每家餐厅作为独立的企业进行经营，所以各家餐厅的特点、服务、效率和质量也不相同。由于公司获利甚少，最大的股东甚至希望将钱收回，还给投资者。

对于未来，斯图尔特决定不仅要恢复 IHOP 作为全国性品牌的荣耀，还提出了一个企业共同愿景：将 IHOP 发展成最棒的家庭式连锁餐厅。

斯图尔特明白自己的任务是建立一个统一的品牌。公司管理层负责制定标准，并督促其执行。最为重要的是，公司内的每个人都需要获得工具支持，以提供最佳的顾客体验。

斯图尔特如何传递她的目标？第一年，她将大部分的时间用于倾听员工和特许加盟商的声音，同时进行了更广泛的顾客调查。最为关键的是，她实施了一个培训项目，其焦点集中在 IHOP 的品牌优势和每位员工在实现该愿景中担当的角色上。她的努力得到了回报。公司不仅实现了自己的服务宗旨，即"来时饥肠辘辘，走时开开心心"，且到 2003 年末，同店销售额提升了近 5%，这是公司近 10 年来的最好业绩。

斯图尔特对成功的过程进行了完美的诠释，即通过分享目标，集中企业的关注焦点，打造发展战略。这是最为关键的。

管理者必须明确，一个令人信服的目标必须是共同的，是员工普遍接受和认同的。一个令人信服的目标就如同企业的灵魂，唤起每一个人的希望，令人欢欣鼓舞，使每一个人都能激发出一种力量，为实现目标而更加努力。一个没有共同目标的企业很难强大，即使强大了也难以持久，而一个真正有共同目标的企业会更容易获得成功。

实用指南

目标是对人力资源部门要达到的最终结果的具体描述。它一般规定达到的最终具体结果，以及达到该目标的日期和阶段。管理者在设定有效目标时应遵循以下原则：

首先，目标必须具体。所以，目标必须用这样一些词来说明：必须完成什么，必须在何时完成等。

其次，目标还应切合实际，即应该是可以达到的。那些太容易达到的目标，对主管以及对部门来说都是有害无益的。相反，目标太难，从长远的效果来看，可能使主管丧失达到目标的信心。

最后，有效目标要有灵活性。在从一个目标阶段进入另一个目标阶段时，管理者的目标就应该做相应的变化，以使部门的工作重点与不断变化的部门目标保持一致。

·第三节·
新事业的发展

拥有完善的管理才能存活

管理精粹

除非新事业能够获得完善的管理,否则不论它的概念多么出色、资金多么雄厚、产品质量多么出色,甚至市场需求多么大,它都无法存活。

——《创新与企业家精神》 德鲁克

精彩阐释

德鲁克说,19世纪最伟大的发明家爱迪生曾梦想成为一个企业家。他拥有众多发明,本应该成功。

但当他的企业发展到中等规模时,他却拒绝成立管理小组,最终企业因为不能获得完善的管理而走向倒闭。由此可见,完善的管理对一个新企业的成长和发展是多么的重要。

很久以前有五个和尚住在一起,他们每天都分食一大桶米汤。但是因为贫穷,他们每天的米汤都是不够喝的。一开始,五个人抓阄来决定谁分米汤,每天都是这样轮流。于是每星期,他们每个人都只有在自己分米汤的那天才能吃饱。

后来经常研究,他们推选出了一位德高望重的人出来分。然而好日子没过几天,在强权下,腐败产生了,其余四个人都学会想尽办法去讨好和贿赂分汤的人,最后几个人不仅还是饥一顿饱一顿,而且关系也变得很差。然后大家决定改变战略方针,每天都要监督分汤者,把汤一定要分得公平合理。这样纠缠下来,所有的汤喝到嘴里全是凉的。

因为都是聪明人,最后大家想出来一个方法:轮流分汤。不过分汤的人一定要等其他人都挑完后，喝剩下的最后一碗。这个方法非常好，为了不让自己吃到最少的，每人都尽量分得平均。在这个好方法执行后，大家变得快快乐乐、和和气气，日子也越过越好。

实施制度管理是企业管理高效的一个重要方法。同样的五个人，不同的分配机制，就会产生不同的效果。如何制订一个完善的管理机制，是每个领导需要考虑的问题。完善的管理机制就是竞争力。

制度管理是以制度规范为基本手段协调组织协作行为的管理方式——一个制度完善的组织往往能够高效运营，但制度管理绝不是管理的全部。

实用指南

德鲁克认为，企业家在新事业中有四大要求：关注市场、前瞻性的财务规划、成立管理团队、自我定位清晰。只有这样，新事业才可能获得完善的管理。

新事业要以市场需求为导向

管理精粹

如果新事业不能以市场为重心，不能以市场为导向，那它只是在为对手培育机会。

——《创新与企业家精神》 德鲁克

精彩阐释

德鲁克说，运营新事业的人需要全面考察市场，并建立起一套系统的工作制度，以此来确保产品或服务始终与市场的需求相匹配。企业的产品不是由企业决定的，而是由顾客的需求所决定的。

1988年，台湾顶新集团开始在大陆投资，但由于缺乏对大陆市场的了解，投资的几个项目均以失败告终。就在顶新集团董事长魏应行意欲退回台湾时，事情发生了转机。

一次，魏应行外出办事，因为不习惯火车上的盒饭，便带上了从台湾捎来的方便面。没想到这些在台湾非常普通的方便面却引起了同车旅客极大的兴趣，魏应行马上将面分给了他们。他们吃着热腾腾的面，直夸好吃，又方便又实惠。看到此情景的魏应行似乎有了某方面的灵感，他心里琢磨着：我怎么没有想到这个好项目呢？

这时的魏应行又自责又庆幸，一方面他自责的是自己没有对大陆市场进行彻底的调研，没有抓准大陆市场的真正缺口和需要，只一味地从自己的想当然出发，最终把精力和物力白白浪费在一些无关紧要的投资项目上。另一方面，他庆幸自己因多关注一些细节性的问题，最终找到了在大陆开拓市场的希望，那就是在大陆投资方便面。

有了这个想法的魏应行立即付诸行动，他派人对整个大陆市场做了细致的调查，从各个地区的人口到他们的饮食习惯，再到他们的饮食规律。在品牌打造上，他也下了很大一番工夫，将产品定名为"康师傅"。因为"康"让人联想到"健康、安康、小康"，"师傅"让人联想到手艺精湛的专业人士，"康师傅"的形象是一个笑呵呵、很有福相的胖厨师，这些都十分符合大陆消费者的心理取向，特别具有感召力。

功夫不负有心人，经过多年的发展，康师傅如今已经成为中国方便面市场上的领导品牌。屡战屡败的顶新集团凭借康师傅方面运作的成功而获得丰厚的经济回报。

由此可见，经营新事业，企业家不仅需要有过人的商业敏感度，还要对市场进行充分调研，用一双慧眼和一颗智慧的头脑，挖掘"柳暗花明"处的机遇。

实用指南

德鲁克认为，在产品或服务的价值认定方面，最权威的专家不是企业家本人，而是顾客。企业如果想进军一个新的行业领域或在一个全新的地理区域安营扎寨，如果缺乏对市场的考察，无异于蒙着眼睛奔跑，难免跌得头破血流。

比起利润，更要重视现金流

管理精粹

在开始阶段，新事业不应该过于重视利润，最应该重视的是现金流、资本和管理。

——《创新与企业家精神》 德鲁克

精彩阐释

现金流是指企业在一定会计期间按照现金收付实现制，通过一定经济活动而产生的现金流入、现金流出及其总量情况的总称。从产品的市场调研到售后服务整个过程，任何环节都与企业的现金流交织在一起。

现金流量管理是现代企业理财活动的一项重要职能，并且现金流量管理，可以保证企业健康、稳定地发展。加强现金流量管理是企业生存的基本要求。加强现金流量管理，可以保证企业健康、稳定地发展，并且可以有效地提高企业的竞争力。

假如收入是流水性的、以天为单位的，支出是间断性的，几天、几个月才有支出，企业的日子才能好过。但是在现实中，很多企业差不多都是反过来的——收入是间隔性的，支出是流水性的。电话要天天打、房租水电费要月月付。这样企业就很累了。假如忽视了现金流的潜在危险，那么就会对企业的生存带来致命的影响。

其实，如何解决公司发展中的周转金难题，在中国古代就有资料记载。红顶商人胡雪岩做过一个比喻，他说商人手中的钱用来周转，其实和用七个盖子去封八个坛子的道理一样。孔夫子也有句名言"会计，当而已矣"，这里的"当"就是说要"适当"。

业管理者策划、定位，然后从总量、分项进行控制，而现在企业的财务总监就是要在现金存量和银行贷款中保持平衡。

W.T.Grant 是美国最大的商业企业之一，1975 年宣告破产。而就在它破产的前一年，它的银行贷款达 6 亿美元，经营活动提供营运资金 2000 多万元，营业净利润也是近 1000 万美元。就在 1973 年，W.T.Grant 公司股票的价格仍按其收益 20 倍的价格出售。

面对这样一家庞大企业的破产，很多人都非常惊讶。其实该企业破产的原因就在于，虽然有高额的利润，但是早在 5 年前，该公司的现金流量净额就已经出现了负数。由于公司的现金不能支付巨额的生产性支出和债务费用，最后导致公司"成长性破产"。

事实上，现金流之于企业，就如同血液之于人体的血管，必须要有心脏的起搏功能来支持，这样才能使血液遍布全身。

迅速成为中国最大印染企业又迅速陨落的浙江江龙控股集团有限公司就是死在资金链断裂上的典型。江龙印染由陶寿龙夫妇创办于 2003 年，是一家集研发、生产、加工和销售于一体的大型印染企业。

2006 年 4 月，新加坡淡马锡投资控股与日本软银合资设立的新宏远创基金签约江龙印染，以 700 万美元现金换取其 20% 的股份。

同年9月7日，江龙印染（上市名为"中国印染"）正式在新加坡主板挂牌交易，陶寿龙因此一夜成名，迅速成为绍兴印染行业的龙头老大。

大好形势之下，陶氏夫妇的"印染王国"迅速膨胀。在短短几年间，江龙控股总资产达22亿元，旗下拥有江龙印染、浙江南方科技有限公司、浙江方圆纺织超市有限公司、浙江红岩科技有限公司、浙江方圆织造有限公司、浙江百福服饰有限公司、浙江百福进出口有限公司、浙江春源针织有限公司等多家经济实体，业务范围极广。

2007年，江龙控股的销售额达到20亿元，陶氏夫妇达到了事业的巅峰，并成为各地政府招商部门眼中的红人。

不过，受国家宏观调控的影响，2007年底，绍兴某银行收回了江龙控股1个多亿的贷款，并缩减了新的贷款额度。银行的意外抽贷更是让陶寿龙大伤脑筋。江龙控股的现金流和正常运营随即受到重大影响，百般无奈之下，陶氏夫妇转向求助于高利贷，公司经营也每况愈下。

"只要沾染上了高利贷，有几个企业能够全身而退的？"江龙控股的另外一个供货商陈先生说。

在江龙控股出现资金危机后，除了借高利贷维持公司正常的周转外，陶寿龙夫妇还展开了一系列的自救行动，以维持公司的运行。

据《第一财经日报》报道，该公司资金链断裂或将涉及高额的民间借贷，其中拖欠供货商的货款就达2亿元左右。加上一些对外担保和其他债务，总数额已远远超过20亿元。

2008年10月初，董事长陶寿龙及其妻子失踪。随后不久，陶寿龙被绍兴县人民检察院批准逮捕。

该公司总经理陶寿龙的妻子严琪也因涉嫌故意销毁会计凭证罪被批捕。江龙控股被重组。

江龙控股的陨落，资金链断裂是主要原因。现金流是一个企业的命脉，中国有句古语叫"一文钱憋死英雄汉"，其实讲的就是现金流对企业的重要性。

实用指南

德鲁克认为，在企业内部，沟通也好，管理也罢，制度必须是明确和强制的。做事前只想入非非是不行的，要有全面的预算，让企业全面的工作计划与现金流相衔接。如果计划不周全，就可能把现金流拉断，导致企业最终难以维持。

第七章 是高歌猛进还是裹足不前

创业者要善于听取内行人的意见

管理精粹

创业者对新事业的需要以及对自身优势的评估，都需要认证听取旁观者的意见。

——《创新与企业家精神》 德鲁克

精彩阐释

管理者自大的主要表现是不尊重内行的人，自己在决策之前不能兼听则明。刘邦曾专门总结过自己的成功经验："运筹帷幄之中，决胜千里之外，吾不如子房；镇国家，抚百姓，给馈饷，不绝粮道，吾不如萧何；连百万之军，战必胜，攻必取，吾不如韩信。此三者，皆人杰也，吾能用之，此吾所以取天下也。"

帕玛拉特的艾伯特和艾伦都是自大的人。帕玛拉特是典型的意大利家族式企业，在全球30个国家开展业务，共拥有3.6万余名雇员，年收入超过75亿欧元，并一度被视为意大利北部成功企业的代表。

1995年帕玛拉特进入天津市场，因经营管理方面的问题，经营状况一直不佳。1998年10月成立的帕玛拉特天津乳品公司上海分公司，在不到5年的时间里就换了5位总经理。一位帕玛拉特中国公司的前市场部高级管理人员说："这有点像种水稻，刚抽穗就要把它割下来，可能吗？折腾来折腾去，到头来什么都没有。"

2001年10月，帕玛拉特与南京方面合资组建公司，总投资高达1500万美元。但不到一年时间，因其管理团队不熟悉中国的市场营销，没有本土化的推广经验及准确的市场定位策略而不得不宣布退出南京，该合资公司由南京奶业集团全面接管。

仅举一例，就能看出帕玛拉特高层的自大心态。帕玛拉特中国公司总经理颜绍瑾在生产、财务、销售部门都有工作背景，很尊重员工，很有个人魅力。他曾经向亚太区总裁争取增加在中国的市场投入，而帕玛拉特亚太区总裁艾伯特是个特别喜欢控制市场投入费用的人，由于观念不符，艾伯特就让颜绍瑾"提前出局"。而艾伦和艾伯特一样，在市场宣传支出方面很吝啬，艾伯特因此获得高升。由于他不懂营销，并且独断专行，最终亲自导演了帕玛拉特在南京乳品市场的溃败。

最终，帕玛拉特在中国市场的投资不但颗粒无收，而且血本无归。

阿里巴巴的创始人马云说，他不懂电脑技术，他只会收 E-mail 跟上网浏览。但他认为，外行可以领导内行，重点是要尊重内行——这和刘邦的领导艺术是一样的。

实用指南

德鲁克认为，只有尊重和听取内行人的意见，新事业的发展才不会盲目，才能使新事业真正立足在对自身资源客观评估的基础之上，有把握地去做。

新事业起步不能贪大

管理精粹

新事业就是小孩子。当你带着一个 6 岁的孩童登山时，你不可能让他背负 40 斤的东西。

——《下一个社会的管理》 德鲁克

精彩阐释

贪大是创业者的常见症状之一。贪大有两个含义：一是贪规模，也就是说，尽管是在起步阶段，也尽可能地将摊子铺大；二是贪大利。在很多创业者眼里，小利润从来都不被看上眼，认为只有捕捉到鲸鱼才是真正的出海。殊不知，以新创企业的规模，这种想法可能会导致企业的毁灭。

阿里巴巴和淘宝网是中国最成功的电子商务网站。探究它们成功的秘诀，就在于创始人着眼于小利来设计企业的发展战略：抓住小利，而不是将企业的未来押在大利上。在一次名人访谈节目中，时任博鳌亚洲论坛秘书长的龙永图问了马云一个问题："你（阿里巴巴）现在供应商当中有多少是中小企业？"

马云的回答令龙永图有些吃惊："我们现在整个阿里巴巴的企业电子商务有 1800 万家企业会员支持，几乎全是中小企业，当然沃尔玛也好，家乐福也好，海尔也好，甚至通用电气都在我们这儿采购，但是我对这些企业一点兴趣都没有。"龙永图笑着说："难怪人家说你是狂人，口出狂言。"在场的人们显然都不太相信马云的大话。怎么可能会有对大客户不感兴趣的企业呢？

马云不慌不忙地解释道："我只对我关心的人感兴趣。我只对中小型企业感兴趣，我就盯上中小型企业，顺便淘进来几个大企业，它不是我要的。我相信是虾米驱动鲨鱼，大企业一定会被中小型企业所驱动。所以我那时候就想企业在工业时代是凭规模、资本来取胜，而信息时代一定是靠灵活快速的反应来取胜。我唯一希望的就是用IT、用互联网、用电子商务去武装中小型企业，使它们迅速强大起来。"

马云要做的事就是提供这样一个平台，将全球的中小企业的进出口信息汇集起来。"小小企业好比沙滩上一颗颗石子，但通过互联网可以把一颗颗石子全粘起来，用混凝土粘起来的石子们威力无穷，可以与大石头抗衡。而互联网经济的特色正是以小搏大、以快打慢。""我要做数不清的中小企业的解救者。"另外，马云还考虑到，因为亚洲是最大的出口基地，所以阿里巴巴以出口为目标。帮助全国中小企业出口是阿里巴巴的方向，他相信中小企业的电子商务更有希望、更好做。

由此可见，小利照样能够赢得巨额利润。积跬步，可以至千里；不拒小流，可以成江海。

实用指南

德鲁克认为，在创办新事业的过程中，"一夜暴富"，"一口吃成胖子"的梦想往往难以实现。利润的薄厚不是关键，关键在于企业能否长久赢利。因此，新事业要轻装上阵，从小利开始做起，莫要因追求厚利压垮了自己。

·第四节·
企业内部只有成本中心

找出企业的成本中心

管理精粹

企业在进行成本控制之前，最好找到自己的成本中心，这样才能有的放矢。
——《卓有成效的管理者》 德鲁克

精彩阐释

德鲁克认为，每一个管理者都应该明白，企业及其经济流程的成本中心在哪里、在哪些方面真正值得对成本进行控制。也就是说，在哪些方面对成本上进行相对微小的改善会对企业的总成本产生相当大的影响。

另外，在哪些方面对成本进行相当大的改善而不会对经济绩效的总成本产生太大影响。

德鲁克认为，企业的成本中心主要有以下几个。

第一，制造企业的原材料几乎始终是最重要的成本中心。

对待这些产品，仅仅采购到物美价廉的原材料是不够的。由于原材料在成本上的影响，所以企业在产品设计上应考虑原材料的选择。制造企业对于零部件或原材料来说就是分销渠道。原材料必须与产品相配，但企业也必须对产品进行设计，使之与使用的原材料相配。二者必须成为一个有机的整体，争取使原材料带来最优的产品性能，同时在制作和分销的整个过程中，原材料的成本保持在最低水平。

在制造领域，企业长期以来一直在不断努力控制成本，这也是工业管理的工作。在大多数行业，真正的制造成本在总成本中只占一小部分。因此要大幅削减成本，企业就需要在制造技术上取得真正的突破。

第二，营业资金始终是重要的成本中心。

它也是最容易做到和最有可能带来有意义的成果的一个成本区。然而，这项工作只是在最近才被视为重要的管理职能，而且高层中需要有人负责，并有专人做这项工作。

此外，在与企业的经济状况最适合和有助于企业最优地利用资金这个最昂贵的"原材料"的财务结构上，他们却利用股权向银行筹措贷款。

美国规模较大的一家食品加工企业生产豌豆、番茄和玉米等季节性罐头产品。就在几年以前，它完全通过股本为自己筹措资金。

但是，蔬菜只有在成熟时才能被加工成罐头，此后在一年的其他时间里不得不待在货架上。也就是说，股本变成了商品，并在好多个月里处于闲置状态。

其实，企业本可以轻而易举地获得按通行的最低利率发放的银行贷款，但是他却没有这么做。

因此，这个公司种植的蔬菜越多，它就越不赚钱——以至于它取得的太多成就几乎将它置于死地。

所以，正确的理财方式是仔细思考企业的经济状况，并采取相应的融资方式。

第三，分销始终是一个主要的成本中心。

这个成本一般总是被人忽略，主要原因有两个。一是分销成本是由整个经济流程中的所有企业分摊的。二是企业中的分销成本在许多地方往往都是隐性成本，不是以某项经济活动的合计成本来表示的。商品的移动和存储是同一个分销活动的两个部分。这些成本在许多名目中可能都是以"杂项"的形式出现的。

比如，在制造工厂的内部，从完成生产到产品被运至顾客处会产生成本。这些成本包括贴标签、包装、储存和移动成本。通常人们将这些成本视为"间接制造费用"。没有人对这种活动负责，但运出工厂的存货通常被视为"流动资金"，它们的成本被视为"资金成本"。

实用指南

著名的人力资源培训专家吴甘霖博士曾说过："要解决问题，首先要对问题进行正确界定。"弄清了"问题到底是什么"就等于找准了应该瞄准的"靶子"。否则，要么是劳而无功，要么是南辕北辙。事实上，成本控制也一样，找到企业可以控制的成本中心，就等于解决了问题的一半。

有效的成本控制

管理精粹

去除10磅的重量比事先不增加它要困难得多,所以有效的成本控制应该做到"预防为主,治疗为辅"。

——《永恒的成本控制》 德鲁克

精彩阐释

正是因为去除重量比事先不增加它要困难,所以,德鲁克认为,有效控制成本首先要做到"预防为主,治疗为辅"。

洛克菲勒是美国的石油大王,他拥有的财富无人可比,但他深深懂得节约的重要性。洛克菲勒经常悄悄到公司的几个单位查看,有时他会突然出现在年轻簿记员面前,熟练地翻阅他们经营的分类账,指出浪费的问题。

正是由于洛克菲勒的这种始终如一的注意节约,美孚公司才取得了辉煌的成功。节约使成本降低,既增加了利润,也提高了企业竞争能力。美国钢铁大王卡内基就曾说过:"密切注意成本,你就不用担心利润。"在他的一生中,从未为利润担心过,因为他最注重的就是节约成本,省去每一笔不必要的开支。卡内基在商海中纵横一生,他从来没有忘记节约,一辈子坚持最低成本原则。

19世纪50年代,成本会计制开始在美国铁路公司中最大的宾夕法尼亚公司实行。这种会计制度能保持准确的记录以便在经营、投资及人事等方面做出决策,同时核算成本耗费和收入情况,以便判明是否赢利。卡内基是一个有心人,他认识到这一方法是做生意的一条最基本的要诀,于是,在宾夕法尼亚的7年中,他学习并熟练掌握了成本核算知识。

在他后来从事钢铁业时,成本会计知识得到了最大限度的运用,他也因此获得了大量的利润。在生产中,他灵活地运用成本会计知识,处处以最低成本衡量,使卡内基钢铁厂获得了不菲的利润,生产效应也得到了大大提高。他的工厂生产第一吨钢的成本是56美元,到1990年时降为11.5美元(这年的年利润为4000万美元)。这一切都归功于"密切注意成本,就不用担心利润"的经营哲学。

李·艾柯卡曾在自传中写道:"多挣钱的方法只有两个:不是多卖,就是降低管理费。"节约成本开支、降低产品售价,这是提高竞争力、改善经营效益的关键所在。

实用指南

在企业经营的过程中，管理者要善于观察，以确保成本上升的幅度小于收入增加的幅度；而在收入减少的情况下，要保证成本下降的幅度大于收入减少的幅度。

控制成本要针对大项目

管理精粹

控制成本要针对大项目，削减5万同削减500万的成本是一样的，都需要耗费管理者10%的精力。

——《成果管理》 德鲁克

精彩阐释

德鲁克认为，企业管理者应该明白企业及其经营过程中的成本中心在哪里、哪些环节是真正值得付出工作去控制成本的。

艾柯卡是美国最受尊敬的企业家之一。38岁成为福特公司副总裁兼总经理，46岁升为公司总裁。他创下了空前的汽车销售纪录，福特公司获得了数十亿美元的利润，从而成为汽车界的风云人物。54岁被亨利·福特二世解雇，同年以总裁身份加入濒临破产的克莱斯勒公司，6年后，创下了24亿美元的赢利纪录，比克莱斯勒此前60年利润总和还要多。艾柯卡是美国家喻户晓的大人物。

艾柯卡在克莱斯勒公司的成功秘诀就是做好成本控制。当艾柯卡被福特公司解雇，赌气来到克莱斯勒汽车公司担任总经理时，他对克莱斯勒的状况了解得并不清楚，上班后才发现实际状况比他想象的要困难得多。当时克莱斯勒汽车公司负债累累，濒临破产。他开始反复思考，他该做什么来挽救公司、他需要采取什么手段渡过危机。

他召开高级经理会议，确定降低成本的计划。他提出了"4个5000万"和"不赔钱"计划。"4个5000万"就是艾柯卡要求在设计、生产、销售等4个方面各减少费用5000万元。4个5000万就是2个亿。艾柯卡希望在产值不变的情况下，通过企业运作费用的降低，来实现2个亿的净利润。

以转产管理一事为例，以前转产周期需要两周的时间，转产期间，造成工人和设备的闲置，浪费很多资金。艾柯卡通过周密的设计和电脑管理，使转产周期由两星期变为一星期。3 年后一个周末的时间，就可以完成转产的准备工作。这种速度在汽车史上都是没有先例的。仅此一项，就为公司每年节约了几百万元的成本支出。

3 年后，艾柯卡实现了"4 个 5000 万"的目标，公司利润增加 2 亿元，也就是不多卖一辆车的情况下，就增加了 40% 的利润。

福特公司是一个大企业、一个大系统，分工合作既宏大又精细。一般的大公司，都有几十项业务是赔钱的，或者说是赚钱很少，福特公司也是如此。在众多的项目和门类中，总会优劣共有，长短不一。这在整体上就影响了企业的实力和竞争。

艾柯卡对汽车公司的每项业务都是用利润率来衡量的。他认为每个厂的经理都应该心中有数：他的厂是在给公司赚钱呢，还是他造的部件成本比外购还贵？所以，他宣布：给每个经理 3 年时间，要是他的部门还不能赚钱，那就只好把它卖出去。

这就是艾柯卡的"不赔钱计划"，在执行这个计划的过程中，艾柯卡砍掉了近 20 个赔钱部门。他通过这种办法尽量减少公司负担，节约原材料、劳动力和机器设备，使公司的相对利润急剧上升。企业变得精悍，富有竞争力。艾柯卡也因此得到了员工们的一致好评。

实用指南

节约成本开支、降低产品售价，这是提高竞争力的关键所在。使成本控制极为卓有成效，把钱花在刀刃上，这是对每个管理者的基本要求，做到这一点，就会如艾柯卡所说的，"只要你能控制好成本，你压根就无需担心利润"。

高投入并不意味着高产出

管理精粹

10% 的有效行为生产出 90% 的成果，而其余 90% 的无效行为制造了 90% 的成本。也就是说，高投入并不意味着高产出。

——《成果管理》 德鲁克

精彩阐释

德鲁克认为，高投入并不意味着高产出，成果和成本之间存在着反比关系。所以，为了取得成果，必须根据机会而非问题配置资源。尽管管理者不可能对所有的问题都掉以轻心，但它们总是能够被减少到最低限度。与问题相比，"机会最大化"却意味着资源的高效使用。与之相关的问题并非是如何将事情办好，而是找到正确的事情去做，并将资源和努力集中于此。

京都制陶公司曾向松下电子供应U性绝缘体，但松下公司每年都提出降价要求，有一次松下竟然提出了比成本要低很多的交易价格，令京都制陶公司的总经理稻盛和夫大为震惊。经过多方面的考察后，他决心尽一切可能降低成本。于是，京都制陶公司确立了一套被称作"变形虫管理"的方式。

变形虫式管理是在不改变原来科层制的前提下设立的，这使得京都制陶不仅与一般现代公司一样，也有部、课、系、班等层级设置，同时还组织了一套以"变形虫"小组为单位的独立核算体制。京都制陶共有员工1.3万人，分成1000个变形虫小组，每人都从属于自己的"变形虫"小组。

每个小组都要核算出原料的采购费、设备折旧费、消耗费、房租等各项费用，然后根据营业额和利润，计算出京都制陶独有的概念——单位时间的附加价值，从作业中的前一个小组买入材料，扣除其中所耗费用，再根据把加工后的产品卖给下一个小组的销售额计算出利润，就可以得出每个员工在每个单位时间内创造的附加值——这就是"变形虫"小组的构成方式。

每个小组采购半成品的费用都按照一般的市场价格，向下一个小组卖出时也是按照市场价格。这样，公司按月公布各小组每单位时间内的附加价值。各小组当月的经营状况、每个组员及小组所创造的利润及其所占公司总利润的百分比等，所有数字都一目了然。

员工们对这种管理方式感到既新鲜又实用。大家都在制订每天的目标，并为达到这一目标而动脑筋想办法，每个人对自己的工作都有自主权。通过这种"变形虫"管理公司，可以直接对比生产活动与产值，通过数字把握内部日常活动状况或生产动态，如原材料、经费的上升，库存的增加，每个小组负责人的经营能力等。不论哪个部门效益下降，都能立即判明，以便迅速采取对策。

这一管理体制使京都制陶总成本和单位成本大大降低，市场竞争力大增，从而为获得有利的市场地位奠定了坚实的基础。

实用指南

企业在经营过程中要根据市场需求，以企业效益为中心进行生产，要运用科技手段不断降低成本，减少能耗，提高效率，提升效益，最终实现企业的核心竞争力。

完全将资源集中于成果

管理精粹

成本不是孤立存在的,它始终是为了取得某种成果而产生的。所以,重要的不是绝对的成本控制,而是资源和成果的比率。

——《成果管理》 德鲁克

精彩阐释

德鲁克说,完全将资源集中于成果是最好的、最有效的成本控制。营销学上的聚焦战略恰好充分体现了德鲁克这一思想。聚焦战略是指公司把经营战略的重点放在一个特定的目标市场上,为特定的地区或特定的购买者集团提供特殊的产品或服务。从而在该特定市场建立起比较竞争优势,并以此获取高的收益率。

在英国《泰晤士报》公布的"2002年富豪排行榜"上,美国零售公司沃尔玛主席罗伯逊·沃尔顿力挫微软公司董事长比尔·盖茨,荣登全球首富宝座。当年出炉的全美"财富500强"排名中,沃尔玛成为全美(同时也是全球)最大的企业。沃尔玛成功的秘密何在?答案就是"聚焦战略"和"不作任何的浪费"。

沃尔玛独特的聚焦战略在它建立之初就已经完全展现了。他们将精力集中于整体市场中最狭窄也是最具挑战力的乡村。除了因为这样的目标市场并不是同行业中主要竞争对手的重点聚焦对象,甚至被它们所忽视外,还因为那个时候的美国乡村小镇的居民已经有了足够的购买力,而生活条件和基础设施都不够完善,沃尔玛的出现,甚至吸引了来自周围几十到上百公里范围的居民前来购买商品。

他们所聚焦的这一原本在别人看来无利可图的市场区域却给沃尔玛带来了生存和扩展的机会,也是沃尔玛实施经典的"农村包围城市"战略的前提。在后来的十几年间,沃尔玛继续占领小城镇这个被其他零售商店所遗忘的细分市场,逐渐形成了星火燎原之势,避开了激烈的竞争,在悄无声息中占领了全美的零售市场。

与聚焦战略相比,沃尔玛在"不作任何的浪费"上近乎苛刻。沃尔玛从来没有专门用来复印的纸,用的都是废纸背面。打印纸也是一样,除非非常重要的文件,否则一律用纸的背面。一般来讲,每家沃尔玛店都会有两间工作站,一个属于非食品部门,另一个属于食品部门。工作站往往一专多能:它是部门经理和主管处理文字工作的地方,还是所有人到系统里查看相关数据、打印标签的地方,也是摆放商品的地方。另外，工作站还是召开部门会议和人力资源进行培训的地方。

德鲁克说，为产生经济成果而使用的资源，是成本。不能产生经济成果的任何支出，都不是成本，而是浪费。沃尔玛的苛刻不是针对成本的苛刻，而是绝对要杜绝浪费。

将资源集中于成果，是最有效的成本控制，也是许多成功企业获得非凡成就的法宝。

实用指南

集中力量向某一特定市场提供最好的服务，而且经营目标集中，管理简单方便，适应了资源有限这一特点。可以使企业经营成本得以降低，有利于集中使用企业资源，实现生产的专业化，实现规模经济效益。

有效成本控制的几个前提

管理精粹

企业的成本往往决定着它的兴衰成败。

——《管理的实践》 德鲁克

精彩阐释

德鲁克认为，无论付出的努力多么省钱或有效率，但是，如果没有成果，它就不是成本，而是浪费。如果它自始至终都不能产生成果，那它从一开始就是不合理的浪费。

然而，在经营的过程中，任何企业都不可能做到不浪费它所付出的努力——就像任何机器在运转的过程中不可能没有摩擦损耗一样。但是，摩擦也是可以减少的，企业的绩效也是可以大幅提高的。

德鲁克认为，有效的成本控制具有以下几个前提条件：

第一，不同的成本必须不同对待。与产品一样,成本在性质上存在巨大的反差。

第二，我们必须考察和了解企业的所有成果区。而不能靠增加其他方面的成本实现某一个方面的成本的降低。这样做，表面上看似乎在降低成本上取得了重大胜利。然而，几个月后最终结果出来，总成本会与以前一样高。

例如，为了减少存货的成本，企业将无法控制的、起伏不定的成本推给了上游的制造环节；为了降低制造环节的成本，企业将调整的负担推给发货和仓储部门。这样做，不会带来根本的改变。

第三，在降低成本上，唯一真正有效的方法是完全砍掉某一项活动。企图少花钱做根本不应做的事情是没有什么意义的。

然而，一般情况下，在降低成本运动的开始阶段，管理层都会宣布不放弃任何活动或部门。这样做的结果只能是损害必不可少的活动。

第四，哪里有成本，资源的集中就必须以控制这些方面的成本为中心。成本也是社会现象，即90%左右的成本是由10%左右的活动引起的。

第五，"成本"是经济学术语。因此，需要分析的成本体系是创造出经济价值的完整的经济活动。

实用指南

要能够控制成本，企业需要这样的成本分析，在每个重要的成本中心找出重要的成本点。

找出成本中心——即哪些方面的成本大，降低成本的有效措施在哪些方面可以真正地产生效果。

把整个企业视为一个成本流。

根据成本的基本特性给它们分类，因此成本诊断流程应运而生。

把"成本"定义为顾客付出的代价，而不是法律上或税务上的会计单位付出的代价。

控制成本要着眼于整个企业

管理精粹

控制成本要着眼于整个企业。如果不这样做，在削减某一部门成本的同时，将会造成另外部门成本的增加。

——《成果管理》 德鲁克

精彩阐释

德鲁克说，降低成本不是某一部门的事情，有效的成本控制要求我们着眼于整个企业，否则就会使成本控制有所偏废。

格兰仕创造了中国家电业成长的奇迹。创业以来，格兰仕一直在巨大的压力下高速发展，其成功的法宝就是运用整合思维，在企业的各个环节上把成本降低到了最低程度。

格兰仕将企业内部的成本管理分为八大块：采购成本、技术成本、质量成本、消耗成本、能源成本、费用成本、财务成本和人工成本。

对格兰仕来说，生存环境的艰难决定了必须降低采购成本，他们自创了一大绝招：阳光下的采购——把一切采购环节都摊开在阳光下，绝不允许任何违规行为存在。依仗"阳光下的采购"，格兰仕采购成本连续多年每年降低10%，采购回来的库料还一直保持高质量，令人称奇。

此外，格兰仕对采购有三个要求：价格、质量和服务——要拿到最低的供货价格，保障一流的质量，还必须及时送货。

阳光下的采购，对管理人员要求非常严格。格兰仕不允许拿回扣，不允许依靠裙带关系做采购，完全杜绝了采购人员的腐败问题。杜绝管理人员利用职权为自己谋利益，在格兰仕同样是从高层抓起，自总裁梁庆德开始，各级管理人员都必须以身作则。格兰仕减少技术方面的成本，并不是克扣研发成本。而是反对超越自身实力去搞研发，理性地根据企业的发展需要，从利润中拨出合适的比例来进行研发。质量成本也是如此。格兰仕的财务结构很简单，没有融资，2000年前甚至没有银行贷款，不用付银行利息。对他们来说，主要是买原材料付钱、卖货收钱，去掉一切成本后算出纯利，发工资、分红、投入再生产。这么简单的结构，使格兰仕的财务成本极低。

在一般的制造业企业中，人工成本所占比例很高。格兰仕认为，降低人工成本，关键是消除一切没有效率、没有质量的工作，而不是去降低、克扣员工的工资——靠拼命压低工人工资来降低成本是管理水平低下的表现。因此，在20世纪90年代初他们就制定了激励制度。

由于生产组织好，工作效率高，格兰仕在珠江三角洲地区，包括与周边其他著名企业比，其基层工人的工资不但偏高，且每年上涨。一方面是提高员工工资，员工的工作积极性很高，企业工作效率很高；一方面是通过科学的成本控制，使产品在市场上始终具有价格优势，这样的企业能不成功吗？

从全局的角度和促进生产的角度来进行企业成本控制，这是格兰仕带给我们最为重要的启示。

实用指南

如果完全靠增加其他部门的成本来降低某一方面的成本，也许在这个部门成效显著，殊不知却增加了别的部门的开支。结果整体一算，成本并没有降下来。

成本控制从来不是基于一个项目或一个部门，而应将成本控制作为贯穿各个部门的全局性战略。

削减成本最有效的方法

管理精粹

削减成本最有效的方法就是要把工作流程的某个活动彻底删去。

——《成果管理》 德鲁克

精彩阐释

德鲁克认为，试图少花钱做根本不应做的事情是没有什么意义的。也就是说，企业管理者要敢于删除毫无意义的经济活动或环节，以快速达到成本控制的目的。

1903年，亨利·福特用来自12位投资者的28000美元在一个原先制造马车的工厂里开始了他的事业。当时汽车的生产方式是以2~3个工人为一组，从零件制造到销售订单都是由一组工人负责到底。因此最开始的日子里，福特公司生产效率比较低下，每天只能生产几部车。

1908年，福特汽车公司开始发行福特T型车。最早的一批T型车都是在制造车间完成装配的，后来公司将生产部门移动到空间更大的高地公园的车间来满足市场对于T型车源源不断的需求。虽然空间大了很多，但是在旧有的生产方式下，依然供不应求，产量与市场需求缺口很大。

福特为此十分困惑，每天思考如何提高工作效率。1913年，亨利·福特决定进行改革将原先的流水线装配法发展成为由机械传送带来运输零件让工人进行组装。这个创新将原先装配底盘所需的12个小时30分钟的时间减少到2个小时40分钟。但是，伴随这个创新而来的问题是：工人们对这种传输模式极不适应，失误率相当高。

失误就意味着更多的生产延误以及更多对工人进行培训所需的额外支出，还有就是要使用干活较慢的工人。福特决定再次进行改革，这次他改革的不是生产程序，而是工人薪酬、招聘和劳动时间问题。1914年1月，福特宣布：将工资加倍，从2.5美金每小时提高到5美金每小时；缩短工作时间，每天仅仅工作8小时；设立专门负责雇佣工人的人员。

这些措施的实施，使困扰公司多年的生产效率低下的问题迎刃而解。员工失误率大幅下降，公司生产力也随之腾飞。随着制造车子的速度越来越快，每辆车的售价也开始快速下跌。福特不断地对他的汽车产品进行降价，由原先 850 美元一辆车的价钱降至 360 美元。并首先发明了授权经销商的概念与体系，让那些经销商来为他大量销售这些便宜的汽车。

由此可见，科学地组织实施成本控制，可以促进企业改善经营管理，转变经营机制，全面提高企业素质，从而使企业在市场竞争的环境下生存、发展和壮大。

实用指南

整个企业是一个系统，根据不同的分类原则，内部又可以分为若干个独立系统，各系统之间都会通过各流程系统之间的接口建立起紧密联系，最终组成一个涵盖全局的网络系统。减少不必要的工作环节，优化工作流程，使企业运营更有成效，不仅是成本控制的要求，更是市场竞争的要求。但凡取得市场竞争胜利的企业，必然是拥有最合理的运营方法的企业。

第八章

对创新进行有效管理

·第一节·
创新并不是一种性格特质

创业家的职责就是创造性毁灭

管理精粹

创业家最爱做些颠覆性的事情,约瑟夫·熊皮特说过,创业家的职责就是创造性毁灭。

——《创新与企业家精神》 德鲁克

精彩阐释

德鲁克认为,创新是企业家特有的工具,他们将创新看作是开创另一个企业或服务的机遇。他们敢于颠覆传统和旧有的经验,通过创造性毁灭为自己赢得市场。

2005年12月29日,《征途》打着终身免费的招牌,在公测阶段就成功实现赢利。这在依然依靠收费模式,才能实现赢利的传统网游市场掀起轩然大波,原来免费模式不只是休闲网络游戏才适用的。在依靠点卡消费来赢利的收费模式已经疲软的情况下,《征途》免费模式的赢利,给国内网络游戏厂商注入了一针强心剂。

在2004年以前,当时所有的网络游戏商依然按照国际通行惯例,主要收取玩家登录游戏的时间费用,游戏玩家每个月大概花费50元人民币就够了。不少网络游戏为了争取大量同时在线玩家,甚至设计了包月不限时点卡。在2003年,只要一款新运营的网络游戏保证公测时能吸引来10万人以上,并在正式收费时能保证 5 万人的忠实用户，这款游戏就肯定赚钱。

这种行业规则一直延续到 2005 年，尽管包括金山、搜狐等众多大级别的软件和网络公司纷纷加入网络游戏行业，提高了网络游戏运营的资金和成本门槛，使得不少小公司倒闭，但收取几十块钱点卡费的行业规律，并没有本质变化。这一切，直到《征途》的出现才发生改变，史玉柱打破了以往的行业平衡。

史玉柱跳出以往的点卡或者月卡的收费模式，主打免费招牌。"免费模式"的想法来源于史玉柱自身的思维特点，他曾公开表示："我不喜欢按常理出牌，我喜欢按自己的想法去做。我不蔑视规则，我自己创造规则。"《征途》运营之初，业界对免费模式普遍持怀疑态度，认为史玉柱这个"网游外行"所坚持的"道具"收费模式注定不会成功。但几年的时间过去了，《征途》越活越滋润，甚至在 2008 年 4 月达到了 210 万的峰值在线，成为"中国第一网游"。

《征途》的"免费模式"，让巨人荣获"2006~2007 年中国互联网市场年度创新商业模式"大奖，这是当年唯一一家获此殊荣的网游公司。在几年的时间里，免费模式已经成为与点卡模式鼎足而立的网络游戏商业模式。2006 年甚至被业内人士称为中国网游"免费年"——84% 的新游戏是免费的。在免费模式的助推下，中国网游市场规模逐年扩张，2008 年第 2 季度市场规模已经达到了 44.3 亿。

正如史玉柱所说，自己不是一个按常理出牌的人。他打破规则造就了自己的成功。无论是对企业还是个人，只有不断创新才具有旺盛的生命力。

实用指南

德鲁克说过，这世界上唯一不变的就是变化，而变化就是对原有秩序的破坏，破旧才能立新。每个人要想获得别人意想不到的成功，就应该敢于突破规则的限制。

企业家精神是风险最低的

管理精粹

从理论上说，企业家精神应该是风险最低，而非风险最高的方式。

——《创新与企业家精神》 德鲁克

精彩阐释

德鲁克说，人们普遍认为企业家精神充满了巨大的风险。的确如此，在那些非常引人注目的创新领域，如生物遗传或微型计算机等高科技领域中，企业的失败率非常高，而成功的概率甚至幸存的概率却相当低。

情况为什么会这样呢？因为，企业家将资源从生产力和产出较低的领域转移到生产力和产出较高的领域，这中间必然存在着失败的风险。但是，如果即使他们只获得勉强的成功，其回报却足以抵消在这一过程中可能遇到的风险。因此，我们在对企业家精神可能遇到的风险进行预测时，应该比最优化的风险还要低。

大量的事实证明，许多企业家型组织的平均成功率相当高，这足以驳倒企业家精神与创新的风险极高的普遍论调。

例如，美国的贝尔实验室是贝尔电话公司的创新部门。从1911年设计出第一个电话自动交换台开始，到1980年设计出光纤电缆，其中还包括半导体和晶体管的发明以及运用于计算机上的理论和工程工作，贝尔实验室在这七十多年的时间里，创造了一个又一个成功。贝尔的成功证明，即使是在高科技领域，企业家精神和创新也可以是低风险的。

再如，全球最大的消费品生产厂商宝洁公司同样拥有近乎完美的成功创新纪录；IBM在一个快速发展的高科技领域——计算机行业中，与电力和电子行业的"老手"竞争，但到目前为止，尚未遭遇重大挫败；位于明尼苏达州圣保罗市的"中等技术含量"公司3M公司，在过去的60年中，创立了近100家新企业或全新的主要产品生产线；即使是在一个较为平凡的行业中，全球主要零售商中最具有企业家精神的大公司——英国玛莎连锁百货公司，也从未有过败绩。这些事实证明，企业家精神是风险最低的，而这其实只是企业家以低风险从事创新活动的小范例。

另外，还有很多个体企业家创办新企业却也创造了很高平均成功率的情况，这也足以反驳企业家精神具有高风险的论调。

大多数人之所以觉得企业家精神具有风险，主要是因为在所谓的企业家中，只有少数几个人知道他们在做些什么。高科技领域的企业家尤为如此，高科技领域的企业家精神和创新，比起其他创新（基于经济理论和市场结构的创新或者基于人中统计特征的创新）更加困难。但是，这并不意味着高科技领域的企业家精神就具有"高风险"性。贝尔实验室和IBM已经证明了这一点。

实用指南

冒险是企业家的天性，没有甘冒风险和承担风险的魄力，就不可能成为企业家。但是这并不意味着企业家精神是风险最高的，他们成功的概率还是很大的。

敢于决断是创业家的必备素质

管理精粹

任何敢于决断的人都可以成为企业家。

——《创新与企业家精神》 德鲁克

精彩阐释

德鲁克说，任何敢于决断的人，都能够通过学习成为一名企业家。果断决策是优秀管理者必备的素质之一。尽管我们不断被叮嘱决策要慎重，但我们必须明白，如果不能当机立断，机遇就会溜走。

在20世纪50年代中期，塑胶花的热潮在欧美市场逐渐兴起，每家每户以有塑胶花为时尚。这让李嘉诚看到了商机。他当机立断，丢下其他生意，全力以赴投资生产塑胶花，他的"长江塑胶厂"一举成为世界上最大的塑胶花工厂，他也被誉为"塑胶花大王"。

60年代后期，虽然塑胶花热并没有过去，但李嘉诚预感到塑胶花市场将由盛转衰，于是立即退出塑胶花业，重操玩具等行业，使他避过了一场塑胶花行业危机。

60年代后期，香港经济开始起飞，地价一路飙升，李嘉诚认为地产业将迎来发展良机。于是他就迅速投资购买大量土地。

最值得一提的是1977年5月，香港政府为兴建中区的地铁中环站和金钟站地面建筑而举行了公开招标，各大财团为争夺这块黄金地段的兴建权展开了激烈竞争。英资怡和财团控制下的置地公司背靠香港政府，素有"地产皇帝"之称。最终，李嘉诚的"长江实业"战胜了它，开了华资吞并英资的先河，被人们称之为"小蛇吞大象"。

70年代后期，香港股市开始疯狂。李嘉诚迅速投资入市，毫不手软。他首先瞄准的目标是英资怡和集团的"九龙仓"，悄悄地买入，果断地抛出，净赚5900万港元。

1978年，他又把目光对准了另一家老牌英资公司"青州英妮"，果断出手，很快在股市上收购了"青州英妮"25%的股票。他遂出任该公司的董事。

紧接着李嘉诚集中火力，对英资和记黄埔穷追不舍，在股市上大量吸纳和记黄埔的股票。1980年11月，通过整整一年不间断的努力，终于成功地拥有超过

40%的和记黄埔股权。1981年1月1日，他正式出任老牌英资洋行和记黄埔董事局主席，一举成为香港首富。

李嘉诚能成功，其灵活的经营与决策起了决定性作用：反应敏锐，处事果断；能进则进，不时则退。也是因为李嘉诚的处事果断，在香港及亚洲经济界获得了举足轻重的地位。

实用指南

军事家果敢明断就能把握战机，企业家在商战中果敢明断就能无往不利。如果不想让机遇溜走，不使自己后悔，任何人都要培养和拥有敢于决断的素质和魄力。只有这样，我们才能成长为创业家。

不能坚持的创业者只能昙花一现

管理精粹

只依靠灵光闪现的创业家最终会如同流星般消失。

——《管理未来》 德鲁克

精彩阐释

德鲁克认为，成功的秘诀在于坚持。任何伟大的企业所取得的成功，都是依靠坚持取得的。这如同斗牛场里的牛。在西班牙，斗牛之前，小公牛要在斗牛场里接受考验。每一头被带进场的牛，得攻击一名用长矛刺它的骑马斗牛士。每一头牛的勇敢程度，按照它不顾刺伤，勇往直前的冲锋次数定出高低。

松下幸之助年轻时家庭贫困。有一次，瘦弱、矮小的松下到一家电器工厂去谋职。他走进这家工厂的人事部，向一位负责人说明了来意，请求给自己安排一个哪怕是最低下的工作。这位负责人看到松下衣着肮脏，又瘦又小，觉得很不理想，但又不能直说，于是就找了一个理由："我们现在暂时不缺人，你一个月后再来看看吧。"

这本来是个托词，但没想到一个月后松下真的来了，那位负责人又推托说此刻有事，过几天再说吧，隔了几天松下又来了。如此反复多次，这位负责人干脆说出了真正的理由："你这样脏兮兮的是进不了我们工厂的。"于是，松下回去借了一些钱，买了一件整齐的衣服穿上又返回来。这人一看实在没有办法，便告诉松下："关于电器方面的知识你知道得太少了，我们不能要你。"两个月后，松下幸之助再次来到这家企业，说："我已经学了不少有关电器方面的知识，您看我哪方面还有差距，我一项项来弥补。"

这位人事主管盯着他看了半天才说："我真佩服你的耐心和韧性。"松下幸之助的毅力打动了主管，他终于进了那家工厂。

虽然几次三番被拒绝，但松下以其坚韧不拔的毅力坚持下来，也正是凭着这种坚毅刚强的性格，他打造出了一个庞大的松下王国。

1883年，工程师约翰·罗布林雄心勃勃地意欲着手建造一座横跨曼哈顿和布鲁克林的大桥。桥梁专家说这个计划纯属天方夜谭，不如趁早放弃。罗布林的儿子华盛顿·罗布林——一个很有前途的工程师，也确信这座大桥可以建成，父子俩克服了种种困难，在构思建桥方案的同时，也说服了银行家们投资该项目。

然而大桥开工仅几个月，施工现场就发生了灾难性的事故。父亲约翰·罗布林在事故中不幸身亡，华盛顿的大脑也严重受伤。许多人都以为这项工程会因此而泡汤，因为只有罗布林父子知道如何把这座大桥建成。

尽管华盛顿·罗布林丧失了活动和说话的能力，但他的思维还同以往一样敏锐，他决心要把自己与父亲花费了很多心血的大桥建成。一天，他脑中忽然一闪，想出一种用他唯一能动的一个手指和别人交流的方式，他用那根手指敲击他妻子的手臂，通过这种密码方式由妻子把他的设计意图转达给仍在建桥的工程师们。整整13年，华盛顿就这样用一根手指指挥工程，直到雄伟壮观的布鲁克林大桥最终落成。

这个令人难以置信的奇迹蕴含着一个道理：脚不能达到的地方，眼睛可以达到；眼睛不能达到的地方，心可以达到。只要拥有一颗坚韧的心，没有什么是做不到的。

今天在职场中立足已属不易，成功更是难上加难，这就需要我们有足够的忍耐力和坚强的意志，以及面对任何困难永不屈服的精神。坚韧是在残酷的职场竞争中无往不胜的法宝。

实用指南

人总是需要有一些狂热的梦想来鼓舞自己的。每个企业家都会经历很多艰辛，如果没有对自己的创意怀着无限的激情，是很难坚持下来的。有些人遇到了一次失败，便把它看成拿破仑的滑铁卢，从此失去了勇气，一蹶不振。可是，在刚强坚毅者的眼里，却没有所谓的滑铁卢。那些一心要得胜、立志要成功的企业家即使失败，也不以一时失败为最后的结局，还会为原先的那个目标继续奋斗，在每次遭到失败后再重新站起来，比以前更有信心地向前努力，不达目的绝不罢休。

创业家要在变化中成为赢家

管理精粹

　　企业家总是寻找变化、响应变化，并将变化看作是机会而加以重视。

　　　　　　　　　　　　　　——《创新与企业家精神》　德鲁克

精彩阐释

　　德鲁克认为，变化意味着机遇诞生，是领跑市场的机会，而非增加企业运营成本的威胁。平庸的管理者害怕变化——适应变化是一件难度很大的事情，而企业家往往能通过变化一跃成为领先者。

　　成立于1995年7月的亚马逊公司，是互联网上出现的第一个虚拟书店。成立之初只是一个名不见经传的网站，在短短四年内就成为全世界最成功的电子商务公司。投资者和基金管理人都对亚马逊公司表现了极高的兴趣，亚马逊现象是各界人士茶余饭后热烈讨论的话题，尽管该公司创办之初的4年里并没有实现赢利。

　　亚马逊公司在网络商业界建立了一个前所未有的网络书店王国，为全世界100多个国家的客户提供服务，据统计1999年就有近620万人次在该网站上购物，比1998年增长了64%。公司为客户提供了多达470万种书籍。今天亚马逊公司的产品还扩展到音乐CD、DVD、玩具、厨具、软件、电子产品、硬件等，均取得不俗的成绩。

　　亚马逊公司是如何获得如此巨大的成功呢？亚马逊公司创业成功的关键因素又有哪些呢？当网络刚刚兴起时，亚马逊公司的创始人Jeff Bezos就意识到一个新的商务时代即将来临。Jeff Bezos敏锐地发觉，在电子商务创始之初，最容易实现和最占优势的就是网上书店，于是就在1995年7月成立了亚马逊公司。公司用计算机虚拟空间取代实景店面，用快捷的软件程序解决了繁琐的进、出货工作，与传统书店相比大量节省了人力和物力。

　　虚拟书店和现实书店之间的竞争不在于价格而在于能否为客户提供方便。亚马逊公司知道，虚拟书店与其现实世界的竞争者相比具有很大的优势，就是它的存书清单。一个虚拟书店的存书数量在理论上是没有限制的，而这是传统书店无法比拟的。到 1999 年末，亚马逊公司已经可以提供 470 万册图书，而且公司正把目标转移到数千个更小的、独立的、从不把自己的书放到书店的发行商，将这些小发行商发行的书籍放在网上出售。

亚马逊公司采用了一套客户关系管理系统来管理客户。通过客户关系管理系统，亚马逊公司分析每位客户的原始资料（年龄、性别、地理位置、家庭情况、收入情况等）和历史交易纪录，通过这些分析推断客户的消费习惯、消费心理、消费层次、忠诚度和潜在价值。根据客户的不同需要和习惯提供给客户不同的服务，最终向客户提供一对一的服务。客户每次在 amazon.com 网站上的浏览和订购情况都被亚马逊公司记录下来，通过分析客户长期的交易情况，公司得知客户基本的需求和消费嗜好，然后公司会向客户推荐他想要的书籍，减少营销的盲目性，获得客户的认可。

电子商务的发展为亚马逊公司提供了极好的机遇，亚马逊公司凭借自己的服务逐步登上世界第一网上书店的宝座。可以说，亚马逊的成功，就是 Jeff Bezos 迎合变化的成功。从创业的角度上来看，Jeff Bezos 就是一个成功的创业家。包括一同崛起的其他电子商务网站当当、阿里巴巴、淘宝等，都充分说明了只有善于利用变化的人，才能赢得未来。

实用指南

别为"计划赶不上变化"而苦恼，要获得成功，就要顺势而变、顺时而变。抱着老思想走路，是断然不会成功的。相反，学会变通，你会得到意想不到的收获。对于善于利用机遇的人，世界上到处都是门路，到处都有机遇。所有企业家都应该谨记：要时刻寻找机会。在机会降临时要果断，及时地把握它。当机会握在手中时要善于充分利用它并去争取成功。这是成功的企业家必备的三种重要品质。

创新是表现创业精神的特殊工具

管理精粹

创新是表现创业精神的特殊工具。

——《创新与企业家精神》 德鲁克

精彩阐释

德鲁克认为，创业精神视变化为常规。在创业中，企业家最主要的任务是做与众不同的事，而非将已经做过的事情做得更好。创新不仅带来创业的机会，更是为成功提供了保证。

1975年8月的一天，四川省汶川县白岩村的青年姚岩松劳动之余坐在地上休息。他意外地发现，脚下有一只"屎壳郎"在向前爬行，而且正推动着一团比它自身重几十倍的泥土。这一现象引起了姚岩松的兴趣，他蹲在地上仔细观察了好久，似有所悟而又好像越来越迷惑不解。

第二天一大早，他在山坡上又找到了一只"屎壳郎"。为了进一步观察，他用白线拴了一小块泥土套在这只"屎壳郎"的身上，让它拉着走。奇怪的是，这一小块泥土比昨天的那块要轻得多，而这个"屎壳郎"却怎么也拉不动。姚岩松接着又找了好几只"屎壳郎"来做同样的试验，情况都一样。这让姚岩松悟出一个道理：拉比推更费劲，能够推得动的东西未必能拉得动。

姚岩松曾开过几年拖拉机。他早就发现，在电影上看到的那些各种各样的耕作机械不可能行驶在自己家乡狭小、又高又陡的山地上，他深深感到遗憾。这时他联想到：能不能学一学"屎壳郎"推土，将拖拉机的犁放在耕作机身的前面呢？

按照这一联想，他把从山上采摘来的茅花秆一节一节地切断后，又一节一节地制成"把手"、"机身"、"犁圈"等，忙碌了几天，他终于制作出了一台用茅花秆和小铁丝做成的耕作机模型。3个月后，姚岩松耗费数千元制作的耕作机开进了地里，但它却不听使唤。寝食不安的姚岩松有一天在岷江河畔被一台推土机吸引了。他发现，推土机由于机下有履带，所以稳定性强、着地爬动力好。这时他又联想到，耕作机同推土机一样，要稳定性强，着地爬动力好，不也可以装上履带吗？

又是几个月过去后，姚岩松的第一台"履带式耕作机"终于问世，但这还不是最后的成功。后来又经过数百次改进、试验，直到1992年2月，他才成功地拿出了第十台"屎壳郎耕作机"。以推动力代替牵引力，突破了耕作机械传统的结构方式，他的这一发明兼具创造性、新颖性和实用性，在国内属于首创。

姚岩松发明的这种"屎壳郎耕作机"，体积小，重量轻（仅64公斤），一个人就可以背上山。可以在石梯上行进，还能爬45°的坡，两小时耕的地就相当于一头牛一天耕作的地，而它的价格也只相当于一头牛的价格。由于它具有这些优点，机器一问世，要求联合生产的厂家就络绎不绝。

创新并不神秘，但它的力量却异常的强大和神奇，无数企业的成败告诉我们：失去创新，必将面临失败；把握住创新，才能赢得成功。

实用指南

在德鲁克看来，赢在创新，无论对于企业还是个人，这都是一个不容置疑的信念。在当今变化万千的市场大潮中，若能将创新演绎得淋漓尽致，你就会成为最终赢家。

优秀的企业家一定是个冒险家

管理精粹

一个需要万事俱备才能行动的人是不可能成为创业家的。

——《创新与企业家精神》 德鲁克

精彩阐释

德鲁克说，优秀的企业家一定是冒险家。能否冒险成为创业家和平庸者的分水岭。古往今来，成大事者一定是敢于冒险的人。总是回避困难与风险的人，将与成功无缘。

格蒂1893年出生于美国的加利福尼亚州，父亲是一位商人。他小时候很调皮，但读书的成绩还算不错，后来进入英国的牛津大学读书。

1914年毕业返回美国后，他最初的意愿是想进入美国外交界，但很快就改变了主意。

他为什么改变了主意呢？因为当时美国石油工业已进入方兴未艾的年代，一种兴致勃勃的创业精神鼓舞着年轻的格蒂到石油界去冒险。他想成为一个独立的石油经营者。于是，他向父亲提出，让他到外面去闯一闯。

但他父亲提出一个条件，投资后所得的利润，格蒂得30%，他本人得70%。作为父子，这个条件尽管苛刻，但格蒂爽快地答应了。他有自己的打算。他向父亲借了一笔钱之后，便径自走出家门，独自来到俄克拉荷马州，进行他的第一次冒险事业。

1916年春，格蒂领着一支钻探队，来到一个叫马斯科吉郡石壁村的附近，以500美元租了一块地，决定在这里试钻油井。

工作开始后，他夜以继日地奋战在工地上。经过一个多月的艰苦奋战，终于打出了第一口油井，每天产油720桶。格蒂从此进入了石油界。就在同年5月，他和他父亲合伙成立了"格蒂石油公司"。

1919年，格蒂以更富冒险的精神，转移到加利福尼亚州南部，进行他新的冒险计划。但最初的努力失败了，在这里打的第一口井竟是个"干洞"，未见一滴油。但他不甘心，在一块还未被别人发现的小田地里取得了租权，决心继续再钻。然而这块小田地实在太小了，而且只有一条狭窄的通道可进入此地，载运物资与设备的卡车根本无法开进去。他采纳了一个工人的建议，决定采用小型钻井设备。他和工人们一起，从很远的地方，把物资和设备一件件扛到这块狭窄的土地上，然后再用手把钻机重新组合起来。办公室就设在泥染灰封的汽车上，奋战了一个多月，终于在这里打出了油。

随后，他移至洛杉矶南郊，进行新的钻探工作。这是一次更大的冒险，因为购买土地、添置设备以及其他准备工作，已花去了大量资金。如果在这里不成功，那么将意味着他已赚取到的财富将会毁于一旦。他亲自担任钻井监督，每天在钻井台上战斗十几个小时。打入3000米，未见有油。打入4000米，仍未见有油。当打入4350米时，终于打出油来了。不久，他们又完成了第二口井的钻探工作。仅这两口油井，就为他赚取了40多万美元的纯利润。这是1925年的事情。

格蒂的冒险一次次地获得成功，促使他想去冒更大的险。

1927年，他在克利佛同时开了4个钻井，又获得成功，收入又增加了80万美元。这时，他建立了自己的储油库和炼油厂。

1930年他父亲去世时，他个人手头已积攒下数百万美元了。以后的岁月，机遇也常伴格蒂身边。他所买的租田，十之八九都会钻出油来。而且，他的事业也一直顺风满帆，从而成为世界著名的富豪。

具有创业精神的人总能坚持做到有良好的计划就去实施、有出色的点子就去执行，绝不会让自己处于一种躲避退让、被动挨打的地位。他们无比渴望更大的事业舞台和更大的成功。事实上，也只有敢于冒险，才可能抓住稍纵即逝的创业机会。

实用指南

在德鲁克看来，要冒险，没有勇气是不行的。只有有胆有识，才能在别人犹豫不决时果断决策，才能不安于现状，创造更多辉煌。但是，有冒险的勇气，敢于去做有风险的事，并不意味着顾前不顾后，一味头脑发热，横冲直撞。胆识固然重要，但智慧更加可贵。没有智慧的胆识，可谓有勇无谋。这样的"勇敢"不是冒险，而是盲动，有时简直等于自杀。

·第二节·
创新精神是企业的灵魂

创新并不是让你去冒险

管理精粹

大多数的成功创新者在现实生活中都不是有"浪漫气质"的人物,他们把大部分时间花在流动资金的估算上,而非武断地做出冒险尝试,他们并非专注于风险,而是专注于机遇。

——《创新与企业家精神》 德鲁克

精彩阐释

在一次企业家精神研讨会上,企业家提出了这么一个观点,成功人士都有一个共同的特点,一个唯一的特点:"他们都不是'风险偏好者'。他们总是试图确定风险的性质,并且最大限度地降低风险。否则,我们中间就没有人会取得成功。"德鲁克对这个观点十分赞同。他认为,创新当然是有风险的。但是,坐进汽车,开车去超市买面包,也同样有风险。一切经济活动就其定义而言都是"高风险"活动。保护昔日的成果比创造未来的风险更大。创新者只有在确定风险性质、界定风险范围的情况下才可能取得成功,只有在系统分析创新机会来源、认准机会和利用机会的情况下才能取得成功。

德鲁克认为,企业要想使自身成为变革的先驱,就必须建立起对内与对外的连续性,更重要的是要保持变革和连续性之间的平衡性,使得变革的速度保持企业内部的稳定。为了保持组织内部的稳定和变革的成功率,企业的每一个改进和创新,都要进行小规模的测试,这是市场调查研究所不能替代的。

德鲁克的这种谨慎变革的态度和柳传志办公司的态度有着惊人的相似。柳传志对自己做事风格有个形象的描绘："先要看，看好了再去试，一步、两步、三步，踩实一脚，再踩实一脚，每踏出一步，都小心翼翼地抬头远望并回头四顾，感觉这一步大了，就再回头踩踩，直到终于看到踏实的黄土路，撒腿就跑……"

凭着这种做事风格，联想失去过很多机会，但是也避免了许多次翻车的风险。比如房地产热、股票热，联想都不为所动，专心致志地做自己的电脑。

卓越的领导者和决策者，绝不会轻率地发动企业的变革，他们总是冷静地分析现实，在提出可行性方案后，总会先采取谨慎的或者是渐进的方式进行"探水"，而不是盲目地发动革命。然而，很多企业的领导者却经常在变革过程中搞"大跃进"，结果造成了严重后果。实达公司在"变革"中崩塌的事例就值得企业家们警醒。

实达公司是20世纪90年代国内IT界的著名企业。1998年7月，一个偶然的机会，时任实达总裁的叶龙认识了麦肯锡咨询公司的专家，双方交谈甚欢，叶龙的实达预付50万给麦肯锡做市场调研，主要调研实达的经营现状。当麦肯锡拿出调研数据后，实达高层大吃一惊，原来实达最优质的客户，每年在实达的采购还不到他们当年同类产品总体采购额的10%。实达高层随后决定做一个300万的咨询项目：建立高绩效的营销体系，对实达以往的管理架构进行全面变革。

麦肯锡的方案是：解散集团以前的子公司制，将市场营销、销售和生产统一收到集团层面。集团的三位高级副总裁各负责一块。变革改组方案改变了实达传统的营销模式，特别强调资源共享。比如针对一个行业客户，实达只需一名销售代表就可以将个人电脑、各种终端、服务器、网络产品统一销售给客户，而不需要像过去子公司那样每家都要上门推销。针对这一主张，麦肯锡提供给实达两个方案：一个是一步到位，一个是渐进式的。实达高层迫切希望改变，最后选择了一步到位的方案。

1999年1月1日，实达开始实施麦肯锡的变革改组方案，进行了"千人大换岗"行动。各地分公司的负责人也放下手中业务，赶回福州进行培训和学习。然而出人意料的是，实达的信息系统出了问题：老的系统停止运营，而新的系统尚未建好且不断出故障。结果1~3月，实达高层连基本的市场数据都能不掌握。那时，联想、方正已开始降价了，实达没有降，导致实达销售量大幅下降。而营销部没有整合前，一个销售员卖一种产品；整合后，一个销售员要卖实达的全部产品。这种销售技能需要学习、掌握的时间，实达人一时适应不了这种改革，内部管理一片混乱。

新管理体系在推行的过程中给集团经营造成了较大的负面影响,直接导致了经营业绩的滑坡。1999年6月,管理重组变革方案正式宣告失败。总裁叶龙只得引咎辞职。

实达为什么瞬间崩塌？实达的确非常重视变革,但是,企业变革的速度和风险是成正比的。对于麦肯锡的方案,还没有经过试点就立即推行,所带来的震荡是无法预测的。新旧制度出现的断层,新的尚未建立,旧的已经全面坍塌,而组织也必然随之崩溃。这种规模过大的变革比不变革更可怕。变革固然重要,但是在任何变革中都有稳定大于一切的需要。任何变革都必须得有一个缓冲阶段才能保证企业的安全性。头脑发热的变革向来都是高风险地冒进!

实用指南

成功的创新者都比较保守,而且必须保守。并且,就一般而言,我们对于创新多半有一个误解,即打破旧的才有创新。事实上所谓的新产品,真正完完全全是新的情况毕竟只是少数,即使一些商品标榜着大创新、大革新,其实大多还是从已有的领域当中进行改进与创新而已。因此,虽然只是提升了旧有商品的附加值,依然会得到广大消费者的青睐。并且,变革是带有风险的,变革不是盲目的。

创新精神是企业的灵魂

管理精粹

在这个要求创新的时代中,一个不能创新的企业注定是要衰落和灭亡的。对创新进行管理,将日益成为企业管理层,特别是高层主管的一种挑战,并将成为其能力的一种试金石。

——《管理：使命、责任、实践》 德鲁克

精彩阐释

德鲁克认为,创新不仅是技术创新,还有战略、观念、组织、市场、经营模式的创新。重塑企业战斗力,必须全面提高企业创新力,要如杰克·韦尔奇所说："对待创新你不能保持镇静而且理智,你必须要达到发狂的地步。"

享有"汽车大王"美誉的亨利·福特在福特汽车公司发展初期是一个具有强大创新力的企业领导者,福特用他的不断创新将企业推向巅峰。然而,随着时间的推进,老福特的创新渐渐教条化。20世纪20年代,美国进入了大众化富裕时代，随着生活水平的提高，当时美国人的需求越来越多元化，他们更注重的是速度、造型、环保以及个性化，老福特却仍坚持低成本车的策略，他继续拼命生产颜色单调，而且耗油量大、排气量大，完全不符合日益紧张的石油供应市场和日趋严重的环境保护状况的Ｔ型车。当小福特提出生产豪华型轿车的建议时，老福特不仅不予采纳，甚至用斧子劈毁了新车型。

与此同时，通用汽车等其他几家公司则紧扣市场需求，制定正确的战略规划，生产节能低耗、小型轻便的多种类汽车。结果在70年代的石油危机中，通用汽车一跃而上，而福特汽车却到了破产的边缘。

老福特这才意识到自己的错误判断，转而根据小福特的意见推出豪华型轿车。但是先机已失，老福特感慨地总结说："不创新，就灭亡。"

对于企业的管理者来说，一定要牢记创新是企业的灵魂，并设法寻找企业创新的思路。

第一，学习本业之外的知识

挤出时间广读博览，学习影响你的业务的各种知识。正如运动可以增强体质，读书能开启心智，应当开拓思维，掌握处理业务的基本技能，如解决问题、决策、谈判和员工管理等。

第二，设法结交其他行业中具有创造力的思想者

经常待在自己的小圈子里，会导致"自我封闭"。制造商需要和饭店老板一起打高尔夫球，室内装潢设计师则可以邀请工程师共进午餐。尽力广泛征求各方建议，然后仔细选择并加以采纳。

第三，长远思维对成功不可或缺

保持一贯的质量和品格，用心寻找那些前途光明、能激起你的热情、合乎你的远景规划并能发挥你所长的领域。一旦找到就不遗余力地投身进去。

第四，树立整体观的管理理念

把你的企业看作是一个统一机体。质量问题会影响到销售，管理不善又会降低产量。你的决策和行动看起来只限于解决出现的问题，其实最终会影响到你的顾客，并因此对销售产生影响。

第五，拥抱失败

创新过程中经历的失败能提醒你认清自己思维和观念中的偏差。

第六，挖掘创新机会

重新审视你的工作程序。你们如何完成工作？你的产品或服务是怎样提供给顾客的？凭借工作程序创新，你可以大大提高企业的效率和利润，从竞争者中脱颖而出。

第七，重视不寻常的要求

多数企业只选择最简单且自己轻车熟路的东西，提出特殊要求的人们通常会被拒之门外。千万不要对这些人置之不理，要和他们交朋友，从他们那里汲取灵感，他们可能有助于你预测未来趋势。如果你不这样做，自会有别人去做，这样你就比别人少了这方面的竞争力。

实用指南

如何在激烈的竞争中生存并取得发展，是每一家企业必须面对的现实。企业要做的事情很多，但其中最重要的一点是创新的理念树立，积极寻求变革，而不是等危机来临才临时抱佛脚。

创新是一张让生意人承担新风险的保单

管理精粹

在企业的任何阶段都能发现创新，它可能是设计环节上的创新、产品及营销方法的创新、价格及客户服务的创新、管理机制或管理方法的创新。它是一张让生意人可以承担新风险的保单。

——《管理的实践》 德鲁克

精彩阐释

创新存在于公司经营活动的各个环节。企业家可以在方方面面创新，也可以在某个方面创新。市场是很公正的，只要创新得当，符合市场需要，市场就会给予丰厚的回报。王永庆被台湾商界誉为"经营之神"，殊不知，当年刚刚起步创业的他，就是通过一些细节上的创新一步步发展起来的。

王永庆早年因家贫读不起书，只好去做买卖。1932年，16岁的王永庆到嘉义开一家米店。当时，嘉义已有米店近30家，竞争异常激烈。当时仅有200元资金的王永庆，只能在一条偏僻的巷子里租一个小铺面。他的米店开得最晚、规模最小，没有任何优势，开张时，生意冷清。

当时，王永庆的米店因规模小、资金少，没法做大宗买卖，也没办法搞零售。那些地段好的老字号米店在经营批发的同时，也兼做零售，没有人愿意到地处偏僻的米店买货。即使王永庆曾背着米挨家挨户去推销，效果也不太好。

王永庆觉得要让米店在市场上立足，自己就必须转变思路，必须有一些别人没做到或做不到的优势才行。很快，王永庆从提高米的质量和服务上找到了切入点。他决定在产品质量和服务上进行创新，以此来改变那些旧有的习惯，吸引顾客关注自己店面。

当时的台湾，农业技术落后，稻谷收割后都铺放在马路上晒干，然后脱粒，这就使一些杂物掺杂在米中。用户在做米饭前，都要淘米，用起来很不便，但买卖双方对此都习以为常。王永庆从这一司空见惯的现象中发现了商机。他带领两个弟弟一齐动手，不怕麻烦，一点一点地将夹杂在米里的秕糠、沙石之类的杂物拣出来，然后再出售。这样，王永庆米店卖的米的质量就要高一个档次，因而深受顾客好评。

有了信誉，米店的生意也日渐红火起来。同时，王永庆也进一步改善服务。当时，用户都是自己买米、自己运送，这对于年轻人来说不算什么，但对于一些上了年纪的老人，就是很麻烦的事。王永庆注意到这一点，于是超出常规，主动送货上门。这一方便顾客的服务措施，很快为他赢得了市场。每次给新顾客送米，王永庆都细心记下这户人家米缸的容量，并且问明这家有多少人吃饭，有多少大人、多少小孩，每人饭量如何，据此估计该户人家下次买米的大概时间，记在本子上。到时候，不等顾客上门，他就主动将相应数量的米送到客户家里。在送米的过程中，王永庆还了解到，当地居民大多数都以打工为生，生活并不富裕，许多家庭还未到发薪日，就已囊中羞涩。由于王永庆主动送货上门，要货到收款，有时碰上顾客手头紧，一时拿不出钱，会弄得大家很尴尬。为解决这一问题，王永庆采取按时送米，不即时收钱，而是约定到发薪之日再上门收钱的办法，极大地方便了顾客。王永庆通过提高产品质量，创新服务，改变收款方式，使自己的米店一下子成为当地最受欢迎的米店。

由此可见，只要是符合顾客需要的创新，一定能够受到顾客的欢迎，从而最大限度地保证企业的经济效益。创新，是企业家的保单。不创新，企业等于自我放弃前途，最终会被市场所淘汰。

实用指南

伟大的公司都是擅于创新的公司，企业管理者应该不断拓宽思路，不拘泥于以往经验和成就，以想人之所未想，为人之所不能为，出其不意，以新制胜，利用创新摆脱红海的纠缠，开辟蓝海新世界。

第八章 对创新进行有效管理

创新是挑战竞争、避免竞争

管理精粹

> 每个组织都有不同的核心能力,它可以说是组织性格的一个组成部分。但是,每个组织,不仅仅是企业,都需要一种核心能力——创新。
>
> ——《巨变时代的管理》 德鲁克

精彩阐释

市场是无情的,落后的企业或者产品只能被取代。市场就是一头追逐猎物的狮子,成千上万个产品就是成千上万只羊,要想不成为市场口中的食物,唯一的出路就是不断提升自己的竞争力,而创新是提升竞争力最为主要的出路。许多成功的企业都是通过创新来保持领先的,创新是企业的核心能力。

美国明尼苏达矿业制造公司,也就是人们常说的 3M 公司,以其为员工提供创新的环境而著称。

走进它总部的创新中心,最吸引人的是橱窗里陈列的各式 3M 产品。从医药用品、电子零件、电脑配件,到胶布、粘贴纸等日常用品,逾 5 万种的产品表明该公司在产品创新方面的强大优势。该公司起初是个名不见经传的小公司,依靠创新精神,成为令人尊敬的"创新之王"。

3M 公司视创新为其成长的方式,视新产品为其生命。公司的目标是:每年销售量的 30% 从前 4 年研制的产品中取得。每年,3M 公司都要开发 200 多种新产品。3M 公司的创新思维是,要创新就要创造一种环境,创新不是简单的投入,而是一种持续的过程。

这种思维使它们在各个层面都重视创新,从鼓励研究人员发展新构想的"15%规则"、设立资助创新计划的辅助金,到创造容忍失败的环境,3M 无处不显示出对创新文化的重视。

在 3M,创新不局限于产品的研发,任何改进先前的做法都被视为创新。举一个简单的例子,一位刚刚进入公司不久的小姑娘,看到快递公司下单的同时,会给一个追踪号码,以此来追踪邮件到达的位置,她便建议将此用于 3M 产品到达供应商的位置追踪上,后来,这个建议被采用并广泛运用于物流追踪。在 3M 公司看来,这种移植也是一种创新。

3M任何一位员工都不用担心自己的研究没有价值，任何一个员工的新想法都会受到重视。如果你的上司不认同你的研究，那也没关系，你坚信自己的新构想终会开花结果，那么你可以利用15%的工作时间继续实验自己的构想，直到成功为止。3M许多产品的诞生就是得益于"15%规则"。

3M公司还营造了一种容忍失败的工作环境。不论你提出何种想法，都不会遭到其他人的嘲讽。3M认为不成功并不代表失败，对3M的员工而言，失败并不可怕，只要你不是毫无建树，只有毫无建树的员工才会遭到解聘。

作为一个以知识创新为生存依托的公司，3M公司有强烈的创新意识和创新精神。他们认为，知识型员工是实现公司价值的最大资源，是3M赖以达到目标的主要工具。因此，3M的管理人员相信，建立一种适应知识型员工的创新文化氛围非常重要。

要延续3M公司的创新文化，必须聘用最具创意的科研人才。3M非常重视这方面的工作。他们在招聘人才时，会专门成立调查小组。调查小组找来公司里最具创新力的科研人才，询问他们在进入公司前做过什么。最后，调查小组发现，创造力强的人都有兴趣广泛、好奇心重、喜欢问问题、自主性强、新点子多、拥有强烈的道德观等特性，这些人有"先实验后解释"的作风。由此，3M知道今后它需要的应该是有勇气、不怕犯错误、拥有良好技能和创新特质的科研人员。3M公司就是以这样的标准去招聘人才，并取得了巨大成功。

3M在海外聘用当地人才时，也很有特色。例如在日本，许多优秀人才都会跑到日本的著名公司去，3M似乎很难再挑到优秀人才。但3M用逆向思维分析这种问题，它认为传统的日本人才会加入传统的日本企业，而剩下的人正好是3M要找的人，因为他们不会遵循传统，而喜欢独辟蹊径，这些不满足现状的人，才是具有创新精神的人。

市场是无情的，落后的企业或者产品只能被取代。市场就是一头追逐猎物的狮子，成千上万个产品就是成千上万只羊，要不想成为市场口中的食物，唯一的出路就只能是不断提升自己的竞争力。而创新是提升竞争力的最主要的出路。许多成功的企业都是通过创新来保持领先的，创新是企业的核心能力。

实用指南

创新不是一切，不是企业永远的制胜法宝。在市场经济条件下，企业仅靠技术水平的先进，是不能确保其在竞争中取胜的。如果创新忽视市场的变化，必然遭到失败。

第八章　对创新进行有效管理

对创新进行管理

管理精粹

为了对创新进行管理，一个管理人员不一定是一个技术专家。

——《21世纪的管理挑战》 德鲁克

精彩阐释

德鲁克认为，一流的技术专家很少能管好创新工作，因为他总是沉浸在自己的专业领域，所以很难注意专业本身以外的变动。而创新管理人员必须了解创新的动态过程。

虽然创新需要自由的工作环境，需要灵感，但创新并非毫无规律可循，管理者管理创新需要遵循一定的原则。这些原则能够帮助管理者更好地识别哪些是真正的创新、哪些是创新的障碍，从而使创新富有实际价值和效率。

木桶原则

指由几块长短不一的木板所围成的一个水桶，水桶的最大盛水量是由最短的一块木板所决定的。木桶原则所要说明的是，在组成事物的诸因素中最为薄弱的因素就是瓶颈因素，事物的发展最终要受该因素的制约。在管理创新中，如果能抓住这个影响事物发展的最关键的环节，就会收到加长一块木板而导致整个水桶的总盛水量很快增加的目的。

木桶原则在企业管理创新中有很大用处。企业组织有不同的层次、不同的职能部门、不同的经营领域，而企业整体管理水平的高低既不是由董事长、总经理来决定，也不是由那些效率最高、人才济济的部门所决定，而只能是由那些最薄弱的层次和部门来决定。因此，只有在最薄弱环节上取得突破性的创新，才能最终提高企业的整体管理水平。

另外，如果企业各个层次、各个部门的工作质量都符合企业整体的要求，那么加大木桶总盛水量的方法，也应该是先行拉长一块木板，然后再一块一块地补齐其他木板的高度。这种方式可以使木桶的总盛水量平稳增加。

还原原则

所谓管理创新的还原原则，就是打破现有事物的局限性，寻求其形成现有事物的基本创新原点，改用新的思路、新的方式实现管理创新。任何创新过程都有创新原点和起点。创新的原点是唯一的，而创新的起点则可以很多。

如在管理上，实现目标的手段是多种多样的。在当时的条件下，我们可能选择了一种最合适的解决方法，但是随着环境的变化，原来的方法并不一定是最好的，这就需要回到最初的目标上来重新制定一种更为合适的新方法。

我们现在所讨论的还原原则，就是要求创新主体在管理创新过程中，不要就事论事，就现有事物本身去研讨其管理创新的问题，而应进一步地寻找源头，寻找其创新的原始出发点。只有抓住这一始发点，所产生的创意才不容易受现有事物的结构、功能等方面的影响，在管理创新上才能有所突破。

交叉综合原则

指管理创新活动的展开或创新意向的获得可以通过各种学科知识的交叉综合得到。目前，科学发展的趋势是综合和边缘交叉，许多科学家把目光放在这两个方面，以求创新。管理作为一门学科，它的创新过程也呈现出了这一态势。

从管理创新的历史过程来看，有两种创新方式是值得重视的。一是用新的科学技术和新的学科知识来研究、分析现实管理问题。由于是用新的学科知识和技术来看待现实管理问题，即从一种新的角度来研究问题，所以就可能得到不同于以往的看法和启示。如把数理统计方法运用到质量控制中，使质量控制从事后检验走向预防控制。二是沿用以往的学科知识、方法与手段。但不是分别单一地去看一个现实的管理问题，而是将这些学科知识、方法、手段综合起来，系统地来看待管理问题，这样也能产生不同于以往的思路和看法。

不怕犯错误原则

最显而易见、具有常识性和令人深信不疑的信念之一，也是人人认为不言自明的信念就是：最好把事情做对而不要做错。而事实上，正是一些所谓的聪明人，为了避免犯错误，什么事情也不做，即使是好的决策也尽量少做。

结果，那些害怕犯错误的人做得少，取得的成就也就少。管理者最大的错误在于不敢犯错误。另外，避免犯错误的另一种办法是不做标新立异的事情。如果致力于创新，你就有了可能犯错误的机会，因此尽量按原来办法做，还是墨守成规为好。没有新尝试，也就没有新作为。

要做到不怕犯错误是比较困难的，因为人们从小就养成了思维定式。学校根据学生们提供正确答案的能力来给他们评分，并因他们做错答案而惩罚他们。同样地，几乎所有的组织原则都是惩罚失误者，而绝对不惩罚服从命令的人。就此，许多人养成了怕犯错误的恐惧心理，并竭力避免犯错误。人们学会要做得完美无缺，而不是要有创造性。

企业永远需要有能够创新、敢于行动、不怕犯错误、好学的员工。如美国3M公司就提出了"允许犯错误，不允许不创新"、"允许犯错误，但不允许犯相同的错误"等企业理念，从而积极鼓励员工参与企业各类创新活动。

兼容性原则

管理创新要坚持"古为今用，洋为中用，取长补短，殊途同归"的原则。既要学习外国的先进经验，也要学习中国古代的管理思想，并结合中国企业的实际情况，创新出独具特色的管理理论与方法。管理理论与方法的发展不同于自然学科，自然学科理论的发展与创新，是一种否定之否定的关系，新理论的创新意味着对旧理论的否定。而管理理论的创新往往是一种兼容关系，是从不同角度对旧理论的完善和补充。如组织行为理论的出现，并不意味着泰罗制的结束，即使在美国，现在还有 70% 的企业运用泰罗的科学管理法为其创造利润。兼容性原则是指根据自身的实际情况，吸收别人先进的管理思想、管理方式、管理方法，进行综合、提炼。

实用指南

大多数企业都存在着不同程度的持续发展障碍，其中管理层面的障碍更是非常突出，管理创新成为企业的当务之急。

创新是一件艰难的事情

管理精粹

创新的理念就好像蛙卵一样：孵化的上千个蛙卵中，能存活成熟的只有一两个而已。

——《管理前沿》 德鲁克

精彩阐释

德鲁克认为，创新的过程是非常复杂的、非常艰难的，是在没有任何可参照事例的情况下进行的。具备创新精神的管理者总是百折不挠，因为他们明白，创新的理念并不是都能转化为可行的良策，正好相反，大部分的理念都容易夭折。

在电灯问世以前，人们普遍使用的照明工具是煤气灯或煤油灯。这种灯使用起来要燃烧煤油或煤气，因此，有浓烈的黑烟和刺鼻的臭味，而且要经常添加燃料，擦洗灯罩，所以很不方便。更严重的是，这种灯很容易引起火灾。多少年来，很多科学家想尽办法，想发明一种既安全又方便的电灯。

19世纪初，英国的科学家戴维和法拉第用2000节电池和两根炭棒，制成世界上第一盏弧光灯。但这种灯光线太强，只能安装在广场或街道上，普通家庭无法使用。无数科学家为此绞尽脑汁，想制造一种价廉物美而又经久耐用的家用电灯。

这一天终于来到了。1879年，一位美国发明家通过长期的反复试验，终于点燃了世界上第一盏有实用价值的电灯。他，就是被后人赞誉为"发明大王"的爱迪生。

1847年2月11日，爱迪生出生于美国俄亥俄州的米兰镇。他勤奋好学，勤于思考，其发明创造了电灯、留声机、电影摄影机等1000多种成果，为人类做出了重大的贡献。

16岁那年，爱迪生便发明了每小时拍发一个信号的自动电报机。后来，又接连发明了自动数票机、第一架实用打字机、二重与四重电报机等。有了这些发明成果的爱迪生并不满足，1878年9月，爱迪生决定向电力照明这个堡垒发起进攻。他翻阅了大量的有关电力照明的书籍，决心制造出经久耐用而又安全方便的电灯。

于是，爱迪生开始试验作为灯丝的材料，爱迪生以极大的耐心，试验了1600百多种材料，用炭条、白金丝，还有钌、铬等金属做灯丝，都以失败而告终。面对失败和一些人的冷嘲热讽，爱迪生没有退却。

经过13个月的艰苦奋斗，爱迪生试用了6000多种材料，终于发现可以用棉线做灯丝，足足亮了45小时灯丝才被烧断。于是人类第一盏有实用价值的电灯诞生了。这一天——1879年10月21日，被人们定为电灯发明日。经过进一步的试验，爱迪生发现用竹丝做灯丝效果很好，灯丝耐用，灯泡可亮1200个小时。从此，电灯开始进入寻常百姓家。

由此可见，创新并不是一件容易的事情，创新的过程难免会遇到困难和挫折，甚至出现失误，这就需要管理者有知难而进、迎难而上的锐气和绝不言败、百折不挠的韧劲。如果一遇到困难和挫折就失去信心，打退堂鼓，就不可能有所创新。

实用指南

仅有创新的愿望是不够的，要真正达到创新的目的，要求我们必须具备从理论到实践多方面的创新能力。只有认真学习、深入实践、勤于思考，才能不断增强掌握客观规律、提出新见解的能力。

·第三节·
企业家柔道——把握创新规律的方法

重视产业和市场的变化

管理精粹

市场和产业结构的变化同样也是一个重要的创新机遇。

——《创新与企业家精神》 德鲁克

精彩阐释

德鲁克认为，市场和产业结构相当脆弱。一个小小的冲击，就会使它们瓦解，而且速度往往很快。

如果发生这种情况，产业内的每个成员都必须采取相应的措施。沿袭以往的做法注定会给公司带来灾难，甚至可能导致一个公司的灭亡。但是，市场和产业结构的变化同样也是一个重要的创新机遇。

佐藤泰雄受日本富士通公司指派，到中东地区推销空调机。当时中东的空调机市场由美国占领。

经过详细考察，佐藤发现中东地区的酷热气温、含盐分极高的潮湿海风以及从沙漠吹来的尘土，使空调机露在室外的部分极易生锈、堵塞，因此，一般可用十几年的空调机，在这里不过几年就报废了，而美国厂商对此熟视无睹。佐藤想，如果富士通公司在普通空调的基础上稍加改进，使之具有防止沙尘阻塞的功能，那么不就成了最受欢迎的具有中东地区特色的空调机了吗？这也正是富士通空调机打入中东市场的契机。

于是，他请来了日本富士通公司的技术人员，对原有产品反复改进，使之适应中东的特殊气候环境，并让公司设计出富丽堂皇的商标和产品说明书，以招揽顾客。依靠优质的产品和售后服务，富士通空调机逐步在当地建立了良好的声誉。

1973年石油危机爆发后，中东产油国一夜之间都成了腰缠万贯的巨富，对国外高档消费品需求急剧膨胀，富士通空调机便一举占领了中东地区的市场。

企业要发展，必须重视产业和市场结构的变化。

然而，在现实管理中，很多企业家总是把思维局限在"天不变，道亦不变"的僵硬框架中，眼睛只盯着竞争对手，只看着有限的蛋糕容量，却不想办法超越现状、直面现实，这样的企业无法成为一流的企业，也无法成为长寿的企业。在这个推陈出新的时代，企业只有时刻注意市场的变化，才能因适应市场生存下来并发展起来。

谭鱼头火锅店1997年成立，它的第一家火锅店开业后，因为做工精细、味道鲜美，所以餐厅门庭若市，天天爆满，门口经常有几十个人排队等位置。就在此时，一件意想不到的事引起了老板谭长安的注意：由于每天用餐的人太多，客人经常要等很长时间。

一天，有个客人等了2个小时，还没有排到。他很生气，当时就叫来了谭鱼头的老板谭长安。不管谭长安怎么解释、怎么表示抱歉，那个客人还是怒火中烧，气急之下，还给了谭长安一拳。

然而，谭长安却能忍人所不能忍，那一拳不但没有让他恼羞成怒，反而让他开始了深刻的反省。他想，为什么客人会那么愤怒呢？是因为等了太长的时间。而导致客人等待时间长的主要原因是上菜速度慢。餐厅都是采用手工写菜单传菜，效率很低。

想到这一层，谭长安萌生了求变的念头，常言道"变则通，通则久"，要提高效率，由餐饮业的小虾米转变为鲸鱼，必须首先提高效率。于是经过一番研究，谭长安在自己的各个连锁店开始建设IT系统。

这个IT系统的操作流程是：餐厅使用POS机点菜，后台厨房的打印机同步提交顾客点菜信息，库存管理员根据点菜系统中的物料消耗随时补货，财务系统根据点菜系统和结账系统的数据，对每天的销售状况进行精细统计。

这样一来，从前台点菜到厨房准备，再到给顾客上菜的时间都可以用系统记录下来。哪些菜必须在几分钟内提交给顾客，谭长安根据难易程度提具体要求。如果执行不到位，服务员、店堂经理就要受罚。

谭鱼头火锅店成了中式餐饮行业最早实现数码管理的企业，改变了中国式餐饮的粗放式管理，实现了精细化。

谭长安说："从传统管理到数码管理的转变是因为企业需要，企业长大了，管理也必须随之变化。不是我们想要这么做，是市场要求我们这么做。"谭长安正是直面现实后，谋求变革并获得了成功。

近年来，谭鱼头餐饮公司快速发展，谭长安决定代表中国餐饮走向国际市场，而走出国门走向世界的一个重要前提就是实现"数码火锅"的企业目标。

谭鱼头从IT系统建设之初，就选择了IBM作为自己主要的合作伙伴，在各个门店的硬件设备上和应用环节上，充分吸收了IBM在国际餐饮领域的系统建设经验，并希望在IBM的协助下，名副其实地实现"数码火锅"的梦想。

在IT应用非常落后的传统餐饮行业里，谭鱼头不仅独树一帜地最先开始IT建设，并且选择了与IBM携手。通过与国际最知名的IT公司紧密结合，谭鱼头成为企业直面市场现实、积极变革的典型案例。

如果是一般的老板，无缘无故挨别人打，一定会怒火中烧，失去理性，谭长安却能忍辱负重，发现问题的症结所在，从而直面市场，冷静地自我反思。正是他的这种反思精神，使他认识到上菜效率低的问题，并坚决地进行变革，从而成为行业中的一流者。

实用指南

企业必须有变革的精神，主动适应市场，要善于自我变革，更新观念，改变思路，丰富思想，才能在变化万千的市场经济大潮中保持旺盛的生命力。

人口数据能预测结果

管理精粹

在所有外部变化中，人口统计数据——通常被定义为人口数量、人口规模、年龄结构、人口组合、就业情况、受教育状况以及收入情况，最为清晰易懂、丝毫不会造成任何混淆，而且这些数据有能够预测的结果。

——《创新与企业家精神》 德鲁克

精彩阐释

德鲁克认为，人口统计数据对于什么人买什么产品以及购买的数量都有重大影响。例如，我国十几岁的青少年一年要买多少件衣服，他们买的是时髦的还是耐穿的？10年以后，同样是这批人，他们一年要买多少件衣服，而处在这人年龄阶段的他们，首先考虑的是什么？五六十岁的老年人，即刚退休不久的人，构成了主要的旅游和度假市场。

10年后，这批人，则成了养老院、退休社区以及长期的医疗保健护理的顾客。双职工家庭挣的钱较多，但可以支配的时间较少，并依此状况进行消费。年轻时受过全面教育，特别是专业或技术教育的人，10~20年以后，将会成为高级专业培训的潜在顾客。

事实上，商人、经济学家以及政治家一直都承认人口趋势、人口流动的重要性。但是，他们中的大多数人认为，人口变化只能引起历史学家或统计学家的兴趣，而非商人和管理者。但事实证明，任何忽视它的人，都有可能很快被抛在时间的后面。

19世纪时，许多人从欧洲移民到澳大利亚、新西兰、南美洲和北美洲。这场大规模的迁移，极大地改变了世界的经济地理和政治地理，其影响程度之大，完全超出了人们的想象。

它创造了许多创业机会，它使得几个世纪以来作为欧洲政治和军事战略基础的地理政治观念变得陈旧而过时。

1860年以前，罗斯柴尔德家族一直主宰着世界金融。但是，他们却未能认识到横渡大西洋的移民潮的意义，错误地认为只有"社会渣滓"才会离开欧洲。

结果，到1870年左右，罗斯柴尔德就失去了往昔的主导地位。

其领导地位被J.P.摩根取而代之，J.P.摩根的成功秘诀在于他一开始就察觉到了这些跨洋移民，并了解其重要性。他把这个现象当作一个难得的机遇并加以利用。

于是，他在纽约，而不是在欧洲，建立了一家世界银行，对这些移民的美国产业加以融资。他极具战略性的眼光成就了他金融界霸主的地位。

德鲁克认为，在竞争变得日益激烈的今天，忽视人口统计数据是相当愚蠢的。任何一个企业要想做大做强，必须紧跟人口变化的脚步，合理设计自己的产品、把握企业的规模，才能在强手如林的业界脱颖而出。

实用指南

作为管理者，在设计自己的产品和扩大企业规模的时候，一定要认真考虑人口数据这个因素。

思维决定一切

管理精粹

从数学的角度而言,"杯子是半满的"和"杯子是半空的"这两句话没有本质的区别。但是,它们的含义却是完全不同的,因此,所导致的结果也完全相反。如果一般的认知从认为杯子是"半满的"转变为"半空的",那么这里面就孕育着重大的创新机遇。

——《创新与企业家精神》 德鲁克

精彩阐释

德鲁克认为,"半空"的杯子往往包括意外的成功、意外的失败、意外的机遇和意外的风险。管理者应该善于把"半空的"杯子转变为"半满的"杯子,从偶然的事件中读出创新的信息。

在伦琴发现 X 射线的 16 年前,主张"以太说"的哥尔茨坦在研究阴极射线时,见到过阴极射线管壁上会发出一种特殊的射线,这种射线能使管内的荧光屏发光,他误将这个现象作为"以太说"的证据。因为当时他自己正在主张"阴极射线是以太的波动",这个观点后来被证明是错误的,他因此错失了成为最早发现 X 射线的人。

早于伦琴发现 X 射线 5 年前,美国宾夕法尼亚大学的古茨彼德不仅发现了这一特殊射线,而且还拍摄到了物体的 X 光照片,但他没有在意,随手将照片扔到了废片堆里而干自己的其他工作了。6 年后,伦琴这一重大发现传开时,他才想起了这件事,对自己错过机会感到非常惋惜,要求重新加入研究 X 射线的行列。

本来应该领先 5 年,结果却落后了一年。古茨彼德觉得上帝跟自己开了个玩笑。其实,这完全是由于他的思维在作怪,因为他看到的并非是杯子已经"半满",而是杯子仍然是"半空"的,导致他与这个创新成果失之交臂。索尼的老板盛田昭夫却是善于从"半满的"杯子中发现创新机遇的人。

盛田昭夫有个习惯,每天清晨都要出去散步。

有一天早晨,他像往常一样出来散步,碰见好朋友井深大也出来散步,手中拿着个笨重的录音机,耳朵里还塞了个耳塞。盛田昭夫感到非常奇怪,就问道:"你这是怎么回事？"

井深大回答说："我喜欢听音乐，又怕吵到别人，所以只好戴上耳机。一边散步一边听音乐，是一件多么美好的事。"

老朋友的一句话，触动了盛田昭夫的灵感——生产一种可以随身携带的听音乐的机器。新产品"随身听"的构想就由此萌生。

根据盛田昭夫的设计，技术力量十分雄厚的索尼公司很快就进行了缩小录音机零件的研制工作。

没过多久，世界上最小的录放音机就问世了。索尼的随身听刚一上市，时尚青年人就争相抢购。公司原本估计在一年中只能卖 10 万个，然而，结果让人出乎意料，400 万个随身听被一抢而空。

很多成功创新的机遇通常是无法被量化的，等到可以被量化的时候，再将它视为一个创新机遇已经太迟了。

实用指南

杯子是"半满的"还是"半空的"完全由人的思维决定，它通常无法被量化，但是，这并不意味着它不可捉摸，它可以被界定、检验，并且更重要的是，它可以被利用。

衡量创新绩效的三个方法

管理精粹

对于一家重视企业家精神的企业而言，必须衡量创新绩效，并以此作为控制自身行为的依据。我们只有对企业家精神绩效进行评估后，企业家精神才能真正化为行动。

——《创新与企业家精神》 德鲁克

精彩阐释

德鲁克认为,只有评估了企业家的精神绩效,其精神才能真正化为行动。然而，在一般企业和评估中，显然没有评估创新绩效这一项。要在企业的控制体制中设立一些标准来衡量创新与企业家精神绩效，并不是特别困难。我们可按照以下三个步骤来进行：

第一步，在每一个创新项目中，建立一个成果与预期目标进行比较的反馈系

第八章　对创新进行有效管理

统。这一反馈系统可显示出创新计划与实际努力的品质和可靠性。

通常情况下，在任何一个项目开始前，研发经理就要明白：我们从该项目中期望获得什么结果？这个结果何时能够达到？何时对项目进行评估比较合适？此外，还应该不定期地检查自己的期望与实际情况是否相符。这样，他们就能够及时纠正自己的方向，辨别出自己擅长的领域和干得不错的地方。当然，这些反馈不仅仅适用于技术研究和开发领域，所有创新努力都同样需要。

这样做的目的有两个：一方面，它可以帮助我们找到自己比较擅长的领域；另一方面，找出那些限制我们发挥自己优势的因素。比如，有些人对完成一项工作所需时间有高估或低估的倾向；有些人一方面高估领域所需投入的研究资源，另一方面却低估把研究成果发展成产品或工作流程所需的资源；还有一些人在自己的事业即将取得突飞猛进的成果时，却放慢了市场推广或促销工作，这种行为非常普遍，却极具破坏性。

第二步，就是将所有的创新努力汇总，进行系统评估。每隔一段时间，企业的管理层就要对企业的所有创新进行评估。

评估的内容主要包括以下几个方面：在这一阶段，哪些创新努力需要获得更多支持并加以推动？现在是应该放弃某些创新努力还是需要加倍努力呢？如果的确到了应该加倍努力的时候，那么期望的结果及最后的期限又是什么呢？哪些创新努力已经开启了新的机遇大门，而哪些创新努力没有达到我们的预期目标？我们应该采取哪些措施？

第三步，管理者必须根据公司的创新目标、绩效、在市场中的位置以及它作为一个企业的整体表现来对公司的体制创新表现进行评估。

每隔几年，高层管理人员要与每个重要领域的相关人员一起座谈，并询问他们："在过去的几年中，你们为公司做了哪些与众不同的事情，在未来几年中，你们打算做什么贡献？"

当然，管理者必须明白，任何评估方法都替代不了人的作用，评估是手段，是方法，而不是目的。评估是为了企业达到高绩效，是为了促进公司的创新，没有评估就没有好成果，但错误的评估会彻底扭曲企业的发展目标。

实用指南

为使企业能够创新，公司必须有明确的衡量创新绩效的办法。审视一个你所在的企业，看是否已经建立了一套合理的评估体系。如果有，则根据企业的发展，不断完善、更新它；如果没有，则应尽快建立。

创新管理的禁忌

管理精粹

在这个快速变化的时代,一个企业要想具备创新的能力、获得成功的机会并繁荣昌盛,必须将企业家管理植入自己的体系。它必须采用一套政策,使整个组织都渴望创新,并培养重视企业家精神及创新精神。

——《创新与企业家精神》 德鲁克

精彩阐释

德鲁克认为,要想成为成功的企业家,必须用企业家的精神来管理自己的企业。在管理企业的过程中,还必须注意以下禁忌。

最重要的一个告诫:不要把企业家和创新部门、经营部门混在一起。不要将创新项目放到已有的管理部门之中,绝不能让负责已有业务运营、开发和优化的人员,来承担创新任务。

如果一个企业不能彻底改变其基本政策和实践方法,而试图成为企业家管理,这是注定要失败的。因为兼职的企业家很少会成功。

在过去 10～15 年中,许多大型的美国公司尝试与企业家联合组建合资公司,但是没有一个成功的。因为一方面,企业家总是受困于政策、基本规则和官僚主义守旧的"气氛"之中。另一方面,其合作者——大公司的人员也无法明白企业家要做些什么,认为他们缺乏训练、太狂妄和不切实际。

一般来说,大公司只有用自己的人建立这种创新项目,才能成功地成为企业家。但前提是,公司必须信任他,并且他也知道如何在现有企业中进行创新。也就是说,只有用那些能够以合作伙伴身份工作的人才会成功。但是,前提是整个公司要渗透企业家精神,它希望创新,并努力去实现,而且把创新视为必需和机遇。

若想通过收购小企业来实现自己企业的创新,那是徒劳无功的。收购极少会成功,除非进行收购的企业,愿意并能够在相当短的时间内,向被收购企业提供管理人员。因为被收购企业的管理者一般不会待得太长。如果是专业管理人员,除非新公司提供更好的机会,他们才有可能继续留任;如果他们是所有者,他们现在已经很富有。因此,在一两年内,收购企业必须向被收购企业提供管理人员。特别是当一家非企业家企业收购了一家企业家企业时,这一点显得尤为重要。新收购公司的管理者很快会发现他们很难与其母公司的管理者一起工作,反之亦然。

最后一个告诫:创新努力如果脱离已有的事业领域,也很少会成功。创新最好不要多元化。尽管多元化有很多好处,但是不能把它与创新和企业家精神混在一起。挑战新事物往往充满艰辛,在自己不熟悉的领域里创新是很难成功的。所以企业的创新,一定要立足于自己的专长,无论是市场知识还是技术知识。

另外,凡是新事物,将来肯定会出现各种问题,所以,企业必须对自己所从事的创新有所了解。

实用指南

所谓创新就是打破旧的规则、秩序、平衡,是对现有秩序的一种破坏,是人们对事物发展规律认识的深化、拓展和升华,而不是随心所欲的主观臆想和标新立异。概括起来,创新其实只有一个字,"变",而且不是被动地变,是主动地变。这种创新很大程度上取决于人们在观念上能不能允许、接受这种破坏,取决于观念能否创新。仔细审视一下你所在的企业,在进行创新管理时,是否犯了上面所说任何一项禁忌。

市场才是创新的焦点

管理精粹

企业的创新必须永远盯在市场需求上。如果只是把焦点放在产品上,虽然能创造出技术的奇迹,但也只能得到一个令人失望的结果。

——《管理:使命、责任、实践》 德鲁克

精彩阐释

创新体系能不能为市场发展服务,创新成果能不能及时转化为产品的市场竞争力,是评判一个企业市场反应机制、技术提升水平和协调管理能力等综合素质高低的重要指标。如果一个企业的产品不能在市场适销,服务不能为市场接受,那么这个企业的科研实力再强,产品和服务再好,最终也会被淘汰。

著名企业春兰集团在创新与市场对接方面,就曾有过教训。20世纪90年代初,春兰研制出了国内第一台变频空调,但考虑到当时市场对这种高端产品的需求不大，因而没有全面推向市场。实际上，这种高端产品的市场还是不小的，由于春兰当时没有全面推出，以致后来其他品牌的变频空调抢了先机。正是因为有了这样深刻的教训，春兰在此后的发展进程中加大了创新与市场对接的力度，并采取了三种对接策略。

一是市场需要什么就研发什么。市场需要健康、静音空调，春兰就研发具备长效灭菌功能、最静音的"静博士"空调；市场需要节能环保空调，春兰就开发达到国家新能效标准、对环境无污染的节能环保空调；市场需要小吨位的大载量卡车，春兰就开发双桥增压加强型轻卡，做到了始终与市场发展同步。

二是市场何时需要就何时提供。由于做到了预期研制和技术储备，因而，市场无论何时需要相关产品，春兰都能做到及时推出，确保供应。

三是主动引导市场的发展趋向。开发高能动力镍氢电池，引导汽车、电动机械和工具等产品的市场向节能环保方向发展；开发移动式与卡式空调，以及镶有触摸屏的水晶彩色面板豪华和超豪华空调，引导消费者向往时尚和个性化特征的新生活。

广泛收集市场信息，及时分析、研究消费者提出的各方面意见和要求，为春兰科研人员的新产品开发注入了活力，这也是春兰自主创新体系能够高效对接市场的根基所在。春兰集团负责人说，自主创新与市场发展并不矛盾，它们是互为基础、互为支撑的。创新成果物化为受消费者欢迎、让消费者满意的新产品，就能够稳固并拓展更大的市场；市场丰厚的回报又可为自主创新提供有力的物质保证，促进新的技术取得突破。企业自主创新说到底就是为产品的市场竞争力服务。

正是注重创新与市场的对接，春兰的产品不仅销往世界120多个国家及地区，而且实现了海外投资与海外贸易同步增长、产品输出向技术输出、一般技术向核心技术、国内选才向全球揽才、适应标准向自主标准、价格竞争向品牌竞争的全方位提升。春兰企业在中国企业联合会、中国企业家协会联合发布的2006年度中国企业500强排名中名列第158，2007年度中国企业500强排名中名列第179。

由此可见，创新不能超越或滞后于市场需求的实际水平，不能忽视市场购买者的承受能力及其未来趋势。在创新中必须体现市场导向。创新成果最终需要在市场上检验，创新成本和收益完全由市场来埋单。必须充分认识市场对创新的重要影响作用，甚至是决定作用，只有这样，才能提高创新的成功率。

实用指南

企业管理者如果不能把创新意识当作企业最重要的使命看待，不能将创新当作管理的核心看待，那么，公司的发展前景就不容乐观。在进行创新之前，管理者要对市场进行调查，市场调查是企业获取市场信息最直接、最快捷的方式，只有把握住市场的走势，创新才有价值。

企业家柔道

管理精粹

企业家柔道战略旨在取得企业界的领导地位，继而获得市场的控制权。但是，它不是与领导者展开正面交锋，企业家柔道是攻其软肋。

——《创新与企业家精神》 德鲁克

精彩阐释

德鲁克认为，柔道战略的精髓有三个方面：移动——让自己处于最佳位置；平衡——整理进攻思路，保持进攻的姿态；杠杆借力——将对手的力量转化为自己的竞争优势。德鲁克说，企业家柔道战略打击了对方的弱点。

eBay（易趣网）就是成功地应用了企业家柔道，受益无穷，大大降低了"互联网巨头"美国在线—时代华纳对它的攻击。

在C2C（消费者对消费者的电子商务模式）拍卖刚兴起时，美国在线不仅是"眼球"和流量的网站领先者，它还比一般的门户网站有着更深更好的客户关系。这对eBay而言是极大的威胁。

为了避免这种情况，eBay就与美国在线保持了密切的关系。1997年秋到1999年春，eBay的高级经理们与美国在线进行了三项成功的交易，一次次都将这个潜在对手抓得更紧。eBay在每轮谈判中始终坚持一个目标：增加eBay的销售，把美国在线逐出市场。

在第一轮谈判中，美国在线能为eBay带来巨大的发展机遇，也有使其重创的能力。

为了乘胜追击，1998年3月，eBay与美国在线进行了第二次谈判。这次，eBay希望能够得到美国在线控制范围内更大区域的更多独家权力。交易经过6个月终于达成，在接下来的三年内，eBay向美国在线支付1200万美元，美国在线将eBay加入其网站关键词列表中。这样，美国在线注册用户键入"eBay"就能直接连到eBay的网站；此外，eBay还得到为期一年的更多方面业务的独家代理权。即便那时eBay的独家代理权仍不稳固，因为这一回合中，eBay提出的无竞争条款，遭到美国在线的拒绝。这在某种程度上说明美国在线自身可能在考虑进入拍卖领域。尽管如此，eBay 的总裁惠特曼仍然乐观，他说："即使他们也进入这个领域，至少需要 6～8 个月，而我们已经领先了 6～8 个月。"

通过前两次交易，eBay 暂时抓住了这个最大的竞争对手，但是使它巩固下来的是第三次交易。1999 年 3 月，eBay 和美国在线再次签约：今后 4 年，eBay 以 eBay@AOL 的联合品牌名义，作为美国在线全球用户的独家拍卖服务提供商并出售广告，但是要向美国在线支付 7500 万美元，另外，美国在线同意 2 年内不进入拍卖市场。通过这最近一次的交易，eBay 最大限度地确保了美国在线只能处于网上拍卖业务的边线。

德鲁克认为，在所有获得某一个产业或市场的领导和控制地位的战略中，企业家柔道战略是风险最低、成功率最高的战略。

德鲁克总结了市场领先企业惯有的五个弱点，利用这些弱点，可使行业的新入市者成功地采用企业家柔道战略，与已有的实力强大的企业对抗，并获得业内的领导地位。

想从市场"撇脂"，眼睛只盯着那些能使公司获得高额利润的客户。"撇脂"的做法违背了基本的管理和经济规律，它所得到的惩罚就是失去整个市场。

"出身名门"的观念，即美国俚语所称的"NIH"（Not Invented Here 非出身名门），意为"不是业界发明"。企业或产业自负地认为只有自己想到的创意才是创意，别人的新发明必定会遭到否定。

追求最大化而不追求优化。这个坏习惯终将导致企业的衰亡。

比如，一台用于测试化学反应的分析仪器刚推出时，它的市场有限，仅限于工业实验室。随后，大学实验室、医院和研究机构纷纷开始购买这种仪器，但是每一个用户的需求肯定都有不同。于是，厂商为了满足不同顾客的需求，就在产品中增加新的功能。最后，原本很简单的一台机器被设计得非常复杂，厂商是把这台机器的功能最大化了。结果，这种仪器却不再满足任何的要求，因为它已经过于复杂、过于昂贵，并且难以使用、难以维护。

迷信质量。德鲁克认为，产品或服务的质量不是生产商赋予的，而是由客户所发掘并愿意为之付钱的东西。生产商一般认为，一个产品的质量是由其生产的难易程度以及成本的高低决定的，实际上并非这样。客户只给对他们有用、给他们带来价值的东西付钱。此外，再没有其他因素可以构成产品的"质量"。

20 世纪 50 年代的美国电子制造商认为拥有完美真空管的产品是优质的，因为这是他们花了 30 年才研制出来的。而晶体管很简单，就是那些不懂技术的工人，在装配线上就可以生产出来，所以无法跟真空管相比。但是从消费者的角度来看，晶体管收音机很显然更优质。因为它的重量很轻，可以随身携带去沙滩或野营。并且它很少出故障，不像真空管收音机需要经常更换真空管，所以它的成本也没有真空管高。这令制造商沮丧不已。

企图通过高价格来获得高利润。实际上，高价格往往引来竞争对手，因为它为竞争者撑起了"保护伞"。高价只能在想提高股票价格或市盈率时才可偶尔为之。

总之，柔道战略是一个理论上简单，但是实用而又系统的战略。在企业管理中，尤其是那些中小企业，可以借助柔道精神在强手如林的企业中胜出。事实证明，这种柔道战略有很强的实用性。

实用指南

使用企业家柔道战略，首先要对所在的行业进行充分分析，要弄明白行业的生产者及供给商的关系，他们的习惯，特别是我们上面所说的坏习惯，以及他们的政策。然后，再研究整个市场，设法找到能取得最大成功、遭遇最小抵制的突破口。

"孤注一掷"的取胜要诀

管理精粹

"孤注一掷"的目标并不一定是马上就建立一个大企业，但这是它的最终目标。

——《创新与企业家精神》 德鲁克

精彩阐释

"孤注一掷"是美国内战时期南部联邦骑兵部队的一位将军连连取胜的要诀。采用这种战略的企业家，通常是为了赢得一个新产业或新市场的领导地位。德鲁克认为，"孤注一掷"的目标并不一定是马上建立一个大企业，但这是它的最终目标，并且该战略从一开始就瞄准获取永久性领导的地位。

许多人认为"孤注一掷"是一项杰出的企业家战略。然而，他们都错了。在所有企业家战略中，这个战略犹如一场赌博，风险性最大，而且它不容许有丝毫的失误，也没有第二次机会。但是，一旦成功，"孤注一掷"所带来的却是高回报。

瑞士的霍夫曼罗氏公司多年来一直是世界上最大的制药公司。但是，它原来是一家非常不起眼的小公司。20世纪20年代中期以前，霍夫曼罗氏公司一直是一个苦苦挣扎的小公司，生产少数几种纺织染料，在两三家国内大型化学公司和一家庞大的德国印染制造商的压迫下喘不过气来。于是，它决定将赌注下在当时新发现的维生素上。

当时，整个科学界还没有完全接受这种维生素。它买下了无人问津的维生素专利，并以高出大学教授最高报酬好几倍的薪水，从苏黎世大学请来了维生素的发现者们。同时，它将所有的资金和贷款全部投入到生产和营销这种新物质上。

事实证明，霍夫曼罗氏公司是正确的。尽管60年后，霍夫曼罗氏公司当初购买的所有维生素的专利都已过期，但是它几乎占据了世界维生素市场的一半份额，现在，它每年的收入都高达几十亿美元。

后来，这家公司又两度使用了该战略：第一次是在20世纪30年代，霍夫曼罗氏公司毅然进军磺胺类药品市场，尽管当时大多数科学家知道磺胺类药品不能有效治愈传染病。另一次是20世纪50年代中期，霍夫曼罗氏公司全力投产了利眠宁和安定这两种镇静剂。结果证明，这也给霍夫曼罗氏公司带来了丰厚的利润。

也许有人会说，这是"大公司"的例子。其实，霍夫曼罗氏在创立之初，规模很小。因为它善于运用"孤注一掷"战略而一举成名。

另外，德鲁克告诉我们，使用"孤注一掷"战略要注意以下几个问题：

首先，"孤注一掷"战略要有一个雄心勃勃的目标，否则注定会失败。一般它瞄准的是建立一个新产业或新市场。

其次，"孤注一掷"的战略必须击中目标，否则一切努力就会付诸东流。形象地说，"孤注一掷"很像是向月球发射火箭，如果时间弧线稍有偏差，火箭就会消失在外层太空中。并且这项战略一旦被执行，是很难再调整或修改的。

也就是说，采用这种战略需要周密的思考和审慎的分析。如果像那些流行文学作品或好莱坞电影中描述的企业家，突然有一个"聪明的创意"，然后就匆忙付诸实施，这样做是不会成功的。

另外，它还需要企业付出极大地努力，先设定一个明确的目标，然后为之倾注全部精力。当这些努力开始产生成果时，创新者必须准备大规模地调动资源。其实，真正的工作开始于创新已经成为一项成功的事业之后。这时"孤注一掷"战略需要加倍和持续的努力来保持领导地位，否则它所做的一切都将为竞争对手创造市场。创新者必须比以前更努力地工作,并继续进行大量的创新努力,才能保持其领导地位。创新成功以后的研究预算必须比成功之前更多。

接下来,企业还必须探索新产品的新用途,确定新的客户群,说服顾客试用新材料。重要的是,要想成功完成"孤注一掷"战略,还必须在竞争对手能制造新产品之前,就淘汰自己的产品或工艺。对成功产品或工艺的后继产品的研制必须立即着手进行,而且必须投入与以前相当的努力和资源。

最后,通过"孤注一掷"战略取得领导地位的企业家,必须系统地下调其产品和工艺的价格。因为,保持高价无疑是在为潜在的竞争对手撑起一把保护伞,无形之中助长了它们的竞争能力。

实用指南

"孤注一掷"战略的风险相当高,所以在大多数情况下,最好使用其他战略。主要不是因为它们风险低,而是因为大多数创新机遇所带来的成果不足以弥补"孤注一掷"战略所投入的成本、资源和努力。

不图虚名享实惠的"生态利基"战略

管理精粹

最成功的"生态利基"战略的整个着眼点就是尽量让自己显得不起眼,由于它的产品已经成为某个程序中必不可少的基本要素,因此,无人愿意与其竞争。

——《创新与企业家精神》 德鲁克

精彩阐释

"利基"一词是英文"Niche"的音译,意译为"壁龛",有拾遗补缺或见缝插针的意思。利基战略是指在市场上,企业为了避免与强大的竞争对手发生正面冲突而受其攻击,选取那些被大企业忽略的、需求尚未得到满足、力量薄弱的、有获利基础的小市场,作为其目标市场的营销战略。

德鲁克认为:"孤注一掷"、"创造性模仿"和"企业家柔道"这三种战略主要是针对企业如何在一个大市场或者重要产业中取得一席之地,而"生态利基"战略的目的却是在一个小范围内获得实际的垄断地位。他从创业战略角度,把利基战略分为收费站战略、专门市场战略和专门技术战略三大类型,并针对这三类战略,探讨了各自的基本要求、局限性和风险。

收费站战略

所谓收费站战略，即抢占适当位置的策略。在这种策略中，创新者所创造的产品或服务对于更大一级的产品生产及服务的流程是不可或缺的部分，而使用这种产品的成本并不重要。但是，这个市场的规模必须是有限的，这样任何占据了第一位生态适当位置的企业也就可以有效地阻止任何外来者的侵入。

20 世纪 50 年代末，一个大型制药公司的推销员建立了爱尔康公司。建立之初他发现了这样一种情况，在白内障手术中存在着一个重大的不协调现象，在这种外科手术中有一道非常危险的程序，也就是说，当外科医生切割韧带的时候，存在一定的流血风险，而这种出血会损害到患者的眼睛。

这位创新者对韧带已知的知识进行了研究，最后研制出来了一种酶，这种酶几乎可以立即分解这种特殊的韧带，而无需开刀，也不会出血。只是当时还没办法防止这种酶自行分解或者是给酶一定的保存期限。后来，经过进一步的研究，这位创新者发现从 1890 年开始，人们就已经发现可以用来使酶保持活性并为它提供一定的保质期限的一些物质。于是他将其中一种物质应用于这种手术用酶，就这样，他获得了专利。不到一年半的时间，全世界的眼科医生都用上了他的这种专利产品。

当爱尔康公司研制出这种酶并取得了专利时，也就拥有了"收费站"的位置。因为任何一位眼科大夫或任何一家眼科医院都需要它，不管爱尔康公司对酶的标价有多高，与整个白内障手术费用相比，这个价格就显得微不足道了。

很显然，"收费站"位置是所有企业都渴望获得的位置，但是，它有极为严格的先决条件。首先，该产品必须是某个流程中至关重要的部分，不使用该项产品而带来的严重损失远远超过产品本身的成本。就像上述的这个例子中，不使用这些产品，可能会带来失明的严重后果。其次，这个市场必须非常有限，谁先来，谁就可完全独占。再者，它还必须是个真正的"生态利基"，也就是说它只容纳一种产品，并且又因它是又小又低端的，因此不足以招来其他竞争对手。

专门技术战略

所谓专门技术战略，简单地说就是在专门技术领域取得控制地位。与"收费站"战略比较，采用专门技术战略的市场会更广阔，而这种市场往往是通过在早期开发出高技术而获得的。

德鲁克将专门技术战略概括为三个要点：

第一个要点是，要在新市场、新产业，或新趋势的发展早期进行系统的研究和调查，来寻找专门技术的机遇。必须要在一个新市场、新产业、新习惯、新趋势开始之时行动。

第二个要点是，专门技术的位置的确需要独有的、与众不同的技术。

第三个要点是，占据专门技术适当位置的企业必须不断提高自己的技术，必须保持领先地位，并不断淘汰自己。

虽然专门技术的适当位置有其独特的优势，但也有严重的不足。首先，占据这个位置的厂商为了保持它们的控制地位，不得不专注于它们的狭窄专业领域；其次，占据专门技术适当位置的厂商的最大危险是专门技术不再专门，而变得非常普及。最后，占据专门技术适当位置的厂商通常依赖他人把产品或服务推向市场，成为别人的附属品。

很多人都知道许多著名的汽车厂商的名称，但是，却很少有人知道为这些汽车公司供应照明系统设备和电力的公司，而且这些设备的品牌远比汽车品牌少得多了。例如，在德国，有罗伯特·博世公司（Robert Bosch）；在美国，有通用汽车公司的德科集团（Delco）；在英国，有莱卡斯公司（Lucas）等。事实上，除汽车行业的人士以外，几乎没有人知道，几十年以来，美国汽车工业所用的每一个汽车刹车装置都出自另一家美国公司——本迪克斯公司（Bendix）；没有人知道，几十年以来，美国客车的每一个车架都是由密尔沃基市的A.O.史密斯公司（A.O.Smith）生产的。

当然，这些企业如今已经成为历史悠久的成功企业。这些公司早在第一次世界大战之前，也就是汽车工业尚处在婴儿期时，就建立了自己的控制地位。以罗伯特·博世为例，他与德国汽车工业的两位先驱戈特弗里德·戴姆勒和卡尔·奔驰都属于同时代的人，而且也是他们俩的好朋友，他早在19世纪80年代就创立了自己的公司。

与所有生态适当位置一样，专门技术适当位置都是有局限性的。无论是在范围上，还是在时间上。在生物学上，那些占据每一个生态适当位置的物种，都不能轻易地适应外界环境的一丁点变化。但是除了这些局限外，专门技术适当位置是一个非常有优势的位置。在快速扩张的新产业、新技术或市场中，它大概是最具优势的战略。一旦获得这个位置，并正确维护，专门技术适当位置还可以防止竞争。在新技术、新产业或新市场中，专门技术战略的成功机遇最佳，失败风险也最小。

专门市场战略

所谓专门市场战略，即占领一定市场的战略。专门市场战略是围绕市场的专门知识而建立。

有两家中型企业，一家在丹麦，另一家在英格兰北部，都专门生产烘制西点的自动烘烤炉，它们的产品占据了绝大部分西方市场。据说，生产烘烤炉不需要什么深奥或与众不同的技术。世界上有许多公司能生产出与丹麦和英国的这两家公司一样好的烘烤炉。但是，这两家公司却了解市场，它们熟悉每一个重要的面包师，并且这些重要的面包师也熟悉这两家公司。这个市场并不大，因此不足以吸引外人前来竞争。

同样，在第二次世界大战后的旅游热潮出现以前，旅行支票一直是个停滞不前的领域。其实，该业务的利润颇丰，但由于这个市场也不够大，不足以吸引其他竞争者。

专门市场战略的局限性与专门技术战略相同。它最大的威胁就是它的成功，也就是当这种专门市场变成了大众市场。

比如，旅行支票如今已成为一种普通商品，并且竞争非常激烈，其原因在于旅游市场已经变成了一个大众市场。

实用指南

德鲁克的利基战略更加重视其生态意义，对利基战略内容的分析最为全面，但主要针对创业阶段的创新，而未涉及企业生命周期的其他阶段。

·第四节·
创新的考验就在于能够创造价值

创新力强的企业没有对手

管理精粹

善于创新的企业很少遇到竞争，因为别人还在根据昨天的情况来经营事业。

——《巨变时代的管理》 德鲁克

精彩阐释

德鲁克说，在每一个行业中，除了由政府保护而拥有垄断地位的以外，即便是通用公司这样的全球知名企业，也会因为创新能力的不足而不断失去市场地位——大部分是败给了创新能力突出的新兴企业。

市场竞争是博弈游戏，也是跑马圈地，谁的创新能力突出，谁就能占领对手尚未发现的新市场。

一直以来，阿迪达斯所采用的营销策略是赞助重大赛事。这和公司创始人阿迪·达斯勒的经营理念有关，自从公司创办的第一天起，他和他的继任者们只有一个信念：要为运动员提供最好的产品，从而让他们成绩更好。

践行这一理念的直接举动就是想方设法让运动员穿上阿迪达斯的产品奔赴赛场。

从1928年阿迪·达斯勒为参加阿姆斯特丹奥运会的运动员制作第一双运动鞋开始，阿迪达斯就成为了赞助世界各大体育赛事的常客。

令人感到不可思议的是在2004年雅典奥运会上，阿迪达斯向所有28项运动中的26项提供比赛装备。

阿迪达斯开创了多种赞助模式，借助重大体育赛事进行宣传，使阿迪达斯的营销工作总是能够事半功倍。事实上，正是奥运会、欧洲足球锦标赛、世界杯足球赛等各种国际体育比赛为阿迪达斯提供了展示产品品质的绝佳平台。

除了世界大赛外，阿迪达斯还赞助世界各地的国家队和地区队，其中包括德国、西班牙和法国等国家足球队，AC米兰队和皇家马德里队等足球俱乐部队，以及其他职业球队。正是凭借独特的营销模式，阿迪达斯在20世纪六七十年代领跑整个行业，是全球毫无争议的龙头老大。

但是到了20世纪70年代中期，由于过度使用这种营销方式，一直专注于生产专业的运动鞋，使阿迪达斯忽视了与平民消费者的"亲近"。但当时的市场环境已经发生了变化，平民运动已经成为潮流，对运动产品的要求也越来越个性化，耐克公司正是看到了这一变化，顺势推出了多款适合普通消费者的运动鞋。

耐克起源于1962年，由菲尔·耐特首创。为了赶超阿迪达斯，耐特每天都苦思冥想，寻找良策。

1975年一个星期天的早晨，耐特的合伙人鲍尔曼在和妻子一起吃早餐时，从餐桌上带有格子纹的华夫饼干中得到启发。他研制了出一种新的鞋底，这种新的鞋底的形状如华夫饼干一样。由于这种鞋底上具有小橡胶圆钉，能够使它比市场上流行的其他鞋底的弹性更强，减震和缓冲效果更为出色。

这种鞋底很受欢迎，耐克公司1976年的销售额达到1400万美元，比上年的销售额增加了一倍。耐克公司从中尝到甜头，加大了产品研发比重，到70年代末，耐克公司专门用来研发的人员已经超过100名。

到1980年前后，耐克的市场份额已经接近50%，昔日的行业老大阿迪达斯早已被甩在身后。

创新意味着比别人先跑。德鲁克认为，21世纪因为信息革命的革命性影响而时常面临着变革契机。显然在各种机遇的把握上，创新能力越强的企业，把对手甩得越远，越容易获得成功。

实用指南

德鲁克认为，中小企业创业初期，在平台和资源有限的情况下，不要与知名企业和大企业竞争，只有通过创新才能在市场竞争中获胜。纵观当代企业，只有不断创新，才能在竞争中处于主动，立于不败之地。许多企业之所以失败，就是因为它们做不到这一点。创新不仅包括渠道创新，还包括战略创新，例如企业走向海外更大市场时，作为企业家要有战略的眼光和抗风险的能力，并且随时保持创新的意识。

让企业创新产生成效

管理精粹

任何组织思考出来的创意，会远远多于真正派上用场的。

——《成果管理》 德鲁克

精彩阐释

企业每天都面临着各种新奇想法的诱惑，而这些想法中能够转化为创新的概率并不高。德鲁克认为，任何投入如果不能产生成果，那就不是成本，而是浪费。因此企业要千方百计促进创新产生成效。

作为卫星移动通讯业的开拓者，美国铱星公司曾耗资50亿美元，花费12年的时间用于技术创新，研究开发出了由66颗低地球轨道卫星组成的移动通讯网络。但是，从1998年11月1日投放市场以来，由于手机和服务费用昂贵等原因，该公司的客户极其稀少。按照创新成本计算，要实现赢利则至少需要有65万家用户。但一直到1999年8月初，该公司只有2万家用户。在无法按期偿还巨额债务的情况下，铱星公司于1999年8月13日被迫向法院申请破产。

造成铱星公司破产的重要原因不是因为技术水平不行，而是因为缺乏市场导向，忽视了市场需求的变化，尤其是忽视了消费者的承受能力，致使创新毫无成效。另外，由于技术的突飞猛进，20世纪90年代以来普通手机的价格和通话费用急剧下跌，严重高于同行服务价格的铱星公司毫无市场竞争力可言，摆在它面前的也仅剩下申请破产这一条路了。

由此可见，创新要想有成效，就不能忽视市场购买者的承受能力及其未来趋势。

有些所谓理性的管理者会对"创新要有成效"这种观点进行反驳，他们认为创新不可能是一件十拿九稳的事情，很大可能会遭受失败。创新不应太功利。但事实上，即使是失败的创新，也应该为促进创新的成功积累下宝贵的经验。

实用指南

德鲁克认为，除了以市场导向为首要原则之外，保证创新出成效的最好方法是确保创新简单，目的单一。创新只有简单，目的单一，才能快速达到创新目的，为企业创造价值。如果一项创新设计复杂，并承载多项期望，实践起来更有难度，增加企业的风险，最终可能会因为过于复杂而半途而废。

创新要具备超前思维

管理精粹

从已经发生的改变到人们感受和接纳这种改变之间存在着时间差，创新就是要运用这种时间差。

——《巨变时代的管理》 德鲁克

精彩阐释

德鲁克说，超前思维是一种以将来可能出现的状况面对现实进行弹性调整的思维。它可以创造前景进行预测性思考，可以使我们调整现实事物的发展方向，从而帮助我们制定正确的计划和目标，并实施正确的决策。作为指导企业未来发展的企业管理者，必须要具有超前思维，只有这样才能走向成功。

二战时期，美国有家规模不大的缝纫机工厂，由于二战影响，生意非常萧条。工厂厂主汤姆看到战时除了军火生意外，百业凋零，但是军火生意却与自己无缘。于是，他把目光转向未来市场，一番思索后他告诉儿子保罗："我们的缝纫机厂需要转产改行。"保罗奇怪地问他："改成什么？"汤姆说："改成生产残疾人使用的小轮椅。"

尽管当时很不理解，不过保罗还是遵照父亲的意思办了。一番设备改造后，工厂生产的一批批轮椅问世了。正如汤姆所预想的，很多在战争中受伤致残的人都纷纷前来购买轮椅。工厂生产的产品不但在美国本土热销，连许多外国人也来购买。

保罗看到工厂生产规模不断扩大，实力也越来越强，非常高兴。但是在满心欢喜之余，他不禁又向汤姆请教："战争马上就要结束了，如果继续大量生产轮椅，其需求量可能已经很少了。那么未来的几十年里，市场又会有什么需求呢？"

汤姆胸有成竹地笑了笑，反问儿子说："战争结束了，人们的想法是什么呢？""人们已经厌恶透了战争，大家都希望战后能过上安定美好的生活。"汤姆点点头，进一步指点儿子："那么，美好的生活靠什么呢？要靠健康的体魄。将来人们会把健康的体魄作为主要追求目标。因此，我们要准备生产健身器。"

一番改造后，生产轮椅的机械流水线被改造成了生产健身器的流水线。刚开始几年，工厂的销售情况并不好。这时老汤姆已经去世了，但保罗坚信父亲的超前思维，依旧继续生产健身器材。十几年的时间，健身器材开始大量走俏，不久就成为畅销货。当时美国只有保罗这一家健身器工厂，所以保罗根据市场需求，不断增加产品的产量和品种，随着企业规模的不断扩大，保罗跻身到了亿万富翁的行列。

由此可见，超前思维关乎事业兴衰成败。超前思维就是谋划久远。假如企业管理者对发展思路、目标都不明确，对发展趋势不敏感，不善于长远思考、规划未来，那么这样的企业就会从走弯路到走下坡路，又谈何成功创新？

实用指南

在德鲁克看来，在市场竞争浪潮汹涌澎湃的冲击下，仅仅靠完善昨天而没有超前的挑战性思维，是不可能获得明天的辉煌。企业要想有更好的发展，就必然要看清潮流，超前思考，确保自己创新决策的前瞻性。

推陈才能出新

管理精粹

推陈才能出新，这是放之四海皆准的原则。

——《卓有成效的管理者》 德鲁克

精彩阐释

《孙子兵法》中说："战势不过奇正，奇正之变，不可胜穷也。奇正相生，如循环之无端，孰能穷之？"意思是说："在战争中，没有一成不变的打法，也没有千篇一律的战术。只有随机应变、出奇制胜，才能战胜对方。"孙子就此提出了奇正的战术，"奇正之变，不可胜穷"。奇正相互依托，又相互转变，在相生相辅中创造战机，使军事行动天衣无缝、浑然一体。不仅能有效地防御，而且还能出其不意地进攻，让敌人措手不及、防不胜防。在这个竞争激烈而又现实的世界，只有不断创新，成功才会降临到我们的身上。如果你一直守成不变，那你就永远也不可能成功。

智利有一家餐厅，除收款人与厨师外，一律使用由人扮演的动物作为服务员。顾客刚进餐厅，门前就有两只鹦鹉分别用英语、法语、西班牙语向顾客问好。然后，一只金丝猴热情上前，为顾客脱下外套并挂在衣帽钩上。顾客落座之后，一只温顺的长耳犬立刻嘴叼菜单迎上来，恭请顾客点菜。紧接着，两只身材高大、腰系围裙的长毛猴就会把美味的饮料与食品依次送上。等到顾客用餐完毕，金丝猴还会把客人的衣帽送还，并递上一个银盘，礼貌地索取小费。

这种服务方式非常独特，由于是绝无仅有的一家，客人接踵而至且源源不断，钞票也随之滚滚而来。

故事中小餐厅的成功，就在于"人无我有"四个字。不仅这家小餐厅，诸多例子都证明了敢于在"新"字上做文章的人，一定会赢个盆满钵满。

20世纪70年代，生产"美的思"妇女透明丝袜的公司，在美国广播公司的晚间节目中，推出了一条轰动全国的广告。

一开头，就是一双线条优美、穿着长筒丝袜的腿。这时，响起了一个女性动人的画外音："我们将向所有的美国妇女证明，'美的思'牌长筒丝袜可使任何形状的腿都变得非常美丽。"

镜头慢慢地往上移，观众想象着模特一定是一个美丽动人的少女，或是哪位光彩照人的女明星。但镜头中慢慢出现了蓝色的运动短裤、棒球运动员汗衫。最后，观众才看到，这个穿着妇女长筒丝袜的竟然是个男性——著名的棒球明星乔·拉密士！他笑眯眯地向观众致意，对惊讶不已的观众说："我并不穿长筒丝袜，但我想，'美的思'长筒丝袜能使我的腿变得如此美妙，相信它一定能使你的腿变得更加美丽。"

这个广告一播出，"美的思"丝袜一夜之间立即家喻户晓，随后销量陡然上升，乔·拉密士也由棒球明星摇身一变，成了全美著名的男模特。

任何一家企业要想迅速在竞争中脱颖而出，那就要敢于求新、立新、创新，而不是囿于经验、囿于成见、囿于世故。

石油大王洛克菲勒有句名言："如果你想成功，你应辟出新路，而不要沿着过去成功的老路走……即使你们把我身上的衣服剥得精光，一个子儿也不剩，然后把我扔在撒哈拉沙漠的中心地带，但只要有两个条件——给我一点时间，并且让一支商队从我身边经过，那要不了多久，我就会成为一个新的亿万富翁。"

实用指南

当今社会，市场形势千变万化，精明的经营者不会固守一种经营模式，而是善于察觉市场微妙的变化，紧紧抓住市场机遇，及时采取不同的经营策略。在瞬息万变的市场中，只有"奇正相生"才能使企业保持生机和活力。

第八章 对创新进行有效管理

有了创意就要行动

管理精粹

任何一个组织,都不缺乏新的创意。所以,严格说来,我们的问题不是缺乏创意,所缺乏的只是创意的执行。

——《卓有成效的管理者》 德鲁克

精彩阐释

一张地图,无论多么翔实,比例多么精确,它永远不可能带着主人周游列国。严明的法规条文,无论多么神圣,永远不可能防止罪恶的滋生。凝结智慧的宝典,永远不可能缔造财富。只有行动才能使地图、法规、宝典、梦想、计划、目标具有现实意义。

著名作家海明威小时候很爱空想,父亲为了让他克服这个毛病,给他讲了一个故事:

一个人向一位思想家请教成功的关键所在,思想家告诉他是"多思多想"。这人听后,似有所获。回到家,躺在床上,开始胡思乱想。他的妻子发现了他行为举止的异常,跑去找思想家,说丈夫自从向您请教后,整日足不出户,眼望天花板,口中念念有词,就像中了魔。思想家跟着到那人家中。看到那人萎靡不振,勉强眨着眼,看到思想家来了,就像抓到了救命稻草,急切地问:"我每天一直在思考,你看我离伟大的思想家还有多远?"思想家问:"你思考了些什么?"那人答:"想得太多,脑袋都快炸了。""你只想不做,只能收获无用的思想垃圾。"思想家毫不留情地说。

故事告诉我们:满腹经纶的空想家,他们是思想的巨人,却是行动的矮子,他们的思想没有任何价值。

在父亲的教导下,海明威终其一生也总是喜欢实干而不尚空谈,并且一生行万里路,足迹遍及亚、非、欧、美各大洲,写出了许多流传百世的著作。他用实实在在的行动作为动力,取得了卓越的成就。

海明威用他的行动证明了这样一个道理:只有行动才能让思想发挥它的价值。同样,在职场中,只有积极的行动才能解决工作中的实际问题,才能让我们的才华展现出它的价值。

沃尔特·B.皮特金在好莱坞时，有一次，一位年轻的支持者向他提出了一项大胆的建设性方案。在场的人全被吸引住了，它显然值得考虑，不过他们可以从容考虑，然后讨论，最后再决定如何去做。

但是，当其他人正在琢磨这个方案时，皮特金突然把手伸向电话并立即开始向华尔街拍电报，热烈地陈述了这个方案。当然，拍这么长的电报花费不菲，但它转达了皮特金的信念。

出乎意料的是，1000万美元的电影投资立项就因为这个电文而拍板签约。假如他们拖延行动，这项方案极可能就在他们小心翼翼地漫谈中自动流产——至少会失去它最初的光泽。然而皮特金却立刻付诸行动了。

很多人羡慕皮特金办事如此简明。然而事实是，他之所以办事简明，是他在长期训练中养成了"想到就要立即行动"的习惯。

卡尔森是一家世界500强公司的业务经理。在他的办公桌上满是签条、函电、合同和资料，他正在用电话跟两个人商谈，还有两个客户坐在他对面，等着和他谈话。他看了看约会的登记本，记下他要参加的另一个重要会议。

此外，他还得口授几封信，并且……这样大的工作压力，对一般人来说，实在是难以想象。

来让我们看看卡尔森是怎么做的吧：

他热忱地对待他的来宾，凝神地聆听他们的陈述，尽其所能地回应他们的需求。他拿起电话，立即与相关的人进行沟通，然后又转向他的来宾。告诉他们，他对所谈的事情将采取怎样的行动，他对通话机口授一封信，然后回过头来问他的来宾对他的决定是否感到满意。得到满意的答复之后，他便把他们送到大门口，和他们热烈握手道别。

卡尔森不容任何混乱的现象破坏他的工作，他只在心中预期了这一天所获得的成就，他用最积极的行动来代替那些幻想。

什么事情说得再多再好都不如去做，如果只是一味地拖拉、等待，不仅不能把事情从根本上解决，反而会错失很多的机会。

实用指南

苦思冥想，谋划如何有所成就，是不能代替实践的，没有行动的人只是在做白日梦。如果你有了强烈的愿望，就要积极地迈出实现它的第一步，千万不要等待或拖延，不要找出你不能实现这个愿望的几百个理由，也不必等待具备所有的条件。如果你不行动，将永远不会获得成功。

第八章 对创新进行有效管理

意外成功是重要的创新机会

管理精粹

在提供成功创新机会的来源中，没有比意外成功所提供的机会更多了。

——《创新与企业家精神》 德鲁克

精彩阐释

很多管理者经常这样认为，如果没有确定的目标，不要开始做任何事情，因为工作目标不明确，你只能是效率低下地浪费时间。这种说法有它合理的一面，但是更有它不合理的一面。创新，其实更需要意外成功。德鲁克认为，有些创新机会总是出现在我们预见之外的惊喜之中。

日本东部铁路公司要新建一条穿过东京北部山脉的子弹式高速列车轨道。新的列车轨道需要修很多隧道，在穿越 Tanigawa 山的隧道中，必须要排出地下水，日本东部铁路公司的工程师制订了一个排水计划。在隧道内，建筑工人们发现这些水不但可以饮用，而且味道清爽甘甜。一位负责检查隧道设备安全的维修工人向总公司建议，应该充分利用这些水，而不应该把它白白浪费。

公司非常重视这位工人的建议，并派人对这些水进行检验，发现该区域的水，经由山上不同寻常的地质层缓慢渗滤出来，含有丰富的矿物质，对人体极有好处。

于是，公司决定将这种水灌装成瓶，作为珍稀矿泉水销售。很快，这种以"清水"为商标的水就出现在市面上，并且迅速畅销。为此，日本东部铁路公司在东京和日本东部的将近 1000 个站台都引进了自动售水机。一家日本东部铁路的子公司现在提供"清水"的相关服务，而且还开发了果汁、冰茶、热茶以及咖啡等新产品。1994 年，"清水"牌饮料的销售额是 4700 万美元。

意外的创新往往使我们跳出先入之见，以及我们事先预料不到的事情。正如德鲁克所强调的，意外创新所带来的创新的机遇风险最小，求索的过程也最轻松。对铁路公司而言，要排除地下水，既花钱又费事，然而一名员工一个小小的建议，竟然使这家公司增加了一个新的利益增长点。

19 世纪初期，美国农民的购买能力比较低，因而无力购买农机具。当时，市场上有许多收割机，但是农民付不起这笔费用。为了出手收割机，一个叫作麦克柯密克的生产商同意农民分期付款。令他自己都没想到的是，这个随意的想法居然开创了分期付款方式。这种付款方式使农民以未来收入来购买收割机，大大提高了农民的购买能力，而麦克柯密克也因此获得了丰厚的利益。

由此可见，意外成功是一种重要的创新机会的来源，当机遇闪现和来临的时候，应该不失时机地、主动地捕捉它和驾驭它，积极为企业创新赢得绝佳良机。管理者应当领悟和运用"意外的成功"来促进创新。

实用指南

德鲁克认为，偶然性的意外事件包括意外的成功、意外的失败、意外的机遇和意外的风险。管理者应该善于从偶然的事件中读出创新的信息，充分注意到偶然性带来的创新机遇。只有关注偶然性，才能抓住机遇，开拓新的成功领域，获得新的成功。

不一致是创新的征兆

管理精粹

不一致是创新机会的一种征兆。

——《创新与企业家精神》 德鲁克

精彩阐释

德鲁克说，不一致是指事实如何与应该如何，或者现实情况与假设情况之间的差异与不协调。

兴乐电缆产业总公司就曾运用企业与客户之间对产品价值认定的不一致而促进创新的成功。该公司外贸部门曾经接到一份来自委内瑞拉的订单，这份订单与以往不同的是，对方提出对电缆产品护套的两点明确要求：一是护套要防白蚁侵蚀；二是表面硬度更大、耐高温性更强，而且，还不会随着温度的变化而变化。

这份订单，让电缆产业总公司犯难了。因为未能掌握此项护套产品的核心技术，为不能生产而感到一筹莫展。面对这一问题，电缆产业总公司开始想到的方法是，准备采用外协加工处理。然而，眼看就要到交货期，也没有一家企业能够生产这一合格的护套产品。最后，电缆产业总公司决定自主开发这项技术。而负责攻破这一技术的项目名称就叫聚酰胺——即尼龙护套。

兴乐电缆产业总公司的技术人员，他们中的大部分人都在生产一线历练多年，实践能力强，这也为技术开发提供了一个先机，不受理论和思想上的羁绊。在没有任何生产工艺，没有能够熟练操作此项技术的生产人员的情况下，相关的生产设备更是不配套。但就是在这种残酷的现实下，他们依然保持坚定的信心，发挥了科研人员所应具备的不怕吃苦、勇于拼搏的敬业精神与稳定的心理素质。

之前，电缆产业总公司生产的电缆产品护套为聚氯乙烯，无论是从它的性能还是抗压能力，都未能满足和达到产品出口到南美洲的地理气候所能适应的标准和要求。而他们仅仅用十来天的时间，攻克这一技术难题，把不可能变为可能。这在行业里，绝对是不多见的。现在，聚酰胺作为兴乐电缆护套产品，已形成六大规格，十几种型号的产品。并出口到委内瑞拉、新加坡、澳大利亚等国家。这一技术的成功不仅填补了国内空白，更是确立了兴乐集团在这一领域的领先地位。

德鲁克认为，隐藏在不一致下面的变化是发生在产业、市场或程序内部的变化，不一致就像是断层，这种断层产生了一种不稳定性，四两就可拨千斤，企业稍作努力就可促成经济或社会形态的重构。因此管理者面对不一致情形时，不要轻易地说"它一直就是这样"，而是要审时度势地抓住创新机会。

实用指南

关于不一致的事件或现象，德鲁克提出了四种情况：经济现状的不一致；现实和假设的不一致；企业所认定的产品价值和客户追求的产品价值之间的不一致；程序的节奏或逻辑的内部不一致。在这四种情况中，任何情况的不一致都蕴含着巨大的创新机会，都能为企业的创新提供绝佳契机。

第九章

不要迷信所谓的"领袖气质"

·第一节·
领导的实质是责任

领导的危机意识

管理精粹

危机发生的紧要关头，就是呼唤领导出现的时刻。

——《非营利组织管理》 德鲁克

精彩阐释

德鲁克认为，在组织中，领导者最重要的一项任务就是要对危机做出预测。如果不能避免危机，至少也要预测到它。坐以待毙无异于懦弱放弃。领导者要能够带领组织预测到即将来临的暴风雨，经受住考验并化险为夷。领导者无法阻止大灾难的降临，但是至少可以建立起一个做好应战准备、士气高昂、训练有素、信心高涨并且互相信任的组织团队。

2004年2月底，武汉市工商、质检等部门和媒体收到了"有人向蒙牛牛奶投毒"的匿名信，蒙牛总部也分别接到从长沙、北京、天津等地的恐吓信。到了3月4日，武汉市中百、华联等超市出现了16盒被做过手脚的蒙牛牛奶，其中有7盒被注射了甲醛的牛奶。为了保障消费者安全，当天晚上蒙牛公司就将当地货架上的所有产品全部收回，换上新的产品。3月23日，广东佛山各部门也收到了同样的匿名信："有人在蒙牛牛奶里投毒"。有关部门立即下发通知，停止销售蒙牛

第九章　不要迷信所谓的"领袖气质"

所有产品，蒙牛所有产品在佛山全市被强制下架。市政府在学校等公共场所贴出了禁止食用蒙牛产品的公告。地方电视台也以字幕形式反复播发禁购蒙牛产品的通知。该"禁令"迅速波及到广东全省。

3月25日，湖北也收到了类似的匿名信，湖北所有蒙牛牛奶全部被迫下架。互联网加上人们交口相传，各类谣言风生水起，形势急剧恶化。所有坏消息跨省、跨国、跨洲迅速蔓延。每天都是退货！每天都是看不见的恐吓！每天都是地方政府发布禁售禁购的消息，而任何一个地方政府出台的禁购文件所产生的震荡波都辐射全国。

在各地警方合力破案的时候，蒙牛的管理者也在另一条战线上苦苦寻求攻破谣言、重建消费者信任的载体。4月12日，蒙牛召开了新闻发布会，邀请了近百家媒体参加。特地邀请了几位著名的奥运冠军和世界冠军出席，并当场"示饮"蒙牛牛奶。牛根生在发布会上的演讲《平时加杯奶，赛时更精彩》引起了热烈的反响。

之后，上百家媒体先后刊登了冠军们"示饮"蒙牛牛奶的照片，并发表了《中国奥运军团的秘密武器》、《中国奥运军团的能量之源》、《天上航天员，地上运动员》等一系列报道。

通过这次危机处理之后，市面上的所有谣言不攻自破，"天上航天员，地上运动员"、"运动员为国争光，蒙牛为运动员加油"等广告语也成了蒙牛高品质的代名词。恐吓分子最后被判了死刑，而蒙牛在消费者心中的质量形象也得到了进一步的巩固。

如果没有这一系列的危机处理措施，也许蒙牛早已成了我们分析企业败局的经典案例。但蒙牛并没有倒下，面对来势汹汹的危机，蒙牛总裁牛根生在暴风雨中充分发挥了舵手的功能，最终带领着蒙牛起死回生。即使企业有很充分的准备，一些危机仍然是难以避免的。一旦危机发生，就需要管理者立即采取行动，缓和企业与消费者的矛盾，并在此基础上采取积极、公开的应对策略，才能转危为安，化解危机，避免企业的"灭门之灾"。

只有危机感强烈的人才能生存，无论是比尔·盖茨的"微软距离破产永远只有18个月"，还是任正非的"华为的冬天"，反映的都是对危机感的重视。时刻保持危机感，对危机信号保持敏感是企业危机管理的预警机制中极为重要的一环。领导者是暴风雨中的舵手，只有敏锐发现危机信号，并积极迅速地采取措施，将之妥善消除，才能有效避免企业危机的爆发。

实用指南

危机突发时，一般人会手足无措，惶惶然不知所以，难以冷静理智，更不知从何着手解决问题。而优秀的中层领导者在困境中能够做到超然镇定，迅速根据形势做出主动进取的决断，在熊熊烈火中显示出钢铁般的意志和品质。

首席执行官要承担责任，而不是权力

管理精粹

CEO（首席执行官）要承担责任，而不是权力。

——《非营利组织管理》 德鲁克

精彩阐释

2004年10月1日，在美国德鲁克档案馆，德鲁克精辟地论述了21世纪CEO（首席执行官）的职责，他说："CEO要承担责任，而不是权力。CEO要对组织的使命、行动、价值观与结果负责。最重要的就是结果。有鉴于此，CEO的工作因他们所服务的组织不同而有所不同。"

CEO的作用就是将组织与外界连接在一起，成本只在组织内部，而结果则完全存在于组织的外部。CEO应当将观察、思考并整合组织内外的各种信息，作为自己未来的主要职责。同样重要的事务还包括，只有CEO才能决定"企业的使命是什么"、"企业的使命应当是什么"以及"企业的使命不应当回事吗"等问题。一旦做出上述决定，CEO必须明确对于组织来说，最有意义的结果是什么。

CEO要致力于做到这样的决策——在企业现在需求与投资于不确定的未来之间做出平衡。事实上，这也是所有经济活动中最困难与最精髓的决策，CEO必须勇敢面对。

CEO要有效配置企业的高级人才。一个人越是有能力，就越有可能是十分专业化的。世界上没有全面的人才，一位出色的钢琴师很可能连自己的生活都打理不了。关键在于企业要用人所长，我们把他当作钢琴演奏家请来的，而不是看他的其他条件。CEO的职能就是，要将高绩效的人安排在最能让其产生结果的岗位上。

最后，也是CEO最容易忽视的一点，要以自我行为的实践培植组织的价值观。不要错误地以为，只凭一张嘴就能建立起组织的价值观和标准，这是很多CEO都不能够做到的。

实用指南

你不能用工作所具有的权力界定工作，而只能用你对这项工作所产生的结果界定。CEO 要对组织的使命、行动、价值观与结果负责。

领导者更重要的是身体力行

管理精粹

卓有成效的领导者明白，他们诚然会发号施令，但他们绝对不会在需要树立榜样的关键场合退缩，他们要身体力行。

——《未来的领导者》 德鲁克

精彩阐释

德鲁克认为，领导者固然要发号施令，但重要的是身体力行，而不是在最需要树立榜样的关键场合退缩。

一个管理者只要端正了自身，做到以"理"服人而不是以"权"来压人，管理的工作就简单容易多了。但令人遗憾的是，很多管理者费尽心机制定出若干规章制度，要求员工去遵守，却把自己游离于这些制度之外。

从本性上讲，每个人都希望自己有特权，制定的规章制度最好是用来约束别人的，而不愿意制约自己。可如果领导者能够率先示范，能以身作则地努力工作，严格遵守自己制定的各种规章制度，那么这种以身作则的精神就会感染其下属，从而在团队里形成一种积极向上的态度、良好的工作氛围。

电视剧《亮剑》曾在各大电视台热播过很长时间，深受广大观众的欢迎，并引起很大的轰动。剧中主人公八路军团长李云龙每次冲锋陷阵他都在最前面，指战员们很担心他的安危而责怪他不该这么玩命。李云龙却说："如果我不带头冲锋在前，那么战士们怎么会毫不犹豫地奋勇作战呢？"

李云龙正是以这种以身作则的激情去影响着每一个战士。优秀管理者不会时刻地盯着下属，而是加强员工的自我管理。但要加强员工的自我管理首先要做好管理者的自我管理，成为下属的榜样，用自身行动去说服员工，而不是"照你说的那样去做"，是让员工自觉主动地"照你做的那样去做"。

企业就像军队。其领导者也必然要成为榜样，促进团队成长。伟大的公司必然是一个积极的、开放的、沟通顺畅的组织，这些优秀的组织更趋向于积极地经营、管理和运用员工的天才和潜能。他们将许多精力放在识别员工的潜力方面，根据他们的个体差异，有针对性地提供专门培训，竭尽全力促进他们成长。更为重要的是，这些组织的领导者会以身作则，成为下属学习的榜样，使自己成为他们的火车头。

日本东芝电器公司士光敏夫持相同的观点。他说："领导以身作则的管理制度不仅能为企业带来巨大的经济效益，而且还是企业培养敬业精神的最佳途径。"

东芝公司是当今世界上的大公司。但是，二十多年前，东芝电器公司因经营方针出现重大失误，负债累累，濒临倒闭。在这个生死关头，士光敏夫受命于危难之中，并力挽狂澜，把公司带出死亡的港湾，扬帆远航。

士光敏夫就任东芝电器公司董事长所"烧"的第一把"火"是唤起东芝公司全体员工的士气。他大力提倡毛遂自荐和实行公开招聘制，想方设法把每一个人的潜力都发挥出来。士光敏夫说："没有沉不了的船，也没有不会倒闭的企业，一切事在人为。"

士光敏夫还大力提倡敬业精神，号召全体员工为公司无私奉献。士光敏夫的办公室有一条横幅："每个瞬间，都要集中你的全部力量工作。"士光敏夫以此为座右铭，他每天第一个走进办公室，几十年如一日，从未请过假，从未迟到过，一直到80岁高龄的时候还与老伴一起住在一间简朴的小木屋中。

士光敏夫有一句名言："上级全力以赴地工作就是对下级的教育。职工三倍努力，领导就要十倍努力。"如今，日本东芝电器公司已经跻身于世界著名企业的行列，它与石川岛造船公司同被列入世界100家大企业之中。这与士光敏夫以身作则、身先士卒的管理制度是分不开的。

管理者能身先士卒，以积极正确的示范作导向，就可以调动员工的积极性，激发他们努力向上的干劲。相反，如果管理者持一种消极、观望的态度，自己不率先示范，只是督促员工的工作，势必会削减员工的工作热情。对领导的行为产生抵触情绪，进而对企业的发展前途失去信心。

士光敏夫严格管理自己，他这种以身作则的行为深深感染着东芝公司的所有员工，使得员工们也像董事长一样严格要求自己。领导的行为对下属产生着巨大的激励作用，正如俗话所说的，"强将手下无弱兵"，领导的表率作用永远是激励员工的最有效的方法之一。

实用指南

　　要想让员工遵守制度，管理者首先要管好自己，为员工们树立一个良好的榜样。言教再多也不如身教有效。行为有时比语言更重要，领导的力量，往往不是由语言而是由行为动作体现出来的，老板的表率作用尤其重要。

和下属保持一定的距离

管理精粹

　　孤独、疏远和严肃有可能和总裁的性格不相容——这和我的性格也是格格不入的。但是，这样做是我的责任。

——《未来的领导者》 德鲁克

精彩阐释

　　德鲁克说，管理者一定要善待下属，但同时又要与下属保持一定的距离。

　　管理学中有这样一则寓言，曾经有两只困倦的刺猬，由于寒冷而拥在一起。可因为各自身上都长着刺，它们离开了一段距离，但又冷得受不了，于是又凑到一起。几经折腾，两只刺猬终于找到了一个合适的距离：既能获得对方的温暖又不至于被扎。"刺猬法则"就是人际交往中的"心理距离效应"。领导者要搞好工作，应该与下属保持亲密关系，这样做可以获得下属的尊重。但也要与下属保持心理距离，以避免下属之间的嫉妒和紧张，可以减少下属对自己的恭维、奉承、送礼、行贿等行为，防止在工作中丧失原则。

　　"仆人眼里无伟人。"这是法国前总统戴高乐的一句名言。此话怎讲呢？因为所谓的伟人，如果他的一点一滴，甚至每个毛孔都呈现在你眼前时，你不仅会发现他只是个凡人；更有甚者，你会发现在暗角里，他也有那么多可耻的、不为人所知的缺点。

　　马克·吐温说："每个人像一轮明月，他呈现光明的一面，但另有黑暗的一面从来不会给别人看到。"罗曼·罗兰说："每个人的心底，都有一座埋藏记忆的小岛，永不向人打开。"每个人都应守住自己的秘密。自己的秘密不要轻易示人，是对自己负责的一种行为。

　　不要让自己过去的事人尽皆知，向他人过度公开自己的秘密，最后吃亏的肯定是自己。人与人的关系总是变动不居的，今日为朋友、明日成敌人的事例屡见不鲜。你把自己过去的秘密完全告诉别人，一旦双方关系发生变动，你又不可能把秘密收回来。那个时候，如果对方别有用心，说不定会将所知的秘密作为把柄，对你进行攻击、要挟，弄得你声名狼藉、焦头烂额。

上级和下级之间，偶尔的亲近可以让人感动，太多的亲昵会让威严丧失殆尽。

很多管理者对下属的工作状态不满，每日为下属的状态发愁。与其天天为员工消极状态而愁眉不展，倒不如自己拿出激情、身先士卒、一心一意地工作。只要自己尽全力专注地工作，带头遵守相应的规章制度，做好团队的榜样，那么，管理者必能感动下属，将工作的热情传递给下属，使他们积极地工作。有些领导者认为，越平易近人，越和下属打成一片、称兄道弟，沟通得就越好。其实，这种看法是错误的。与你的下属保持一定的距离，不可太过于亲密。

实用指南

距离产生威严。再伟大的人其实都是凡人，都有平庸琐碎的一面，要让人对你保持敬畏，最稳妥的办法就是只让人看到应该看到的。

挑选领导

管理精粹

挑选领导时，扪心自问是否愿意让自己的儿女为他工作。

——《未来的领导者》 德鲁克

精彩阐释

德鲁克认为，领导必须依靠自己的长处行事。因此在挑选企业领导时，首先要考虑候选人是否发挥了他的长处，并且还要了解他将长处发挥到了什么地方。接下来，要把候选人的长处与组织的现实做个比较，看他是否能胜任这一工作。

还有一个非常重要的问题不容忽略，那就是对候选人人品的考察。一个领导者是否正直，决定了他能否成为一个出色的领导。这一点至关重要，因为企业的精神与文化是自上而下建立起来的，并且候选者的能力可以培养，人品却是不容易改变的。

查理先生在他的经验著述中，谈到他当经理时，提拔了在群众中威信不高的威廉任二级部门的负责人，而威信较高的汤姆却没有得到重用。有些职员感到领导这样做没有顺应民情，忍不住去问他："这次人事变动引起群众很大反响。无

第九章　不要迷信所谓的"领袖气质"

论从工作态度、工作效果，还是群众威信看，汤姆都超过威廉，你为何提拔威廉而不提拔汤姆？"

查理先生听罢，笑着说："这个问题你们提得很好。汤姆有时的确比威廉做得好。相比之下，威廉脾气暴躁，人际关系搞得不好。但威廉办事能力强，交给的任务能够出色地完成，并且他原则性强。他女朋友想让他作证，多报销 100 元的出差费，他非但不作证，还坚持不让她去再找任何人作证。有一次我让他定期收回业务款项，由于某些人为原因他不能如期完成。他便背着领导和同事，乘车几百里回到家中，凑齐款项如期交了上来。从表面看，汤姆要比威廉完善一些，他善于交际，人际关系搞得很好。但他原则性差，代理出纳几个月，未经批准，私自借出钱款 5000 元，这些钱大都成了呆账。且汤姆办事能力低，遇难而退，没有吃苦耐劳、知难而进的拼搏精神。他从来没有独立完成一件像样的工作。而且完不成任务总有一些看似圆满的借口，找客观理由，往别人身上推。

"从这些情况看，威廉就像一只烂了桶沿的桶。从表面看，难看，但桶的其他部分是完好无缺的，能盛将近一桶水。而汤姆则如一只烂了桶底的桶。从表面看问题不大，实际上无法盛水。我们选人要有很强的原则性，把好关。我重视的是具备独当一面的办事能力的人。我相信，通过以后的了解，大家会慢慢服气的。"

在挑选管理者的时候，人品是第一位的。一个品质有问题的人不但是烂了桶底的桶，还可能是企业内部的定时炸弹。

英国一家大型跨国企业的首席执行官以知人善用而远近闻名。这位年近 80 岁的智者告诉我们，挑选领导时要扪心自问一下：如果任命这个候选人，我是否愿意我的儿子以他为榜样甚至成为他那样的人。

正人必先正己，得人必先得心。而要正人，必先正己；而要得心，必须处处严于律己，以身作则。因为，有的时候，行动比诺言更动听，身教比言教更有效。管理者只有先正己，用行动做出表率，才能凡事取得主动权，具有较大的说服力和影响力，从而顺利赢得人心。如果说"正人"是管理者不可忽视的管理环节，那么"正己"就是一个前提，直接决定着一个管理者的威严在多大程度上被认可。管理者若想真正得到下属的拥护和认可，赢得下属的心，就必须脚踏实地地身体力行。

对此，联想集团创始人柳传志有一段很有名的话："做人要正。虽然是老生常谈，但确确实实极为重要。一个组织里面，人怎么用呢？我是这么看的，人和人相当于一个个阿拉伯数字。比如说 10000，前面的 1 是有效数字，带一个零就是 10，带两个 0 就是 100……其实 1 极其关键。很多企业请了很多有水平的大学生、研究生，甚至国外的人才，依然做得不好，是因为前面的有效控制不行，结果也只能是零。所以，作为'1'的你一定要正。"柳传志是这么说的，也是这么做的。例如在联想的"天条"里，就有一条是"不能有亲"，即领导的子女不能进公司。柳传志的儿子是北京邮电大学计算机专业毕业的，但是柳传志不让他到公司来，因为他怕子女进了公司，将来不好管理。

正是柳传志善于以身作则，以表率服众，联想的其他领导者都以他为榜样，自觉地遵守着各种有益于公司发展的"天条"，才使得联想的事业得以蒸蒸日上。

由于领导者在组织中的地位和作用，决定了他们常常不自觉地被同事或员工当作学习的榜样。一旦领导者的行为被"注意"后，下属一般就会重复所观察到的行为。那时，就会产生"蝴蝶效应"，领导的一点点行为会被下属放大到整个组织。

一个真正优秀的管理者，不仅要在管理方面有自己独特的方式，更应该保持正直的品质，积极地做出标榜的姿态，将员工引领到最佳的工作状态中去。

实用指南

在选择企业候选人的时候，请问以下几个问题：候选人长处何在？他所担任的职位是否能够发挥其长处？他是一个正直的人吗？当然，最重要的还要扪心自问："我会让我的儿子为这个人工作吗？"如果答案是肯定的，那么你就可以做决定了。

未来的领导是一个知道如何提问的人

管理精粹

过去的领导者可能是一个知道如何解答问题的人，但未来的领导者必将是一个知道如何提问的人。

——《未来的领导者》 德鲁克

精彩阐释

德鲁克认为，卓越领导者的真正伟大之处，不在于他们能不能给出答案，而在于能不能提出问题。出色的领导都是善于提问的人，他们不仅能向每个人提问，而且所问的问题都是最核心、最关键的。

第九章 不要迷信所谓的"领袖气质"

美国创新领导中心曾经对 191 位成功的企业领导做过研究,结果发现这些人的成功之处都在于,他们善于制造发问机会并懂得如何提问。而这些领导也一致认为,问问题可以让人思路清晰,激发创意,指引做事的新境界与新方向,同时还能够促使组织与个人快速成长。

所以,要想成为出色的领导者,必须学会问问题,包括向员工、向自己、向客户提问题。通过提问,领导者更能够看清事情的真相,也自然能够更恰当地解决工作上的难题。特别是在做决策的过程中,不论人事决策、资金分配决策,还是经营决策,倘若能够提出正确的问题,则意味着所做的决策已经成功了一半。

德鲁克说:"过去的领导者可能是一个知道如何解答问题的人,但未来的领导者必将是一个知道如何提问的人。"提问在管理中的作用已变得越来越不可替代,甚至有超越执行力,成为最重要且最有力量的管理工具的可能。

我们知道,善于影响别人的人会比那些不善于影响别人的人更多地提出问题,而且更注意倾听问题的答案。

询问并不是审问。它并非首先假设被提问的人一定隐瞒了什么。询问也不是问大量的问题。你所提问题的种类决定了你将得到的答案。

"你擅长你的工作吗?"

"是的,擅长。"

谈话结束了。这是一个封闭式的问题,因为可能的答案只有"是"或"不是",或其他简单的补充说明。请看另一个例子:

"难道你不认为定期开小组会议是一个好主意吗?"

"是的,当然是个好主意。"

同样,这个问题也没有过多可回答的,因为这是包含着赞同意见的引导性提问。这种问题不过是一种假意的提问。

所以,希望有效影响别人时,还需要掌握一门技巧,那就是知道提出什么样的问题、什么时候提出。一般来说,提问有两种方式,除了上述封闭式的提问,还有一种开放式的提问。

开放式问题是所有问题中最有效的。当你想启发别人表述自己的观点以便能够更清楚地了解别人的时候,提这种问题是非常有效的。这种问题与倾听的技巧紧密相连。作为施加影响的一方,如果你能启发别人讲话,这会比你自己讲话更有用。

开放式问题鼓励每一个人讲话,因为这些问题都不能用简单的"是"或"不是"

来回答。开放式问题通常包括这些字眼："什么"、"哪里"、"如何"、"什么时候"、"告诉我"，等等。

设想有人想了解关于你对你的组织未来发展的看法。

例如，柯达公司在创业初期便设立了"建议箱"制度，公司内任何人都可以对某方面或全局性的问题提出改进意见。公司指派一位副经理专职处理建议箱里的建议，收效甚大。第一个提建议被采纳的是一位普通工人，他建议软片仓库应该常有人做清洁，以切实保证产品质量。公司为此奖励了他20美元，公司共为采纳这些建议付出了400万美元，但也因此获利2000万美元。

要想与员工进行有效的沟通，弄清问题和解决问题必须善于提出问题，以便引导说清全部问题。引导其换个角度想，自我解决问题或者找出关键，便于最后解决问题。此外，在提出问题时，你还要注意以下几点：

（1）要多用一般疑问句，少用反问疑问句。

（2）提问要在下属的话告一段落时，事先征询："对不起，我提个问题好吗？"要尽量使用商量的语气。

（3）要提出引导性问题，引起下属思考的问题，与下属意见紧密联系的问题。不要提出表达自己不同观点的问题。

实用指南

下面是每一位领导者都应该问自己、问下属、问客户的一些重要问题。把你所获得的答案作为行动指南。然后制订一个计划，以帮助你的员工更好地工作，更好地为客户服务。

问自己：

我们公司所处的这个行业前景如何？我们公司应该怎样顺应本行业的发展趋势？明年公司将会有怎样的发展？如何才能知道员工们都在做些什么？与竞争对手相比，我们公司处于一个什么样的地位？哪些变化正在影响你以及你的竞争对手们的经营运作模式？

问下属：

你对公司的团队及团队合作精神有何看法？对于客户，你知道的最重要的一点是什么？我们能为客户做些什么？我们公司靠什么赚取利润，你应该怎样提高工作效率？在工作过程中，你都遇到过哪些障碍？在最近的管理决策中，你最不能理解的是哪一项决策？

问客户：

你为什么愿意和我（或我们公司）做生意？我们公司什么时候的什么举动让我们之间的业务合作变得困难？你希望我们公司在哪些方面做出改进？

领导者应具备的四种能力

管理精粹

成功领导者必须具备四种重要的能力。

——《未来的领导者》 德鲁克

精彩阐释

领导者与责任、品性等密切联系，但这些都只说明领导者应该做什么。要衡量领导者的领导力，我们还必须考察领导者的能力。德鲁克认为，成功领导者必须具备四种重要的能力。

第一，虚心倾听下属的意见。

作为领导者，虚心倾听是对下属人格的尊重，也是对他们工作的激励。当下属向领导陈述他们的意见时，至少已经说明，他们希望从领导者这里获得支持、帮助或鼓励。如果领导者置若罔闻，就会使下属对领导的信任付诸东流。

领导者一次心不在焉的倾听，可能就会失去发展企业的大好机遇。所以，领导者必须关注下属的心理感受，不要总是从自己的角度思考问题。不能虚心而诚挚地倾听，就会使下属怀疑领导者是否重视自己。

领导者必须谨记：最有价值的人，不一定是最能说的人。老天给我们两只耳朵一张嘴巴，本来就是让我们多听少说的。善于倾听，才是成功领导者最基本的素质。

第二，学会主动与人沟通。

在现今的企业组织中，企业的中间层次越来越庞大，很多问题的解决都需要通过沟通来实现。领导者不善于沟通、不乐于沟通，就会增加组织的沟通成本，也会使领导者和下属存在隔膜，这非常不利于领导者进行有效的领导。

领导者应该向索尼公司的创始人盛田昭夫学习，他是沟通的高手。他总是不厌其烦地和基层员工沟通，通过这种手段提高了企业的凝聚力，也提升了企业的竞争力。

盛田昭夫认为，领导者应该和员工进行无障碍沟通。从公司创建开始，他就坚持与每一位职员进行接触。他整天都与年轻职员们一起吃饭、聊天，直到深夜。随着公司规模日益扩大，要做到这样已不太现实了，但他仍尽可能利用一切机会与基层职员接触，以便相互增进了解与感情。

有一次，盛田昭夫去市中心办事，刚好有一段空余时间，他就去街上闲逛。偶一抬头，他看见"索尼旅游服务公司"的牌子，这个店他还从没听说过，于是他就走了进去。

盛田昭夫对大家说："各位认识我吗？想必已在电视上或报纸上见过了吧。今天我特意来，让你们瞧瞧我的尊容，看与电视上有什么两样。"

所有的人都被他的话逗乐了，气氛变得活跃而轻松。虽然大家的交谈只进行了几分钟，但盛田昭夫善于沟通、乐于沟通的精神让这些员工念念不忘。

"各位认识我吗"，多么简单的一句话，却瞬间拉近了盛田昭夫和员工的距离。索尼公司正是通过这种无障碍沟通，提升了企业的向心力。无独有偶，韦尔奇在执掌通用公司时，倡导"无边界沟通"，取得了巨大成果，这一方法促使其他企业纷纷效仿。在没有电邮的时代，韦尔奇就已经通过便条和最基层的员工沟通。这种方式正是德鲁克所期望的，真是英雄所见略同。领导者必须乐于沟通，通过沟通来提升自身的领导能力。

第三，不要妄自尊大。

骄兵必败的道理，其实所有领导者都明白，但关键是如何把这种意识落实在行动上。伟大的领导者都知道自己能力是有局限的，因此他们总是很谦虚地接受别人的提醒。然而更多的领导者在取得了一定成就后，却被胜利冲昏了头脑，结果骄傲滋生惰性，成功后忘却了失败。这种好了伤疤忘了疼的做法，充分说明人是健忘的，所以领导者必须时刻提醒自己，不要太轻狂，不要妄自尊大。

众所周知，爱迪生是电灯的发明者，是人类历史上最伟大的发明家。他仅受过3个月的正式教育，可他一生却取得了1000多项发明专利。他年轻时非常谦虚。由于缺少自然科学的正规教育，在1879年研制出第一盏可供试验的白炽电灯之前，爱迪生寻找灯丝的办法就是不厌其烦地试验。最终试验了成百上千种物质，结果均以失败告终。当有人幸灾乐祸地问他有何感想时，爱迪生却平静地说："我没有失败，我已经证明了这么多物质不适合做灯丝。"这是多么积极的心态！他还曾说过："当试验失败时，不要把它扔掉，不妨再问一句：'这东西还有没有别的用途？'如果有，我就要说：'当初我要发明的就是它。'"爱迪生正是凭借这种孜孜以求的精神和谦虚为人的作风取得了巨大的成就。然而到了晚年，爱迪生曾说过一句令大家瞠目结舌的话："你们以后不要再向我提出任何建议。因为你们的想法我早就想过了！"

　　1882年，在白炽灯彻底获得市场认可后，爱迪生的电气公司开始建立电力网，由此开始了"电力时代"。当时，爱迪生的公司靠直流电输电。不久，交流电技术开始兴起，但受限于数学知识（交流电需要较多数学知识）的不足，更受限于狂妄自大的心态，爱迪生始终不承认交流电的价值。凭借自己的威望，爱迪生到处演讲，不遗余力地攻击交流电，甚至公开嘲笑交流电唯一的用途就是做电椅杀人。发展交流电技术的威斯汀豪斯公司，被爱迪生搞得很狼狈。

　　然而事实胜于雄辩，那些崇拜、迷信爱迪生的人在铁的事实面前惊讶地发现，交流电其实比直流电要强得多！于是人们愤怒了，而爱迪生公司的员工和股东也以此为耻。

　　爱迪生半生辉煌，却在人生将要谢幕时栽了一个致命的大跟头，而且再也没能爬起来，成了他一生中最大的耻辱。

　　第四，不要为错误辩解。

　　这种能力，是对领导者最基本的要求。

实用指南

　　成功的领导者都必须具备这四种能力，个性化领导更需要这些能力的支撑。领导者要善于提炼并发现自己的能力，只有如此，才能最大化地进行自我管理，也唯有如此，才能推进组织事业的发展。

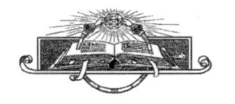

· 第二节 ·
领导者要成为团队的榜样

优秀的领导是指挥家

管理精粹

　　领导就是一种工作。

——《管理未来》 德鲁克

精彩阐释

　　德鲁克认为，领导是一种被领导者主动授予的地位，并不是自我设定的一种职称和理所当然地被尊敬。领导的实质就是要把企业各项资源所蕴含的力量都挖掘出来，将各种资源真正创造出一个整体。

　　中石化海南炼油化工有限公司（以下简称海南炼化）被誉为中国石化21世纪的样板炼厂。它以最短的时间、最快的速度建成了我国20世纪90年代以来第一个整体新建的环保型炼油厂。它以国内领先的炼油技术运营生产，成为国内单系列规模最大的炼油企业之一。不仅如此，海南炼化创造的奇迹更体现在它运行着一个与老企业截然不同的管理模式，管理体制上的创新构成海南炼化的最大亮点。

　　海南炼化以岗论英雄，不唯学历和职称，在岗位面前人人平等。他们取消了干部编制，所有人来到这里都变成了员工，即使是做管理，也仅仅是分工的体现。从2004年4月26日奠基、9月16日开始施工建设，到2006年7月底建成、9月底全面投产，海南炼化创造了无数奇迹。被专家给予了设计方案最优化、建设周期最短、工程质量控制最好、开工组织最周密、安全环保是优良等诸多赞誉。

　　迪克·布朗在1999年1月当上了IT服务业的巨人——电子数据系统公司（EDS）的首席执行官，而在他上任之前，公司庞大的规模和全球化经营使EDS陷入了繁杂的事务中，业务大幅萎缩，连续几年未能达到预期赢利。为了改变局面，布朗创立了群体运行机制，以保证业务的成功。

这个群体运行机制中最重要的一项是每月 1 次的"执行会议"——一个包括来自全球约 100 个 EDS 业务主管的电话会议。在会议中，每个单位的月成果和自年初的累积成果都要讨论到，这样很快就可以知道谁做得好、谁需要帮助。到 1999 年底，群体运行机制表现出效果，业绩由此直线上升。

由此可见，管理与人息息相关，这需要企业管理者设计出一套可以使所有员工公平参与的群体运行体制，这个体制能够使员工发挥所长，避其所短。

实用指南

德鲁克说，管理者就是一个指挥家。"管理"一词有着极其丰富的内涵：不仅要对员工的心理进行梳理，能让员工始终得到激励和愉悦；还要对员工从事的工作进行梳理，能让员工发挥最大优势；更要做好协调工作，让大家心往一处想，劲往一处使。有了这种认识，管理者的管理效能必然实现最大化。

管理者要确定目标

管理精粹

当管理者对政治、财务、人事等问题进行妥协时，这种妥协是否偏离了他的使命和目标，这将决定他是否能够成为一个卓有成效的管理者。

——《管理未来》 德鲁克

精彩阐释

德鲁克说，管理者要确定目标。他决定目标应当怎样，以及在每个目标领域内应该做到哪些事情。他决定为了达到这些目标应当做哪些准备，并将这些目标传达给执行人员，从而使目标发挥出作用。

有人说："没有行动的远见只能是一种梦想，没有远见的行动只能是一种苦役，远见和行动才是世界的希望。"在团队建设中，有人做过一个调查，问团队成员最需要团队领导做什么，70% 以上的人回答——希望团队领导指明目标或方向。在问团队领导最需要团队成员做什么，几乎 80% 的人回答——希望团队成员朝着目标前进。从这里可以看出，目标在团队建设中的重要性，它是团队所有人都非常关心的事情。向目标的妥协,意味着对下属的要求降低，从上面的调查看出，这种做法并没有得到欢迎。

当年，英国、奥地利两国联军将拿破仑的精锐军队马赛那部包围在意大利的热那亚时，拿破仑·波拿巴彻底被激怒了，他在全军面前，掷地有声地说："我们目前唯一的目标就是击败联军，解救马赛那。"

说起来简单，做起来难。要想打败联军支援马赛那部，首要的任务就必须翻过险峻陡峭、白雪皑皑的阿尔卑斯山。

山上积雪很深，几乎没过了士兵们的膝盖，有的地方甚至与士兵的腰身相齐。拿破仑命令军队必须在三天之内赶到山的那面去，但随从的参谋告诉他，翻越这个山需要一周的时间。

拿破仑听了，大声地问："我们的目标是什么？"回答说："打败联军。"又问："我们的目标变了吗？"回答说："没有。"拿破仑说："既然目标没有变，计划就没有变，这不仅是军队的命令，也是我们的目标、我们的使命所下的命令。"

山高路陡，拿破仑从战马上下来，和士兵们一起艰难地攀登。当英奥联军的将士们吃着烤肉、喝着美酒，以为拿破仑将冻死在山上的时候，拿破仑的士兵却悄悄将枪顶在他们的后脑勺上。英奥联军被击败。因为有了明确的目标，拿破仑将行军效率提升了一倍。

实用指南

鉴别一个人或一个团队是平凡还是一流，就看有没有一个明确的，而且是能令大家都兴奋起来的目标。不论是经营小店铺，还是领导大企业，优秀的领导者面对团队成员时，都要明确地提出公司及团队未来的蓝图，让大家都怀有共同的梦想和希望。

要敢于承担责任

管理精粹

卓有成效的领导者为部下所犯的错误主动承担责任。

——《管理未来》 德鲁克

精彩阐释

德鲁克认为，管理者一定要敢于担当责任。犯错和失职并不可怕，可怕的是否认和掩饰错误。

第九章　不要迷信所谓的"领袖气质"

戴尔公司的老板迈克·戴尔就是一位勇于承担责任、能主动承认错误的领导。从 2001 年开始，戴尔公司就开始实行年度总评计划。每位戴尔的员工都可以向他的上级、部门经理甚至是戴尔本人提出意见，指出他们的错误所在。第一次员工总评过后，戴尔得到的评价是"过于冷淡"。

对此，戴尔本人当着手下众多员工的面承认了自己的问题："我个人太腼腆，显得有些冷淡，让人觉得不可接近，这是我的失误。在这里我对大家作出承诺，今后，我会尽最大努力，改善与所有员工的关系。"

这件事情在后来被记者提及："戴尔先生，你不担心员工提出的问题是你根本不存在的吗？"

他微笑着回答："戴尔公司最重要的一条准则是责任感。我们不需要过多的借口，只要拥有高度的责任感就行，在戴尔公司你绝对不会听到各类推诿之词。"

他的公开表态在戴尔公司内部引起巨大的反响，员工们认为：老总这么勇于承担"莫须有"的责任，那么我们还有什么理由不向他学习呢？

因而，"承担责任，不找借口"的风气迅速在戴尔公司内部形成，这也是戴尔公司拥有强大竞争力的原因之一。

香港首富李嘉诚认为，部下的错误就是领导者的错误。他为人宽厚，十分体谅部下的难处。多年的经商经验让他深知，经营企业并不简单，犯错是常有的事情。

所以只要在工作上出现错误，李嘉诚就会带头检讨，把责任全部揽在自己身上，尽量不让部下陷于失败的阴影。

他时常说："下属犯错误，领导者要承担主要责任，甚至是全部的责任，员工的错误就是公司的错误，也就是领导者的错误。"

可见，勇于承担责任的管理者，会让员工觉得他是一位心胸坦荡、有责任心的人。

因为责任而树立起的威信更能让员工信服，从而赢得员工的尊重和支持，否认和掩饰只会一错再错，失去员工的信任。

实用指南

管理者能否主动勇敢承担责任，关系到他的威望。主动承担责任的领导人，让人们看到了他的高风亮节与光明磊落，让上司更器重，让部属更敬佩，威望不仅丝毫无损，反而会大大增加。

通过及时表扬来创造惊喜

管理精粹

管理的目标是使每个员工的能力都得到最大程度的发挥。

——《卓有成效的管理者》 德鲁克

精彩阐释

德鲁克认为，如果管理者不能发挥下属的长处，就等于容忍下属的平庸。卓有成效的管理者会对每个下属都了如指掌，不仅善于发挥他们的长处，并善于通过及时表扬使员工获得激励。

通用公司前任首席执行官杰克·韦尔奇曾是某一集团公司的主管经理，这个公司外购成本过高一直是他十分头痛的事情。

后来，他只是在他的办公室里装了一台特别电话，问题便得到了非常圆满的解决。

这部特别电话对外不公开，专供集团内每个采购代理商使用。只要某个采购人员从供应商那里赢得了价格上的让步，他就可以直接给韦尔奇打电话。

无论韦尔奇当时正在谈一笔上百万美元的业务还是同秘书聊天，他都一定会停下手头的事情接电话，并且高兴地说："这真是太棒了，这真是个天大的好消息，你竟把每吨钢材的价格压下来五美分！"然后就马上坐下来起草给这位采购人员的祝贺信。

当下属完成工作任务时，要真心诚意地感谢他们，这可以让他们的工作进行得更加顺利。

因为他们是可敬的，也是值得感谢的，能做到这些，怎么能不激发出下属的工作潜能呢？

日本桑得利公司董事长信志郎常常采用一些出人意料的激励方式让员工们感到十分愉快。

他把员工一个个叫到董事长办公室发奖金，常常在员工答礼完毕，正要退出的时候，他会叫道："请稍等一下，这是给你母亲的礼物。"说着，他就给员工一个红包。

待员工表示感谢，又准备退出去的时候，他又叫道："这是给你太太的礼物。"

连拿两份礼物，或者说拿到了两个意料之外的红包，员工心里肯定是很高兴的，鞠躬致谢，最后准备退出办公室的时候，接着又听到董事长大喊："我忘了，还有一份给你孩子的礼物。"第三个意料之外的红包又递了过来。

真不嫌麻烦，四个红包合成一个不就得了吗？

可是，合在一起，员工会有意外之喜吗？

信志郎真是太厉害了，其实他并没有多花一分钱，就赢得了员工的心。

由此可见，给员工创造惊喜是最好的激励方式。作为一种肯定性行为，表扬在使一个人感觉重要方面能起到非常有价值的作用。

管理者如能看到员工的付出和进步，并在第一时间将表扬的信息发出，那么下属会因受人重视而振奋，对交付的工作，亦能超额完成。如此不但能激发员工的工作效率，甚至能以此发现最优秀的人才。因此，管理者应该将激励下属当作日常中最优先处理的工作。

实用指南

表扬的激励效果大小，不仅取决于内容选择和方式，还取决于是否适度。适度表扬，才会收到最佳效果。

表扬适度应做到以下两点。

第一，实事求是

古语说，"誉人不溢美"。对被表扬者的优点和成绩，应恰如其分地如实反映。既不缩小，也不夸大，有几分成绩就说几分成绩，是什么样子就说什么样子，不能"事实不够笔上凑"，添枝加叶，任意修饰，人为美化，随意拔高。不实事求是的表扬，于被表扬者无益，会使其感到内疚、被动；于其他人则会不服气，议论纷纷；于领导者本人则损害其威信。

第二，不能滥用

领导者发现下级的良好行为就及时表扬，这是对的。表扬却不能滥用，不能天天表扬、处处表扬，更不能没有什么值得表扬的良好行为时硬找点什么来表扬，不能搞"瓜菜代"。

表扬太滥，会使下属丧失新鲜感、严肃感，被表扬者也不会增加多少光荣感，其他人也不会重视。

这种过度使用表扬的做法，只能使表扬固有的激励作用丧失殆尽，走向愿望的反面，劳而无功且有过。

成功的领导者要以身作则

管理精粹

卓有成效的领导者明白：他们诚然要发号施令，但他们绝对不会在需要树立榜样的关键场合退缩。

——《未来的领导者》 德鲁克

精彩阐释

德鲁克认为，管理员工之前先管理好自己。优秀企业的经营者或领导者往往都有一个共通点，即率先做别人的榜样，事事走在员工的前面。身为一个领导者，并不是高高在上，对员工指手画脚，而是事事带头、处处领先，发挥一种先锋模范作用，带动全体员工自动自发地参与到企业发展的进程中，这样才能赢得员工的拥戴与合作。

在制度面前人人平等，任何人都得受制于制度，不得凌驾于制度之上，更不能凭自己的意愿胡作非为。凌驾于制度之上的特殊人物的存在是对制度的践踏，他会使制度形同一纸空文，写在纸上，说在嘴里，贴在墙上，却无法落实在行动上。管理者要想实现卓有成效的管理，就必须先做出表率，因为榜样的力量是无穷的。

士光敏夫在1965年曾出任东芝电器的社长。当时的东芝人才济济，但由于组织庞大、层次过多、管理不善、员工松散，导致公司绩效低落。士光敏夫接掌之后，立即提出了"一般员工要比以前多用3倍的脑筋，董事则要10倍，我本人则有过之而无不及"的口号来重建东芝。

士光敏夫的口头禅是："以身作则最具说服力。"他坚持每天提早半小时上班，并空出上午7点30分至8点30分的时间，欢迎员工与他一起动脑，共同来讨论公司的问题。此外，士光敏夫每天巡视工厂，遍访了东芝设在日本的工厂和企业，与员工一起吃饭，聊家常。清晨，他总比别人早到半个钟头，站在工厂门口，向工人问好，率先示范。员工受此气氛的感染，促进了相互的沟通，士气大振。

士光敏夫还借一次参观的机会，给东芝的董事上了一课。有一天，东芝的一位董事参观一艘名叫"出光丸"的巨型油轮，由于士光敏夫已去看过9次，所以事先说好由他带路。那一天是假日，他们约好在某车站的门口会合。士光敏夫准时到达，董事乘公司的车随后匆匆忙忙赶到。董事说："社长先生，抱歉让您久等了。

我看我们就搭您的车前往参观吧！"董事以为士光敏夫也是乘公司专车来的。士光敏夫面无表情地说："我并没有乘公司的轿车，我们去搭电车吧！"董事当场愣住，羞愧得无地自容。

这件事立即传遍了整个公司。上下员工引以为鉴，渐渐消除了随意浪费物品的现象。

"己身正，不令而行；己身不正，虽令难从。"榜样的力量是无穷的。身为一名管理者，要比员工付出加倍的努力和心血，以身示范，以身作则，严于律己，树立一个良好的形象。

实用指南

孙子说："令素不行以教其民，则民不服。""令素行者，与众相得也。"意思是说："平素从来不严格管教，士卒就会养成不服从的习惯。""平时命令能贯彻执行的，表明将帅同士卒之间相处融洽。"对于管理者而言，要想达到令行禁止，必须重视表率的作用。

发挥员工的主观能动性

管理精粹

管理的方式并不是指挥，而是指导。

——《后资本主义社会》 德鲁克

精彩阐释

在军队里，多用"指挥"一词，这是因为军队的行动只需要服从上级的命令，而不主张自我创造。德鲁克在提出"管理是指导而非指挥"时，设置了一个极为重要的前提——在知识型组织里。知识型组织的最大特点是创新和创造，这对员工的主观能动性依赖很大。现代社会，任何的企业都属于知识型企业，任何管理者都应该学会如何指导，而不是如何指挥。

索尼的老板盛田昭夫是一个懂得"指导艺术"的人。同样，被他提拔的井深大也是这样的人。他们二人创造了索尼的辉煌。

在井深大刚进索尼公司时，索尼还是一个小企业，总共才二十多个员工。老板盛田昭夫信心百倍地对他说："你是一名难得的电子技术专家，你是我们的领袖。好钢用在刀刃上，我把你安排在最重要的岗位上——由你来全权负责新产品的研发，对于你的任何工作我都不会干涉。我只希望你能发挥带头作用，充分地调动全体人员的积极性。你成功了，企业就成功了！"

这让井深大感受到了巨大压力。尽管井深大对自己的能力充满信心，但还是有些犹豫地说："我还很不成熟，虽然我很愿意担此重任，但实在怕有负重托呀！"盛田昭夫对他很有信心，坚定地说："新的领域对每个人都是陌生的，关键在于你要和大家联起手来，这才是你的强势所在！众人的智慧合起来，还能有什么困难不能战胜呢？"

井深大兴奋地说道："对呀，我怎么光想自己，不是还有二十多名富有经验的员工嘛！为什么不虚心向他们求教，和他们一起奋斗呢？"于是，井深大马上信心满满地投入到工作中。就像盛田昭夫放权给他一样，他把各个事务的处置权下放给各个部门，比如他让市场部全权负责产品调研工作。

市场部的同事告诉井深大："磁带录音机之所以不好销，一是太笨重，每台大约45公斤；二是价钱太贵，每台售价16万日元，一般人很难接受。"他们给井深大的建议是：公司应该研发出重量较轻、价格低廉的录音机。

井深大让信息部全权负责竞争对手的产品信息调研。信息部的人告诉他："目前美国已采用晶体管生产技术，不但大大降低了成本，而且非常轻便。我们建议您在这方面下工夫。"在研制产品的过程中，井深大和生产第一线的工人团结协作，终于合伙攻克了一道道难关，于1954年试制成功了日本最早的晶体管收音机，并成功地推向市场。索尼公司凭借这个产品，傲视群雄，进入了一个引爆企业发展速度的新纪元。

井深大取得了伟大的成就，成了索尼公司历史上无可替代的优秀人物。在这个事例中，我们应该注意到最为重要的两个环节：盛田昭夫放权给井深大，井深大放权给其他部门。在充分授权下，索尼公司发挥出了团队的整体作用，调动了每一位员工的积极性，把团队的力量发挥到了极致，从而取得巨大成功。这就是"指导"的力量。

实用指南

管理者如果一味地指挥，让员工没有主动权，使一些有能力的员工被牢牢束缚住，那么企业成功的希望就非常渺茫，因为管理者发出的任何指令归根结底都需要每个员工在实践中去具体落实。

卓有成效的管理者对自己和下级都要求高质量地进行工作。管理者如果不能严格要求，那么就算他乐于爱护和帮助员工，也是不适合做管理者的。

如果员工是在被动地、应付式地执行，那么，再好的规程措施都不会执行好。所以，要想指令得到遵守、执行，就必须当好"指导员"的角色，充分发挥员工的主观能动性，让员工主动地去执行指令。

高效团队是组织成功的关键

管理精粹

想要管理自己就需要自问："我擅长与别人合作，还是擅长单打独斗？"如果你是前者，就要再问："在哪种关系下，我才能与人共事？"

——《21世纪的管理挑战》 德鲁克

精彩阐释

德鲁克认为，除了少数伟大的艺术家、科学家与运动家，很少有人可以单打独斗并获得成效。无论组织的成员或自由工作者，大多数人都要与他人合作。

茫茫大海里，几只零星的海豚在觅食。它们欣喜地看到海洋深处有一个很大的鱼群。这时它们并没有因为饥饿冲向鱼群，急于求成只会使鱼群被冲散。它们跟在鱼群后面，向大海的远方游去。

越来越多的海豚游了过来，不断加入队伍中。当海豚的数量达到一百多只时，奇迹发生了。它们围着鱼群环绕，把鱼群全部围拢在中心。它们分成小组冲进中央，无路可走的鱼成了海豚的佳肴。当中央的海豚吃饱后，它们就会出来替换外面的伙伴，让它们进去吃，直到每一只海豚都饱餐一顿才离开。

这就是团队的力量。如果说竞争日益激烈的市场是茫茫大海，那么企业就是海豚种群，而企业中的每一个人都是觅食的海豚。团队是我们共同的家园，是我们赖以生存的根本。企业的成功不是靠某一个人的努力能够完成的，而是团队共同努力的结果。

俞敏洪是新东方教育集团的董事长。熟悉他的人都知道他有一个分苹果理论：你有6个苹果，你留下1个，把另外5个给别人吃。因为别人吃了你的那个苹果以后，当他有了橘子，一定会给你一个。最后，你得到的水果总量可能不会增加，还是6个水果，但是你生命的丰富性成倍增加。你看到了6种不同颜色的水果，尝到了6种不同的味道，更重要的是你学会了在6个人之间进行人与人最重要的精神、思想、物质的交换。这种交换能力一旦确立，你在这个世界上就会不断得到别人的帮助。

这种理论的核心思想是合作。他把这个故事引申开来，与新东方的员工们分享心得体会：如果你是在团体里工作，你就必须学会在团体里面与人相处，遵守在一个团体里的做人规则。因为人是群体性的动物，所以必须学会在人群中生活。不管你愿意不愿意，只要你选择了在办公室上班，在一群人中间工作，你做人的好坏就决定了你在一个地方的地位和威望。我们在生活中会有各种各样的风风雨雨，我们除了需要家庭，有时候也需要朋友在前进的道路上互相扶持。

事实证明，分苹果理论效果非常明显。比如说，在创业之初，俞敏洪感觉一个人力量的有限，他开始召唤朋友们。徐小平、王强等北大的校友在他的召唤下，纷纷归国加入新东方阵营。团队的力量是无穷的，一群好友的加盟促使新东方得到快速发展。随后，新东方建立了完备的出国考试培训、基础外语培训、出国留学服务教学体系，并迅速扩张到全国多个大城市，真正称霸于国内英语培训市场。

可见，只有充分合作，才能快速达到目标或获得成效。

实用指南

德鲁克认为，与管理者相比，团队才是真正的领袖。无论是伟大的政治家还是杰出的企业家，重视团队的力量是他们不变的制胜法则。仅仅依靠管理者个人的力量是远远不够的，企业的成功更需要高效团队创造的巨大威力。没有哪个管理者能够在不重视团队的情况下获得令人称赞的工作成效。

· 第三节 ·

正直是管理者缔结人际关系的基石

人脉是管理者成功的基石

管理精粹

大多数人都需要与人共事，并通过他人获得成就。因此，自我管理的第一步就是要建立良好的人际关系。

——《21世纪的管理挑战》 德鲁克

精彩阐释

德鲁克认为，在今天这个时代，团队的基础不再是权力，而是信赖。人与人之间的互相信任并非一定代表着互相喜爱，而是代表着互相了解。美国成功学大师卡耐基经过长期研究得出结论："一个人成功的因素，15%可以归因于他的专业知识，85%却要归因于人脉关系。"这绝非夸大其词。无论是组织内部，还是组织外部，人脉关系越丰富，能量也就越大，工作和人生也就越容易获得成功。

比尔·盖茨已经成为财富与智慧的象征，他亲手创建的美国微软公司至今仍笑傲群雄。他之所以能拥有如此辉煌的成就，除了他的智慧、眼光、执着外，另一个重要的原因是他拥有相当丰富的人脉资源。并且他是一个特别善于利用人脉资源的人。人脉为他带来了许多机会。

微软总裁史蒂夫·鲍默尔是比尔·盖茨最重要的搭档。他不仅为微软贡献了全部的聪明才智，也贡献了自己全部的人脉资源。1973年，盖茨考进哈佛大学，与鲍默尔结为好朋友。1998年7月，鲍默尔在比尔·盖茨的邀请下出任微软总裁。接受聘书后不久，就亲自前往美国硅谷约见自己熟知的10个公司的首席执行官，劝说他们与微软成为盟友。这一行动为微软在美国扩大市场扫除了许多障碍。

比尔·盖茨在世界范围内广交朋友。通过发展国外的朋友，让他们去调查以及开拓国外的市场，常常会比微软自己王婆卖瓜的方式更加奏效。比尔·盖茨有一个非常要好的日本朋友叫西和彦。他为比尔·盖茨讲解了很多日本市场的特点，并找到了第一个日本个人电脑项目，以此成功开辟了日本市场。

每个人都想成为第二个比尔·盖茨，要想获得像他那样的成功，就必须用人脉来搭建成功的基石。美国石油大王洛克菲勒说："我愿意付出比天底下得到任何本领更大的代价来获取人脉。"只要能够拥有丰富的人脉资源，成功将不会是空中楼阁，更不会是昙花一现。

实用指南

人脉就像是你的情报站，为你搜集无限的潜在信息，人脉就像是一个扶梯，帮你搭建事业更大的发展平台。可以说，人脉就是一种可再生资源，在你结交朋友的过程中，为你今后的发展埋下了一颗可以生根发芽的种子。

用良好的人际关系创造生产力

管理精粹

管理者的人际关系能够创造生产力，这是对良好人际关系的唯一定义。

——《卓有成效的管理者》 德鲁克

精彩阐释

德鲁克认为，好听的言词、并没有什么实际的意义，它们往往还会掩盖不友好的态度。衡量人际关系价值的重要指标是是否使工作变得更有成效。

柴田和子出生于日本东京，从东京新宿高中毕业后，进入三洋商会株式会社就职，后因结婚辞职回家做了4年家庭主妇。1970年，31岁的柴田和子进入日本著名保险公司——第一生命株式会社新宿分社，开始其充满传奇色彩的保险行销生涯，创造了一个又一个辉煌的保险行销业绩。

1988年，她创造了世界寿险销售第一的业绩，并因此而荣登吉尼斯世界纪录。此后逐年刷新纪录，至今无人打破。她的年度成绩能抵上800多名日本同行的年度销售总和。虽然她从1995年起担任了日本保险协会会长，但业绩依然不衰，早已超过了世界上任何一个推销员。

柴田和子的成功就是人脉关系运用的成功。她是如何利用人脉资源进行销售

第九章　不要迷信所谓的"领袖气质"

的呢？

首先是以旧的人脉资源为起点。柴田和子高一毕业就到三洋商会任职，直到结婚为止，其周边人脉资源后来给了她极大的帮助。最初的人脉资源完全是以三洋商会为基础，然后通过他们的介绍以及转介绍而来的。另外一个穿针引线的则是她的母校新宿高中。新宿高中是一所著名的重点高中，它培养了一大批优秀人才、社会中坚，其毕业生都在社会上占有一定的地位，这些人也成为柴田和子极重要的人脉资源。

其次是要将主要精力投入到最有效的人力资源上。柴田和子之所以从老板下手，是因为那是最有效率的做法。由于老板是握有决定权的关键人物，只要使那个人同意，剩下的就只是事务性工作了。每个老板的背后都是一张庞大的人脉关系网，她总是通过一个老板认识更多的老板。

每个人的人际关系都是不同的。不同目标、不同的理想需要不同的人际关系去支持，人际关系没有最好的，只有最适合的。

钢铁大王卡内基颇有悟性，对人际关系犹加注意，17岁时他幸运地遇上了当时宾夕法尼亚州铁路公司西部管区的主管，也是卡内基后来多年的商业伙伴斯考特，从而被聘为电报员。

斯考特年长卡内基13岁，二十几岁时就当上宾铁公司西部管区的主管，也算是少年得志。不过斯考特一生最大的成绩就是发现卡内基是个可造之材并加以提携。凭此一项，足以令斯考特在工商企业史上留下浓重的一笔。卡内基早期的商业活动大多都是与斯考特合作进行的，二者间这种亦师亦友的关系维持了20年之久。

年轻时代的卡内基已表现出一些卓尔不群的素质，使斯考特确信此人将来在事业上必然大有作为。在斯考特的关照下，不出几年卡内基就成为西区主管，收入也上升到每月1500美元，而此时斯考特已升任宾铁公司总裁。卡内基又在斯考特的指导下开始涉足股票投资，不久就深谙资本市场的运作之道。卡内基的眼光独到，又善于借力使力，因而常能在股票市场有所斩获。

凭借在股票市场以及早期的一些实业投资中掘到的第一桶金，卡内基辞去在宾州铁路的工作，买下一家炼铁厂，专心从事他认为有着良好发展前景的炼铁业。由炼铁起步而涉足采矿业、运输业，以及铁板、铁钉加工等关联产业，最后进军制钢业。不到30年的时间，卡内基一步步构筑起了钢铁王国。显然，在这些辉煌成绩的背后，如果没有当初斯考特的提携，卡内基的成功不会来得这么快。

从卡内基的经历就可以看出，成功不仅来自主观上的不懈努力，还来自客观上他人的帮助。如何才能遇到我们的贵人？这就需要在日常的工作和生活中，时刻维护和积累人脉资源。

实用指南

卓有成效的管理者总是会保持良好的人际关系。丰富的人脉资源可以让管理者比别人快速地获取有用的信息，进而转换成业务成交的机会。

管理者要敢担当

管理精粹

下属（特别是那些聪明、年轻、有进取心的下属）总是会以某个强有力的上级作为榜样。

——《卓有成效的管理者》 德鲁克

精彩阐释

德鲁克认为，管理者必须为成败负责。应当担负起消除借口、缔造积极的团队文化的责任。无论什么时候，管理者不可抱有推脱的念头，必须集中精力寻找解决方案，并且要一马当先。正如美国著名的企业领袖艾科卡在其自传中所写的那样，"管理者意味着树立榜样"。

华立集团董事长汪力成能够把一家小的集体企业带成一家数十亿资产的大型跨国企业，不能不归功于他那一马当先的领袖精神和由此生发的榜样力量。1989年的一天，他带领团队面对省市有关领导以及各类专家100多人进行一个大型项目论证，会议气氛热烈而紧张，偏偏此时有人递上一张字条："你爱人难产，生命垂危，请速去医院签字。"汪力成镇定地在纸条上写下：由母亲全权代表我。

整整一个上午，汪力成充分、深刻、精辟的论证赢得了与会专家的热烈掌声。论证会刚一结束，他就跨上自行车飞速骑向医院。面对刚刚降生的儿子，汪力成的眼泪夺眶而出。面对妻子嗔怪的目光与委屈的泪水，汪力成故作轻松地说："我相信老天会保佑你们母子平安的！"

实际上，这并不是汪力成唯一的一次"大义"行为，当洪水来临时，他第一个跳下水去固定那些挡水的水泥袋，因为汪力成知道，一个领导者如果不能以身作则是无论如何也不能把企业带大的。

在一次谈话中，他坦诚地说："企业的灵魂是企业家，其地位不一定是权力的中心，而是精神的领袖。企业家是一种无形的力量。领导者在关键时刻要发挥关键作用……领导的权威当然是非常重要的，我用权比较少，更多的是用威。长期以来身体力行，个人行为与企业行为合而为一，才能形成'威'。"

汪力成正是认识到管理者一马当先的重要性，才在实际工作中勇于担当，为员工做出了很好的表率。当然，作为一个公司的高层管理者，不需要也不可能事必躬亲，但一定要勇于负责。著名企业家李嘉诚在汕头大学的一次演讲中谈到："想当好的领导者……了解自己要成为什么模样是建立尊严的基础。"

实用指南

管理者以身作则，做出榜样，使员工有效法的标本，并形成一种威慑力，使每个员工都不敢马虎，无法搪塞、推脱责任。只有这样，企业的执行力才会越来越好，发展也会越来越快。

知识型组织更依赖合作

管理精粹

在一个知识型组织中，主要有赖于知识不同和技术不同的专业人员组成的团队，工作才能有效。

——《卓有成效的管理者》 德鲁克

精彩阐释

德鲁克说，如果一个成长中的企业其利润将在三五年内翻一番，那么创始人则必须组建一个高效的团队。而如何组建一个高绩效的团队，这完全取决于管理者的才能。

将各种各样的人才合理搭配，既能让每个人才各展所长，又能让组织结构务实高效，还能让整个团队更具有战斗力。

骑术不精但纪律很强的法国兵与善于格斗但纪律涣散的马木留克兵作战。若分散而战，三个法国骑兵战不过两个马木留克骑兵；若百人相对，则势均力敌；而1000名法国骑兵必能击败1500名马木留克骑兵。原因在于，法兵在大规模协同作战时，发挥了协调作战的整体功能，说明系统的要素和结构状况对系统的整体功能起着决定性作用。

这说明了领导者对于人才的使用，要争取做到整个队伍的构成呈优化组合状态。所谓优化，绝不是最优秀人才的聚集，而是各类专门人才的汇总。通常来说，一个团队中要有这样一些人才：有高瞻远瞩、多谋善断、具有组织和领导才能的指挥型的；有善解人意、忠诚积极、埋头苦干的执行型的；有公道正派、铁面无私、心系群众的监督型的；有思想活跃、知识广博、善于分析的参谋型的……如果团队中全是同一种类型的人才，那肯定搞不好工作。只有合理地搭配人才队伍，才能做到人尽其才、各展所长，整个团队才更具战斗力。

李嘉诚就是一个精于搭建科学高效、结构合理的人才队伍的优秀领导者。在他组建的公司领导班子里，既有具有杰出金融头脑和非凡分析本领的财务专家，也有经营房地产的老手；既有生气勃勃、年轻有为的本地人，也有作风严谨、善于谋断的外国人；既有公司内部的高参、助手和干将，又有企业外部的智囊、谋士和客卿。

评论家对此评论："既结合了老、中、青的优点，又兼备中西方的色彩，是一个行之有效的合作模式。"价值连城的钻石和普普通通的石墨，一个坚硬无比，一个柔软细腻，但两者的构成元素却是一样的。同为碳原子，仅仅因为排列的不同，就产生了截然相反的两种物质。同样，合理安排人才的组合方式，既能让每个人才超水平发挥作用，也会使整个人才队伍的能量成几何数增长。

一台发动机或者一辆汽车，甚至一架飞机，拆散了不过是一堆机械零件和螺丝钉。没有计划、没有组合地堆积在一起，只能算作一堆废铁。正因为组合得好，所以才价值不菲。用人如用药。老中医因为熟悉各种药材的药性，配药得当，常能取得奇妙的功效。同样，对于每个下属在能力、性格、爱好等方面的不同特点，领导者也要心中有数，这样才能将各种各样的人才合理搭配，使得个人和队伍都能够发挥出最佳的人才效益。

一加一等于二，这是尽人皆知的简单数理逻辑，可是用在人才使用的组合上却不一定。如果搭配得恰当，一加一不但等于二，很可能等于三、等于四，甚至一千、一万。可是，如果调配不当，一加一不但可能等于零，还可能得出负数来。所以，领导者不但要考虑到下属的才智和能力，还要特别重视人才搭配的合理性。

实用指南

对于管理者而言，要使你的企业成为一个长寿企业，就要尽早打造优秀的团队。拥有卓越的团队是创业者成功创业的关键。很多驰名世界的大公司，从其开始创业起，都建立了非常优秀的团队。

第九章 不要迷信所谓的"领袖气质"

知人善任才能产生最大合力

管理精粹

提高效率的第一秘诀就是要了解共事的人,并善于利用他们的优势、工作方式和创造的价值。

——《21世纪的管理挑战》 德鲁克

精彩阐释

德鲁克认为,管理者不仅要看到单个人才的能力和作用,更重要的是要组织一个结构合理的团队,将不同类型的人才进行合理的搭配。并把他们放在最合适的位置上,相互启发,相互协作,形成一个有机整体。通过优势组合结构来弥补单个人才的不足之处,以求达到人才最佳效能的有效发挥。

唐太宗时期之所以会出现人才数量上的高峰,关键是有唐太宗这个伯乐识得千里马。登基伊始,整个朝廷结构都处于初建与调整之中,如何才能把众多贤能分别放在合适的位置上,以组成一个最合理、最有效的组织结构呢?唐太宗为此寝食难安。经过一番观察和思考,他最终做出了如下安排:

魏徵凡事好与人争辩一番,常把谏诤之事放于心中,根据这一特点,唐太宗就任命他为谏议大夫,其具体职责是专门向皇帝提意见。房玄龄做事孜孜不倦,知道了就会立刻去办。根据这一特点,唐太宗就任命他为中书令,其具体职责是掌管国家的军令、政令,阐明帝事;入宫禀告皇帝,出宫侍奉皇帝,管理万邦,处理百事,辅佐天子而执大政。李靖文武兼备,外出能带兵,入朝能为相,于是唐太宗就任用他为刑部尚书兼检校中书令,具体职责是掌管全国的刑法和政令。这些都有利于李靖才能的发挥。由此,魏徵、房玄龄、李靖三人共同主持朝政,相互取长补短,发挥各自优势,共同构建起了唐王朝的上层组织机构。

除此之外,唐太宗把房玄龄和杜如晦进行合理搭配,组成了一个名扬千古的谋略班子"房谋杜断"。名相房玄龄辅佐唐太宗31年,是贞观时期的第一名相,但在史书上却几乎看不到记录他政绩的文字。原因是房玄龄属于"谋臣型"。在唐太宗的人才库中,他精于谋略,但总是低头默默行事,从不会主动张扬自己的功劳,甚至连进谏时也要与人谦让一番,把自己所有的功劳全部归于皇帝。

房玄龄尽管思辨过人,但在拿主意时常常犹豫不决。针对房玄龄这种个性,唐太宗就找来另一位名相杜如晦与他做搭档。杜如晦虽不善于思考问题，但善于对别人提出的意见进行周密的分析，精于决断。最终，"房谋杜断"成为唐朝繁荣关键中的关键。

实用指南

在一个拥有众多人才的企业中，不仅要有个体的优势，更需要有最佳的组合结构。"全才"是极少有的，"偏才"占绝大多数，但"偏才"组合得好，就可以构成更大的"全才"。所以，企业管理者要充分了解下属，不仅要考虑他们的能力和才华，更要考虑其个性及长短处，以便使每个人发挥出最佳效能。

信息化社会更需要有效沟通

管理精粹

信息处理自动化程度越高，我们越需要去创造机会进行有效的沟通。

——《卓有成效的管理者》 德鲁克

精彩阐释

德鲁克认为，如果团队能够实现有效沟通，那么团队关系将会更加和谐。如果不能面对面地沟通，就要选择其他的方式作为媒介。在日常生活中，人们根据各种因素，包括关系、信息内容和现有的沟通媒介等，决定采取什么沟通方式。这些选择极大地影响了人们的生活和他们之间的关系。

在一个项目环境里，团队成员通常依靠或者仅仅局限于某种沟通方式，事实上其他方式可能会更加合适，更有说服力并且更加有效。虽然大多数组织都把信息沟通和协作列为头等大事，很多组织却并未制定和实施相应的战略，以支持项目团队进行沟通，尤其是未能提供指导和最好的方法，帮助团队从各种各样的沟通媒介中选择最合适的一个。

首先，面对面沟通最有效。

面对面沟通是最有效的沟通方式。因为双方不仅能了解言语的意思，而且能够了解肢体语言的含义，比如手势和面部表情。面对面沟通是建立业务合作关系的最佳方法。在很多文化环境里，面对面沟通是做业务的唯一途径。

此外，在处理微妙的人际关系或传递复杂信息时，面对面沟通仍然是最合适的方式。比如，对于涉及支出和收入之类比较敏感的薪资或合同谈判情况，双方

第九章　不要迷信所谓的"领袖气质"

在同一个房间协商将更容易取得进展。面对面沟通或者模拟的面对面互动有助于人们讨论复杂的问题，在日益逼近最后期限的情况下迅速做出决策。

其次，你可以选择其他的沟通媒介。

如果人们要进行远距离沟通，面对面的方式就不可行了，而是必须借助一个媒介来传递信息。今天，最常用的沟通方式包括：

即时信息。即时信息简称 IM，是一种接近于实时进行的文字信息沟通，它可以在两个或更多用户之间进行。它和普通电子邮件的不同之处在于，它的信息沟通立即就完成，而且进行"对话沟通"相当简便。因为参与人员是"好友名单"上的，即时信息有一种浓厚的社区气氛。在很多情况下，这种气氛有助于建立有效的沟通区域。

电子邮件。电子邮件打破了时间和空间的限制，让工作时间或工作地点不同的人们能够有效地沟通。电子邮件让人们能够同时给几个人发送信息，并能发送电子文件、图片或文档等附件。

带音频的网络会议。网络会议增加了一定的视频信息，能让与会者观看 PowerPoint 演示，在主持人引导下浏览网页，或者和其他人沟通、讨论文件。网络会议和网络音频或者视频不同，与会者在参加远程会议的同时，可以通过浏览器共享文件。它是一种相对便宜和有效的团队协作技术，有不少独到之处，可以增强团队的会议体验。然而，网络会议和音频会议类似，与会人员是隐蔽的。所以，与会人员往往在会议过程中"忙私活"。如果要建立合作关系或者促进团队工作，网络会议和音频会议都不是理想的选择。

视频会议。视频会议是一种召开现场会议的方法，它为处在两个或者两个以上不同地点的人提供面对面的会议。这种技术利用计算机网络把音频和视频数据传输到所有的会议地点。视频会议同样也提供远程共享其他媒介的方法，包括录像带、书写板和 PowerPoint 等计算机程序。视频会议提供了面对面沟通的所有独特好处，而不用支付召集异地人员集中到一个会议室的直接和间接成本。在会议中，与会人员可以展示与工作相关的物品，比如器械或者产品，这样就可以发现其他人是否在认真听取会议观点和信息并做出适当的反应。与会人员还可以被分成两个或多个小组，同时对问题展开讨论，推进决策进程。

音频会议。电话方便快捷、使用简单，加上今天的语音邮件功能，在沟通方面具有很大的灵活性，即使另一方不能接听电话也没关系。和电子邮件或者即时讯息相比，音频会议最突出的优点是，与会者之间有了更加实质性的接触。在音频会议上，与会者可以通过改变语气、音调或者音量，使用停顿和语气词（嗯、呃），来衔接话题，增加音频本身没有的弦外之音。

信息流。信息流也叫网络传播，它将极具震撼力、内容丰富的信息传输给任何一个拥有电脑和网络浏览器的人。凭借它，人们可以在互联网或者公司内部网上快速传输音频和视频文件，用户不必苦苦等候文件下载就可以看到视频画面或者听到声音。

显然，组织和团队拥有许多可以用在企业内外沟通与合作上的工具。当然，最大的难题是如何利用这些工具实现利益最大化，最终实现组织的沟通能力最大化。

有鉴于此，组织应该采取一个更加平衡的沟通系统，做到投入小、效果佳，而且与各种关系相适应。比如，刚建立的关系应该安排更多的面对面的交流，这些充满非言语信息的沟通，能够建立信任和融洽关系。关系稳定以后，其他沟通方式可以用来替代面对面的互动。然而，即使是牢固的关系如果长时间没有进行面对面的沟通，也会逐渐疏远。

实用指南

美国著名的未来学家约翰·奈斯比特说："未来的竞争将是管理的竞争，竞争的焦点在于每个社会组织内部成员之间及其与外部组织的有效沟通上。"沟通是管理行为最重要的组成部分，也可以说是任何管理艺术的精髓。不管什么时候，企业管理都离不开沟通。

让下属成为英雄

管理精粹

领导就是把一个人的眼界提到更高的水平，把一个人的成就提到更高的标准，使一个人的个性超越他平常的限制条件。

——《卓有成效的管理者》 德鲁克

精彩阐释

德鲁克认为，只要有正确的领导方法，员工的潜力是无限的。著名科学家爱因斯坦说过："与应有的成就相比，每个人只能算是'半醒者'，大家往往只用了自己原有智慧的一小部分。"因此，最好的管理之道就是鼓励和激励下属，让他们了解自己所拥有的宝藏，善加利用，发挥它最大的神奇功效。

第九章　不要迷信所谓的"领袖气质"

张安国是北京一家著名房地产公司的总经理,也是一位精于授权的领导者。他很少介入具体的管理工作,公司的经营管理、具体业务方面的事情他出面的时候很少,甚至厂商都不认识他,张安国也很少和厂商打交道。他倾向于把人员组织起来,把责、权、利充分地授权下去,考核结果。只有发现结果不大对劲的时候,才去看一看,这人有没有选对。张安国很不喜欢介入到具体事情里面去。

张安国有7个知根知底、合作多年、十分能干的副总。所以,他就可以啥具体事也不用管,"我不可能帮他们做他们分管业务的事,我的思路可能和他们不一样。我做浅了,他们不满意;我做深了,又可能会对他们的风格产生影响,这样更麻烦"。

张安国经常出差,去各专卖店转转。"不是具体指导他们做什么,就是和经理们聊聊,也不解决什么问题,别人一提什么问题,我就说,好吧,你这事跟副总经理李为说说。我要做的主要是人际方面、理念方面的沟通,以及看看不同城市市场的变化情况。"真正需要张安国做的事,通常是晚上和人吃饭、谈贷款、谈合作、沟通联络,等等。白天,张安国没有具体明确的事要做,就可以自由安排自己想做的事,给专卖店经理打打电话、上网逛逛,或者看看报,张安国有时一看报纸就看半天。

张安国总能如此潇洒清闲。"有些事情急的时候也很急,贷款没有如期下来,那也是焦头烂额的,但这个急不是企业具体事务的急。我所做的都是单件事情,而且是由我来出面相对比较好的,他们出面比较好时,我肯定不管。出了问题,肯定是他们的事,我一管,他们的责任心反而下降了。"

当然,没有副总们的精明能干,不会有张安国这般超脱,也不能如此超脱。但企业发展到一定规模的时候,确实需要领导者从烦琐的事务中解脱出来,去考虑更为宏观的事情。只有当事情没法分派给别人做的时候,张安国才亲自做。张安国十分推崇一句话:"能不能随时离开这个部门,是你是否已经管理好这个部门的唯一标准;能不能随时离开这个公司,是你是否已经管理好这个公司的唯一标准。"

张安国对自己的长短认识得非常清楚,他是比较少见的承认自己有能力缺陷的企业家。他认为自己并不是一个最好的领导者,所以愿意寻找能力互补的人建立职业管理团队。虽然业内提起公司对张安国知之甚少,对其下属的名字更熟一些,但这正是张安国要求的效果,他善于找到每项业务的最佳管理者并使该项业务达到极致。

张安国善于授权的事例告诉我们，他的成功诀窍就是"让别人成为英雄"。领导者必须有这样一种胸怀，为别人的成就打上聚光灯，而不是为自己的成就打灯。正如一位成功企业家所说的："如果最高领导者从来都不让他的副手分享领导权力，分享成功荣誉，而是把功劳全往自己身上堆，那谁还会跟着他干呢？"

实用指南

领导者可以通过下面几种方法帮助下属取得成功：

告诉公司内部或外部的人，你们公司的领导者正在做什么。

让你的下属参与公司重大决定的讨论。

在通讯或广告中，刊载员工的故事和成就。

在私下的会谈或公开演讲中，经常提及你下属的名字。

告诉你的员工：你比我更有能力找出解决方案。

把成功的功劳归功于你的副手。

经常跟你的骨干说：你真棒，我不能没有你。

让你的部属感到这项决定是由他们做的。

给自己培养一个接班人，把更多的工作交给他去做。

第十章

靠团队精神达成目标

·第一节·
管理是一种人文艺术

员工的人性应得以升华

管理精粹

管理者要能够确保组织在追求绩效的同时，员工的人性也得到升华，这是一个崇高的目标。

——《经济人的终结》 德鲁克

精彩阐释

德鲁克认为，人是一切管理活动的中心，管理能否围绕"人性"展开，是评价管理成效的重要尺度。

古人云："聚人而成家，聚家而成国。"没有比员工对企业充满信心和爱更重要的事情。作为管理者，要善于和员工以心换心，只有你爱护帮助员工，员工才能衷心地热爱企业。

澳柯玛集团公司就特别注重管理中的人性化因素。从为职工解决住房、进行技术培训、开展困难救助到改善工作环境、开通班车，凡是职工在工作、学习、生活中有要求的，公司都努力去做。

公司在细微之处体现出的人情味特别让人感动。

从1995年以来，澳柯玛共拿出了1.7亿元来解决职工住房问题。公司职工中农民工大约占到一半以上。公司不仅在各项待遇上对农民工和城镇职工保持一视同仁，还通过学习技术培训和业务培训等，尽快提高农民工的素质和技能，并对有能力的农民工委以重任。一位在公司担任部门经理的农民工说："我的所有本领都是来到公司后学习的。"

这种人性化管理用柔性将人才深深融入到企业中，打造了忠诚员工。忠诚员工则成就了企业的高速发展。

在工业社会，主要财富来源于资产，而知识经济时代的主要财富来源于知识。要让员工自觉、自愿地将自己的知识、思想奉献给企业，要实现知识共享，只能通过人性化管理来完成。

在当今社会，新经济要求根据员工的能力、特长、兴趣、心理状况等综合情况来科学地安排最适合的工作，并且充分地考虑到员工的成长和需要，使员工能够在工作中充分发挥积极性、主动性和创造性，从而不断创造优异的工作业绩，为达到企业目标做出最大的贡献。

人性化管理使管理对象得到了尊重，满足了自我实现这种高层次的心理需要。以人为本是管理制度的核心思想和根本方向。只有建立以人为本的管理制度，才能使企业与员工共同发展。

实用指南

每个企业面临的最严重的问题就是人的问题。员工是企业最重要、最富有创造力的资源，他们的贡献关系着企业的成败。那么，如何尊重员工呢？这里给大家提几点建议：

不要对员工颐指气使。

礼貌用语多多益善。当你将一项工作计划交给员工时，请不要用发号施令的口气。真诚恳切的口吻才是你的上上之选。

要感谢员工的建议。当你倾听员工的建议时，要专心致志，确定你真的了解他们在说什么。

对待员工要一视同仁。在管理中不要被个人感情和其他关系所左右；不要在一个员工面前，把他与另一个员工相比较；也不要在分配任务和利益时有远近亲疏之分。

聆听员工的心声。在日常工作中，注意聆听员工的心声是尊重员工、团结员工、调动员工工作积极性最有效的方法。

第十章　靠团队精神达成目标

热爱工作，享受工作

管理精粹

　　同样的一份工作，有人做得卓有成效，有人则只是得过且过。工作卓有成效的人，必定热爱自己的工作，但这并不是说他喜欢自己工作中的一切事情，这是完全不同的两个概念。

——《创新与企业家精神》　德鲁克

精彩阐释

　　德鲁克认为，无论对于员工，还是对于管理高层，工作都是为了谋求更高质量的生活，享受工作也就相当于享受生活。

　　世界 500 强企业之一的思科公司在招聘时所寻找的就是那些他们称之为积极的人，那些在原工作岗位愉快工作又获得成功的人。因为，只有把工作当成快乐的人才不会对工作产生憎恨，才会以最大的热情投入到忘我的工作之中，才会形成一种令人愉快的工作氛围。

　　卡尔文·库基说过："天真的快乐不是无忧无虑，不只是享受。这样的快乐是短暂的，缺少一份充满魅力的工作，你就无法领略到真正的快乐和幸福。"工作是一种快乐，你要是在工作中找不到快乐，就绝不可能在任何地方找到它。如果工作是逃脱不了的责任，那为什么不把工作当成一种乐趣呢？如果快乐也要工作，不快乐也要工作，那么为什么不快乐地工作呢？

　　人生最大的价值，就是对工作有兴趣。爱迪生说："在我的一生中，从未感觉是在工作，一切都是对我的安慰……"然而，在职场中，对自己所从事的事业充满热情的人并不是太多，他们不是把工作当作乐趣，而是视工作为苦役。早上一醒来，头脑里想的第一件事就是：痛苦的一天又开始了……磨磨蹭蹭地到公司以后，无精打采地开始一天的工作，好不容易熬到下班，立刻就高兴起来，和朋友花天酒地之时总不忘诉说自己的工作有多乏味、有多无聊。如此周而复始，长此以往，损失最大的还是自己。

　　心理学家认为，成功的起点是首先要热爱自己的职业。

　　乔·吉拉德经常被人问起自己的职业，听到他给出的答案后，对方通常不屑一顾："原来你是个卖汽车的啊！"但乔·吉拉德并不理会："是的，我就是一个销售员，我热爱我的工作。"

正是这种热爱推销自己职业的精神使他一步步向上走，他平均每周卖 42 辆汽车，每天卖 6 辆汽车，从而成为世界上最伟大的推销员。

比尔毕业于哈佛大学。有一次，他的朋友问他怎样看待自己所从事的图书管理员的工作，他自豪地回答道："我现在完全为我的工作所陶醉了，我简直不能自拔。

每天早晨，我都十分渴望能够尽快地投入到自己的工作中，而当晚上放下工作时，我会感到十分的惋惜，就像一个天生的画家，在黄昏到来之时，会为自己不得不放下画笔而遗憾。"

一个对自己的工作如此热爱的年轻人，他的未来根本无须担心。阿尔伯特·哈伯德说："一个人，如果他不仅能够出色地完成自己的工作，而且还能够借助于极大的热情、耐心和毅力，将自己的个性融入工作中，令自己的工作变得独具特色、独一无二、与众不同，带有强烈的个人色彩并令人难以忘怀，那么这个人就是一个真正的艺术家。而这一点，可以用于人类为之努力的每一个领域：经营旅馆、银行或工厂，写作、演讲、做模特或者绘画。"

极其出色地完成自己的工作，能否真的让一个人成为艺术家或者天才，这个问题暂且不论，但是有一点是千真万确的：一个人尽己所能、精益求精地完成自己的工作，这种觉悟所带来的内心满足感是无与伦比的。

工作是人生中不可或缺的一部分。当我们把它看作人生的一种乐趣并投入自己的热情时，上班就不再是一件苦差事。

文学家果戈里说："快乐，是精神和肉体的朝气，是希望和信念，是对自己的现在和未来的信心，是一切都该如此进行的信心。"

快乐是一种心态，不像爱情，需要苦苦等待、苦苦追寻。快乐其实很简单，只要你愿意，随时随地都可以在工作中捕捉到快乐的精灵。快乐从来就不是一件很遥远的事情，用快乐的心态对待你每天都要面对的工作吧！

这样做了，你就会发现，你收获的不仅仅是快乐，还有快乐之后的丰厚的物质回报。

实用指南

要使员工热爱自己的工作，首先必须学会赞美和欣赏员工。任何人都有优点，发现员工的优点，并毫不吝啬地赞美他，就会使他激发出无穷的创造力。

第十章 靠团队精神达成目标

自主性与责任感缺一不可

管理精粹

相比普通员工，知识型员工更要明确自己的工作任务和成效，他们更需要具备工作的自主性，更需要知道"我的工作是什么，如何开展"，以及"怎样才能使我的工作更加有效"等问题。

——《知识型员工的生产率》 德鲁克

精彩阐释

德鲁克认为，无论任何工作，员工的自主性与责任感都是不可或缺的，对于知识型的员工的工作更是如此。

李洁在一家大型建筑公司任设计师，常常要跑工地，看现场，还要为不同的老板修改工程细节，异常辛苦。但她仍主动地去做，毫无怨言。

虽然她是设计部唯一一名女性，但她从不因此逃避重体力工作。该爬楼梯时就爬楼梯，该到野外就勇往直前，该去地下车库也是二话不说。她从不感到委屈，反而挺自豪。

有一次，老板安排她为一名客户做一个可行性的设计方案，时间只有三天。这是一件原本难以做好的事情。接到任务后，李洁看完现场，就开始工作了。三天时间里，她都在一种异常兴奋的状态下度过。她食不甘味，寝不安枕，满脑子都想着如何把这个方案弄好。她到处查资料，虚心向别人请教。

三天后，她带着布满血丝的眼睛把设计方案交给了老板，得到了老板的肯定。因做事积极主动、工作认真，老板不但提升了她，还将她的薪水翻了三倍。

后来，老板告诉她："我知道给你的时间很紧，但我们必须尽快把设计方案做出来。如果当初你不主动去完成这个工作，我可能会把你辞掉。你表现得非常出色，我最欣赏你这种工作认真、积极主动的人！"

如果只有在别人注意下才有好表现，表面上看起来很聪明，实际上是一种愚蠢的自欺行为。骗得了一时骗不了一世。职场中人，需要在工作中不断地实践，提升自己的能力，为自己创造斐然的战绩。如果做到对自己的要求比老板对我们的要求更高，这样的人永远不会被老板解雇，也永远不用担心报偿。

另外，知识型员工还要具有高度的责任感，无论你从事什么样的工作，只要你能认真地、勇敢地担负起责任，你所做的就是有价值的，你就会获得尊重和敬意。有的责任担当起来很难，有的很容易，无论难易，不在于工作的类别，而在于做事的人。只要你想、你愿意，你就会做很好。

美国独立企业联盟主席杰克·法里斯曾对人说起少年时的一段经历。

在杰克·法里斯13岁时，他开始在他父母的加油站工作。那个加油站里有3个加油泵、2条修车地沟和1间打蜡房。法里斯想学修车，但他父亲让他在前台接待顾客。

当有汽车开进来时，法里斯必须在车子停稳前就站到车门前，然后检查油量、蓄电池、传动带、胶皮管和水箱。法里斯注意到，如果他干得好的话，顾客大多还会再来。于是，法里斯总是多干一些，帮助顾客擦去车身、挡风玻璃和车灯上的污渍。

有段时间，每周都有一位老太太开着她的车来清洗和打蜡，这个车的车内地板凹陷极深，很难打扫。而且，这位老太太极难打交道，每次当法里斯帮她把车准备好时，她都要再仔细检查一遍，让法里斯重新打扫，直到清除完每一缕棉绒和灰尘，她才满意。

终于，有一次，法里斯实在忍受不了了，他不愿意再伺候她了。他的父亲告诫他说："孩子，记住，这就是你的工作！不管顾客说什么或做什么，你都要做好你的工作，并以应有的礼貌去对待顾客。"

父亲的话让法里斯深受震动，法里斯说道："正是在加油站的工作使我学习到了严格的职业道德和应该如何对待顾客，这些东西在我以后的职业生涯中起到了非常重要的作用。"

责任是我们行动的重要原则之一。既然从事了一种职业，选择了一个岗位，就必须接受它的全部，就算是屈辱和责骂，这也是工作的一部分，而不是仅仅只享受工作给你带来的益处和快乐。

面对你的职业、你的工作岗位，请时刻记住，这就是你的工作，不要忘记你的责任。工作呼唤责任，工作意味着责任。

实用指南

知识型员工应该比一般员工具有更高的个人素养和业务能力，所以，不要按一般员工的标准要求自己。经常给自己定下工作目标，并努力给上司交上满意的答案。

第十章 靠团队精神达成目标

成长的三种循环模式

管理精粹

成长分为内在和外在两个方面，内在的发展，就是指员工能力与技术的获取；而外在的发展则是指员工能够胜任更重要的工作。这两种发展必须兼顾、平衡进行。此外，专注工作、负起责任、拥有自信这三种循环，必须要呈螺旋状向上发展才行。

——《知识型员工的生产率》 德鲁克

精彩阐释

德鲁克认为，每个企业的管理者和员工都要谋求自身的发展。时代越进步、企业的经营模式越先进、企业文化越丰富，越是表现出这一趋势。在一个成功的企业里面，总体目标的实现与每位员工的能力水平息息相关。人力资源的成长发展总是带动企业的繁荣壮大，企业由弱到强的发展历程总是伴随着员工从稚嫩到成熟的职业生命。

一个成功的经营者曾经说过："如果你能专注地制作好一枚针，应该比你制造出粗陋的蒸汽机赚到的钱更多。"公司需要精业勤业的"专家员工"，要想在激烈的市场竞争中更好地生存，就必须修炼自己的本职工作，让自己成为一名"专家员工"。

在英国赛马界，有一位声望很高的极有权威性的人物亨利·亚当斯，他既不是名声显赫的老板，也不是技能出众的赛手，而是一位钉马掌的铁匠。亨利钉的马掌可以说是骏马蹄上最合适的马掌。他说："我给它们钉了一辈子的掌，这就是我的工作，也是我最关心的事，我看到一匹马，首先想到的就是该给它钉一副什么样的掌最合适。"

他一辈子给人家钉马掌，为自己赢得了极高的荣誉，现在他年事已高，但找他钉马掌的赛手们仍络绎不绝，甚至要排队等候，因为在赛手们眼中，他是无人可替代的。

美国前总统老布什在得克萨斯州一所学校做演讲时，对学生们说："比其他事情更重要的是，你们需要知道怎样将一件事情做好；与其他有能力做这件事的人相比，如果你能做得更好，那么，你就永远不会失业。"

责任是每个人生存的根本。我们生活在一个由责任构建的社会中，工作就是我们人生中的一种责任。

在这个世界上，没有无须承担责任的工作，相反，你的职位越高、权力越大，你肩负的责任就越重。不要害怕承担责任，要立下决心，你一定可以承担任何正常职业生涯中的责任，你一定可以比前人完成得更出色。

数十年前，"三株口服液"是中国最有名的品牌之一。三株在1993年创立时，注册资金30万元，到1994年销售额已经达到1亿元，1996年更是达到了80亿元，净资产高达48个亿，且资产负债率为零。

1998年3月，一场人命官司将三株集团推上了被告席，而常德市中院的判决更让三株集团遭受到毁灭性打击。三株口服液的销售一落千丈，两家工厂被迫停产，6000多名工人放了长假，库存积压达2400多万瓶。

三株这个企业巨人因为一场小小的官司而轰然倒地，这只是表面原因。事实上，即便不出现常德事件，三株也早晚会遭到一场霜打。在三株内部，责任心涣散才是这个巨人突然"死亡"的症结所在。

从三株公司最初创办的几十个人，到1997年已经猛增到15万人，许多人来到三株不过是为了沾一点光，对三株的健康发展并不关心。据三株公司有关部门统计，在1995年投入的3亿元广告费中，有1亿元被无端浪费掉了，但无人关心此事，自然更谈不上有人对此负责。

在不少基层机构中，宣传品的投放到位率不足20%，甚至一些基层干部把宣传品当成废纸卖掉，责任的缺失空前严重！尽管后来总裁吴炳新采取了自上而下的大规模"整风运动"，但并未触及三株的根本问题。很少有人想过要对公司负责，当三株集团出现困境时，看似强大的"三株巨人"于是一夜间轰然崩塌。

员工缺失责任心的企业，也许能取得一时的辉煌，但最终结果必将是带着利润在瞬间死亡。而与之相反，一个暂时没有利润，却有责任感的企业，并不会死亡，因为它们常常在没有利润的日子里，积极寻找各种应对的方法。在此过程中，它们的责任感赢得了外界的肯定，获得了客户的信任，这些力量支持它们走出危机。

美国著名的学者爱默生说得好："自信是成功的第一秘诀。"而自卑者的实质就是自己不能正确认识自己、看不起自己、不相信自己，总有一种无力感，做什么事情总是自暴自弃，什么都要依赖别人，结果什么事情都做不好。要矫正自卑心理，必须要树立"我相信自己能行"这种想法。

第十章 靠团队精神达成目标

有一位哲人在风烛残年之际，知道自己时日无多，就想考验和点化一下他那位平时看来很不错的助手。他把助手叫到床前说："我的蜡烛所剩不多了，得找另一根蜡烛接着点下去。你明白我的意思吗？"

"明白，"那位助手赶忙说，"您的思想光辉会得到很好的传承。"

"可是，"哲人慢悠悠地说，"我需要一位最优秀的传承者，他不但要有相当的智慧，还必须有充分的自信和非凡的勇气。这样的人选直到目前我还未见到，你帮我寻找和发掘一位，好吗？"

"好的，好的，"助手很温顺、郑重地说，"我一定竭尽全力去寻找，以不辜负您的栽培和信任。"

哲人笑了笑，没再说什么。

此后，那位忠诚而勤奋的助手，就开始不辞辛劳地通过各种渠道寻找"最优秀的继承者"了。可他领来的人都被哲人婉言谢绝。哲人眼看就要告别人世了，最优秀的人选还是没有眉目。助手非常惭愧，泪流满面地坐在哲人的病床边，语气沉重地说："我真对不起您，令您失望了！"

"失望的是我，对不起的却是你自己，"哲人说到这里，很失望地闭上眼睛，停顿了许久，才又不无哀怨地说，"本来，最优秀的就是你自己，只是你不敢相信自己，才把自己给忽略、给耽误、给丢失了。其实，每个人都是最优秀的，差别就在于如何认识自己、如何发掘和重用自己。"话没说完，这位哲人就永远离开了他曾经深切关注着的世界。

其实，在上司眼中，最优秀的员工就是你自己。在所有的下属中，老板最喜欢的是那些对自己充满自信、认为自己最优秀的员工。

哈佛工商管理学硕士毕业生、NET公司总经理唐纳德·李说："信心是心灵的第一号化学家。当信心融合在思想里，潜意识会立即拾起这种震撼，把它变成等量的精神力量，再转送到无限智慧的领域里，促成成功思想的物质化。"

因此，信心的力量是惊人的，它可以改变恶劣的现状，形成令人难以置信的圆满结局。

实用指南

成长的这三个循环是息息相关、相辅相成的，它决定着企业任务的执行者包括中层管理者和普遍员工，能否最终实现自我的价值，是值得每一位职业人士好好学习。

人是最终的管理核心与归宿

管理精粹

企业每一个员工都是具有完整人格的人，而非机器上的零件。对人的重视不仅是手段，更是目的，所以必须尊重人、关心人，并致力于发挥每个人的优势和能力。

——《知识型员工的生产率》 德鲁克

精彩阐释

德鲁克认为，从一定意义上说，管理的宗旨就是最大限度地发挥人的能力，管理者的职责在于激励人，而不是控制人。

全球著名的手机制造商摩托罗拉就是一家深刻领悟"以人为本"内涵的企业。

比如在裁员方面，他们天才般地创造了有情裁员制度，将裁员变成一个协商的过程，尽可能对员工做到尽心尽力的照顾，直至员工找到下一份工作。这个制度保证了包括离开摩托罗拉公司的任何员工对公司不仅没有任何怨言，而且心存感激。

他们裁员的步骤是：首先将员工召集起来，告诉大家需要裁员几个人，每个部门有几个人离职，让所有员工都明白整个过程。人力资源部门会和被辞退员工进行单独沟通，向员工说明职位削减、工作交接的原因，并推荐员工到公司的其他部门去。公司还会为员工开设一些培训课程，指导被裁员的员工去寻找新的工作。正是凭借这样人性化的做法，摩托罗拉的员工感受了极大的激励，和企业建立起了亲密的关系，也为摩托罗拉建立起了长远的人力资源储备，从而实现了管理者和员工之间的完美和谐。

一个和谐的企业必须达到企业管理公平透明、内部制度科学合理、组织运作协调高效、各项流程高度健全、执行坚强有力，只有这样，企业的内部运作和控制体系才能够发挥积极的作用，企业才能充满生机与活力。

在惠普公司，对人的重视是管理中最重要的一个方面。

惠普采用了开放式的管理。惠普成立18年以来，公司都没有设立专门的人力资源部门，为的是管理者和员工之间保持高度的亲密接触和频繁的互动联系。直到1957年，惠普才成立了人事管理处，但是惠普的创建者比尔·休利特为它慎重地确定了角色和职能——人事管理处是只用来支持管理工作，而不是取代。

惠普公司包括首席执行官在内，没有一间办公室是装有门的。在公司里，所有的人都以名字相称，而不是称呼职位。公司鼓励员工用最简单明了的方式进行沟通和交流。员工不管遇到任何问题，都可以找管理者交换意见。公司的实验室备品库是开放式的，工程师不仅可以在工作中随意使用这些备品，甚至可以把它们拿到家里供私人使用。在这样的充分信任下，所有的员工都把公司当成大家共同的家。

更为业界所津津乐道的是，1976年惠普在波布林根工厂实行了弹性工作制，惠普人事政策的主要原则是利益分享，公司里没有时间表，不进行考勤。现在，这样的工作方法已经在惠普的大部分工作岗位上广泛使用。员工和管理者一起分担制定和达到目标的任务，并且通过股票购买计划分享公司所有权、分享利润、分享个人与专业发展的机会，甚至分担因营业额下降所引起的困扰。

显然，惠普领导者所做的一切都是在贯彻"以人为本"的管理理念。在这样的管理方式下，企业对员工充分信任，和员工以合作伙伴的关系共同发展，所以，员工也以同样的信任回报企业，和企业同甘苦共患难。在利益一致的基础上，企业和员工的利益都在同步提高，从而达到双赢的目的。总之，"以人为本"的管理能够在员工和管理者之间建立良好的合作伙伴关系，它使企业和员工成为一个利益共同体，从而实现企业和员工双赢的目的。

实用指南

在管理界，"以人为本"是一个非常时髦的词，已成为各个行业、各个领域努力的方向。但在企业的管理的实践中，要真正落实"以人为本"，发挥和体现"以人为本"管理理念，却是一个艰巨的工程。

管理是一种人文艺术

管理精粹

管理是一种传统意义上的人文艺术。

——《新现实》 德鲁克

精彩阐释

很多人对管理的认识非常浅显，流行的管理观点有两种：一种认为管理是上层人的事，好像管理只和老板有关；另一种则认为管理就是指挥别人工作。第一种观点其实只告诉我们谁属于管理层，而并没有说明管理是什么。管理不仅仅是老板的事，随着现代管理的深入发展，投资者和管理层在逐渐分离。企业一旦建立，那就不仅仅属于投资者，而是属于社会。第二种观点只看到了现象，并没有认识到管理的实质。管理是个互动的过程，管理是"人"的工作，管理的使命是为了实现企业的使命和宗旨。

德鲁克认为，管理是一门艺术，因为管理是以人为中心的，是一种社会性的活动。管理与人的价值观、人的成长和人的发展密切联系，所以管理是人性化的活动。他强调，管理是一种传统意义上的人文艺术。"人文"，在于它涉及知识、自我认知、智慧和领导艺术等基本要素；"艺术"，在于管理是一门实践性很强的科学。

作为管理者，应该做到从心理学、哲学、经济学以及自然科学等一切人文和社会科学中汲取所有的营养，掌握管理的基本原则，实施人性化管理。

在德鲁克看来，管理不但是一门艺术，而且是一门宽泛的艺术。管理是管理者和管理对象之间的一种交流，管理者的精神面貌、气质乃至处世的方式等都会对管理对象产生影响。同样，管理双方能够进行互动，就需要在知识层次、价值观、自觉性、处世的经验等各个方面产生一种平衡。

有一天晚上，索尼董事长盛田昭夫按照惯例走进职工餐厅与职工一起就餐、聊天。他多年来一直保持着这个习惯，以培养员工的合作意识和他们的良好关系。

这天，盛田昭夫发现一位年轻职工郁郁寡欢，闷头吃饭。于是，盛田昭夫就主动坐到这名员工对面，与他攀谈。几杯酒下肚之后，这位员工终于敞开了心扉："我毕业于东京大学，有一份待遇十分优厚的工作。进入索尼之前，我对索尼公司崇拜得发狂。当时，我认为进入索尼，是我一生的最佳选择。但是，现在才发现，我不是在为索尼工作，而是在为课长干活。坦率地说，我这位课长是个无能之辈，更可悲的是，我所有的行动与建议都要由课长批准。我自己的一些小发明与改进，在课长眼里却成了'癞蛤蟆想吃天鹅肉'，对我来说，这名课长就是索尼。我十分泄气，心灰意冷。这就是索尼？这就是我崇拜的索尼？我居然放弃了那份优厚的工作来这种地方！"

这番话令盛田昭夫十分震惊，他想，类似的问题在公司内部员工中恐怕不少，管理者应该关心他们的苦恼，了解他们的处境，不能堵塞他们的上进之路，于是产生了改革人事管理制度的想法。盛田昭夫立即着手处理这件事情，不久后，索尼公司开始每周出版一次内部小报，刊登公司各部门的"求人广告"，员工可以自由而秘密地前去应聘，他们的上司无权阻止。

另外，索尼原则上每隔两年就为员工调换一次工作，特别是对于那些精力旺盛、干劲十足的人才，不是让他们被动地等待工作，而是主动给他们施展才能的机会。在索尼公司实行内部招聘制度以后，有能力的人才大多能找到自己中意的岗位，而且人力资源部门可以很容易地发现那些"流出"人才的上司所存在的问题。

作为管理者，必须掌握各种心理知识，充分激发人的主观能动性，使管理对象能充分开掘自己的潜能并且乐于工作。但是德鲁克同时也强调，管理所需要的那些知识必须集中到管理的成效上去，不能为了艺术而艺术。

对企业而言，管理是为了有更好的成效，如果不能提供更好的产品或者服务，那么这种艺术便没有任何意义。所以，有效的管理艺术才叫作艺术。在管理的艺术性上面，偏刚或者偏柔都是不可取的，要根据管理中的实际情况进行调整。

实用指南

管理者要认识到，管理应该是以人为本，并为人服务的。所以，你要考虑怎样运用艺术性的手段营造良好的氛围，调动员工的积极性，使员工乐于工作。

激发下属的巨大潜能

管理精粹

将人的力量转化为生产力。这一原理体现了企业的目的，也是管理职权的基础。

——《管理：使命、责任、实践》 德鲁克

精彩阐释

德鲁克说，组织化的社会，要求管理者以经营活动为出发点，为社会贡献力量。管理者一定要真正懂得管理的艺术，将人的力量转化为生产力。

在企业中，每个人都有其特定的存在价值和独特的行为优势，作为管理者，就要善于发掘这些员工身上独特的闪光点，多多加以利用，只有这样才能发掘出企业中优秀人才的巨大潜能。也只有这样，才能让企业不断发展、不断更新、不断走向新的历程。联想集团的柳传志就是一位十分善于雕琢部下的管理者，在他的用人理念中，放权和信任是其能够充分发掘下属潜能的前提，只有做到信任，才能真正放权，而只有做到了放权，下属才能放开手脚将自己全面的能量发挥出来。

郭为是联想集团高级副总裁，同时还兼任联想神舟数码总裁。郭为之所以能有今天的成就，和柳传志早期的培养是分不开的。早年，柳传志在考虑接班人的时候就注意到郭为的才干，为了锻炼这个年轻人，柳传志可谓是煞费了一番苦心。1991年，孙宏斌事件爆发后，柳传志为了培养郭为和恶势力斗争的勇气，命年仅28岁的他全面整顿全国的18家分公司，负责查账、控制分公司的胡开乱支、追查违规行为等。这是一个十分棘手的任务，一方面，18个分公司个个都是泥潭，深不可测，弄不好就会得罪很多人，甚至会给自己带来没顶之灾；另一方面，柳传志直接受命于己，君命难违。然而郭为这个人有个特点，就是知难而进，越是身处逆境就越是斗志昂扬。此时面对重压，他潜在的能量在瞬间被激发了出来。那段日子，他带领他的"五人调查小组"从这家分公司跑到那家分公司，马不停蹄，不分昼夜。由华北到西北，再从华南到华东……直到这一年年底，他们终于拿下太原、西安、成都、重庆、广州、长沙、武汉、南京、山东、上海的分公司并根据调查结果做出了大刀阔斧的改革：撤换了成都、武汉、长沙三个分公司的总经理、关闭重庆分公司……经过整顿，联想分公司的各项业务迅速恢复了生机，在后来的一年中卖了全公司一半的个人计算机。郭为顶压查账，顺利完成了对18家分公司的"整编"，让联想渐渐步入一个正规的发展道路，为柳传志交了一份满意的答卷。

类似柳传志这样通过大胆启用具有超凡能力的下属从而发掘出优秀人才的企业案例比比皆是：福特汽车公司起用专家詹姆斯·库滋恩出任经理，这位专家凭着他的智慧帮助福特成为了汽车大王；通用公司启用"现代化公司组织天才"——斯隆当总经理，斯隆凭着他优秀的组织能力和睿智的头脑成就了通用公司神舟崛起的传奇……无数的企业案例告诉我们，优秀人才比比皆是，管理者要具有一双聪慧的眼睛将这些人才识别出来，并在对其施加压力的同时委以重任，使其潜在的能量能够被发掘出来，从而为企业的长久发展贡献一份力量。

那么，管理者如何才能跳出用人识才的误区，较快地识别和激发下属的潜能呢？

第一，听其言。有潜力的下属大多都是尚未得志之人，故其在公开场合说官话、假话的机会极少。所说之言，绝大多数是在自由场合下直抒胸臆的肺腑之言，是不带"颜色"的本质之言，因而就更能真实地反映和表达真实的思想感情。

第二，观其行。一个人的行为，体现着一个人的追求。领导者若能在一个人才毫无装扮的情况下透视出其"真迹"，而且这种"真迹"又包含和表现出某种可贵之处，那么大胆启用这个人才，十有八九是可靠的。

第三，析其能。有潜能的下属虽处于成长发展阶段，有的甚至处在成才的初始时期，但既是人才，就必然具有人才的先天素质。或有初生牛犊不怕虎的胆略；或有出淤泥而不染的可贵品格；或有"三年不鸣，一鸣惊人"之举；或有"雏凤清于老凤声"的过人之处。一位善识人才的"伯乐"，正是要在"千里马"无处施展腿脚之时识别出它与一般马匹的不同。

第四，闻其誉。善识人才者，应时刻保持清醒头脑，有自己的独立见解，不受表面现象所左右。

实用指南

在任何一个单位中，真正出类拔萃的总是少数，而大部分人都处于一种中间状态。这些下属虽然表现一般，但并非说明他们没有能力，有些还是很不错的，只不过他们的能力还没有被激发出来，他们更需要领导的关注和激励。

·第二节·
个人与企业的价值观必须兼容

预先建立经营团队

管理精粹

要让经营团队的成员彼此了解、相互信任，大概需要三年的时间。因此，进入成长阶段的企业，必须预先为建立经营团队做好准备。

——《卓有成效的管理者》 德鲁克

精彩阐释

很多企业自创业萌芽到成形一直都比较顺利，但是往往到成长阶段迟迟不能突破，这是企业发展的一个瓶颈。德鲁克分析这个问题时认为，之所以会出现这种情况，主要是因为企业在管理上存在缺陷，套用以前的管理方式与经营体制已经无法使企业快速成长。

此时最实用的解决办法就是将企业的"一人管理"转换为"组织管理"，换句话讲，也就是组建自己的智囊团。如果不这样做，企业的经营就会大受挫折，从而错失最佳的时机，严重的会危及企业未来的命运。

决策中的智囊团，也称之为外脑系统、头脑公司、思想库，等等，是专门为管理者提供决策服务的比较高层次和专业性的咨询机构。在这种组织中，集中了不同专业的自然科学家、社会科学家以及其他方面的专家或专业人才，他们在各自的专业领域中有自己的专长甚至在年龄上也有自己的特点，他们组成一个庞大的综合知识库，为管理者出谋划策。

美国克莱斯勒汽车公司总裁艾柯卡所创造的神话般的经济奇迹，就得益于智囊团的大力相助。克莱斯勒汽车公司在艾柯卡上台之前，由于没有把握住世界石油危机带来的冲击，照样生产耗油量大的大型汽车，结果在 1979 年 9 个月中亏损 7 亿美元，打破了美国有史以来的高纪录。

艾柯卡上台以后，大胆转型生产哈尔·斯珀利奇领导的公司咨询组设计的 K 型车，并从 K 型车的基础上推出了一系列众多车型的车辆，重新打开了市场。经过 3 年的努力，艾柯卡不仅挽救和重建了克莱斯勒这家朝不保夕的公司，而且，1984 年该公司赢利 2.4 亿美元，提前偿还了 12 亿美元的政府贷款。其股票从 1981 年的每股 3 美元上升到 1984 年的每股 30.75 美元。

面对激烈的竞争，管理者如果从单一的或纯粹经验的专业方向出发，采取独裁的决策方式都是无效的，必须着力于建立智囊班子及智囊机构辅助自己的决策。

其次，智囊团的工作是根据管理者的目标要求而进行的，从智囊团本身来说，智囊团是有其自身的内在规律与工作程序的，并有自己一套行之有效的方法。就其工作程序来讲，可分三步进行。

首先，接受决策咨询任务，组建智囊团。智囊团的工作一般都是围绕管理者提出的研究任务进行的，主要是了解管理者的意图和目标，全面掌握管理者提出该问题的背景和关键环节，明确研究问题的目标；智囊团应根据问题的性质和所要研究的专题内容，选用、配备专业人员，组成智囊班子，并有人专门负责。

其次，智囊团应该在接受咨询任务之后，展开初步工作，进行初步调查，并根据初步调查情况制订工作计划。

全面进行调查研究，设计决策的评估方案。调查工作计划确定之后，智囊班子即可按计划对所要研究的问题进行全面、深入的调查，收集数据、资料。有数据资料库的，可先检索有关摘要，然后根据需要检索原文再了解问题情况。如果展开市场调查，就必须深入到市场中去，了解与研究项目相关的信息，诸如价格、质量、产地、性能等，这样才能对领导人提出的问题和有关指标体系进行分析、对比、研究，进而制定各种方案，并对各方案进行分析和评估。

最后，多方征求意见，提出决策参考方案。在对各种方案进行分析评估的基础上，经过反复论证，提出一个初步的研究方案，并召集有关人员，听取他们对该研究方案的意见和反应，有可能的话还可以与管理者进行思想沟通，听取管理者的初步反应。然后，智囊团再根据各方面的意见和反应进行相应的指正和调整，力求整个决策方案能够充分符合管理者的要求和实际情况。最后，大家再集思广益，内部再进行反复地讨论与磋商，最终形成一个可行的决策参考方案，呈送管理者，供其决策参考。

当然，智囊团作为管理者的"外脑"，为管理者提供决策参考，他们的职能和任务仅在于研究管理者提出的问题，为管理者提供各种可供选择的方案，管理者则从中选优决断。决断是管理者的职能，也是整个决策过程的最后结果。那么，管理者应该如何对智囊团提供的决策参考方案进行择优决策呢？这其实是管理者如何运用智囊团做正确决策的问题。

管理者在听取智囊意见时，经常的情况是大家的意见大相径庭，这就要求管理者找出他们的共同点。首先，要求管理者对各种方案虚心听取，不做任何判断，并在各种方案的不同点中找出共同点来。接着，处理、分析不同意见，使他们趋于一致，汇集成为一个新的方案。这种求同存异的方法有几种技巧可用：

冷却法。即让争论双方暂时平息争论，冷静下来进行反思，隔一段时间后再组织起来加以讨论。这样能够使大家有一个清醒的认识，反复权衡，选择出最优方案。

利弊分析法。由于各种方案迥异，管理者可引导大家对各种方案进行利弊分析，促使各方以利补弊，弃弊趋利，互相取长补短，达成一致共识。

边际分析法。这种方法是增加决策智囊人员，看他们对不同意见的看法，如果新增人员较多地趋于一种方案，则该方案较优。

总之，管理者既要充分发挥智囊作用，自己又要具有最终决策的独立性；既要科学地运用智囊团的参考方案，又要保证自己决策的有效性。在竞争激烈的当今，管理者应该充分发挥智囊团的作用，灵活、有效地运用智囊团，从而使自己的决策处于合理的构架之中，并在实践中立于不败之地。

实用指南

一般企业在创业之初，大多是以经营者的主观愿望为核心进行管理的，这时的组织还没有完全定型。企业在这个阶段灵活性很强。然而等成长到一定的阶段，就会遭遇到一个瓶颈而停滞下来。

原因主要是，依靠创业者个人魅力所建立起来的管理，已经不能掌控整个局面，组织内部的协调能力也不能满足企业逐渐扩大的规模。为了解决这一问题，我们必须考虑如何建立一个真正的经营管理队伍，以促进企业的经营继续扩展。

让更少的员工制造出更多的产品

管理精粹

制造领域的新理念要比信息和自动化更为重要,如何让更少的员工制造出更多的产品是未来工业的必然趋势。

——《卓有成效的管理者》 德鲁克

精彩阐释

德鲁克认为,生产率是衡量企业效益的重要参考指标。生产率意味着企业对资源利用效率的高低,是企业产出的重要指标。生产率虽然不是企业发展的核心因素,却是起关键作用的因素。20世纪初所形成的以泰勒等人为代表的古典管理理论,其中心问题就是提高劳动生产率。泰勒等人倡导的科学管理,以提高劳动生产率为目标,在操作规程、工作定额、差别工资制度、职能分工、管理原则等方面,进行了一系列探索,开创了科学管理的新时代。

企业的管理者要想方设法提高企业生产率,要结合企业的实际,尽可能地降低成本、增加效益。

现在大多数企业都接受"缩短工作时间"这一管理理念。所谓缩短工作时间,就是让员工在有限的时间内生产尽可能多的产品。这种生产方法注重生产效率,不以延长时间来增加产品产量,而以一种竞争和激励机制来调动员工的生产积极性。

一家公司推行"缩短工作时间"这一理念,其推出的目的就是为了提高单位时间的生产率。该公司从创立之日起,就采用两班制,每班工作12小时。轮到夜班者,每到深夜三四点时,就有人打瞌睡,而且工作效率极其低下。公司为了防患于未然,严格规定瞌睡者要记大过一次,三次就得开除。

虽然制度严格,但睡者照睡,甚至发现平常表现良好的员工,有一夜被发现连打瞌睡三次的情形,总经理为此非常担心。

经过深入的调查研究后发现,每班工作12小时,日班尚可忍耐,夜班则疲惫不堪,到了深夜三四点,虽明知打瞌睡会被重罚,但总是心有余而力不足,一坐下就打瞌睡。

为了解决因体力不支而不得不打瞌睡的问题,公司制订出一套对劳资双方均有利的方法：把现有人员，由两班制改为三班制；每班工作时间由 12 小时改为 8 小时，缩短 4 小时的工作时间；虽然缩短工时，但员工每月的收入不变。

三班制的工作方式大受员工欢迎，员工工作更加卖力。

由于工作时间缩短，工作的动力增强，打瞌睡的现象没有了，公司的生产效率也大为提高，总生产量较实施三班制之前提高了 20%，劳资双方通过这一方法实现了双赢。

生产率是企业获得利益、长足发展的法宝，管理者重视提高劳动生产率无可厚非，但管理者要从企业实际出发，从员工的需要出发，尽可能地激发他们的工作动力。也就是说，企业提高生产率要更多地从人性出发，更多地将之转变为一种激励机制。效率都是人创造的，所以提高效率就必须以人性为基点。

实用指南

如果员工的工作可以量化，你有没有计算过每个员工的产值增长率？和你的理想差距大吗？想想问题出在何处，设法改变这种不理想的状况。

了解你的团队成员

管理精粹

与了解自己的优点、工作风格和价值观一样，了解身边人的这些特征也是非常重要的。

——《21 世纪的管理挑战》 德鲁克

精彩阐释

德鲁克认为，企业的总体目标是由一个个团队成员完成的。团队的成员之间往往存在着巨大的差异，但是这并不重要，重要的是每一个成员是否都发挥了自己的优势，只有每个成员都发挥出了自己的优势，团队才有可能更加完美地发挥自己的水平。

在狼群中，总会有老、幼、强、弱等个体上的差别，但一到团队围猎时，每一个个体都会贡献自己的力量。那些老弱的就做掩护，强者负责进攻，团队成员都各尽所能，各司其职，可以说，狼群是一个完美的互补型团队。

狼群围猎向我们展示的是一个完美的团队合作的案例，管理也是如此：管理者应该关注的不是某个人的力量，而是团队的综合实力。在一个团队中，每个人都有他的长处。作为管理者，如果你能很好地掌握他们的特点和优势，把他们放到最能发挥其作用的位置上，你就会发现，你得到了一个完美的"互补型"团队。并且，你的工作变得卓有成效，你的员工对你尊重并拥护。

那么如何才能铸就一个成功的互补型团队呢？唐僧团队西天取经的经历为我们提供了最好的范例。

关于唐僧团队的精妙所在，阿里巴巴的总裁马云总结得最为深刻。他说："唐僧团队是我最欣赏的，唐僧团队唐僧这个人不像很能讲话，也不像个领导的样子，但是他很懂得领导这个团队。这个团队到西天取经，那么多天没有散掉就是好领导，唐僧是一个好领导，他知道孙悟空要管紧，所以要会念紧箍咒；猪八戒小毛病多，但不会犯大错，偶尔批评就可以；沙僧则需要经常鼓励一番。这样，一个明星团队就成形了。

"孙悟空武功高强，品德也不错，但唯一遗憾的是脾气暴躁，单位有这样的人。猪八戒有些狡猾，没有他生活少了很多的情趣，这样的人单位里也不少。沙和尚更多了，他不讲人生观、价值观等形而上的东西，'这是我的工作'，半小时干完了活就去睡觉，这样的人单位里面也有很多。就是这样四个人，千辛万苦，取得了真经。这种团队是最好的团队。这样的企业才会成功。"

在马云看来，一个团队里不可能全是孙悟空，也不能都是猪八戒，更不能都是沙僧。"要是公司里的员工都像我这么能说，而且光说不干活，会非常可怕。我不懂电脑，销售也不在行，但是公司里有人懂就行了"。

那如何建立互补性团队呢？我们或许可以从分析唐僧团队的过程中获得一些启示：

首先，唐僧团队是以结果为导向的团队。唐僧团队所有的活动都追求最终结果，正是由于彼此合作，才能达到目标。

其次，唐僧团队的团队目标十分明确——取经。从某种意义上说，这个团队基本上是一个制度化的团队，虽然制度不是很完善，但能基本保证团队目标的达成。孙悟空是人才，虽好出格，金箍把他管束住了；猪八戒难成大事，只要让孙悟空管束住他就行了；沙僧老实，自我管理就行。这种制度体系严重压制创新意识，但是对于取经这样一个特定的任务而言，反而是一种比较好的选择。

再次，唐僧团队的人才搭配非常合理：唐僧没什么本事，但能把握大局，而且目标明确，坚定执着；孙悟空忠心耿耿，能征善战，适合打头阵；八戒看似一无是处，但能调节气氛，这种人也不可少，关键时候也能搭把手；沙僧老实巴交，最适合搞基础工作。

最后，唐僧团队非常重视利用社会资源、人际网络，充分调动团队成员的人际关系，为团队发展扫清了障碍。

实用指南

团队成员之间存在差异并不重要，重要的是了解到每个成员的个性，然后建立一个互补型的团队，争取让每一个成员都充分地发挥自己的优势。

企业的基础是经济绩效

管理精粹

企业的基础是经济绩效，如果没有它，企业根本谈不上其他的任何责任。

——《变动中的管理界》 德鲁克

精彩阐释

德鲁克认为，对于任何一个企业来讲，如果其投入与产出的比值过低，那么它就是一个不负责任的企业，因为它浪费了宝贵的社会资源。企业的基础是经济绩效，如果没有它企业根本谈不上其他的任何责任。

张瑞敏在长期和管理实践中领悟出企业在市场中所处的位置，就如同斜坡上的一个球体，由于受到来自市场竞争和内部职工惰性的影响形成的制约力，有向下滑落的本性，如果没有止动力，就会下滑。

为使海尔在斜坡（市场）上的位置保持不下滑，并使它往上移动，需要两个向上的动力：一个是支撑力，保证它不向下滑，就需要强化内部基础管理；另一个是止退力促使企业往上移动，就必须用企业的创新能力。在这一理念里，管理是企业保证良好绩效能力的重要方式。

"斜坡球体理论"在海尔被大家称为"海尔发展定律"，它也道出了企业发展的一般规律。海尔的经济学家给斜坡球体理论列的公式是：$A=（F动-F阻）/M$，即企业发展的加速度，与企业发展动力之和与阻力之和的差值成正比，与企业的规模成反比。其中，A代表企业发展的加速度。F动代表企业发展的动力之和（F动1+F动2+F动3）。

海尔常谈到的动力有三个：一是优质产品、优质服务、科技发展的提升力。二是基础管理的止退力。三是创国际名牌、市场占有率扩大的推动力。F阻代表影响企业发展的阻力之和（F阻1+F阻2）。

海尔常谈到的阻力有两个：一是来自企业内部自身惰性的下滑力，二是来自企业外部竞争对手的压力。M代表企业的质量，即规模。海尔认为，日事日毕解决基础管理的问题，使F动1＞F阻1；日清日高解决速度的问题，使F动2+F动3＞F阻2。

斜坡球体理论主要是针对中国管理的实际情况而提出。"如果训练一个日本人，让他每天擦六遍桌子，他一定会这样做；而一个中国人开始会擦六遍，慢慢觉得五遍、四遍也可以，最后索性不擦了！"

张瑞敏的观察一针见血，他熟悉中国人的秉性，知道中国人做事的最大毛病是不认真，做事不到位，每天工作欠缺一点，天长日久就成为落后的顽症。他认为，需要一个管理机制专攻这一毛病，这一机制同时还要承担下述功能：领导在与不在，企业照样良性运转。

因此，他根据斜坡球体定律发明了一套叫作"OEC"的管理方法，也叫日清日高管理法，它是英文"Overall Every Control and Clear"的缩写，其中"O"代表"Overall"，意为"全面的"；"E"代表"Everyone, Everything, Everyday"，意为"每个人、每件事、每一天"；"C"代表"Control and Clear"，意为"控制和清理"，其含义是全方位对每人、每天所做的每件事进行控制和清理，并要求每天都要有所提高，做到"日事日毕，日清日高"。

用斜坡球体来比喻，OEC管理模式为我们的管理带来以下几个启示：

抓管理要持之以恒。管理工作是一项非常艰苦而又细致的工作。管理水平易反复，也就是说管理者自己也会松动下滑，需要不断地加固。

管理是一项笨功夫，没有一劳永逸的办法，只有深入细致地反复抓，抓反复，才能不滑坡。

管理是企业成功的必要条件。没有管理，企业业绩就会下滑，企业就会丧失竞争力。所以管理的作用是支撑企业的发展，提高企业的绩效能力。

管理是动态的，永无止境的。企业向前发展，管理也要跟着提高。管理无定式，需要根据企业目标的调整，根据内外部条件的变化进行动态优化，而不能形成教条。海尔的口号是"练为战，不为看"，一切服从于效果，一切决定于结果。

海尔的斜坡球体理论和OEC管理模式为经理人经营和管理企业，激发企业活力，确保企业常青发展提供了一个很好的借鉴。管理必须起到支撑企业发展的作用；管理必须提高企业的绩效能力；管理者必须在变中求发展，以结果为中心，以结果为导向，实现企业目标。

管理是人的管理。管理要提高企业绩效，就必须提高人的绩效能力。

人都有喜新厌旧的心理，在一个环境待久了，就想换一个活法，要不然就会变得浑浑噩噩，对工作和生活丧失新鲜感和责任感。

同样，在一个企业内部，一个部门长时间由一个人管理，往往形成一定的模式和思维方式，扼杀新的想法和创意，这样就会使一个部门失去活力，变得死气沉沉。

于是，无视纪律者有之，不思进取者有之，自暴自弃者有之，长期下去，组织就成了一群半死不活的沙丁鱼，这样的组织不会有什么高效可言。

作为管理者，应该努力创新管理模式。什么样的管理模式决定什么样的工作绩效，管理者如果不能提高企业的绩效，那就不是合格的管理者。管理者只有以强烈的绩效精神为准则，才能使企业实现由优秀走向卓越。

实用指南

在德鲁克看来，管理的终极使命是绩效。一切管理活动都必须集中在组织如何最大化地实现绩效上，管理者要努力提高绩效，管理者必须对最终的绩效负责。绩效意味着结果，意味着企业能不能达到目标、能不能实现有效的管理、能不能提高效率。

相互兼容的价值观是企业高执行力的基础

管理精粹

想要在企业内取得成就，个人的价值观必须与企业的价值观能够兼容。

——《21世纪的管理挑战》 德鲁克

精彩阐释

德鲁克认为，相互兼容的价值观是企业获得高效执行力的认知基础。作为一个企业，如果员工各有打算，各自努力方向不一致的话，就会缺少合作力，影响企业发展。只有全体员工同心同德，齐心协力才能带来最大效益。

在日本市场上站稳脚跟之后，京都制陶总裁稻盛和夫希望公司走向海外世界，首先开辟美国市场。1962年，稻盛和夫独自一人飞往美国，由于语言不通，也没有志同道合的代理人，结果无功而返。

第十章　靠团队精神达成目标

1963 年，原来在松下工业任贸易部长的上西阿沙进入京都制陶公司。上西出生在加拿大，他在松下时充分利用自己的语言优势，一直从事与海外的贸易往来。上西比稻盛年长 12 岁，对外贸易经验极其丰富，正是京都制陶急需的人才。

上西刚加入时，稻盛如获至宝，每天一到傍晚，稻盛就跟上西促膝长谈，竭力想使他的思想与公司一致。而上西自恃是精通贸易的专家，心高气傲，无法马上接受稻盛的想法和领导。

稻盛希望上西马上开辟海外市场，而上西认为想开展对外贸易，做市场调查的时间就得有一年左右。稻盛却绝不允许这样按部就班的慢吞吞的做法。稻盛的过度执着和上西的循序渐进产生了矛盾，二者在许多业务问题上各不相让，经常闹得不欢而散。

稻盛本来打算把经验丰富的上西当作自己的左右手，协助自己扩大海外市场。现在却为上西不能理解自己的意图而满怀怒气。这时候，稻盛深切地感受到再丰富的贸易经验，再优秀的人才，不能同心协力就没有战斗力。他觉得自己无法与上西共事，决定解雇上西。

上西的养父听说这个消息十分着急，跑到稻盛家中苦苦哀求，因为上西由于过于自负，在其他公司也无法待下去。稻盛决定再和上西交谈一次。他把自己所能想到的对生活、工作的态度，思考问题的方式等一一提出，向上西追问到底，想借此改变上西的思维方式。稻盛恳切的肺腑之言，终于使上西和他能够心心相通了。

在上西的协助下，京都制陶很快就在美国的高科技产业的圣地——硅谷，建立起了海外兵团，成为日本企业打入硅谷的先驱。

世界大多数成功的企业，除了物质技术设备优越之外，更重要的是在员工个人价值观与企业价值观兼容上的成功——共同的价值观能够促进组织全体成员在对企业、战略、任务和执行的认识上趋于一致，从而提升企业的战斗力。共同的价值观和目标是一个优秀团队必不可少的。企业领导者必须让每一个员工明白团队利益永远大于个体利益，个体利益永远服从团队利益。

实用指南

松下电器公司总裁曾这样说："一个人的智慧终究是有限的，无论多么执着、多么努力，他可以发挥出来的永远只是一个人的力量，只能完成一件小事，而永远也不足以成就伟大的事业。"一个有影响力的管理者只有注重整体利益，才能凝聚整体的力量，才能实现团队的整体能力大于所有个体的能力之和。

用团队精神取代个人英雄主义

管理精粹

管理意味着用思想代替体力，用知识代替惯例和迷信，用合作代替强力。

——《管理：任务、责任、实践》 德鲁克

精彩阐释

德鲁克认为，衡量一个企业是否有竞争力、是否能够永续发展，其决定因素不是理念有多先进、资金有多雄厚、技术有多过硬，而是企业是否有团队合作精神，尤其是企业的员工是否具有合作意识。

"万家乐，乐万家"的广告语曾经响彻中国大地，空调行业对拥有热水器行业龙头品牌背景的万家乐空调寄予了厚望，期望万家乐带领民族企业在国际市场上创造奇迹。在万家乐空调2002年3月15日产品上市之后，广大的经销商就加入到销售万家乐空调的队伍中。然而，好景不长。万家乐空调在国内空调市场上销售了一年多之后，于2003年年底爆出被珠海市中级人民法院查封的消息。

一颗冉冉升起的品牌瞬间陨落。万家乐的失败就是典型的因为个人英雄主义主导团队而引起的失败。万家乐空调老板陈雪峰是个典型的具有"个人英雄主义和独裁治理"特征的人。陈雪峰希望自己能够成就一番伟业，因此他独断专行，不纳谏言。在公司战略上以卵击石，以微薄之力进军大家电；在公司内部治理上，陈雪峰自高自大，从来都听不进业内资深员工的忠告，动辄对员工大发脾气；在人员使用上，陈雪峰也是凭着自己的好恶任意任免高级管理人员。由此带来的影响是，万家乐空调的品牌负责人换了一任又一任。公司的企业文化不成体系，缺乏企业精神和足够的凝聚力，导致中下层员工缺乏归属感，结果公司上下人心涣散，最终落得个失败的下场。

现代企业就好比一条正在参加比赛的龙舟，船上的每个人都是决定比赛胜负的关键力量。大家划船的劲能不能使到一处，能否与企业保持步调一致，将是企业能否稳步快速前进的关键。千舟竞发，只有团队合作最好的，才能赢得竞争的胜利。无论是龙舟比赛，还是企业竞争，任何组织想要取得胜利都离不开团队精神。

德国足球队是世界上最优秀的足球队之一，被誉为"日耳曼战车"。然而令人惊异的是，在这样一支传统的优秀球队里，却极少有个人技术超群的球星。和意大利、英国、巴西等国家的球队相比，德国的球员都显得平凡而默默无闻。

然而，这并不影响"日耳曼战车"的威力，他们频频在世界级的比赛中问鼎冠军，把意大利、巴西、英国、荷兰等足球强队撞翻，谁也不敢轻视"日耳曼战车"的威力。原因在哪里呢？一位世界著名的教练说："在所有的队伍当中，德国队是出错最少的，或者说，他们从来不会因为个人而出差错。从单个的球员看，德国队是脆弱的，可是他们11个人就好像是由一个大脑控制的，在足球场上，不是11个人在踢足球，而是一个巨人在踢，作为对手而言那是非常可怕的。"

全队拧成一股绳，发挥团队的最大力量——这就是德国队的秘诀！这也正是很多企业和组织能够形成强大竞争力的关键。世界华人成功学第一人——陈安之总结历代成功者的经验，得出的"永恒成功法则"是："胜利靠别人！成功靠团队！"

没有团队精神的企业是缺乏竞争力的，只有具备团队精神的企业，才会形成一种无形的向心力、凝聚力、战斗力和创造力。

实用指南

团队精神决定着一个企业的凝聚力和竞争力。每一个人都要主动加强与同事之间的合作，提高自己的团队合作精神。从老板到员工，各个层级的人应该是团结一致的。只有这样，这个企业的团队精神才最强，才最具有核心竞争力。因此，管理者要使每一个人都融入到团队中去，而不是单打独斗。

·第三节·
以倾听者的经验来进行沟通

管理者应注意自己的一言一行

管理精粹

上司的一言一行在部下眼里都是经过上司的计划和安排，并充满含义的。

——《管理：使命、责任、实践》 德鲁克

精彩阐释

德鲁克认为，管理者的不当举止会对下属产生错误的指引。要避免这种错误指引的发生，就需要管理者严于律己。

严于律己是律人的前提，只有做到自我管理才能要求下属去执行。优秀管理者应该严格要求自己，起到为人表率的作用，用实际行动来影响和带动身边的人一道去努力工作。

日本松下公司的创立者松下幸之助就是一个严于律己的人。他几十年如一日地严格要求自己，一直到退休，天天坚持准时到公司上班，几乎做到分秒不差，连公司的门卫都把他当成标准时钟。有一次上班的时间到了，接他的专车却未按时到来，为了不迟到他只好改乘电车。谁知电车刚刚启动，接他上班的专车又来了，于是他又下电车改上专车。

就这样，几经折腾，虽然紧赶慢赶，到公司时松下还是迟到了10分钟。尽管事出有因，松下仍然认为迟到是不对的，主动在当天的会议上向下属道歉。这一举动，震动了全体员工，从此松下公司员工几乎不再有迟到现象。

松下本人严于律己的做法，为律人扫清了一切实施障碍。这正是松下公司从小到大、由弱变强的重要原因。作为一个企业管理者只有当你严格要求自己并为

第十章 靠团队精神达成目标

此而坚持不懈的时候，你才具备了承担企业领导职务的基本条件，你的下属才会像你一样严于律己，为实现高效管理打下良好的基础。

严于律己的典范在历史上并不鲜见。诸葛亮就是一个严于律己的人。

诸葛亮首次率领军队攻打中原时，因任用马谡而直接导致街亭失守，导致兵败而归。

回去以后，诸葛亮写了一个自我处罚的文件，让蒋琬申奏后主刘禅，要求自贬丞相之职。

蒋琬回到成都，见到后主，刘禅打下书信一看，只见写道："臣本庸才，叨窃非据，亲秉旄钺，以励三军。不能训章明法，临事而惧，至有街亭违命之阙，箕谷不戒之失。咎皆在臣，受任无方。臣明不知人，恤是多暗。《春秋》责帅，臣职是当。请自贬三等，以督厥咎。臣不胜惭愧，俯伏待命。"

后主刘禅看完说道："胜负乃兵家常事，丞相何出此言？"

这时侍中郎费祎上奏说："治国者，要以奉法为重，不按法办事，怎么来管理人呢？现在丞相打了败仗，自己要求降职，正是按法办事。"

后主听了认同费祎的说法，于是下诏贬诸葛亮为右将军，行丞相事，照旧总督军马。

诸葛亮作为一个管理者、领导者和决策者，因为用人失误而失败并要求处罚自己，即使当时诸葛亮不认其错，也没有人说什么，但他还是坚持上书请朝廷贬其职，追究自己犯下的过错，这正是诸葛亮做人且作为管理者的光明磊落之处。

在当时，他严格要求自己、严于律己的做法，不仅没削弱他在军中的威信，反而更有效地鞭策和激励了满朝文武奋发向上的精神，同时也加强了对军队的统帅作用。

实用指南

如果想知道一家企业的员工整体素质如何，只需要了解其管理人员素质就可以知道员工的素质。

这的确在理，每个管理者都是所有下属关注的焦点，也是员工积极模拟的对象，管理者产生什么样的行为、举动，都会直接影响到自己的员工。所以，假如你想你的员工严格要求自己，就必须先严格要求你自己。

有效的倾听是沟通的关键

管理精粹

除非有人洗耳恭听，否则就不算沟通。

——《管理：使命、责任、实践》 德鲁克

精彩阐释

德鲁克认为，沟通是管理过程中的一个重要环节。没有沟通就没有管理效能。在沟通中管理者不仅要积极表达和发问反馈，更要重视聆听的作用。没有有效的倾听，就难以产生沟通的效果。

乔·吉拉德被誉为最伟大的推销员，但他把成功归功于早年的一个教训。那时，他刚刚参加工作。一位客户来订购汽车，两人聊天很是投机，交易过程也相当顺利。

可是就在客户正要掏钱付款时，吉拉德却和旁边的一位同事谈起昨天的篮球赛，吉拉德一边跟同事兴致勃勃地说笑，一边伸手去接车款，没想这位客户却说，他不买车了，掉头而走。

吉拉德苦思冥想了一天，也不明白这位客户为什么突然改变主意。

当天晚上，按照顾客留下的地址，乔·吉拉德找上门去求教。客户见他满脸真诚，就实话实说："你的失败是由于你不善倾听。在我准备签约时，我提到我的独生子即将上大学，而且还提到他的运动成绩和他将来的抱负。我是以他为荣的，但是你当时却没有任何反应，而且还转过头去和别人讲话！"

这个教训让乔·吉拉德铭记终生。事实上，能做到第一层次倾听的人占60%的左右，能够做到第二层次倾听的人只有30%，做到第三层次倾听的人只剩15%，达到第四层次水平上的倾听仅仅只有5%的人能做到。管理者在沟通过程中应该提高自身的倾听技巧，学会做一个优秀的倾听者，对员工所说的内容表示感兴趣，才是高品质沟通的保证。

倾听是管理者必备的技能。倾听是一种主动行为，在听的过程中不但思维要跟进，还要在适当的时机提问，使沟通进一步深入。倾听的质量决定着沟通的质量。只有善于倾听，才能称得上善于沟通。

实用指南

沟通需要用"心"去倾听，无效的倾听达不到沟通的效果。它要求你不仅要认真倾听对方所说的话，还要努力去理解对方话语中隐含的意思。

学会使用对方的语言

管理精粹

当我们对木匠说话时，我们需要使用木匠的行话。

——《管理：使命、责任、实践》 德鲁克

精彩阐释

德鲁克说，正如人不能听到一定频率以上的声音那样，人的知觉也不能知觉到超过其知觉范围以外的事物。当然，从物理上讲，他可以听到或看到，但不能接受，不能成为信息交流。

因此，要想取得高品质沟通，就需要使用通俗的语言。托尔斯泰说："真正的艺术永远是十分朴素的，几乎可以用手触摸到。"演说语言力求通俗化，口语化。如不考虑听者的接受能力，用那种文绉绉、酸溜溜的语言就会既不亲切，又艰涩难懂，往往事与愿违，弄得不好，还会闹出笑话。

通过简化语言并注意使用与对方一致的言语方式可以提高理解效果。比如，医院的管理者在沟通时应尽量使用清晰易懂的词汇，并且对医务人员传递信息时所用的语言和对办公室工作人员是不同的。在所有的人都理解其意义的群体内使用行话会使沟通十分便利，但在本群体之外使用行话则会造成沟通问题。因此管理者不仅需要简化语言，还要考虑到信息所指向的听众，以使所用的语言适合于对方。

另外还要有积极坦诚的沟通态度。开诚布公、坦率谈论的态度，能使双方倍感亲切、自然，易于接受各自的观点和看法。如果虚情假意、阳奉阴违，就会造成"话不投机半句多"的尴尬局面。所以，交谈中一定要注意，不要装腔作势、言不由衷，更不要在对方面前吹嘘自己或搬弄是非，这些都是有碍创造和谐谈话气氛的有害因素。

对于管理者而言，使用对方的语言进行沟通，容易与对方取得共识。

在银行工作的艾伯森曾说过这样的一件事："有个年轻的司机走进来要开个

户头，我递给他几份表格让他填写，但他断然拒绝填写有些方面的资料。在我没有学习人际关系课程以前，我一定会告诉这个客户，假如他拒绝向银行提供一份完整的个人资料，我们是很难给他开户的。

"但今天早上，我突然想，我最好换一种能够改变他观点的沟通方式。于是我就对他说：'就像是你行驶在高速公路上，你要是不交过路费，将不会被放行'。听完这我的话，这位年轻人居然笑了，对我说：'看来我需要补上过路费'。说完他就把资料补全了。"

这就是使用对方语言的魅力。当管理者用对方所常用的语言进行沟通时，他自然会感到亲切，感到管理者的真诚，更愿意将管理者看成是替自己考虑的人，从而将胸怀敞开，使沟通进入畅通阶段。相反，如果管理者对着木匠说着泥工的话，也许一开口，就会遭到抵触。

实用指南

对管理者而言，学会使用对方的语言，用对方熟悉的术语、习语和沟通方式进行沟通，极其利于提升沟通的品质。"你必须以对方的语言来说话。如果你对双方都有所了解，才会沟通顺利。"德国著名剧作家华格纳说，"除了留心你的声音听起来如何，还要注意你所使用的字眼。如果你是个大量使用词语的人，要当心并非每一个人都听得懂，而且可能很多人会觉得枯燥无味——即使他们同意你所说的主题。"

充分掌握对方的沟通期望

管理精粹

在进行沟通前，我们必须先了解对方期望听到什么。

——《管理：使命、责任、实践》 德鲁克

精彩阐释

德鲁克说，只有了解了对方的期望，我们才能了解是否需要对他"当头棒喝"，而让他意识到"不能如其所愿"的事情正在发生。

杰克·凯维是加州一家电气公司的一位科长，他一向知人善任，并且每当推行一个计划时，总是不遗余力地率先做出榜样，将最困难的工作承揽在自己的身

第十章 靠团队精神达成目标

上,等到一切都上了轨道之后,他才将工作交给下属,而自己退身幕后。虽然,他这种处理事情的方法是很好的,但他太喜欢为他人表率,所以常常让人觉得他似乎太骄傲了。有一段时间,一向精神奕奕的凯维却显得无精打采。原来是因为经济极不景气,资金周转不灵,再加上预算又被削减,使得公司面临危机。这种情形若继续下去,后果一定不可收拾。于是他实施了一套新方案,并且鼓励职工:"好好干吧!成功之后一定不会亏待你们的。"但没想到眼看就要达到目标,结果还是功亏一篑,也难怪他会意志消沉了。

平日对凯维就极为照顾的经理看了这些情形后,便对他说:"你最近看起来总是无精打采的,失败的挫折感我当然能够了解,但是我觉得你之所以会失败,乃是因为你只是一味地注意该如何实现目标,却忽略了人际关系这种软体的工程。如果你能多方考虑,并多为他人着想,这种问题一定能够迎刃而解。"

经理停顿了一下,又接着说:"大丈夫要能屈能伸,才是一个好的管理人员。我觉得你就是进取心太急切了,又总喜欢为职工做表率,而完全不考虑他们的立场,认为他们一定能如你所愿地完成工作,结果给了职工极大的心理压力。大概也就是因为这个缘故,所以大家都说你虽能干,但你的部属却很难为。每个人当然都知道工作的重要性,所以你实在大可不必再给他们施加压力。你好好休息几天,让精神恢复过来,至于工作方面,我会帮助你的。"

经理在与杰克·凯维沟通之前,已经作过详细的调查,不仅清楚凯维消沉的原因,也知道了同事对他的评价。他判断,凯维此时最需要的一定是失败的原因和鼓励的话语。所以,他才说出上述话。这些话对于凯维来说确实很受用,在经理与他谈完话的第二天,他就信心百倍地开始工作了。

会打棒球的人都知道,当我们要接球时,应顺着球势慢慢后退,这样球劲便会减弱。与此相似,我们在说服他人的时候,如果能将接棒球的那一套运用过来,沟通就会变得极为容易。

实用指南

沟通的时候,我们很容易把焦点放在自己身上:我想要什么、我想怎么样。而对方也在想,他想怎么样,他想达成什么结果,所以沟通效果就不会好。而你如果把焦点放到对方身上,充分了解了对方的沟通期望,沟通效果就会事半功倍。因此,对管理者来说,在进行沟通之前,了解接受者的期待是什么尤为重要。只有这样,我们才可以知道是否能利用他的期望来进行沟通。此外,在沟通的过程中,管理者一定要根据对方的性格爱好和其心理采取不同的处理方式,并把握分寸，才能达到最好的沟通效果。

仅有自上而下的沟通是不够的

管理精粹

仅仅是自上而下的沟通或仅仅是谈话，并不足以达成相互理解。只有通过自下而上的沟通，才能实现真正的沟通。

——《管理：使命、责任、实践》 德鲁克

精彩阐释

德鲁克认为，在执行管理工作的过程中，仅仅通过自上而下的谈话，并不足以达成相互理解的效果。只有通过自下而上的沟通，这样的可能才能实现。

1964年，日本轻型电器业因受经济不景气的影响而动荡不安，松下电器也未能幸免，为了改变公司的现有状况，于是松下电器公司在热海召开全国销售会议。

当时，松下幸之助任董事长，面对170家有实力的销售公司，彼此坦诚地交换了意见。由于参加会议的公司中，只有二十多家经营状况良好，其余约有150家的经营状况出现极严重的亏损，会场中充满了火药味。

"有什么意见都可以说出来！"松下一语未了，某销售公司的经理立即如破闸之水般地发泄他的不满："今天的赤字到这种地步，主要是松下电器的指导方针太差，作为公司的总负责人一点也不检讨自己是否有不足之处……"松下反驳道："我方的指导当然有误，可是再怎么困难也还有二十几家同仁获利。各位不觉得你们是太缺乏独立自主的精神，太依赖他人，才招致今天的恶果吗？""还谈什么精神，我们今天来的目的不是听你说教的，是钱的问题！"有人反唇相讥。

于是，松下就站在台上不断地反驳销售公司经理的意见。而他们也立即反击，大骂松下公司，眼看决裂的局面即将出现。

第三天，在最后一次会议中，松下走到台上，一改前两天的态度，诚恳地说："过去两天多时间，大家相互指责，该说的都说了，我想现在应该没有什么再说的了。不过，我有些感想，给大家讲讲。走到今天这个地步，所有责任我们都要共同负责。松下电器公司有错，身为最高负责人的我在此诚心向大家致歉。今后我们会精心研究，让大家能稳定经营，同时考虑大家的意见，不断改进。最后，请大家原谅松下电器公司的不足之处。"松下说完，向大家深深地鞠躬。突然间，会场上出现了不可思议的场面——整个会场顿时静了下来，每个人都低着头，半数以上的人还拿出手帕擦泪。

"请董事长严加指导。我们的缺点太多了，应该反省，也应该加油去干！"

随着松下的致歉，人人胸中思潮翻涌。随后又相互勉励，发誓要奋起振作。

每个人都有不同的想法和观念，因为每个人的立场不同，教育背景不同，看待事物的方式自然也有所不同。这样冲突就不可避免。尊重员工，就要给予每个员工表达不同意见的机会。

实用指南

对于有能力的下属来说，如果领导乐于听取不同意见，他们就会更积极、更大胆地献计献策，会更勇敢地纠正领导的过错，更自觉地提出改进工作的建议。

用心倾听下属的意见

管理精粹

要想获得卓有成效的管理，管理者就要时常抽出时间和下属交谈。

——《卓有成效的管理者》 德鲁克

精彩阐释

德鲁克认为，信息交流是双向的，管理者要向下属传输任务信息，下属要向管理者及时反馈有关任务执行情况的信息。定期抽出一定的时间和下属交谈，倾听下属的意见，能够使管理卓有成效。

美国华盛顿大学准备修一座体育馆，消息传出来以后立即引起了教授们的反对。原来，校方选择的地址是华盛顿湖畔，体育馆的选址正好挡住了从教职工餐厅玻璃可以看到的美丽湖光。教授们对于这个选址方案联名上书表示反对。

和美国其他大学相比，华盛顿大学教授的工资并不高，但它之所以它能吸引那么多的人才，完全是因为教授们留恋西雅图的湖光山色。教授们说，如果美丽的湖泊被挡住，将会使他们的工作积极性大幅度降低。最终，校方尊重了教授们的意见，取消了体育馆计划。

东汉末年，曹操为了统一北方，决定北上征服塞外的乌桓。这一举动十分危险，所以许多将领纷纷劝阻，但曹操还是率军出击，将乌桓打败，基本完成了统一北方的大业。班师归来，曹操调查当初有哪些人不同意他北伐的计划。

那些提出反对意见的人认为要遭到曹操严惩了，一个个都十分害怕。不料，曹操却给了他们丰厚的赏赐。大家很奇怪：事实证明劝阻北伐是错误的，不仅不受惩罚，怎么反而会得到赏赐呢？

对此，曹操的解释是："北伐之事，当时确实十分冒险。虽然侥幸打胜了，是天意帮忙，但不可当作正常之举动。各位的劝阻，是出于万全之计，所以要奖赏，我希望大家以后更加敢于表达不同意见。"从那以后，将士们更加进言献策，尽心尽力地为他效劳。

世界500强百安居的总公司以完善的沟通反馈制度而曾在英国当选"最佳雇主"。总部的各个部门每个月都会召开一次"草根会议"。会议上任何员工都可以提出问题和建议，公司高层领导会分别参加各个会议，面对面地了解员工的想法，公开对话。在下一次的"草根会议"上，公司高层会向员工通报问题或建议的解决进度，继续征求员工的反馈意见。

除此之外，百安居公司还通过其他渠道让员工反映问题。专门设立了一个对员工免费的24小时录音电话，叫作EasyTalk，员工可以跟总裁或总经理反映任何问题。每天都会有人接听并整理，然后汇报给高层，并定期做回馈。另外，员工还可以写信到专门的电子邮箱或者打电话。

由此可见，倾听是管理者与员工有效沟通的基础，管理者要学会认真倾听下属的意见。有些企业领导者似乎天生有一种发号施令的嗜好，或者认为只有不断地发布命令才能显示出自己的权威。对于下面员工的意见，他们则常常显示出不耐烦，固执地认为下属只有执行命令的资格。殊不知，倾听也是一种领导力量。若不注意了解下属的心声，很可能失去最得力的干将。

企业管理层只有注意倾听周围人的意见，才能进一步推动工作，信赖别人的同时也能够得到别人的信任。

实用指南

如今，上下级之间不再是单纯的说教与服从的关系。单方面的说教不是真正意义上的沟通。现代企业的管理更加科学化、人性化，双向沟通显得尤为重要。所以，一个善于沟通的管理者要善于倾听不同的声音，不断地吸纳各方面包括下属的合理意见和想法。